KB073982

도가의 정치철학

This book is translated into Korean from the original ≪道家政治哲学发微≫ with subsidy from the Chinese Fund for the Humanities and Social Sciences.

道家政治哲学发微
Copyright ⓒ Peking University Press, 2019

The Chinese edition is originally published by Peking University Press.
This translations is published by arrangement with Peking University Press, Beijing, China.
korean translation copyright ⓒ 2024 by Yemoonseowon Publishing Company
All rights reserved. No reproduction and distribution without permission.

노장총서 14
도가의 정치철학

지은이   정카이(鄭開)
옮긴이   오현중 · 정카이(鄭開)
감 수   서희정
펴낸이   오정혜
펴낸곳   예문서원

편집 유미희
인쇄 및 제책 주) 상지사 P&B

초판 1쇄   2024년 5월 20일

출판등록   1993년 1월 7일(제2023-000015호)
주소 서울시 동대문구 왕산로 239, 101동 935호(청량리동)
전화 925-5914 ∣ 팩스 929-2285
전자우편 yemoonsw@empas.com

ISBN 978-89-7646-490-3   93150
YEMOONSEOWON 101-935, 239 Wangsan-ro, Dongdaemun-Gu, Seoul, KOREA 02489
Tel) 02-925-5914 ∣ Fax) 02-929-2285

값 25,000원

노장총서 14

도가의 정치철학

정카이(鄭開) 지음 ㅣ 오현중·정카이(鄭開) 옮김 ㅣ 서희정 감수

예문서원

지은이의 말

　많은 이들처럼 필자 역시 책의 서문과 발문을 읽는 것을 좋아해서 매번 전공서나 학위논문을 집어 들 때마다 기다렸다는 듯이 책의 맨 앞장과 뒷장부터 펼쳐 보곤 한다. 하지만 스스로는 도무지 서문을 쓸 엄두가 나지 않아 지금까지 한 번도 내 저서나 타인의 저서에 서문을 쓴 적이 없다. 이번 경우도 예외는 아니지만, 어찌 되었건 첫머리의 운을 떼야 하기에 몇 자 감상을 끄적여 본다.

　'정치철학'이라는 말이 유례없는 유행을 맞이하며 대중들에게 상당히 복잡한 의미로 받아들여지고 있는 지금, 이 책의 출판이 혹여 유행에 한 발을 걸치려는 얄팍한 속셈으로 보이지 않을까 분명 조심스러운 것이 사실이다. 하지만 '도가 정치철학'이라는 접근 방식이 부적절한 것은 아니라는 생각에는 전혀 변함이 없다. 이 책을 집필하는 과정에서 적지 않은 서양 정치철학 저서를 읽은 바 있다. 혹여나 이 책을 집필하는 데 필요한 영양분을 얻을 수 있지는 않을까 하는 바람에서다. 결론적으로 말해, 그런 바람은 이루어지지 않았다. 아무리 훌륭한 것일지라도 내가 가져다 쓰지 못하면 '화중지병'에 지나지 않기 때문이다. 내심 실망도 있었으나, 그렇다고 전혀 수확이 없는 것도 아니었다. 이들을 읽고 연구한 결과, 필자가 느낀 바는 다음과 같다. 바로 도가철학은 상당히 순수하고 엄격한 의미의, 심지어는 진정한 의미의 정치철학으로, 정치학이나 정치사상 혹은 다른 무언가로 귀결될 수 없다는 것이다. 왜냐하면 도가철학은 경계가 확실한 자신만의 독창적 사유 공간과 이론적 특징을 지니고 있으며, 이를 토대로 이론성이 강한 철학적 사고와 정치 문제에 관한 해석을 내놓았기 때문이다. 이 점은 부디 독자들이 주시하기를 바란다.

　본 책은 노장과 황로의 사상을 광범위하게 다루었는데, 얄고 넓은 방식의 논의보다는, 좁지만 깊이 있는 논의를 통해 심층의 숨겨진 함의를 밝히고자 하였다. 이처럼 분절성을 지닌 '점'의 연구 방식은 그만의 가치를 지니는 동시에, 추후 '선', '면', '입체'의 연구로 발전해 나가기 위한 기초가 되기도 한다. 만약 노장 정치철학의 기초를 현덕玄德사상이라고 한다면, 황로 정치철학의 지침이 되는 것은 바로 제도帝道사상일 것이다. 또한 노장 정치철학의 사유가 인성(가치)과 윤리(정치를 포함), 혼돈(자유)과 질서 사이의 사상 공간에서 전개되었다고 한다면, 황로 정치철학은 도와 법 사이의 사상 공간에서 포도집도抱道執度, 내성외왕內聖外王 등의 문제에 초점을 맞추어 진행되었다고 하겠다. 필자는 이 책 전체에 걸쳐, 이러한 노장학파 및 황로학파 정치철학의 핵심 주제를 다루었는데, 구체적으로 주요 문제의식을 선별하고 사상 사료를 정리하여 이론 문제를 분석하였다. 이를 통해 도가철학 특히 황로학 연구가 한층 높은 단계로 진입하기를 기대한다.

　본 책의 구상과 집필에는 상당히 많은 시간이 소요되었다. 따라서 각 장의 연결이 매끄럽지 않은 부분이 있을 수 있다. 또한 일부 내용의 경우 신문이나 잡지 등에 먼저 투고가 되었던 것인데, 이때 투고된 내용은 대부분 발췌본이었기에 필자는 이번 출판을 통해 최대한 더 자세한 내용이 담긴 원고 그대로를 독자들에게 소개하고자 하였다. 물론 미흡한 부분을 수정 및 보완하는 것도 소홀히 하지 않았다. 한편, 본문에서 예를 들면 '덕德–성性과 같이 두 개념 사이를 '–'으로 이어서 표기한 경우가 있는데, 이는 둘 간에 서로 분리될 수 없는 내적 관계(일종의 '결합 관계' 혹은 '고도의 정합 관계'라고 부를 수 있겠다.)가 존재함을 보이기 위함이다. 이러한 관계는 반드시 상반상성의 각도에서 이해하고 파악해 나가야 한다.

그리고 이 자리를 빌려 이 책이 있기까지 수고해 준 북경대학 학생들—崔曉姣, 張璟, 張靜, 柳舟, 黃一洲, 許家瑜, 孫雨東—에게 감사를 표한다. 정유년, 무술년 두 해 방학 기간을 할애해 가며 원고를 교정해 준 이들의 노고는 그야말로 나에게 큰 힘이 되어 주었다. 그리고 천구잉(陳鼓應), 왕중장(王中江), 차오펑(曹峰), 예수쉰(葉樹勳) 등 선후배 학자들의 격려와 도움에도 고개 숙여 감사하는 바이다. 북경대학 인문학부의 선단(申丹), 리쓰롱(李四龍), 웨이웨이(魏巍) 선생과 북경대학출판사 편집부의 우민(吳敏) 여사의 친절하고 아낌없는 지원 또한 졸고 출판에 많은 도움이 되었다. 진심으로 감사를 표한다.

첸중수(錢鐘書)의 『인생의 언저리에서 적는 글』이라는 책은 슬기와 익살, 신랄함과 우아함이 공존하는 절묘한 문장으로 유명하지만, 필자가 그중에서도 가장 좋아하는 것은 바로 '인생의 언저리에서 적는 글'이라는 제목이다. 이 제목에는 사색과 글쓰기에 임하는 작가의 태도가 고스란히 담겨 있다. 어쩌면 본 책의 내용도 이와 비슷하다는 생각을 해 본다. 우리가 다룬 도가 정치철학 문헌과 이론이야말로 대변혁의 시대 '언저리'에 서서 조용히 사색하고 관조한 사상적 산물이 아닌가? 모든 책에는 생명이 있고, 또 운명이 있기 마련이다. 필자가 이 글을 쓰는 즈음, 이 책 또한 고치에서 벗어나

생명의 날개를 달고 비상할 준비를 하고 있다. 필자의 사상과 감정과 의지를 넘어, 이 책은 하나의 독립적 생명이 되어 독자들을 만나게 될 것이다. 이 운명적 만남을 설레는 마음으로 기다리며, 독자의 관심과 애호를 조심스레 바라본다. 이 새로운 탄생과 만남의 언저리에서 탈고의 감상을 이만 마치도록 한다.

정카이(鄭開)
무술년 초가을의 북경대학 캠퍼스에서

옮긴이의 말

　20세기 후반, 중국에서 다량의 출토문헌이 발굴되면서 도가철학, 특히 황로학 연구에 새로운 지평이 열렸다. 세간의 다양한 인식과는 달리, 선진시기 사상사 속의 도가철학은 굉장히 뚜렷한 시대정신의 면모를 띤다. 그 핵심이 되는 것이 바로 '정치철학'이며, 이를 떠나서 도가철학, 특히 황로학에 대한 이해는 '현학'이라는 인식을 벗어던지기 힘들다. 정카이 교수는 선진시기 전후 사상사에 관한 탁월하면서도 독창적인 식견을 바탕으로 선진 도가의 철학을 체계화하는 작업에 몰두하였는데, 그 노력의 성과는 이른바 초기 사상사 3부작, 『덕례지간─제자백가 이전 시기의 사상사』, 『도가형이상학 연구』 그리고 본고 『도가의 정치철학』으로 결실을 맺게 되었다. 본래 원서는 내용상 크게 노장의 정치철학, 황로의 정치철학, 유도儒道 회통의 정치철학 등 세 부분으로 구성되어 있었으나, 한국어판에서는 지면의 한계로 인해 황로의 정치철학 부분만을 발췌·번역하여 출판하게 되었다.

　정카이 교수는 노장철학의 핵심을 사마담의 말을 빌려 도덕지의道德之意라 요약하는 한편, 그중 정치철학의 기초를 현덕玄德사상으로 보았다. 마치 플라톤이 후대 서양철학의 기틀을 닦았듯, 현덕은 후대 도가 정치철학의 이론 기초로서 황로 정치철학의 주요 방향성을 결정하였다. 본고의 가장 특색이라 할 수 있는 부분은 바로 사상사적 맥락에서 황로 정치철학 이론체계 의 핵심을 개괄한 부분이다. 황로학이 유행한 전국 중후기의 사상계에는 이른바 '천하대일통'이라는 시대정신을 실현하기 위한 사상의 각축전이 펼쳐지고 있었다. 이 시기의 사상가들은 각기 왕도王道와 패도霸道라는 전통적 정치 패러다임의 큰 틀 아래 '천하대일통'의 문제를 고민하였는데, 이들

간의 대립은 날로 격화되었고 시대의 혼란은 오히려 가중되어만 갔다. 이러한 교착상태를 벗어나 새 시대를 위한 체제와 이데올로기를 사고한 결과가 바로 황로의 정치철학이다. 정카이 교수는 황로학이 새롭게 제시한 새 시대의 정치 패러다임을 제도帝道라고 요약하였으며, 그 실질이 바로 도道와 법法의 결합에 있다고 보았다. 이 책의 제1장과 제2장은 도가-황로학 정치철학의 핵심을 이루는 현덕玄德과 제도帝道에 관한 설명이며, 제3·4·5장은 '도道와 법法의 결합'이라는 황로 정치철학의 전개를 다각도로 고찰한 내용이다. 비록 이 책이 도가-황로학의 전부를 포괄하였다고 할 수는 없으나, 그중 가장 정수가 되는 정치철학의 지형도를 가장 충실히 개괄한 저작이라 감히 평할 수 있으니, 독자들의 세밀한 일독을 권하는 바이다.

이 책이 국내에 번역되기까지 실로 많은 이들의 도움이 있었다. 우선 책의 원작자이자 박사 지도교수인 정카이 교수에게 감사를 드리고 싶다. 부족한 제자를 믿고 책의 번역을 맡긴 그의 무한한 신뢰가 없었다면 애초에 시작되지도 못했을 일이다. 그리고 책의 감수를 맡은 중산대학 서희정 교수의 관심 어린 조언과 지적 역시 감사함을 잊을 수 없다. 또한 책의 출판을 허락해 주신 예문서원의 오정혜 사장님에게도 감사를 드린다. 이 외에도 홍린, 장윤정 그리고 가족들에게 이 자리를 빌려 심심한 감사를 표한다. 마지막으로 영원한 나의 동지 진보용 양에게 보내는 감사로 짧은 후기를 마친다.

산서성 태원에서 오현중

● 차례

제1장

현덕: 노자 정치철학 및 윤리학의 초석

'현덕玄德'은 노자철학의 중요한 개념이자 제자백가시기의 철학적 돌파를 설명하는 하나의 척도이다. 『노자』에서 현덕은 정치와 윤리 두 측면의 내용과 관련되며, 노자 정치철학 및 윤리학의 기초 개념을 이룬다. 한편 사상사 발전이라는 측면에서 보면, 현덕 개념과 그 이론은 중국 고대사상계를 깊이 있고 풍부하게 바꾸어 놓았다. 현덕은 도가 무위정치론의 이론 기초 중 하나이면서, '초-도덕론'이라는 도가 윤리학의 근거가 되기도 한다. 한 가지 안타까운 점은 현덕 문제가 더없이 중요한 문제임에도 불구하고 지금껏 그에 합당한 주목을 받지 못했다는 것이다. 필자가 볼 때, 현덕 문제는 깊게 탐구할 가치가 있다.

1. 들어가는 말

현덕은 노자가 제기한 철학 개념으로, 사상사의 맥락에서 이 개념의 출현을 살펴보면 깊은 의미를 발견할 수 있다. 유가는 현덕을 전혀 언급하지 않았고, 도가 역시 (유가가 존숭하는) 명덕明德을 전혀 입에 올리지 않았다. 이 흥미로운 현상의 배경에는 과연 어떤 사상적 동기가 숨겨져 있을까? 사실 익히 알려진 바와 같이, 『상서尙書』「순전舜典」에는 현덕(玄德升聞)이라는 말이 등장하고 있다. 그런데 현재 전해지는 「순전」은 복생伏生[1]이 전한

---

[1] 역자 주: 漢代 초기의 인물로 秦나라 博士를 지냈다. 漢 文帝 때 『尙書』 29편을 鼂錯에게 口傳하였는데, 이를 今文尙書라고 일컫는다.

『(금문)상서』 29편 내에 포함되어 있지 않다. 과거 "왕숙王肅이 「요전堯典」을 주석하며 '신휘오전愼徽五典' 구절 이하부터를 「순전」으로 분류해 놓았는데, 동진시기의 매색梅賾이 이를 근거로 자신이 왕에게 헌상한 『공전孔傳』 「순전舜典」을 보충하였고, 남조 제나라의 요방흥姚方興이 다시 이 「순전」 첫머리에 '曰若稽古帝舜, 曰重華協于帝. 浚哲文明, 溫恭允塞, **玄德升聞**, 乃命以位' 스무 글자를 추가해 넣었던 것이다."[2] 이것으로 볼 때, 현덕이라는 말이 「순전」에 등장한다는 것은 상당히 의심스럽다. 이와 정확히 반대로, 도가의 저작 속에서도 명덕이라는 말을 찾기가 힘들다. 다만, 마왕퇴 출토본 황로 백서에는 현덕과 명덕이 동시에 언급되고 있다. 예를 들면, "천하가 태평해지려면 명덕을 갖추고 천지와 같이 만물을 뒤덮고 떠받쳐 포용하되 사사로운 마음을 지니지 않아야 한다. 이렇게 한다면 천하를 다스릴 수 있다", "천하를 다스리려는 자는 현덕을 갖추어야 한다. (이러한 자는) 현덕을 갖추고 남들이 이해하지 못하는 왕의 술법을 체득하고 있다. 따라서 천하가 다스려져도 천하의 그 누구도 어떻게 그러한지를 알지 못한다"[3] 등이다. 사실 이러한 현상은 다양한 사상을 겸병하고 포용하려는 황로학의 사상적 특징을 보여 주는 사례일 뿐이다. 분명한 것은, 유가에서는 명덕을 추존하고, 도가에서 현덕을 숭상한다. 과연 이러한 현상은 우연의 일치에 지나지 않는 것일까? 아니면 유가와 도가 두 사상 간의 더욱 심층적인 차이를 함축하고 있는 것일까?

이렇게 본다면, 우리는 현덕이 등장하게 된 사상사적 배경에 관해 한번 분석해 볼 필요가 있다. 졸고 『덕례지간—제자백가 이전 시기의 사상사』에서 필자는 덕德이 제자백가 이전 시기의 사상사적 주제이자, 제자백가 철학이 철학돌파를 이루어 발전해 나갈 수 있게 만든 사상배경 및 기초였음을 밝힌 바 있다.[4] 바꾸어 말하면, 제자백가시기 철학 논의의 주제였던

---

2) 蔣善國, 『尙書綜述』(상해: 상해고적출판사, 1988), 29~30쪽.
3) 『經法·六分』, "天下太平, 四以明德, 參之于天地, 而兼覆載而無私也, 故王天下.", "王天下者有玄德, 有玄德獨知王術, 故王天下而天下莫知其所以."

덕은 이미 제자백가 이전의 사상사 속에서 무르익어 가고 있었다. 그런데 덕에 대한 각 학파의 설명은 각기 다른 관심사와 발전 방향 속에서 다양한 방식으로 나타났다. 그중 사상적 노선을 가장 명확하게 드러내는 것이 바로 유가의 명덕과 도가의 현덕이다. 명明과 현玄은 모두 시각어휘에 속하지만, 완전히 대립적인 관계에 있다. 즉 전자는 밝게 비추는 것을 뜻하고 후자는 어둡게 감추는 것을 뜻하니 서로 정반대의 의미를 지닌다. 흥미로운 점은, 유가와 도가는 인의仁義와 도덕道德의 관계라는 측면에서 상반되는 주장을 펼쳤는데, 이 과정에서 전통사상의 유산이라 할 수 있는 덕 개념을 각기 다른 방향으로 새롭게 창조하여 사용하고 발전시켰다. 즉 유가는 명덕을 추존하였고, 도가는 현덕을 숭상하였다. 다시 말해, 노자가 창조적으로 해석한 현덕 이론은 도가 덕 이론의 가장 중요한 내용을 이루는 한편, 도가의 정치철학과 윤리학에서도 가장 특색 있는 부분을 차지한다. 또한, 이는 도가가 유가와 구별되는 지점이기도 하다. 이처럼 현덕과 명덕은 아주 뚜렷한 상반 관계를 이루고 있다. 우리는 바로 이러한 점에 초점을 맞추어 더 깊이 분석을 해 볼 필요가 있다. 현덕 개념은 명덕 개념을 겨냥하여 제시된 것으로 볼 수 있는데, 잘 알려진 바와 같이 명덕 전통은 서주 이래의 사상사에서 가장 중요한 주제이면서 이념과 사상담론의 핵심이었다. 이러한 점에서 명덕이라는 말은 이명彝銘[5]이나 『시』, 『서』 등의 초기 사상 사료에서 빈번하게 찾아볼 수 있다. 그렇다면 노자가 현덕 개념을 제기한 것은 서주 이래의 사상문화전통(이는 바로 유가가 절실히 추구하고 지키고자 했던 것이기도 하다.)을 반성하고 비판하려는 의도가 있었다고 볼 수는 없을까? 만약 그렇다면, 우리는 명덕이라는 사상문화전통에 대한 반성과 비판을 통해 노자가 말한 현덕을 해석해 볼 수 있을 것이다. 서주 이래의 사상계에 등장하여 후대 유가에 의해 신봉된 명덕은 주로 정치, 윤리에 관한 여러 측면의

---

4) 鄭開, 『德禮之間―前諸子時期的思想史』(북경: 삼련서점, 2009), 1~2쪽.
5) 역자 주: 중국 고대에 사용되었던 청동 祭器에 새겨진 글.

내용을 다루고 있다. 따라서 본문에서도 정치철학과 윤리학의 두 측면에서 노자의 현덕 이론을 해석하고 설명하고자 한다. 실제로 정치철학과 윤리학은 노자 현덕사상에서 가장 중요한 두 가지 측면이라 할 수 있다.

노자철학의 내용과 구조를 통해 분석해 보아도 현덕 개념 및 그 이론의 중요성은 쉽게 확인된다. 사마천이 노자의 사상을 평론하면서 '도덕지의道德之意'라는 말로 주요 내용을 요약한 것은 잘 알려진 사실이다. 그에 따르면, "노자는 도와 덕을 닦았으며, 그 학문은 스스로 감추어 이름을 드러내지 않는 것에 뜻을 두었다", "노자는 상하 두 편으로 된 글을 썼는데, 이는 5천여 자에 달했으며, 도덕지의를 논하였다"라고 서술하였다.[6] 여기에서 반복적으로 '도덕道德', '도덕지의道德之意'라는 말이 언급되고 있는 것을 볼 때, 이를 노자사상의 요체라고 말할 수 있을 것이다. '상하 두 편으로 된 글을 썼다'는 말은 『노자』가 「덕」과 「도」 두 편으로 이루어져 있음을 가리킨다. 현재 전해지는 『노자』의 판본들, 예를 들면 왕필본, 마왕퇴 백서본, 북경대 한간본 등은 모두 상·하 두 권, 즉 「도경」과 「덕경」 두 부분으로 되어 있으니, 『사기』의 기록과 일치한다. 『노자』의 초기 판본에 이미 「덕편」·「도편」 혹은 「덕경」·「도경」의 구분이 있었던 점을 보면, 도와 덕이 노자철학의 핵심 키워드이고, '도덕지의'가 바로 노자철학의 기본적인 특징이라는 점은 분명해 보인다. 좀 더 깊이 분석해 보면, 노자는 주로 무無(無形, 無名)를 통해 도를 설명했음을 알 수 있다. 도 개념의 새로운 도약은 바로 무의 발견에 기초한다. 이와 동시에 노자는 현덕 개념을 통해 덕에 대한 이해를 한층 심화시켰다. 노자의 현덕 개념은 사실 기존의 덕 이론을 창조적으로 해석하고 변화시킨 것이라고 말할 수도 있다.[7] 즉, 노자의 덕 이론 가운데에서 가장 주된, 그리고 가장 핵심적인 내용이 바로 현덕이라는 것이다. 『노자』를 『도덕경』이라고도 부르는 것은 「도편」(제1장부터 제37장까지)과 「덕

---

6) 『史記』, 「老子韓非列傳」, "老子修道德, 其學以自隱無名爲務.", "老子乃著書上下篇, 言道德之意五千余言."

7) 鄭開, 『道家形而上學硏究』(增訂版, 북경: 중국인민대학출판사, 2018), 1~6쪽.

편」(제38장부터 제81장까지)으로 이루어져 있기 때문인데, 이 중 「덕편」의 편수
가 「도편」을 넘어서는 점에 주목할 필요가 있다. 더욱 중요한 것은 현덕사상
이 『노자』 전체를 관통하고 있다는 점일 것이다. 따라서 이를 제외하고
노자철학사상의 참뜻을 이해한다는 것은 불가능한 일이 아닐 수 없다.

2. 현덕의 독특성

『노자』가 말한 '현玄'은 그윽함, 심원함[8] 등을 의미하며, 이로부터 '파악하
기 힘듦, 짐작하기 힘듦' 혹은 '상식적인 관념(예를 들어 명덕과 같은)과 상반됨'
등의 의미가 파생될 수 있다. 그렇다면 노자가 현덕이라는 철학 개념을
끌어낸 것은 그것이 명덕보다 더 심원하고 더 심오하며 더 근본적이며
더 의미가 있는 덕이라는 점을 밝히기 위해서라고 이해할 수 있다. 노자는
여러 차례 현덕 개념에 관해 논했다.

> 생기게 하고 길러 준다. 생기게 하면서도 소유하지 않고, 행하면서도 자랑
> 하지 않고, 자라게 하지만 지배하지 않으니, 이를 현덕이라 한다.[9]

> 따라서 도는 (그것을) 생기게 하고, 덕은 (그것을) 기른다. 자라게 하고
> 길러 주고, 키우고 살찌우며, 양육하고 보살핀다. 생기게 하면서도 소유하
> 지 않고, 행하면서도 자랑하지 않고, 자라게 하지만 지배하지 않으니,
> 이를 현덕이라 한다.[10]

---

8) 『文子』는 특히 '현덕'의 심오한 의미를 강조하여 다음과 같이 서술하였다. "도가 깊으
면 덕이 깊고, 덕이 깊으면 공명이 이루어진다. 이 덕을 일컬어 현덕이라 한다. 이는
만물과 함께 참된 본원으로 돌아가니, 참으로 심원하다!"(『文子』, 「自然」) 이에 관한 자
세한 논의는 졸고 「道家著作中的視覺語詞例釋」을 참고할 것.(『思想與文化』 제18집, 상해:
화동사범대학출판사, 2016, 1~30쪽)
9) 『老子』 제10장, "生之, 畜之, 生而不有, 爲而不恃, 長而不宰, 是謂玄德."
10) 『老子』 제51장, "故道生之, 德畜之, 長之育之, 亭之毒之, 養之覆之. 生而不有, 爲而不恃, 長而
不宰. 是謂玄德."

옛날의 도를 잘 행하던 자들은 백성들이 기교에 밝도록 하지 않고, 백성들을 순박하게 하였다. 백성들이 잘 다스려지지 않는 것은 그들이 기교가 많기 때문이다. 따라서 기교로 나라를 다스리면, 나라에 해만 끼치게 되고, 기교로 나라를 다스리지 않으면 나라에 복이 생긴다. 이러한 두 측면을 이해한다면 바로 올바른 법칙을 따른다고 할 수 있다. 항상 올바른 법칙을 따를 수 있다면 현덕이라고 할 수 있다. 현덕이란 참으로 깊고 광대한 것이니, 만물이 본성으로 돌아갈 수 있게끔 한다. 이렇게 되면 (만물이) 순리에 부합하는 상태가 된다.[11]

이 외에도, 『노자』 제2장, 제9장, 제34장, 제81장의 구절들 모두 현덕 개념에 대한 철학적 해석의 일종으로 볼 수 있다.

만물이 그로부터 자라나지만 스스로 시작이라고 여기지 않으며, 생기게 하면서도 소유하지 않고, 행하면서도 자랑하지 않고, 일이 이루어져도 그 공을 자신의 것으로 하지 않는다.[12]

공이 이루어진 뒤에 자신은 물러나는 것이 천도이다.[13]

위대한 도는 크고 넓으니, 모든 것들을 포용할 수 있다. 만물이 그에 의지하여 생겨나지만 도는 그 어떤 것도 사양하는 법이 없고, 일이 이루어져도 도는 공을 자청하지 않는다. 또한 만물을 기르지만, 그것을 소유하고자 하지 않는다. 이처럼 도는 항상 무욕하니 더없이 작다. 한편 만물이 그것을 의지하고 따르는데도 만물의 주인이 되고자 하지 않으니 더없이 크다고 할 수도 있다. 그런데 언제나 스스로 크다고 여기지 않으므로 그것이 비로소 크고 위대한 것일 수 있다.[14]

---

11) 『老子』 제65장, "古之善爲道者, 非以明民, 將以愚之. 民之難治, 以其智多. 故以智治國, 國之賊, 不以智治國, 國之福. 知此兩者, 亦稽式. 常知稽式, 是謂玄德. 玄德深矣, 遠矣, 與物反矣. 然後乃至大順."

12) 『老子』 제2장, "萬物作焉而不辭, 生而不有, 爲而不恃, 功成而弗居."

13) 『老子』 제9장, "功成名遂身退, 天之道." 이 중 '功成名遂身退'는 傅奕本 『道德經』에 '成名功遂身退'라고 되어 있으니, 서로 참조해 볼 수 있다.

14) 『老子』 제34장, "大道氾兮, 其可左右. 萬物恃之而生而不辭, 功成不名有. 衣養萬物而不爲主, 常

하늘의 도는 (만물을) 이롭게 할 뿐 해를 끼치지 않는다. 성인의 도는
(만물을 위해) 행하되 어떤 것도 쟁취하고자 하지 않는다.[15]

한편, 장자 또한 현덕 이론을 받아들이고 이를 더 발전시켰다. 아래의
구절을 살펴보자.

하늘이 만물을 낳지 않아도 만물은 스스로 생겨나고, 땅이 만물을 길러
주지 않아도 만물은 스스로 자라는 법이다. 이처럼 제왕이 인위를 가하지
않아도 천하의 일은 저절로 이루어진다.[16]

그대는 지인至人의 자유로운 행실에 대해 들어보지 못했단 말인가? 그러한
인물은 자신의 마음을 잊고 감각을 버린 채, 그저 무심한 듯 티끌 같은
세상 밖을 떠돌아다니고, 무사안일함 속에서 유유자적한다. 이를 두고
"일을 이루어도 자랑하지 않고, 만물을 길러내도 다스리려 하지 않는다"라
고 말하는 것이다.[17]

이를 통해 보면, 『장자』는 정치적 맥락뿐만 아니라, 심성론 측면에서도
현덕사상을 사용하였음을 알 수 있다.[18]

한편, 노자가 말하는 현덕이 정치철학 맥락 속에서 등장한다는 것 또한
분명한 사실이다. 우선 『노자』 제65장은 정치 문제를 토론하는 장이며,
제10장과 51장의 '그것을 생기게 하고, 그것을 기른다'(生之, 畜之)는 말의
'그것'(之) 역시 백성(피통치자)을 지칭하는 것으로 보아야 한다.[19]

無欲可名于小. 萬物歸焉而不爲主, 可名爲大. 以其終不自爲大, 故能成其大."
15) 『老子』 제81장, "天之道, 利而不害; 聖人之道, 爲而不爭."
16) 『莊子』, 「天道」, "天不産而萬物化, 地不長而萬物育, 帝王無爲而天下功."
17) 『莊子』, 「達生」, "子獨不聞夫至人之自行邪? 忘其肝膽, 遺其耳目, 芒然彷徨乎塵垢之外, 逍遙乎
    無事之業, 是謂爲而不恃, 長而不宰."
18) 『文子』에서도 "진인은 마음에 거리낌이 없이 통하여 조화자와 함께 짝을 이룬다. 그는
    마음속에 현덕을 품어 마치 신령과 같이 변화무쌍하다"(『文子』, 「道原」, "眞人者, 通于靈
    府, 與造化者爲人, 執玄德于心, 而馳化如神.")라고 하였다.
19) 徐梵澄, 『老子臆解』(북경: 중화서국, 1988), 14쪽.

사실 『노자』를 비롯한 도가의 여러 저작에서는 현덕의 '동의어'가 적지 않게 발견된다.[20) 대표적인 것이 바로 상덕常德, 상덕上德, 광덕廣德, 건덕建德 (이상 『노자』 제28장, 38장, 41장), 지덕至德, 천덕天德(이상 『장자』 「마제」, 「천지」) 등이다. 이 개념 혹은 어휘들은 모두 제자백가 이전 시기에 사용된 덕과는 차이를 보인다. 반면 유가에서 말한 명덕은 서주시기로부터 전해진 '덕-례 전통'을 계승하고 전승하기 위한 것이었다. 따라서 우리는 (현덕과 명덕 사이의) 서로 관련되면서도 구별되는 모순 관계에 기초하여 아래의 구절들을 이해해 나가야 한다.

상덕上德은 부덕不德하므로 덕이 있다. 하덕下德은 덕을 잃지 않으려 하므로 덕이 없다. 상덕은 인위적으로 하고자 하지 않으니 억지로 함이 없다. 하덕은 인위적으로 하고자 하니 억지로 함이 있다. 상인上仁은 인위적으로 하고자 하지만 억지로 함이 없다. 상의上義는 인위적으로 하고자 하니 억지로 함이 있다. 상례上禮는 인위적으로 하고자 하는데, 그에 반응이 없으면 팔을 걷어붙이고 강제로 끌어당긴다. 따라서 도를 잃은 뒤에 덕이 있고, 덕을 잃은 뒤에 인이 있고, 인을 잃은 뒤에 의가 있고, 의를 잃은 뒤에 예가 있다.[21)

상덕上德은 마치 골짜기와 같고, 가장 결백한 것은 마치 더럽혀진 듯하고, 광덕廣德은 마치 부족한 듯하고, 건덕建德은 마치 훔치는 듯하고, 질박하고 참된 것은 마치 쉽게 변하는 듯하다. 가장 거대한 공간은 한계가 없고, 가장 거대한 그릇은 느리게 이루어지고, 가장 거대한 소리는 그 소리를 들을 수 없고, 가장 거대한 형상은 형체가 없다. 도는 숨어 있어서 이름이

---

20) 『노자』의 특징 가운데 하나는 바로 추상성을 띠지 않는 구체적 어휘를 철학 개념으로 사용하였다는 점이다. 예를 들면, 원초 그대로의 자연적 인성을 비유하는 말로서 素(역자 주: 물들이지 않은 흰색 비단), 樸(역자 주: 다듬지 않은 통나무), 赤子, 嬰兒 등의 어휘가 사용되었다. 이와 같은 어휘들은 모두 '동의어'에 해당한다. 이러한 특징은 결국 『도덕경』이 철학 초창기의 산물이라는 점에 기인한다.
21) 『老子』 제38장, "上德不德, 是以有德. 下德不失德, 是以無德. 上德無爲而無以爲, 下德爲之而以爲. 上仁爲之而無以爲, 上義爲之而有以爲, 上禮爲之而莫之應, 則攘臂而仍之. 故失道而後德, 失德而後仁, 失仁而後義, 失義而後禮."

없으니, 오직 도만이 시작하게 하고 끝맺을 수 있다.[22]

『노자』제38장은 과거에 '덕을 논하는 장'(論德章)이라는 제목으로 불리기
도 하였다.(하상공『장구』) 이 장에서 도, 덕(上德을 포함), 인, 의, 예 등의 관계를
설명하였기 때문이다. 그런데 '상덕上德은 부덕不德하므로 덕이 있다'라는
일견 궤변처럼 보이는 문장 구조 속에서 상덕上德과 일반적 의미의 덕(不德하
다의 德)이 전혀 다른 의미를 지닌다는 것을 쉽게 확인할 수 있다. 상덕上德이라
고 하는 것은 공덕孔德(제21장), 상덕常德(제28장), 광덕廣德(제41장) 혹은 현덕玄德
(제10장, 51장, 65장)의 또 다른 표현이다. 상덕上德 혹은 현덕玄德은 일반적인
의미의 덕과는 다르며, 가장 높은 경지의 덕, 가장 심원한 경지의 덕을
가리킨다. 일반적인 의미의 덕은 『노자』에서 하덕下德이라고 불리기도 한
다.(예를 들면, 제38장의 두 번째 구절) 이 하덕이 가리키는 것은 덕성(virtue), 도덕
(moral) 등이며, 더욱 구체적으로 말하자면 인仁 · 의義 · 예禮 · 지智 · 충忠 · 효
孝 · 문文 · 미美와 같은 가치에 해당한다. 반대로 상덕上德은 자연自然, 무위無
爲, 소박素朴, 허정虛靜, 염담恬淡, 수자守雌(암컷의 성질을 지킴), 부쟁不爭(다투지
않음), 처하處下(낮은 곳에 처함)와 같은 것들이다. 『문자』의 발전적인 『노자』
해석 또한 살펴볼 가치가 있다. 대략적인 내용은 다음과 같다. (1) 『문자』는
가장 근본적인 의미의 '덕'은 사실 '현덕玄德'이라고 보았다. 그에 따르면,
"양육하고 기르며, 이루고 자라게 한다. 가리지 않고 나란히 이롭게 하며,
천지와 화합한다. 이러한 것을 **덕**이라고 한다."[23] (2) 『문자』는 『노자』의
'상덕上德은 부덕不德하므로 덕이 있다'(上德不德)라는 구절에 관해 한 가지
해석을 내놓았다. 바로 "하늘은 만물을 뒤덮고 그 덕을 베풀어 만물을
기른다. 베풀어 주지만 취하려 하지 않으니, 정미하고 신묘함에 그에게로
돌아간다"[24]라는 구절이 그것이다. 이는 '상덕부덕上德不德' 가운데 부덕不德

---

22) 『老子』제41장, "上德若谷, 大白若辱, 廣德若不足, 建德若偸, 質眞若渝. 大方無隅, 大器晚成,
　　大音希聲, 大象無形. 道隱無名, 夫唯道善貸且成."
23) 『文子』, 「道德」, "畜之養之, 遂之長之, 兼利無擇, 與天地合, 此之謂德."

의 의미를 '베풀어 주지만 취하려 하지 않는다'(與而不取)는 의미로 풀이한
것으로 볼 수 있는데, '베풀어 주지만 취하려 하지 않는다'는 말은 바로
'행하면서도 자랑하지 않고, 자라게 하지만 지배하지 않는다'(爲而不恃, 長而不
宰)는 현덕의 특징과 정확히 부합하기 때문이다. 도가의 관점에서 보면,
상덕上德을 상덕上德이라고 한 이유는 그것이 일반적 의미의 덕보다 한
차원 상위에 있기 때문이다. 따라서 '상덕부덕上德不德, 시이유덕是以有德'이란
상덕上德은 일반적 의미의 덕(예를 들면, 仁義)을 덕으로 여기지 않으므로 진정
으로 덕이 있다는 뜻이다. '부덕不德'에서의 덕은 일반적인 의미의 덕을
지칭하고, '시이유덕是以有德'에서의 덕은 진정한 의미의 덕, 즉 상덕上德
혹은 현덕玄德을 가리킨다.

　『노자』제38장에서 반복적으로 등장하는 '위지爲之'라는 말은 바로 유위有
爲를 말하며, 이는 무위無爲와 서로 반대된다. 그리고 '이위以爲'란 '집착하다',
'애써서 하다'라는 뜻이다. 다시 말해, 어떤 행위가 각종 목적과 동기(예를
들면, 이데올로기)에서 기인하여 그에 제한을 받는다는 것이다. '상덕무위이무
이위上德無爲而無以爲, 하덕위지이유이위下德爲之而有以爲' 이 두 구절의 경우,
부혁본(『道藏』에 실린 『道德眞經』과 『道德眞經古本』) 및 한비자가 근거로 삼은 '(『노
자』) 고본' 등에서는 '이위'를 '불위不爲'로 적었다. 즉, '상덕무위이무불위上德
無爲而無不爲, 하덕위지이무이위下德爲之而無以爲'라고 한 것이다. 이러한 사실
역시 위爲(有爲)와 무위無爲 사이의 미묘한 긴장 관계 속에서 상덕上德과
일반적 의미의 덕 간의 관계를 파악해야 한다는 것을 말해 준다. 사상의
정신적 본질 측면에서 보면, 현덕玄德의 핵심 함의는 바로 무위無爲에 있다.
『노자』38장의 후반부 인용문에서는 도道가 쇠퇴한 후에 덕德이 있게 되고,
덕德이 쇠퇴한 후에 인仁이 있게 되고, 인仁이 쇠퇴한 후에 의義가 있게
되고, 의義가 쇠퇴한 후에 예禮가 있게 됨을 말했는데, 여기에서는 도道·덕
德·인仁·의義·예禮 간의 가치적 서열이 확인된다.25) 정리하면, 현덕玄德,

---

24) 『文子』,「上德」, "天覆萬物, 施其德而養之, 與而不取, 故精神歸焉."

상덕上德은 도道의 또 다른 표현의 일종으로 보아도 무방하다. 이들은 가장 높고 심원한 경지의 덕으로서 도의 가장 근본적인 구현이자 현현이기 때문이다. 만약 상술한 인仁·예禮를 서주 이래의 명덕 전통을 대표하는 가치로 본다면, 노자가 숭상한 덕(즉 현덕)은 명덕의 범주를 벗어나며, 심지어 명덕에 비해 더욱 심원하고 가치 있는 덕이라고 이해할 수도 있다.

사실 명덕 개념 안에는 복잡한 함의가 중첩되어 있다. 즉 이는 종교, 정치, 도덕, 철학 등 여러 방면의 내용을 포괄한다.26) 노자가 제시한 현덕이 명덕과 첨예한 대립을 이룬다고 한다면, 우리는 명덕의 대립항으로서 현덕을 이해해 나가야 하는 것이 타당하다. 서주 이래의 명덕이 정치와 윤리 등의 여러 방면에 관계된 만큼, 현덕이라는 은밀하고 심오한 개념 속에 정치, 윤리 두 측면의 주장이 함축되어 있음은 매우 자명하다.

3. 현덕의 겨냥성

현덕玄德 개념과 그 이론이 중요하게 다루어져야 하는 까닭은 그것이 도가 무위정치철학 및 윤리학의 자연주의적 경향성과 직접적으로 관련되기 때문이다. 서주시기 이래 줄곧 칭송받아온 명덕明德 전통이 주로 유가에 의해 주도적으로 계승되었다면, 『노자』는 이와 상반되는 현덕玄德을 제시하였다. 노자의 관점에서, 현덕은 명덕보다 더욱 깊고 심오한 의미를 내포한다.27) 예를 들어 공자가 말한 '원한은 바른 도리로써 갚고, 덕은 덕으로

---

25) 『莊子』「天道」편에서 이러한 특징을 더욱 자세히 설명하였으니, 참조할 수 있다.
26) 姜昆吾, 『詩書成詞考釋』(濟南: 齊魯書社, 1989), 181쪽.
27) 玄德은 천하만물의 '공통된 덕'이라는 함의를 지닌다고 볼 수 있다. 예를 들어, 『莊子』「胠篋」에서 "증삼과 사추의 행실을 막고 양주와 묵적의 입을 봉하며 인의를 내버리면, 천하 사람들의 덕이 비로소 玄同의 경지에 이르게 될 것이다"라고 하였다. 즉 현덕은 일반적인 의미의 덕과는 다르며, 이를 초월한 것으로도 볼 수 있다. 이러한 현덕은 '만물과 더불어 (도로) 돌아가며', '천지와 화합하는' 특징을 지니는 것으로 묘사되는데, 이는 바로 無爲 본질적 특징이기도 하다.

갚는다(28)라는 원칙은 고대 함무라비 법전의 '눈에는 눈, 이에는 이'라는 명제와 유사하다. 이와는 달리 『노자』는 '덕으로 원한을 갚는다(29)는 원칙을 말했는데, 이러한 원칙은 덕과 원한 간의 대립적 관계를 넘어서고 있다. 우리는 이를 통해 현덕에 내포된 함의를 미루어 짐작해 볼 수 있다. 『여씨춘추』 「심분람」에서는 다음과 같이 말하고 있다. "지극한 지혜는 지혜를 버리고, 지극한 인仁은 인仁을 잊고, 지극한 덕은 덕을 내세우지 않는다. 아무런 말도 없고 아무런 생각도 없이 고요히 때를 기다리다가 때가 이르면 그에 응한다."(30) 이는 바로 『노자』 제38장의 '상덕부덕上德不德' 명제에 대한 해석에 해당한다. 다시 말해, 노자의 현덕 개념 및 '지극한 덕은 덕을 내세우지 않는다는 『여씨춘추』의 명제는 모두 역사적 변화에 순응해야 한다는 철학적 합리성을 설명하는 것이며, 동시에 '인시변법因時變法'의 정치적 합리성을 논증한 것으로 이해할 수 있다. 한편, 『한비자』 「남면」에서는 다음과 같이 말한다.

> 관중이 제齊를 바꾸지 못했고, 곽언이 진晉을 변화시키지 못했다면 제환공과 진문공은 패자가 되지 못하였을 것이다.(31)

이 구절에서는 춘추시대 부국강병의 도가 바로 '인시변법因時變法'에 있음을 설파하였다. 멍원퉁(蒙文通) 역시 제나라와 진나라 패권체제의 핵심이 바로 관중과 곽언이 세운 법, 그리고 '주례의 경장'(更張周禮)에 있었다고 말한 바 있다.(32) 그런데 이러한 주례의 혁신이 필연적으로 사상적 해방을 수반하며, 따라서 서주 이래로 이어져 온 덕-례 전통의 속박을 타파하는

---

28) 『論語』, 「憲問」, "以直報怨, 以德報德."
29) 『老子』 제63장, "報怨以德."
30) 『呂氏春秋』, 「審分覽」, "至智棄智, 至仁忘仁, 至德不德, 無言無思, 靜以待時, 時至而應."
31) 『韓非子』, 「南面」, "管仲毋易齊, 郭偃毋更晉, 則桓文不霸矣."
32) 蒙文通, 「治學雜語」, 『蒙文通學記』(북경: 삼련서점, 1993), 9~10쪽; 鄭開, 「『老子』第一章札記」, 『淸華大學學報』 2008년 제1기(철학과 사회과학판).

결과를 낳을 수밖에 없다고 한다면, 변법을 추진하여 새로운 제도를 건립하는 일에서 지덕至德과 현덕玄德 등을 기치로 삼는 것은 어쩌면 당연한 일이 아닐 수 없다. 다음의 구절을 살펴보자.

지덕을 논하는 자들은 세속과 화합하지 않으며, 큰 공을 이루는 자는 군중과 함께 일을 도모하지 않는다.[33]

이 구절은 곽언이 진晉문공에게 변법을 추진할 것을 설득하기 위해 펼친 내용으로, 상앙이 진秦나라에 변법을 건의하였을 때 이를 인용하며 '곽언의 법'이라고 칭하기도 하였다. 또한, 비의肥義가 조趙나라 무령왕武靈王에게 호복胡服 정책을 시행할 것을 주장한 내용에서도 바로 이 구절을 인용하였다. 『신서新序』에 자세한 기록이 전한다.

공손앙이 말했다. "신이 듣기로 행동함에 주저하면 이름을 날릴 수 없고, 일을 처리함에 망설이면 공을 이룰 수 없다고 하였습니다. 왕이라면 마땅히 변법에 대한 결단을 지녀야지, 행동을 주저하거나 천하 사람들의 의론을 고려해서는 안 됩니다. 행동이 출중한 자라면 세상의 비난을 짊어지기 마련이고, 고고한 식견을 가진 자라면 민중들의 비방을 받기 마련입니다. 말하기를 '우매한 자는 일을 이루고 나서도 사리분별을 하지 못하고, 총명한 자는 일이 이루어지기 전에 그 조짐을 살필 수 있다'라고 하였습니다. 백성들과는 일의 시작을 함께 고민할 수 없고, 그저 일이 이루어진 이후에 그들과 함께 성공의 기쁨을 나누면 그만입니다. 곽언의 법에서 말하기를 '지덕至德을 논하는 자들은 세속과 화합하지 않으며, 큰 공을 이루는 자는 군중과 함께 일을 도모하지 않는다'라고 하였습니다. 법이란 백성을 아끼고 보호하기 위한 것이고, 예란 일을 편하게 처리하기 위한 것입니다. 따라서 만약 나라를 잘 다스릴 수만 있다면, 굳이 옛날의 법을 본받을 필요가 없고, 백성들을 이롭게 할 수만 있다면, 굳이 옛날의 예를 따를 필요가 없습니다."[34]

---

33) 『史記』, 「趙世家」, "論至德者不和于俗, 成大功者不謀于衆."

『문자』도 다음과 같이 기록하고 있다.

법제와 예악이란 통치를 위한 도구이지 통치의 목적이 아니다. 따라서
편협한 선비들과는 지도至道에 관해 함께 논할 수 없다. (이들은) 세속의
가르침에 갇혀 있기 때문이다.[35]

『문자』에서 말한 지도와 곽언이 말한 지덕至德은 의미가 서로 같은데,
이들은 상황과 때에 따라 다르게 적용되는 '법'과는 서로 다른 차원에
있는 개념이다. 이렇게 본다면, 도가와 황로학 그리고 법가의 덕德에 관한
이해는 유가와 큰 차이가 있는 것을 알 수 있다. 그런데 지덕, 현덕玄德에
내포된 깊은 철학적 이치를 일반적인 의미의 덕이나 명덕明德이 어떻게
담아낼 수 있겠는가?

도가의 무위정치철학은 '대국을 다스리는 것은 작은 생선을 조리하는
것과 같이 한다', '도는 항상 무위하지만, 하지 않는 바가 없다' 등의 명제에
집중적으로 드러나 있다. 우리는 앞서 『노자』 38장의 내용을 살펴본 바
있다. 더 앞에서 인용한 『노자』 65장의 단서를 토대로 이를 분석해 보자면,
현덕은 다름 아니라 바로 무위정치(윤리를 포함)의 원칙을 의미한다는 것을
확인할 수 있다. 『노자』에서는 이른바 '지모에 의한 통치'(以智治國)를 비판하
였다. 이러한 비판의 칼날은 주로 덕-례 체계를 겨냥하고 있었으며, 이는
바로 봉건 종법 정치사회 구조 및 그 위에 세워진 이데올로기를 말한다.
구체적으로 말해, 정치이념과 정치모델로서의 현덕은 유가가 추존하는
덕교德敎(혹은 名敎, 詩敎)와 확연히 다르며, 법가가 추진하는 형법刑法과도

---

34) 『新序』, 「善謀」, "公孫鞅曰: '臣聞疑行無名, 疑事無功, 君亟定變法之慮, 行之無疑, 殆無顧天下
之議, 且夫有高人之行者, 固負非于世; 有獨知之慮者, 必見警于民. 語曰: '愚者暗成事, 知者見未
萌.' 民不可與慮始, 可與樂成功. 郭偃之法曰: '論至德者不和于俗, 成大功者不謀于衆.' 法者所以
愛民也, 禮者所以便事也. 是以聖人苟可以治國, 不法其故; 苟可以利民, 不循其禮.'"
35) 『文子』, 「上義」, "法制禮樂者, 治之具也, 非所以爲治也. 故曲士不可與論至道, 訊寤于俗而束于
敎也."

구분된다. 즉 『노자』가 말한 '지모에 의한 통치'란 (유가와 법가의) 예법과 (유가와 묵가의) 인의라는 두 측면에서 사회와 민심을 통제하려는 정치적 의도를 포함한다고 이해할 수 있다. 그렇다면 『노자』가 숭상한 '지모를 사용하지 않는 통치'(不以智治國)란 곧 무위정치일 것이다.

현덕이 '생기게 하면서도 소유하지 않고, 행하면서도 자랑하지 않고, 일이 이루어져도 그 공을 자신의 것으로 하지 않는다', '이롭게 해 줄 뿐 해를 끼치지 않는다', '행할 뿐 쟁취하고자 하지 않는다' 등의 정치철학 원칙을 의미한다고 했을 때, 이는 정치이념, 정치모델 및 시행 강령 등을 비롯한 상당히 특수한 정치철학을 내포하는 것으로 볼 수 있다. 실제로 노자는 권력과 질서의 본질에 대해 깊은 통찰을 보였으며, 현덕 이론 속에도 '권력의 자가 통제'라는 문제가 포함되어 있다. 왕보(王博) 교수도 지적했듯, 권력의 자가 통제 혹은 자기 절제 등의 문제는 노자사상의 핵심적인 내용 가운데 하나이다. "여기에서는 권력 관계 가운데 한 극단에 있는 만물(혹은 백성) 존재에 대한 긍정이 발견된다. 이 같은 세계 속에서 권력을 지닌 자(군주)뿐만 아니라, 백성 또한 하나의 주체를 이룬다. 세계가 두 개의 주체로 구성된다고 보는 이러한 이해 방식은 권력의 절제라는 문제를 도출하게 된다. 즉 권력 그 자체만으로는 정령이 시행되어야 하는 이유를 획득할 수 없고, 권력은 반드시 그에 선행하는 시행의 원칙과 결합해야 한다는 것이다. 다시 말해, 어떤 명령이 시행의 원칙에 부합하지 않는다면, 이는 폐기되거나 절제되어야 한다. 시행과 절제라는 원칙의 결합이 바로 노자가 말한 현덕의 핵심 내용이며, 이는 결국 권력과 관련된 하나의 도덕과 다름이 없다. 그것의 구체적인 내용은 '만들어 내지만 소유하지 않으며, 공을 이루지만 그것을 차지하지 않으며, 인도해 주지만 지배하지 않는다'(生而不有, 爲而不恃, 長而不宰)는 것이다. 이것이 바로 『노자』가 권력에 제공하는 '도' · '덕'이며, 이에 따르면, 권력의 소유자가 이 세상을 독차지하고 지배하려는 충동은 제거되어야 하며, 대신 권력을 절제함으로써 만물과 백성을 완성시켜 주는 덕과 지혜가 필요하다."36) 『노자』 제39장에서 "존귀한 것은 비천한 것을 근본으로 삼고, 높은 것은 낮은 것을 기초로 삼는다. 따라서 제후와 왕은 스스로 고孤, 과寡, 불곡不穀 등으로 칭하니, 이것이 비천함을 근본으로 삼는다는 것이 아니겠는가?"[37]라고 하였는데, "이것이 바로 권력의 자기 절제에 해당하며, 바로 이러한 자기 절제 속에서 권력은 비로소 자신의 진정한 도덕을 발견할 수 있다."[38] 권력에 대한 자가 제어라는 관점은 실로 대단한 통찰이 아닐 수 없으며, 현재에 적용시킨다 하더라도 전혀 손색없이 중요한 현실적 의미를 지닐 수 있다.

4. 윤리학과 정치철학 맥락 속의 현덕

현덕玄德은 중요한 정치철학 개념으로서 우선 문화를 초월하여 적용되는 정치모델(정치이념)을 의미하는 동시에, 윤리의 지역성(예를 들면, 유가가 내세우는 인의는 사실 고대 중국의 종법적 사회구조와 밀접하게 연관된다.)을 탈피한 초-도덕론 (super-moralism)에 해당하기도 하며,[39] 나아가 '절대적 성선론'[40]으로서의 성격을 내포하고 있기도 하다. 장자 역시 이러한 사상적 경향성을 강하게 추진하였으니, 이 점은 특히 주목해 보아야 한다.

고대 사상 속에 사용된 도덕道德이라는 말은 인의仁義와 동일한 것인가? 이 문제에 관해 유가와 도가는 서로 다른, 심지어는 완전히 상반된 시각을 보여 준다. 도덕과 인의 간의 복잡한 긴장 관계야말로 유가와 도가 간의 사상적 차이를 가장 적절히 반영한다고 볼 수 있다. (도가의) 현덕의 대립항

---

36) 王博, 「權力的自我節制: 對老子哲學的一種解讀」, 『哲學硏究』 2010년 제6기.
37) 『老子』 제39장, "故貴以賤爲本, 高以下爲基. 是以侯王自稱孤, 寡, 不穀. 此非以賤爲本邪?"
38) 王博, 「權力的自我節制: 對老子哲學的一種解讀」, 『哲學硏究』 2010년 제6기.
39) 徐梵澄은 노자지학이 '초-도덕론'(super-moralism)에 해당한다고 하였다. '도는 항상 이름이 없다'(道常無名)는 『노자』의 선언이 마치 헤라클레이토스가 신은 선과 악을 모두 넘어선다고 말한 것과 같다는 것이다.(徐梵澄, 「玄理參同」, 『徐梵澄文集』 제1권, 상해: 화동사범대학출판사, 2006, 147~148쪽)
40) 劉笑敢, 『莊子哲學及其演變』(북경: 중국사회과학출판사, 1988), 275~276쪽.

이라고 한다면, '덕을 통한 인도'(道之以德) 혹은 '예악형법禮樂刑法' 등을 들 수 있을 것이다.

노자의 윤리학은 자연주의 인성론에 기초하고 있는데, 이러한 자연주의 인성론의 주요 개념은 바로 상덕常德41)이며, 이는 현덕의 또 다른 표현 방식이다. 더 나아가 현덕은 『노자』에 등장하는 모든 덕목을 포괄할 수도 있다. 예컨대, '유약함'(柔弱), '암컷의 성질을 지님'(守雌), '낮은 곳에 처함'(處下), '다투지 않음'(不爭), '욕심낼 만한 것을 내보이지 않음'(不見可欲) 등이 모두 이에 포함된다. 즉 『노자』는 격렬하게 인의를 비난하고 예악에 반대하였다.

> 큰 도가 버려지니 인의가 있게 되고, 지혜가 나타나니 큰 거짓이 있게 되며, 육친이 화합하지 못하니 효도와 자애가 있게 되고, 국가가 혼란하니 충신이 있게 된다.42)

> 총명재지를 버려야 백성들의 이로움이 백배가 되고, 인의를 버려야 백성들이 효도와 자애로 돌아가게 되며, 계교와 사리사욕을 버려야 도적이 없게 된다. 하지만 이 세 가지만으로는 본보기가 되기에 부족하니, 보다 확실한 원칙이 필요하다. 즉 본연의 성질을 드러내고 참된 면모를 지키며, 사사로운 마음을 줄이고 탐욕을 버려야 한다.43)

『노자』 제19장의 '인의를 버린다'(絶仁棄義)는 말은 곽점초간 『노자』 갑본에서는 '작위를 버린다'(絶僞棄詐)는 말로 되어 있다. 이를 근거로 일부 학자들은 노자가 결코 인의에 반대하지 않았다는 주장을 펼치기도 하나, 물론 잘못된 견해다. 『노자』가 인의에 반대했다는 것은 매우 명확한 사실로서 더 논의할 여지가 없다. 예를 들어, 양웅은 "노자가 도덕을 말한 것은 내가 받아들였으나, 노자가 인의를 타파하고 예학을 절멸한 것은 받아들이

---

41) 鄭開, 『道家形而上學硏究』(북경: 중국인민대학출판사, 2018), 227~236쪽.
42) 『老子』 제18장, "大道廢, 有仁義; 慧智出, 有大僞; 六親不和, 有孝慈; 國家昏亂, 有忠臣."
43) 『老子』 제19장, "絶聖棄智, 民利百倍; 絶仁棄義, 民複孝慈; 絶巧棄利, 盜賊無有. 此三者, 以爲文不足, 故令有所屬, 見素抱樸, 少私寡欲."

지 않았다"44)라고 했고, 반고는 "급진적인 자들은 도가를 실천하며 예학을 끊고 인의를 버리고자 하였다"45)라고 했다. 한유 역시 노자에서 말한 도와 덕은 "인과 의를 버리고 말한 것"46)이라고 하였다. 이러한 사실은『노자』가 말한 도와 덕은 인의가 아니며, 오히려 인의와 반대되는 것이었음을 말해 준다.『노자』사상의 깊이란, 바로 인의를 철학적으로 심도 있게 성찰하고, 인의의 기틀이 되는 예악제도에 문제를 제기하고 이를 비판하며, 나아가 순수한 인간 본성을 왜곡하고 은폐하는 '문文'과 '위僞'(즉, 문화상징)를 비판했 다는 데 있다. 즉『노자』는 '인의'로 대표되는 이데올로기와 '문화'로 대표되 는 제도적 장치들을 철저히 전복함으로써 유가가 표방하는 인문 이성에 문제를 제기하고 이를 성찰하며 나아가 이를 타파하고자 하였다. 또한, 세상의 모든 도덕(morals), 문화, 제도의 가치와 의미에 대해 깊이 있게 회의하 였으며, 지식, 이데올로기 혹은 언어 및 제도라는 규범(nomos) 속에서 인간의 자연성(physis)은 필연적으로 곤경을 마주할 수밖에 없음을 독창적인 안목으 로 통찰하였다.『노자』는 시종일관 "위대한 인은 불인한 듯하다", "지극한 인에는 편애함이 없다", "최상의 덕은 부덕한 듯하다", "드넓은 덕은 마치 부족한 듯하다" 등과 같은 일종의 궤변스러운 화법을 사용하면서, 이를 통해 '덕'(aretē)이란 인仁·의義·충忠·신信을 넘어서는 것임을 반복적으로 밝혔다. 이들은 구체적이고 경험적인 윤리규범에서 기인한 것으로 봉건적 종법사회 및 정치 구조의 산물이다. 따라서 인간 본성과 정치에 관한『노자』 의 논점은 대부분 자연주의적 경향성을 띠고 있다고 할 수 있다. 예를 들어,『노자』에서는 "천도에는 편애함이 없으니 항상 선한 사람들을 돕는 다"47)라고 하였고,『문자』「부언」에서는 "천도에는 편애함이 없으니 오직 덕이 있는 자에게 부여한다"48)라고 하였다. 이는 서주시기로부터 전해진

---

44)『法言』,「問道」, "老子之言道德, 吾有取焉耳. 及搥提仁義, 絶滅禮學, 吾無取焉耳."
45)『漢書』,「藝文志」, "(道家)及放者爲之, 則欲絶去禮學, 兼棄仁義."
46)「原道」, "去仁與義言之也."
47)『老子』제79장, "天道無親, 常與善人."
48)『文子』,「符言」, "天道無親, 唯德是與."

"천도는 편애함이 없으니 오직 덕이 있는 자를 돕는다"[49]라는 말을 옮겨 쓴 것으로 보인다. 자세히 살펴보면, 『노자』가 말한 천도天道는 자연自然이라는 개념에 더 기울어져 있다. 따라서 제5장에서 "천지는 편애하지 않으니 만물을 풀강아지처럼 여기고, 성인은 편애하지 않으니 백성을 풀강아지처럼 여긴다. 천지의 사이란 마치 풀무와 같지 않은가?"[50]라고 한 것이다. 그런데 이와는 달리 『좌전』에 기록된 천도에는 인문이성적 요소가 뿌리 깊게 녹아들어 있었다.

앞서 살펴보았듯, 반고班固는 『한서』 「예문지」에서 도가의 학문을 평가하며 "예학을 끊고 인의를 버렸다"고 비판하였고, 양웅揚雄 역시 『법언』 「문도」에서 "노자가 도덕을 말한 것은 내가 받아들였으나, 노자가 인의를 타파하고 예학을 절멸한 것은 받아들이지 않았다"라고 하였으며, 환담桓譚 또한 "옛날 노담은 허무에 관한 두 편의 글을 남기면서 인의를 경시하고 예학을 비판하였다. 후세에 이를 좋아하는 자들은 심지어 이 글이 『오경』을 넘어선다고 여겼다"라고 하였다.(『漢書』 「揚雄傳」에 인용) 한편, 손성孫盛은 노자와 장자를 비난하면서 인의를 배격하고 예학에 반대하며 자연을 방임하도록 한 것을 이들의 '죄명'이라 하였다.(『老子疑問反訓』) 이러한 내용을 통해 보면, 유가에서 말하는 도덕은 바로 인의에 있으나, 도가에서 말하는 도덕은 인의를 지양하고 있음을 알 수 있다. 송대의 학자 왕무王楙는 다음과 같이 말했다.

> 한유는 「원도」에서 "도와 덕은 자리를 비우는 것이다"라고 하였다. 혹자는 이 말의 병폐를 지적하면서 이 말이 마치 불로佛老의 말과 같다고 하지만, 내가 볼 때 그렇지 않다. 한유가 한 말은 그 유래를 찾아볼 수 있는데, 아마도 후한시기 서간의 『중론』을 따른 듯하다. 서간徐幹은 『허도』에서도 비슷한 말을 하였다. "사람들이 덕을 행하는 것은 마치 그릇을 비우는 것과 같다. 그릇을 비우면 그 속에 물건을 담고, 물건이 가득 차면 그치기

---

49) 예를 들면 『左傳』 僖公 5年에서 "하늘은 편애함이 없으니 오직 덕이 있는 자를 돕는다"(皇天無親, 惟德是輔)라는 『周書』의 말을 인용한 바 있다.
50) 『老子』 제5장, "天地不仁, 以萬物爲芻狗. 聖人不仁, 以百姓爲芻狗. 天地之間, 其猶橐籥乎?"

마련이다. 따라서 군자는 항상 마음을 비움으로써 받아들인다." '자리를 비운다'라는 한유의 말은 바로 서간이 말한 '그릇을 비운다'는 말에 해당한다.[51]

정리하자면, 『노자』, 『장자』에서는 인의를 비판하였으나, 한편으로는 여전히 '도덕지의道德之意'를 말하고 있다. 즉 여기에서 말하는 도덕이란 인의가 아니며, 일반적인 의미의 도덕(morals)도 아니라는 것을 알 수 있다. 따라서 우리는 윤리도덕에 관한 『노자』와 『장자』의 사상을 '반-도덕론'이라고 부를 수 없으며, 결국 '초-도덕론'(super-moralism)으로 볼 수밖에 없을 것이다.

앞에서 인용한 『노자』 제18장, 19장, 38장 등의 구절을 보면, 유가가 숭상하는 인의에 반대하려는 철학적 입장이 분명히 드러난다. 노자는 더 나아가 자신의 논증을 다음과 같이 전개한다.

현자를 높이지 않음으로써 백성들이 명리를 다투지 않게 하며, 얻기 어려운 재화를 귀하게 여기지 않음으로써 백성들이 도둑질을 하지 않게 하며, 욕심낼 만한 것을 내보이지 않음으로써 백성들의 마음을 어지럽게 하지 않는다. 따라서 성인이 세상을 다스리는 방법은 사람들의 마음을 비우되, 백성들의 배를 부르게 하며, 백성들의 심지를 온화하게 만들되, 백성들의 뼈를 튼튼하게 만드는 것이다. 항상 백성들이 교활한 지식이나 탐욕을 지니지 못하게 하여, 백성들이 헛된 마음을 지니고 허튼 행동을 못하게 한다. 이렇게 무위의 원칙을 실행한다면, 다스려지지 못하는 바가 없을 것이다.[52]

천지는 편애하지 않으니 만물을 풀강아지처럼 여기고, 성인은 편애하지 않으니 백성을 풀강아지처럼 여긴다.[53]

---

51) 『野客叢書』, 권17, "韓退之「原道」曰: '道與德爲虛位', 或者往往病之, 謂退之此語似入于佛老. 仆謂不然. 退之之意, 蓋有所自. 其殆祖後漢徐幹『中論』乎? 幹有『虛道』一篇, 亦曰: 人之爲德, 其猶虛器與? 器虛則物注, 滿則止焉. 故君子常虛其心而受之. 退之所謂虛位, 卽幹所謂虛器也."
52) 『老子』 제3장, "不尙賢, 使民不爭. 不貴難得之貨, 使民不爲盜. 不見可欲, 使民心不亂. 是以聖人之治, 虛其心, 實其腹, 弱其志, 强其骨. 常使民無知無欲, 使夫智者不敢爲也. 爲無爲, 則無不治."

올바름으로 나라를 다스리고, 기묘함으로 군사를 운용하며, 일을 벌이지 않음으로써 천하를 얻는다. 나는 어떻게 이러한 이치를 아는가? 바로 다음을 통해서이다. 천하에 금기가 많아지면 백성들은 더욱 가난해지고, 백성들에게 편리한 도구가 많아지면 국가는 더욱 혼란해진다. 백성들이 기교가 많아지면 요사스런 일이 더욱 많이 일어나며, 법령과 형벌이 많아지면 도적이 더욱 많아진다. 그러므로 성인은 이렇게 말한다. "내가 무위하면 백성들은 저절로 번성한다."[54]

나라는 작고 백성은 적구나. 백성들이 큰 기물을 지녔더라도 그것을 사용하지 않게 하고, 백성들이 죽음을 중시하여 먼 곳으로 돌아다니지 않게 하고, 배와 수레를 지녔더라도 그것을 탈 일이 없게 하고, 갑옷과 무기가 있더라도 그것을 꺼내 늘어놓는 일이 없게 하고, 백성들이 매듭으로 일을 기록하던 고대시대로 돌아가게 한다. (이러한 상태에서는 백성들이) 자신이 먹는 것을 달갑게 먹고, 자신이 먹는 것을 아름답게 여기며, 자신이 사는 곳을 편안하게 여기며, 자신의 습속을 즐겁게 여긴다. 이웃한 나라와 서로 들여다볼 수 있고 닭과 개 짖는 소리를 서로 들을 수 있을 정도로 가까워도 백성들은 늙어 죽을 때까지 서로 왕래하지 않는다.[55]

노자의 정치이념은 전형적인 유토피아라고 할 수 있는데, 이는 어디까지나 이상일 뿐 결코 현실이 아니므로, 실현될 수는 없다. 따라서 최대한 그 상황을 고려하여 이해해 보면, 『노자』 무위정치의 참된 의미는 봉건적 종법을 넘어서는 정치사회구조를 건립할 수 있을지의 여부에 있다기보다, 봉건 종법 정치사회구조 및 그에 수반되는 이데올로기와 문화제도(仁義, 忠信, 孝慈 등)의 합리성에 의문을 제기하며 이를 비판하고 성찰하는 데 있다고 할 수 있다. 도가사상은 격변하는 사회정치적 흐름에 잘 순응하였고, 그

---

53) 『老子』 제5장, "天地不仁, 以萬物爲芻狗. 聖人不仁, 以百姓爲芻狗."
54) 『老子』 제57장, "以正治國, 以奇用兵, 以無事取天下. 吾何以知其然哉? 以此. 天下多忌諱, 而民彌貧. 民多利器, 國家滋昏. 人多伎巧, 奇物滋起. 法令滋彰, 盜賊多有. 故聖人云: 我無爲而民自化."
55) 『老子』 제80장, "小國寡民, 使有什伯之器而不用, 使民重死而不遠徙. 雖有舟輿, 無所乘之; 雖有甲兵, 無所陳之; 使民復結繩而用之. 甘其食, 美其服, 安其居, 樂其俗. 鄰國相望, 雞犬之聲相聞, 民至老死不相往來."

핵심을 이루는 도덕지의道德之意의 내용은 더없이 넓고 풍부하여 우주와 인간, 천도와 인도 등의 여러 측면을 두루 아울렀다. 이는 시대의 정신과 지혜를 반영하고 당시의 정치적 추구를 나타낸 것은 물론이고 시대를 뛰어넘는 보편의 의미까지도 지니고 있었다. 따라서 이는 후대의 중국철학, 더 나아가 세계철학의 보편적 사상자원 및 정신적 유산이 될 수 있었던 것이다.

『장자』, 『문자』와 같은 도가류 저작 역시 현덕에 관해 각자의 해석을 내놓았다. 『장자』가 그린 '덕이 지극한 세계'(至德之世)의 모습은 바로 노자 현덕사상의 진정한 구현물이라 할 수 있다. 현덕은 『장자』의 표현을 빌리자면 '현동지덕玄同之德'으로 해석이 가능하다.56) 아래의 단락을 살펴보자.

> 태초는 무無의 상태로서 유有도 없고 명칭도 생겨나지 않았다. (도의 활동은) 혼일의 상태로 나타나는데, 혼일의 상태에서는 아직 형체가 이루어지지 않았다. 만물은 일을 얻어 태어나니, 이를 덕이라고 한다. 아직 형체가 이루어지지 않았을 때도 음양의 구분은 있으나, 여전히 구분이 없는 상태를 오가는 것이 바로 명命이다. (도가) 운행하는 가운데 순간적으로 체류하면 물物이 생겨나는데, 만물이 이루어지면서 갖추게 되는 각각의 모습을 형形이라고 한다. 형체가 정신을 보유하여 각자의 법칙을 지니게 되면 이를 성性이라고 한다. 성性이 수양을 통해 다시 덕德으로 돌아가면, 덕德은 태초와 같은 상태에 이르게 된다. 태초와 같아지면 텅 비어 널찍해지고, 텅 비어 널찍해지면 광대하게 포용할 수 있다. (이러한 상태에서는) 모든 것을 아울러 화합된 상태에서는 마치 새가 지저귀는 듯 무심의 말을 하는데, 무심의 말을 하며 화합할 수 있다면, 천지와 화합하는 경지에 이르게 된다. 이렇게 화합된 상태는 어떤 흔적도 보이지 않고 마치 어리석은 듯하고 혼미한 듯하니, 이를 현덕玄德이라고 한다. 이는 완전히 자연에 따르는 상태이다.57)

---

56) 『莊子』, 「胠篋」, "天下之德始玄同矣."
57) 『莊子』, 「天地」, "泰初有無, 無有無名. 一之所起, 有一而未形. 物得以生, 謂之德; 未形者有分, 且然無間, 謂之命; 留動而生物, 物成生理, 謂之形; 形體保神, 各有儀則, 謂之性; 性修反德, 德至同于

양육하고 기르며, 이루고 자라게 한다. 가리지 않고 나란히 이롭게 하며, 천지와 화합한다. 이러한 것을 덕이라고 한다.[58]

위의 인용한 『장자』에서 현덕은 우주론과 인성론 맥락 속에서 해석되고 논의되고 있다. 이러한 점을 보면, 그 논의가 매우 심화적 단계에 이르렀음을 알 수 있다. 『장자』는 현덕이 촉발한 이론적 통찰을 빌려 때로는 매우 호방한 필치로써, 때로는 풍자와 비방을 적절히 사용하여 인의를 핵심으로 하는 유가적 인문이성을 철저히 전복시켰다.

요임금은 인의라는 명분으로 너에게 묵형墨刑을 가하고, 시비판단이라는 명분으로 너에게 의형劓刑을 가한 것이다.[59]

유우씨는 인의를 표방하면서 천하를 소란스럽게 만들었으니, 천하에 인의에 목매달지 않는 자들이 없게 되었다.[60]

도와 덕을 무너뜨리고 인의를 추구한 것은 성인의 잘못이라 할 수 있다.[61]

옛날 황제黃帝가 처음으로 인의로 사람들의 마음을 어지럽혀 놓았고……이처럼 천하가 크게 분분하며 혼란스러워진 것은 사람들의 마음을 어지럽힌 잘못이다.[62]

이 단락 모두는 유가를 겨냥하여 제기된 것으로 『장자』가 『노자』를 계승하였음을 나타내 주는 부분이기도 하다. 유가가 제창한 인의예악仁義禮樂을 두고 『장자』는 "중국의 군자들은 인의에는 밝았으나 사람의 마음에는

初. 同乃虛, 虛乃大, 合喙鳴, 喙鳴合, 與天地爲合. 其合緡緡, 若愚若昏, 是謂玄德, 同乎大順."
58) 『文子』, 「道德」, "畜之養之, 遂之長之, 兼利無擇, 與天地合, 此之謂德."
59) 『莊子』, 「大宗師」, "夫堯旣已黥汝以仁義, 而劓汝以是非矣."
60) 『莊子』, 「駢拇」, "自虞氏招仁義以撓天下也, 天下莫不奔命於仁義."
61) 『莊子』, 「馬蹄」, "毁道德以爲仁義, 聖人之過也."
62) 『莊子』, 「在宥」, "昔者黃帝始以仁義攖人之心.……天下脊脊大亂, 罪在攖人心."

어두웠다'라고 말하기도 했다. 『장자』가 볼 때, 인의란 인간 본성에 가해진 형벌이자 정신을 가두는 감옥이며, 이와 동시에 천하를 혼란스럽게 만드는 원인에 불과하다. '인의의 죄악'이란 바로 인간의 마음을 미혹시켜 도와 덕을 타락하게 만든 것이다. 즉 인간에게 인의란 자연스러운 본성을 해치고 손상하게 만드는 불필요한 것으로서, 『장자』의 말을 빌리자면 흡사 말에게 덧씌우는 굴레이자 몸에 새기는 낙인과도 같다. 도가의 기본적인 관점 가운데 하나가 바로 모든 인위적인 속박에서 벗어나야 한다는 것이다. 인간의 삶이란 이를 옭아매는 각종 올가미 속에서 고통스러울 수밖에 없기 때문이다. 유가에서 말하는 인의 역시 인간 본성을 옭아매는 족쇄이다. 이러한 측면에서 『장자』는 인의에 문제를 제기하며, 인의를 도덕과 동일시 하는 것을 부정한다. 이는 어쩌면 니체의 '가치전도'와도 비슷해 보인다.

　『장자』는 전국시대 중후기에 이르러 서서히 완성되었는데, 이 시기는 그야말로 '기세도명'의 시기이자 '흑백전도'의 시기이며 '지록위마'의 시기 였다. 장자의 말대로 하자면, "허리띠의 장식을 훔친 자들은 잡혀서 형벌을 받지만, 나라를 훔친 자들은 오히려 제후가 되니, 제후의 문하에 항상 인의가 내걸려져 있던"[63) 시기이다. 이러한 시대 속에서 오직 『장자』만이 인의라는 명분을 빌려 인의에 반하는 행위를 자행하는 전국시대의 현실을 폭로하였다. 한번 생각해 보라. 스스로가 명분 혹은 수단으로 전락하여 자신을 낳은 제도와 체제를 무너뜨리는 아이러니함이 대체 어디 있겠는가? 이보다 더 황당하고 실망스러운 일이 또 어디에 있겠는가? 『장자』 역시 전국시대 중후기에 발생했던 전반적인 사회정치적 변동을 꿰뚫어 보았던 것 같다. 그 변동이란 다름 아닌 '덕－례 체계'로부터 '도－법 체계'로의 전환을 가리킨다. 장자는 가치 관념으로서의 인의는 이미 유명무실해졌으 며, 심지어 위선적인 것으로 전락하고 말았다고 신랄하게 비판하였다. 나아가 인의는 인간의 고유한 본성도, 도덕의 참된 면모도 아니며, 오히려

---

　63) 『莊子』, 「胠篋」, "彼竊鉤者誅, 竊國者爲諸侯, 諸侯之門而仁義存焉."

도덕이 쇠락하였다는 표상이자 그 원인일 뿐이라고 보았다. 이처럼 『장자』
는 거듭하여 시대의 조류를 거슬러 움직였다. 그는 당시 사람들이 신격화하
는데 몰두했던 황제黃帝[64]가 사실은 인의의 '시작용자始作俑者'일 뿐이라고
지적하면서, 인의란 도덕이 몰락하고 소멸함으로써 생겨난 산물에 지나지
않는다고 비판하였다.

> 황제黃帝가 처음 인의로써 사람들의 마음을 어지럽혀 놓았다. 뒤이어 요와
> 순이 허벅다리의 살이 마르고 정강이의 털이 닳도록 고생하면서 천하
> 사람들의 형체를 기르고자 항상 근심하고 마음을 써 가며 인의를 실행하였
> 으며 심혈을 기울여 법도를 제정하였다. 그런데도 여전히 부족함이 있었는
> 지 요는 환두를 숭산으로 추방하였고, 삼위지역에 삼묘국을 만들고, 공공
> 을 유주로 유배를 보냈다. 이는 오히려 천하가 다스려지지 않았다는 것을
> 증명해 준다. 삼대 제왕의 시기에 이르러 천하에는 다시 큰 소동이 일어났
> 다. 아래로는 걸왕과 도척이 일어나고 위로는 증삼과 사추가 나타났다.
> 유가와 묵가의 논쟁이 분분하게 발생하면서 자신의 편을 좋아하고 상대방
> 에게 분노하면서 서로 시기하였고, 스스로 지혜롭다고 여기고 남을 어리석
> 다고 하면서 서로 모욕하였으며, 스스로는 선하고 남은 선하지 않다고
> 하면서 서로를 비난하였고, 자신의 의견만 믿을 만하고 남의 의견은 허황하
> 다고 서로 조롱하였다. 천하의 기운이 이로부터 점차 쇠퇴해졌고, 큰 덕은
> 갈라지고 타고난 성명의 실정은 흩어져 어지러워졌다. 세상에 지모와
> 기교가 난무하니 백성들 사이에는 더욱 갈등이 심해졌다. 이에 도끼와
> 톱으로 제재하고, 예법으로 척살하고, 형벌로 처결하게 되었다. 이처럼
> 천하가 크게 분분하며 혼란스러워진 것은 사람들의 마음을 어지럽힌
> 잘못이다. 따라서 현자는 높은 산 깊은 골짜기에 은둔하는데, 만승의 군주
> 는 조정의 높은 자리에 있으면서 항상 두려움에 떤다.[65]

---

64) 『莊子』 속에 등장하는 黃帝의 모습은 전국시기 및 진한시기의 기타 저작에 등장하는
   것과 사뭇 다르다. 이 점은 주의 깊게 살펴볼 가치가 있다. 자세한 논의는 졸고 『莊子』
   混沌話語: 政治隱喩與哲學敘事』(『道家文化研究』 제29집에 수록)를 참고할 것.
65) 『莊子』, 「在宥」, "黃帝始以仁義攖人之心, 堯舜於是乎股無胈, 脛無毛, 以養天下之形, 愁其五藏
   以爲仁義, 矜其血氣以規法度. 然猶有不勝也. 堯於是放讙兜於崇山, 投三苗於三峗, 流共工于幽
   都, 此不勝天下也夫. 施及三王, 而天下大駭矣. 下有桀跖, 上有曾史, 而儒墨畢起. 于是乎喜怒相

옛 시대의 사람들은 혼돈망매한 상태에 머물렀으니, 온 세상이 담담한 태도로 서로에게 무언가를 요구하지 않았다. 당시에는 음양의 기운이 유순하게 조화를 이루어 안정되었으며, 귀신이 찾아와 훼방을 놓는 일이 없었으며, 사시가 모두 절도에 들어맞았고, 만물이 해를 입지 않았다. 모든 생명이 요절하지 않았고, 사람들에게 지모가 있어도 쓸 일이 없었다. 이를 완전하고 순일한 경지라고 부른다. 당시에는 그 어떤 작위하는 바 없이 만물이 본래 그러함에 따를 수 있도록 하였다. 그런데 덕이 쇠퇴하고 수인과 복희가 천하를 다스린 시기에 접어들면서 백성들의 마음을 따르기는 하지만 이전과 같은 완전하고 순일한 경지로는 돌아갈 수 없었다. 덕이 더욱 쇠락하여 신농과 황제黃帝가 천하를 다스린 시기에 이르러서는 천하를 안정시킬 수는 있지만, 백성의 마음을 따를 수는 없었다. 덕이 더욱 쇠락하여 요와 순이 천하를 다스린 시기에 이르면, 교화가 크게 일어나 순박함이 사라지고 본래의 소박함이 흩어졌으며, 도를 버리고 작위를 행하고 부족한 덕으로 일을 실행하였다. 그런 다음에는 본성을 버리고 간교한 마음을 따르면서 상대방의 마음을 살펴대기에 바빴으니 천하가 안정될 수 없었다. 그런 다음에는 겉치레를 더하고 학문을 넓혀 갔는데, 겉치레는 본래의 소박한 상태를 망가뜨렸으며, 학문은 마음을 파묻었다. 그러고 난 후 백성들은 혼란에 빠졌고 다시는 본래의 순박한 성정으로 돌아올 수 없었고, 처음의 상태를 회복할 수 없게 되었다.[66]

초기 문헌 속에서 '덕이 쇠하였다'(德衰)라고 하는 표현은 일반적으로 정치적 맥락에서 등장하는 정치 담론에 해당한다. 하지만 위 인용문에 등장하는 '덕이 쇠하였다'라는 말은 이미 철학화가 이루어진 것이다. 『장자』에서 도와 덕은 인의보다 더 높은 경지로서, 진정한 가치의 근원이면서

疑, 愚知相欺, 善否相非, 誕信相譏, 而天下衰矣; 大德不同, 而性命爛漫矣; 天下好知, 而百姓求竭矣. 于是乎釿鋸制焉, 繩墨殺焉, 椎鑿決焉. 天下脊脊大亂, 罪在攖人心."

66) 『莊子』, 「繕性」, "古之人, 在混芒之中, 與一世而得澹漠焉. 當是時也, 陰陽和靜, 鬼神不擾, 四時得節, 萬物不傷, 群生不夭, 人雖有知, 無所用之, 此之謂至一. 當是時也, 莫之爲而常自然. 逮德下衰, 及燧人伏羲始爲天下, 是故順而不一. 德又下衰, 及神農黃帝始爲天下, 是故安而不順. 德又下衰, 及唐虞始爲天下, 興治化之流, 澆淳散樸, 離道以善, 險德以行, 然後去性而從於心. 心與心識知而不足以定天下, 然後附之以文, 益之以博. 文滅質, 博溺心, 然後民始惑亂, 無以反其性情而復其初."

정신적 기초이다. 만약 철학이 무언가를 캐묻는 과정이라고 한다면, 『장자』의 철학은 바로 이러한 점을 잘 드러내고 있다. 『장자』에서 제시하는 '도의 세계'란 바로 인간이 머물러야 하는 '정신의 낙원'이며, '도의 진리'란 삶의 목적을 제시해 주는 인도적인 힘이다. 정리하자면, 『장자』는 인간이 도와 덕이라는 참된 상태, 즉 '도의 세계'로 돌아가야만 타고난 성과 명이 꾸밈없이 발휘되어 인간의 본성이 비로소 인의와 예악이라는 속박과 질곡에서 벗어나 '거꾸로 매달리고'(倒懸) '거꾸로 뒤집힌'(倒置) 고통에서 해방되고, 나아가 만물을 넘어 자유롭게 소요하는 경지에 도달할 수 있게 된다고 말한다. '물고기가 강과 호수에서 서로를 잊고 편안히 살아간다'라는 『장자』의 우화가 간접적으로 정치적 희망을 표현한 것이라면, '도와 덕을 타고 떠돈다' 혹은 '덕이 지극하던 시대'(至德之世)와 같은 표현은 모두 직접적으로 '도의 세계'를 묘사하였다고 볼 수 있다.

> 덕이 지극하던 시대(至德之世)에는 현능함을 모범으로 삼지 않고, 재능을 발휘하게 시키지 않는다. 왕은 그저 높은 곳의 나뭇가지와 같으며, 백성들은 들판의 사슴과 같을 뿐이다. 행실은 단정하지만 의義가 무엇인지는 알지 못하고, 서로 친애하지만 인仁이 무엇인지는 알지 못하고, 내면의 마음에 충실하지만 충忠이 무엇인지는 알지 못하고, 언행이 합당하지만 신信이 무엇인지는 알지 못한다.…… 따라서 행실에 어떤 흔적이 남지 않으며, 그 어떤 치적도 전해지지 않는다.[67]

> 덕이 지극하던 시대(至德之世)를 알지 못하는가?…… 당시에는 백성들이 매듭을 묶어 일을 기록하고, 자신들이 먹고 마시는 음식을 달다고 여겼으며, 입은 옷을 아름답다고 여겼으며, 습속을 즐겁다 여겼으며, 머무르는 거처를 편안하다고 여겼다. 이웃 나라끼리 서로 훤히 들여다볼 수 있었으며, 닭이 울고 개가 짖는 소리를 서로 들을 수 있었지만 백성들은 태어나서 죽을 때까지 서로 왕래하는 일이 없었다.[68]

---

67) 『莊子』, 「天地」, "至德之世, 不尙賢, 不使能, 上如標枝, 民如野鹿. 端正而不知以爲義, 相愛而不知以爲仁, 實而不知以爲忠, 當而不知以爲信.……是故行而無迹, 事而無傳."

덕이 지극하던 시대(至德之世)에는 금수들과 함께 머물고 만물과 함께 어울릴 수 있었으니, 군자와 소인의 구별이 어떻게 있을 수 있었겠는가? 누구도 지모와 기교를 사용하지 않아 본성을 잃는 법이 없었으며, 누구도 탐욕을 부리지 않아 소박하고 순수한 상태를 유지할 수 있었다. 소박하고 순수한 상태에서는 백성들의 본성을 지킬 수 있다.[69]

남월에 건덕지국建德之國이라는 지역이 있다. 이곳에 사는 백성들은 단순하고 순박하며 사사로움과 욕망이 적다. 농사를 지을 줄만 알지 따로 저장할 줄은 모르고, 남을 도와주지만 보답을 바라지 않는다. 어떻게 해야 의義에 부합하는지를 모르고, 어떻게 해야 예禮라고 할 수 있는지를 모른다. 그저 마음이 하고자 하는 바에 따라 행하지만 모두 도에 들어맞는다.[70]

'덕이 지극하던 시대', 즉 지덕지세至德之世에 관한 이와 같은 서술에는 노자의 소국과민小國寡民이라는 유토피아적 이상이 잘 나타나 있다. 지덕지세의 근본적인 특징이란 『노자』의 말을 빌리자면 바로 현동玄同에 있다. 즉 '금수들과 함께 머물고 만물과 함께 어울릴 수 있다'(同與禽獸居, 族與萬物並)는 것이다. 그런데 한 가지 흥미로운 점은, 정치적, 윤리적 이상으로서 현동이 유가 경전 『예기』 「예운」에서 묘사하는 '큰 도가 행해져 천하가 공평무사해진' 대동大同사회와는 정반대의 모습을 띤다는 것이다. 이는 마치 현덕이 명덕과 반대의 의미를 지니는 것과 같은 이치로 이해할 수 있는데, 이 점에 관해서는 깊이 생각해 볼 가치가 있다.

이와 같은 맥락에서 노자가 생각하는 이상적 인간상, 즉 성인은 바로 현덕을 체현한 인물로 나타나며, 성인의 주된 덕목은 '유약', '암컷의 성질을 지킴', '낮은 곳에 처함', '다투지 않음', '자애', '검약', '천하를 인도하고자

---

68) 『莊子』, 「胠篋」, "子獨不知至德之世乎?……當是時也, 民結繩而用之, 甘其食, 美其服, 樂其俗, 安其居, 鄰國相望, 雞狗之音相聞, 民至老死不相往來. 若此之時, 則至治矣."

69) 『莊子』, 「馬蹄」, "夫至德之世, 同與禽獸居, 族與萬物並, 惡乎知君子小人哉! 同乎無知, 其德不離; 同乎無欲, 是謂素樸, 素樸而民性得矣."

70) 『莊子』, 「山木」, "南越有邑焉, 名爲建德之國. 其民愚而樸, 少私而寡欲; 知作而不知藏, 與人而不求報; 不知義之所適, 不知禮之所將; 猖狂妄行, 乃蹈乎大方."

하지 않음' 등으로 그려진다. 『장자』에서도 역시 신인神人, 지인至人, 진인眞人
등에 가탁하여 인간 본성의 이상을 묘사하였다.

> 머나먼 고야산에 신인이 살고 있는데 피부는 눈꽃처럼 희고 그 자태가
> 처녀처럼 부드럽고 아름답다. 평소 오곡을 먹지 않고 바람과 이슬만 먹으며
> 살면서 구름을 타고 용을 부려 사해의 밖을 마음껏 돌아다닌다. 그가
> 정신을 집중하면 다른 사물로부터 어떤 해도 입지 않고 곡식이 풍요롭게
> 자라난다.…… 그로 말하자면 그 덕은 모든 만물과 두루 화합할 수 있다.
> 세상 사람들이 모두 분란 일으키기를 좋아하는데 누가 고생스럽게 세상의
> 일들에 관여하고자 하겠는가! 그러한 사람은 외물이 그에게 해를 입힐
> 수 없고 대찬 물이 차올라 하늘에 닿아도 빠져 죽지 않으며, 큰 가뭄이
> 들어 쇠와 돌이 녹고 산의 흙이 모두 갈라져 내려도 뜨거움을 느끼지
> 못한다.[71]

> 지인의 신묘함은 극치에 달했다. 산림이 전부 타올라도 그를 뜨겁게 만들
> 수 없으며, 강과 하천이 얼어붙어도 그를 차갑게 만들 수 없을 것이다.
> 거센 천둥이 온 산을 뒤흔들어도 그를 다치게 할 수 없으며, 광풍이 몰아쳐
> 온 바다가 일렁여도 그를 두렵게 만들 수 없다. 이러한 지인은 구름을
> 타고 해와 달을 몰아 사해의 밖에서 노닌다. 생사의 변화조차 그에게
> 영향을 줄 수 없는데, 어찌 이해관계나 따지겠는가?[72]

> 덕이 지극한 자는 불로도 그를 타게 할 수 없고, 물로도 그를 잠기게
> 할 수 없으며, 더위와 추위가 그를 상하게 할 수 없고, 온갖 짐승도 그를
> 해칠 수 없다.[73]

---

71) 『莊子』, 「逍遙游」, "藐姑射之山, 有神人居焉, 肌膚若冰雪, 淖約若處子. 不食五谷, 吸風飲露, 乘
雲氣, 禦飛龍, 而遊四海之外. 其神凝, 使物不疵疠而年谷熟……之人也, 之德也, 將旁礴萬物以
爲一, 世蘄乎亂, 孰弊弊焉以天下爲事! 之人也, 物莫之傷. 大浸稽天而不溺, 大旱金石流土山焦而
不熱."
72) 『莊子』, 「齊物論」, "至人神矣! 大澤焚而不能熱, 河漢冱而不能寒, 疾雷破山風振海而不能驚. 若
然者, 乘雲氣, 騎日月, 而遊乎四海之外. 死生無變于己, 而況利害之端乎!"
73) 『莊子』, 「秋水」, "至德者, 火弗能熱, 水弗能溺, 寒暑弗能害, 禽獸弗能賊"

옛날의 지인至人은 인仁을 빌리고 의義에 가탁한 채, 소요의 경지에서 노닐었다. 단순하고 간소한 들판에서 살면서 은혜를 베풀지 않는 농원에서 뜻을 세웠다. 이렇게 함으로써 소요와 무위를 실천할 수 있었는데, 간략함을 추구하였기에 쉽게 만족할 수 있었고 은혜를 베풀고자 하지 않았기에 스스로 소모되는 일이 없었다. 옛날 사람들은 이를 '참된 바를 찾아나가는 여행'이라고 불렀다.[74]

인용한 내용을 통해 보면, 이른바 지덕지세至德之世 혹은 지덕자至德者라는 형상은 '소요유逍遙遊'라는 이상과 경지를 표현하고 있음을 알 수 있다. 장자의 자유분방한 글은 '죽은 자들이 온 성을 가득 메우고 있는' 전국시대의 비극적인 참상을 문자 그대로 '피눈물을 흘리며' 고발하는 한편, 덕성 담론을 통해 인간 본성과 사회정치에 관한 희망과 이상을 노래한다. 정확히 말해, 『노자』와 『장자』의 '초-도덕론'은 인의와 그것이 기초로 하는 봉건 종법구조를 비판하고 극복하고자 한다. 이들은 우선 인간의 자연성이라는 개념을 바탕으로 인의와 예악에 대한 비판을 진행하고, 나아가 인간 본성의 줄기를 따라 '신명지덕'으로 통하는 경로를 제시하며, 이를 토대로 비범한 사회정치 이론과 윤리학을 구축해 나간다. 그 진정한 의의란, 실질적으로 제도를 고안하기 위해 어떤 상세하고 '건설적인 의견'을 제시한 것이 아니라, 사회정치 및 문화에 대한 비판의식을 타협, 관용, 변절 없는 일관적인 태도로 드러내고자 한 데에서 찾아볼 수 있다. 노자 이래 도가는 인간 본성의 왜곡과 소외를 온 힘을 다해 규탄하였으며, 제도화된 사회구조와 그에 수반되는 이데올로기가 인간의 마음을 옭아매는 것에 강력히 반대하였다. 이러한 점에서 보면, 유가가 수호하는 명교名教를 비판하고 해체하고자 하는 도가의 시도는 분명 큰 의미를 지닌다.

---

74) 『莊子』, 「天運」, "古之至人, 假道于仁, 托宿于義, 以遊逍遙之虛, 食于苟簡之田, 立于不貸之圃. 逍遙, 無爲也; 苟簡, 易養也; 不貸, 無出也. 古者謂是采眞之遊."

제2장

제도: 황로 정치철학의 신新사유

전국 중기 이래, 도가 황로학은 도와 법, 혼돈과 질서의 사이의 복잡한 관계 속에서 정치철학의 문제를 사고하는 경향을 보였고, 이 과정에서 기존의 왕도王道와 패도霸道를 벗어나는 독창적이고 새로운 사유방식, 즉 제도帝道를 제시하였다. 사상적으로 보면, 이는 새로운 담론 체계이자 이론 모델로서 왕도와 패도를 겨냥하는 매우 뚜렷한 시대성을 지닌다. 이상주의적인 유가가 왕도를 추존하였다고 한다면, 현실주의적인 법가는 패도에 주목했다고 할 수 있다. 깊이 분석해 보면, 도가 황로학파가 창안해 낸 제도는 법에 대한 법가(신도, 한비자 등)의 설명을 더욱 풍부하게 하고 그에 복잡하고 깊은 함의를 부여해 주었으며, 유가 정치철학의 핵심에까지 스며들어 유가의 왕도 관념을 한층 발전시키기도 하였다. 이러한 과정을 거쳐 황皇·제帝·왕王·패霸는 정치철학을 논의하고 정치적 희망을 표현하는 이론 모델로 자리 잡게 되었다. 이런 점을 볼 때, 도가 황로학파가 새롭게 창안해 낸 제도는 더없이 중요한 의미를 지닌다.

1. 덕-례 체계의 와해와 왕패지도의 성쇠

이처럼 황로학은 혼돈과 도와 법, 혼돈과 질서 사이의 복잡한 사상 공간 속에서 정치철학의 문제를 사고해 나갔고, 이러한 노력의 결과로 왕도와 패도를 넘어서기 위한 새로운 사유방식, 즉 제도帝道 혹은 제왕지도帝王之道를 제시하였다. 사상사의 측면에서 보면, 새로운 담론 체계이자 이론 모델로서 이러한 사유방식의 출현은 결코 우연이 아니다. 이상주의적인 유가가 왕도를 추존하고 현실주의적인 법가가 패도에 주목했다고 한다면, 도가 황로학파는 새로운 방향의 문을 열어젖혔다.

제자백가가 일어나게 된 사상적 동기는 바로 당시 사회의 온갖 병폐로부터 세상을 구제하려는 것이었다. 이러한 사상적 동기의 원인과 형성 맥락을 고찰해 보려면, 무엇보다 춘추전국시대 정치−사회 구조의 혁명적인 전환, 즉 봉건제(정치와 사회 두 측면에서의 종법 구조를 기초로 하는 초기 국가)에서 군현제(중앙집권적 군주제를 기초로 하는 왕조국가)로의 전환이라는 거대한 역사의 흐름 속에서 그 법칙을 찾고 발견해 나가야 한다. 졸고 『덕례지간』에서도 밝힌 바 있듯, 축의 시대 이전에서 축의 시대로의 전환이라는 문화사적 관점의 설명은, 사상사적 관점에서 보면 제자백가 이전에서 제자백가 시기로의 '철학적 돌파'와 서로 대응될 수 있다. 구체적으로 말해, 이는 덕−례 체계에서 도−법 체계로의 탈바꿈을 의미한다.

공자는 '예악의 붕괴'라는 말로 그가 처한 시대(춘추 말기에서 전국 초기)의 정치적 무질서 상태를 요약하고, 시대의 아픔을 통감한 바 있다. 전국시대에 이르러 왕도(주나라의 덕)는 점차 쇠퇴하고 패도는 날로 횡행하였는데, 당시 이와 같은 국면은 이미 돌이킬 수 없는 상황이었다. 그렇다면 당시의 유가사상은 현실을 어떻게 인식하고 어떤 지향점을 가지고 있었을까? 그레이엄(A. C. Graham)은 유가가 당시의 역사적 추세에 대해 보수적 대응1)을 취했다고 설명하였는데, 이러한 설명은 상당한 통찰력을 지니고 있다. 실제로 공자가 말한 정명正名은 주례周禮를 회복하려는 시도이자, 동시에 주례에 부합하지 않는 모든 변법(즉 국부적 개혁 조치의 총화)에 대한 반대였기 때문이다. 이와는 달리, 도가 특히 황로학파의 경우 이 거대한 역사의 물결에 대해 아주 냉철하고도 적극적인 반응을 보였다. 어떤 의미에서 황로(다른 의미에서 '도법

---

1) A. C. Graham, 『論道者: 中國古代哲學論辯』(張海晏 역, 북경: 중국사회과학출판사, 2003), 11쪽.

갸라고도 칭함)와 법가야말로 진정으로 시대정신을 대표하였다고 볼 수 있다.

　'혼돈과 질서'라는 범주에서 분석해 보자면, 이른바 '왕도가 몰락'하고 '주례가 쇠퇴'하고 '예악이 붕괴'하던 상황, 즉 정치와 사회가 질서와 규범을 잃어 가던 당시의 상황은 사상적으로 극심한 혼돈의 국면이었다. 이러한 상황 속에서 어떻게 무너진 질서를 재건할 것인가 하는 고민은 단순히 체계적인 제도 장치를 고안해 내는 데 그칠 것이 아니라, 이론적으로 그 합리성을 설명하는 것으로 나아가야 했다. 이는 당시의 제자백가 특히 유가, 도가(특히 황로학) 그리고 법가가 직면한 매우 중요한 문제였다. 구체적으로 보면, 춘추전국시대의 현실 정치와 이론적 사고 간에는 일종의 '풀려고 하면 할수록 더욱 엉켜 가는' 복잡한 관계가 형성되어 있었으니, 우리는 이를 (장자의 말을 빌려) '혼돈'이라고 부를 수 있을 것이다. 이러한 혼돈의 상태를 돌파하고자 하는 두 가지 질서 모델이 바로 왕도王道와 패도霸道다. 이는 당시 정치 인사들이 특히 주목하였던 문제이면서, 동시에 당시 철학자들의 사고를 구성하던 현실적 배경이었다. 이를 도와 법 사이의 사상 공간에서 생각해 보면, 이른바 '제도帝道' 혹은 '제왕지도帝王之道', '제왕지덕帝王之德'이라고 하는 이론구조 및 사상 내용은 바로 노장철학이 다루었던 '도덕지의道德之意'의 연속이자 심화 버전이면서, 이전의 덕―례 체계 속에 존재하는 합리적 요소를 포용하여 서로 균형을 이루고자 했던 시도의 결과라는 것을 알 수 있다. 이러한 새로운 이론구조는 기존에 없던 새로운 질서를 끊임없이 추진해 나갔다. 필자는 이 질서체계를 우선 '도―법 체계'라고 부르고자 한다. 즉 '도―법 체계'란 황로 정치철학이 낳은 새로운 질서 이념으로, 기존의 덕―례 체계의 제도와 관념을 일부 포용, 이를 내적으로 융화시켜 낸 결과이며, 예와 법을 서로 조화시켜 균형을 이루고자 했던 이론적 노력의 산물이다.

　제도帝道는 황로 정치철학의 신사유로서 고대 정치철학의 사고에 큰 영향을 미쳤다. 진한 이래로 모든 왕조 국가들은 소위 '백 대에 걸쳐 진나라의 제도를 답습한다2)'는 역사의 법칙을 따라왔다. 진한의 제도는 일반적으로 왕도와 패도의 혼합, 예와 법의 혼합이라 이해되었다. 하지만 필자가 볼 때, 이러한 특징들만으로는 진한시기 정치질서의 특징을 설명하기에 부족함이 있으며, 이를 한층 더 깊은 차원에서 분석하고 살펴보아야 한다. 따라서 우선 군현제가 봉건제를 대체하는 거대한 역사적 흐름 속에서 황로 정치철학의 신사유가 어떤 역할을 하였으며, 그것과 유가 정치철학의 사유방식(예를 들면, 동중서)과는 어떤 공통점과 차이점이 있는지, 유가와 도가(황로)의 정치철학 사이에는 어떤 교류와 상호 영향이 존재했는지 등의 문제를 논의해 보겠다. 이상의 문제들에 주목하면서, 우선 왕도와 패도를 고찰하는 것으로 논의를 시작하도록 하자.

1) 왕도

전통적인 설명 방식에 따르면 왕도王道의 출처는 『시경』과 『서경』으로 거슬러 올라간다. 실제로 '육경' 속에는 '왕도'라는 말이 상당수 등장한다. 『시경』에서 말한 '왕도탕탕王道蕩蕩' 등이 그 대표적인 사례다. 그런데 특히 주목할 것은, 왕도가 서주 초기에 창설된 '덕-례 체계'를 가리킨다는 사실이다. 이는 정치사회 제도 및 그 위에 세워진 문화, 윤리, 사상 등의 각 측면을 포함하며, '주덕周德', '주례周禮', '주문周文' 등으로 불리기도 하였다. 왕도는 특히 유가에 의해 찬양되고 칭송되었는데, 유가에서는 이를 '시교詩敎', '문교文敎', '예교禮敎', '덕교德敎', '명교名敎' 등으로 부르기도 하였다. 이는 바로 '교敎', 즉 그것의 교화 체계로서의 의미를 강조한 것이다. 정리하자면, 왕도의 요점은 바로 덕德과 예禮라는 두 가지 측면에 있다고 할 수 있다.

---

2) 역자 주: 일반적으로 후대에까지 영향을 미친 진나라의 제도에는 군현제, 문자 및 도량형의 통일, 도로의 확립 등이 포함되며, 여기에서는 주로 군현제를 지칭한다. 중국 최초의 통일국가였던 진나라는 기존의 봉건제를 무너뜨리고 군현제를 통한 중앙집권체제를 확립하였다. 이후 한고조 유방이 봉건제와 군현제를 혼합한 군국제를 시행하기도 하였으나, 한무제에 이르러 다시 군현제가 시행되었고 이는 이어지는 중국 왕조역사에 걸쳐 변함없이 계승되었다.

만약 왕도를 어떤 하나의 '척도'라고 말한다면, 덕은 가치 척도에 해당하며, 예는 정치・사회・생활을 규정짓는 행위준칙에 해당한다.

왕도정치는 본질적으로 말하면, 귀족(세습)정치에 속한다. '봉건'과 '작록의 세습'을 통해 정치 구조와 사회 구조가 상호 내포적 관계를 이루는 종법 체계를 구축하는 것, 즉 덕과 지위가 서로 정합 관계를 이루는 것이 바로 왕도의 기본적인 특징이다. 왕도의 추종자이자 수호자로서, 유가는 '덕-례 체계' 위에 다른 체계를 구축하거나 그 어떤 이질적인 요소(예를 들면 '법'과 같은)가 '덕-례 체계' 속으로 유입되는 것을 강력하게 반대하였다. 왕도는 유가의 과거 황금기를 추억하게 해 주는 요소로서, 이미 유가 정치사상의 신념으로 굳게 자리를 잡았기 때문이다.

하지만 황로학의 경우는 유가와는 달랐다. 황로학은 시대의 변화에 따라 탄생하게 된 사상으로서 시대의 추이에 따라 많은 것이 변화해 왔고, 또 앞으로도 계속해서 변화해 나갈 운명이었기 때문이다. 춘추전국시대의 사회 변동이 매우 격렬했다는 사실은 이 시기가 하나의 역사적 변곡점이었다는 것을 잘 말해 준다. 구시대의 '덕-례 체계'가 규정하는 각종 사회관계는 이미 많은 변화를 맞이하였다. 귀속 지위(ascribed status)는 성취 지위(achieved status)에 의해 대체되었고, 계약 관계는 기존의 가족 관계를 대체해 나갔다. 이처럼 반反전통적 추세는 날로 심화해 갔다.3) 이렇게 보면, '덕을 중시하는 자'(貴德) 아니면 '능력 있는 자를 높이는 자'(尚賢, 使能)는 단순히 유가와 묵가 간의 가치관 차이에서 기인한다기보다, 더 나아가 사회정치적 추세에 관한 두 학파의 확연히 구분되는 이해 방식을 반영하고 있다고 볼 수 있다.

이어서 공자와 맹자의 시대 및 인물에 대한 평가에 근거하여, 그들이 이해했던 왕도의 원칙에 관해 분석해 보도록 하자. 『춘추』에서는 '천자가 하양으로 사냥을 나갔다'(天王狩于河陽)라는 기록이 등장하는데, 『좌전』 희공 28년에서 이를 다음과 같이 해석하였다.

---

3) 許倬雲, 『中國古代社會的特質』(북경: 신성출판사, 2006), 169・184쪽.

이 회맹은 진나라 제후가 천자를 소환한 것으로, 그는 제후를 거느리고 천자를 알현하고자 천자에게 사냥을 나오도록 하였다. 공자는 이 일을 두고 "신하로서 임금을 소환한 것은 본보기로 삼을 수 없다"고 여겼기에 『춘추』에서는 "천자가 하양으로 사냥을 나갔다"라고만 적었다. 이는 (사냥을 나간 곳이) 천자의 땅이 아님을 말하면서 동시에 진나라 제후의 덕을 밝힌 것이다.[4]

이 사료에서는 진문공晉文公이 성복 전투 이후 보인 패도의 행적을 기록하고 있다. 진문공이 주왕을 하양河陽 땅으로 불러들인 것은 당연히 죽음으로도 모자라는 결례 행위다. 따라서 공자는 이를 '본보기로 삼을 수 없다'고 말했다. 그러나 '천자가 하양으로 사냥을 나갔다'(天王狩于河陽)는 『춘추』 기록에서는 이러한 내용이 명확하게 드러나 있지 않다. 즉 공자는 이 같은 내용을 언급하는 것을 꺼렸던 것으로 볼 수 있다. 사마천은 이를 다음과 같이 기록하고 있다. "공자는 사서에서 진문공의 기록을 읽고 '제후가 천자를 소환하는 일은 있을 수 없다'라고 말했는데, 『춘추』에서는 '천자가 하양으로 사냥을 나갔다'라고만 하여 이 일의 언급을 피했다."[5] 그런데 다른 한편에서 공자는 진문공이 외적을 물리쳐 왕실을 구한 공로를 인정하면서 이를 '명덕明德'이라 칭하기도 하였다. 예법에 맞지 않는 참람된 행동은 왕도에 어긋나지만, '존왕양이'(천자를 높이고 오랑캐를 물리침)의 행적은 '명덕'이라 여겨졌으니, 이는 춘추시대 패도霸道가 지녔던 양면적 성격이라 하겠다. 그러니 공자가 진문공 중이重耳를 두고 "간사하고 바르지 않다"(『논어』, 「헌문」)라고 평가한 것도 어쩌면 당연한 일이다. 이처럼 공자가 춘추시대의 풍운아 (관중, 자산 등)들을 평한 내용은 분명 어느 정도 일관성을 잃고 모순된 모습을 보이는 것이 사실이다.

---

4) 『左傳』, 僖公 28年, "是會也, 晉侯召王, 以諸侯見, 且使王狩. 仲尼曰: '以臣召君, 不可以訓.' 故書曰: '天王狩于河陽.' 言非其地也, 且明德也."
5) 『史記』, 「晉世家」, "孔子讀史記至文公, 曰: '諸侯無召王', '王狩河陽者, 春秋諱之也.'"

공자께서 말씀하셨다. "관중은 그릇이 작았도다!"

어떤 사람이 여쭈었다. "관중은 검소하였습니까?"

공자께서 말씀하셨다. "관중은 돌아갈 거처가 세 군데나 되었고 가신들이 많아 서로 일을 겸하지 않을 정도였는데, 어찌 검소하다고 하겠는가?"

"그렇다면 관중은 예를 알았습니까?"

"한 나라 임금의 거처라야 문 앞을 병풍으로 가리는 법인데, 관중의 집에서도 문 앞에 병풍을 쳤다. 한 나라의 임금이 다른 나라의 임금과 함께 연회를 할 때라야 술잔을 놓는 자리를 만드는 법인데, 관중 또한 술잔을 놓는 자리를 만들었다. 그런데도 관중이 예를 안다고 말한다면, 대체 누가 예를 모른다고 하겠는가?"6)

공자께서 말씀하셨다. "관중이 제환공의 재상이 되어 천하의 패권을 장악하게 함으로써 천하를 바로잡았으니, 백성들이 지금까지도 그 은혜를 받고 있다. 만약 관중이 없었더라면, 우리는 오랑캐의 침략을 받아 머리를 풀어헤치고 옷깃을 왼쪽으로 여미는 삶을 살았을 것이다."7)

어떤 사람이 자산에 관해 여쭈니, 공자께서 대답하셨다. "은혜로운 사람이다."8)

공자께서 자산에 대해 말씀하셨다. "그는 군자의 도 네 가지를 갖추었다. 행실이 공손하고, 공경으로 윗사람을 섬겼고, 백성을 은혜롭게 보살폈고, 백성을 부릴 때는 이치에 맞게 하였다."9)

공자 이래 유학자들은 대개 이러한 모순 속에서 관중을 평가하였으니, 이 점은 두말할 나위가 없다. 공자는 자산을 '은혜로운 자'(惠人), '군자君子'

---

6) 『論語』, 「八佾」, "子曰: '管仲之器小哉!' 或曰: '管仲儉乎?' 曰: '管氏有三歸, 官事不攝, 焉得儉?' '然則管仲知禮乎?' 曰: '邦君樹塞門, 管氏亦樹塞門; 邦君爲兩君之好, 有反坫, 管氏亦有反坫. 管氏而知禮, 孰不知禮?'"

7) 『論語』, 「憲問」, "管仲相桓公, 霸諸侯, 一匡天下, 民到于今受其賜. 微管仲, 吾其被髮左衽矣."

8) 『論語』, 「憲問」, "或問子産, 子曰: '惠人也.'"

9) 『論語』, 「公冶長」, "子謂子産: '有君子之道四焉: 其行己也恭, 其事上也敬, 其養民也惠, 其使民也義.'"

등으로 칭했으나, '인仁'하다는 말을 사용하지는 않았다. 맹자는 역시 자산을 비판하면서 "은혜롭기는 하나 위정의 도리를 알지는 못했다"(惠而不知爲政)라고 평가하였다. 이러한 복잡하고 혼란스러운 가치판단의 면모는 유학자들이 왕도와 패도 사이에서 일종의 딜레마 상태에 놓여 있었음을 방증한다.

유가 정치사상의 핵심 혹은 지향점은 바로 왕도에 있다. 그렇다면 유가가 생각하는 가장 이상적인 왕도란 무엇인가? 공자가 말한 '덕정德政', 맹자가 말한 '인정仁政', 후대 유가가 즐겨 사용한 '시교詩敎', '예교禮敎', '명교名敎' 등이 대략 이에 근접해 있다고 하겠다. 공자는 다음과 같이 말한다.

> 덕으로 정치를 하는 것은 북극성에 비유할 수 있다.10)

> 백성들을 정치로써 인도하고 형벌로써 다스리면, 백성들은 죄를 겨우 피했다고 하더라도 부끄러움을 알지 못하게 된다. 하지만 덕으로써 인도하고 예로써 다스리면, 백성들은 부끄러움을 알고 잘못을 바로잡게 된다.11)

덕정德政이라는 개념 속에는 서주西周에서 시작된 정치의 도덕화라는 사상적 경향이 분명히 내포되어 있다. 이는 덕화德化라는 유연한 방식의 국가 통치를 강조하는 동시에, 덕정과 형정刑政을 서로 대립적인 관계로 이해하고자 한다.(하지만 실제로 서주시기의 정치원칙은 德과 刑을 모두 포함하였다.) 유가에서는 법法이 형벌(刑)에 지나지 않는다고 보고 법을 통렬히 비판하였는데, 물론 이는 다소 편협한 측면이 있다. 『공총자』에는 공자와 문자가 예정禮政(즉, 덕정)과 형정의 관계에 관해 논한 내용이 있다. "예로써 백성들을 다스리는 것은 비유하자면 고삐를 잡고 수레를 모는 것과 같다. 이에 반해 형벌로써 백성들을 다스리는 것은 채찍질만으로 수레는 모는 것에 해당한다. 고삐를 잡고 말의 움직임을 조절할 수 있어야 수레를 잘 몬다고 할

---

10) 『論語』, 「爲政」, "爲政以德, 譬如北辰."
11) 『論語』, 「爲政」, "道之以政, 齊之以刑, 民免而無恥. 道之以德, 齊之以禮, 有恥且格."

수 있다. 고삐를 사용하지 않고 오직 채찍질만 해 댄다면 말은 어긋나고 말 것이다."[12] 맹자 또한 왕도정치의 가장 훌륭한 모범으로서 주나라 문왕이 기산을 다스렸을 때, '인을 베풀어 정사를 펼친'(發政施仁) 일을 들은 바 있다. 그가 생각한 왕도王道란 바로 인정仁政을 의미한다는 것을 알 수 있다. 게다가 맹자는 이에 관하여 매우 중요한 표현을 남기기도 하였는데, 즉 왕도와 인정의 본질이 바로 '차마 남을 잔인하게 대하지 못하는 정치'(不忍人之政)라는 것이다.

> 선왕들은 차마 남에게 잔인하게 굴지 못하는 마음을 가졌기 때문에 차마 남에게 잔인하게 굴지 못하는 정치를 했다. 차마 남에게 잔인하게 굴지 못하는 마음으로 차마 남에게 잔인하게 굴지 못하는 정치를 한다면, 천하를 다스리는 일도 손바닥 위에 올려놓고 굴리는 것처럼 할 수 있을 것이다.[13]

즉 맹자는 인정 혹은 왕도가 '동정심', 즉 '인심仁心'에 기초하고 있다고 본 것이다. 한마디로 말해, 유가 정치사상의 핵심은 바로 왕도를 모범으로 삼고, 덕정을 기초로 삼는다. 한대 유가에서는 이러한 점을 더욱 강조하였다. 예를 들면 다음과 같다.

> 성인은 덕과 예를 존중하고 형벌을 낮게 여긴다.
> 성왕들은 모두 덕에 의한 교화를 중시하고, 위력과 형벌을 가볍게 여겼다.
> 임금의 통치는 도道로써 하는 것이 가장 위대하고, 덕德으로써 하는 것이
> 가장 흥성하며, 교教로써 하는 것이 가장 아름답고, 화化로써 하는 것이
> 가장 영험하다.[14]

---

12) 『孔叢子』, 「刑論」, "以禮齊民, 譬之于禦, 則轡也. 以刑齊民, 譬之于禦, 則鞭也. 執轡于此而動于 彼, 禦之良也. 無轡而用策, 則馬失道矣."
13) 『孟子』, 「公孫丑上」, "先王有不忍人之心, 斯有不忍人之政矣. 以不忍人之心, 行不忍人之政, 治 天下可運之掌上."
14) 『潛夫論』, 「德化」, "(聖人)尊德禮而卑刑罰.", "聖帝明王皆敦德化而薄威刑.", "人君之治, 莫大 于道, 莫盛于德, 莫美于敎, 莫神于化."

범인들의 지혜로써는 이미 일어난 일은 볼 수 있어도 앞으로 일어날 일은 보지 못한다. 예는 일어나기 전에 방지하지만, 법은 일어난 후에 금지한다.
아직 생겨나지 않았을 때 악을 끊고, 경미한 단계에서 교화해 나가면 백성들이 스스로 알지 못하는 사이에 악을 멀리하고 선으로 나아가게 할 수 있다.[15]

법령이란 악을 벌하기 위한 것이지 선을 권하기 위한 것이 아니다.[16]

법은 사람들을 벌할 수는 있지만, 사람들을 청렴하게 만들 수는 없다. 사람들을 죽일 수는 있지만, 사람들을 인仁하게 만들 수는 없다.[17]

옛날에는 교화를 담당하는 관리를 두어 덕과 선으로써 백성들을 교화하는 데 힘쓰도록 했다. 이렇게 함으로써 백성들이 교화된 뒤에는 감옥에 갇히는 사람이 아무도 없었다.[18]

즉 한대 유가는 '법'(법률을 통한 강제)의 가치가 '덕'(예의와 풍속에 의한 교화)에 미치지 못함을 입을 모아 주장하였다. 이들은 탕왕과 무왕이 오랫동안 평안하게 나라를 다스렸던 반면, 진秦나라는 한순간에 패망해 버린 까닭이 바로 덕치와 법치의 차이에 있다고 보았다. 이처럼 유가는 극단적으로 덕치를 추앙하였으니, "덕과 예를 높이고, 형벌을 낮춘 것은 유가의 일치된 신앙"[19]이었다고 하겠다.

정리하자면, 유가는 열렬히 추존하는 한편, 패도를 반박하고자 힘썼다. 관중, 중이, 자산에 대한 공자의 완곡한 비판 속에서 우리는 이러한 경향을

---

15) 『大戴禮記』, 「禮察」, "凡人之智, 能見已然, 不能見將然; 夫禮者禁于將然之前, 而法者禁于已然之後.", "絶惡于未萌, 而起敬于微眇, 使民日徙善遠罪而不自知."
16) 『新語』, 「無爲」, "夫法令者, 所以誅惡, 非所以勸善."
17) 『鹽鐵論』, 「申韓」, "法能刑人而不能使人廉, 能殺人而不能使人仁."
18) 『漢書』, 「董仲舒傳」, "古者修教訓之官, 務以德善化民, 民已大化之後, 天下常亡一人之獄矣."
19) 瞿同祖, 『中國社會與中國法律』(북경: 중화서국, 2003), 313쪽.

확인할 수 있었다. 맹자는 심지어 "오패는 삼왕에 대한 죄인이다"[20]라고 말했고, 순자 또한 "공자의 문하생들은 어린아이들조차 오패를 칭송하는 것을 부끄럽다고 여겼다"[21]라고 하였다. 하지만 왕도가 붕괴하고, 패도가 흥기한 것은 어쩌면 역사의 이성적 선택이 아니었겠는가? 앞서 언급했듯, 공자 역시 이러한 현실 앞에서 모순된 태도를 보일 수밖에 없었다.

2) 패도

패도霸道를 일반적으로 사용하는 의미와 같이 '올바른 도리를 알지 못하는 것'으로 이해할 수 있을까? 앞에서 우리는 패도가 정치적 측면에서 '존왕양이'의 의미로 나타나는 것을 확인한 바 있다. 『좌전』 성공 2년에서는 "다섯 제후가 패자로 군림할 수 있었던 것은 이들이 고생하여 제후들을 돌보며 천자를 받들게 했기 때문이다"[22]라고 평가하였다. 찬반이 반반 뒤섞인 공자의 평가와는 달리, 사실 이러한 평가가 비교적 실제에 근접한 설명일 것이다. 『공양전』 성공 15년에서는 "『춘추』는 노나라를 안이라고 할 때는 다른 제후국을 밖이라고 하였고, 제후국들을 안이라고 할 때는 오랑캐를 밖이라고 하였다"[23]라고 하였다. 이는 바로 동중서가 칭송했던 정치 원칙이 아닌가? 한편 『공양전』 희공 4년에서는 "환공이 중국을 구하고 오랑캐를 물리침으로써 끝내 초나라를 굴복시켰다. 이것이 바로 왕자王者의 일이다"[24]라고 기록하였는데, 하휴는 이에 다음과 같은 주석을 남겼다. "환공이 우선 자신의 나라를 다스리고 다시 다른 제후국을 다스렸고, 다른 제후국들을 다스린 후에 다시 오랑캐들을 다스렸는데, 여기에서는 이것이 바로 왕자王者의 방식임을 말했다."[25] 그런데 역사적으로 놓고 보면, 패도의

---

20) 『孟子』, 「告子下」, "五霸者, 三王之罪人也."
21) 『荀子』, 「仲尼」, "仲尼之門, 五尺之竪子, 言羞稱乎五伯."
22) 『左傳』, 成公 2年, "五伯之霸也, 勤而撫之, 以役王命."
23) 『公羊傳』, 成公 15年, "『春秋』內其國而外諸夏, 內諸夏而外夷狄."
24) 『公羊傳』, 僖公 4年, "桓公救中國, 而攘夷狄, 卒帖荊. 以此爲王者之事也."

존재는 왕도에 대한 도전이었으며, 왕-패 간의 논쟁은 그 역사가 매우 깊다. 일반적으로 패도는 동주東周 춘추시대에 시작되었다고 여겨진다. 가의賈誼는 "주 왕실이 쇠퇴하여 오패五霸가 사라진 후에는 천하에 천자의 명령이 통하지 않았다"26)라고 하였고, 태사공은 "정벌을 통해 제후들의 맹주가 정해졌으니, 정령이 모두 오패로부터 나왔다"27)라고 하였다. 반고의 『한서』에서도 "춘추시대에 이르면 수십 개의 나라가 있었는데, 다섯 개 나라가 잇따라 패권을 잡아 맹주가 되었다"28)라고 하였다. 한편, 『백호통』 「호」에서는 "옛날 삼왕의 도는 모두 쇠하고 오패의 정령만이 남았으니, 이들은 제후들을 이끌고 천자를 알현하면서 천하에서 일어나는 일들을 바로잡았는데, 중국을 부흥하면서 오랑캐를 물리쳤다. 이에 이들을 패霸라 고 불렀다"29)라고 하였다. 유종원柳宗元 또한 "주나라 왕실이 동쪽으로 옮겨간 후에는 스스로 제후들과 동등한 위치에 서고자 했다. 그 이후에 천자에게 구정九鼎의 무게를 묻는 일이 있는가 하면, 천자의 어깨에 화살을 쏘는 일이 있기도 했다.…… 주 왕실이 그 힘을 잃은 지가 오래되어 그저 제후라는 허명만이 서 있는 듯하다"30)라고 지적한 바 있다. 이것을 통해 보면, 일반적으로 패도는 무력으로 남을 굴복시키는 것으로 이해되며, 덕으로 남을 설복시키는 왕도와는 필연적으로 구분되는 것으로 보인다. 사실 이는 매우 일반적인 설명 방식이다.

　　『주서』에는 문공의 미덕을 나열하며 다음과 같이 말했다. "대국은 그
　　힘을 두려워하고, 소국은 그 은덕을 마음에 품는다."31)

---

25) 言桓公先治其國以及諸夏, 治諸夏以及夷狄, 如王者爲之.
26) 『過秦論』, "周室卑微, 五霸旣歿, 令不行于天下."
27) 『史記』, 「十二諸侯年表序」, "以討伐爲會盟主, 政由五霸."
28) 『漢書』, 「地理志」, "至春秋時, 尙有數十國, 五伯疊興, 總其盟會."
29) 『白虎通』, 「號」, "昔三王之道衰, 而五霸存其政, 帥諸侯朝天子, 正天下之化, 興複中國, 攘除夷狄, 故謂之霸也."
30) 『封建論』, "王室東徙, 而自列爲諸侯, 厥後問鼎之輕重者有之, 射王中肩者有之……余以爲周之喪久矣, 徒建空名于諸侯之上耳."

큰 나라는 그 힘을 두려워하고, 작은 나라는 그 은덕을 생각한다.[32]

만약 왕께서 덕으로 제후들을 평안하게 한다면 감히 누가 따르지 않겠습니까? 그런데 만약 왕께서 무력을 사용하고자 한다면 초나라는 방성산을 성으로 삼고 한수를 해자로 삼아 맞설 것입니다. 이렇게 되면, 왕의 군대가 아무리 많더라도 쓸모가 없을 것입니다.[33]

이러한 사례를 보면, 왕도는 정치·사회·문화적 결속력에 호소하는 경우가 많지만, 패도는 강권과 무력에 의지하려는 경향이 있다. 왕-패 논쟁의 주된 초점 가운데 하나가 바로 정치 원칙 혹은 정치 이념으로서 덕과 무력 가운데 무엇이 우선시되어야 하는가 하는 문제이다. 이 문제에 대해서는 맹자의 논의가 가장 대표적이다.

무력을 사용하면서 인仁을 베푸는 것처럼 가장하는 자를 패자霸者라고 한다. 패도정치를 행하려면 반드시 강대한 나라를 가지고 있어야 한다. 덕을 베풀어서 인을 베푸는 자를 왕자王者라고 한다. 왕도정치를 시행하는 일에는 강대한 나라가 굳이 필요하지 않다. 탕왕은 사방 70리 크기의 나라를 가지고, 문왕은 사방 100리 크기의 나라를 가지고 왕도정치를 시행하였다. 무력으로 다른 사람을 복종하게 한다면, 그들은 진심으로 승복하는 것이 아니라 힘이 부족하기 때문에 억지로 복종하는 것일 뿐이다. 하지만 덕으로 다른 사람들을 복종하게 한다면, 그들은 진심에서 우러나와 정말로 복종하게 될 것이다. 마치 공자의 칠십여 명의 제자가 공자를 따랐던 것처럼 말이다. 『시경』「대아·문왕유성文王有聲」편에 이러한 시구가 있다. "서쪽으로부터, 동쪽으로부터, 그리고 남쪽으로부터, 북쪽으로부터, 복종하지 않는 자가 없구나." 이 시는 바로 이러한 점을 읊은 것이다.[34]

---

31) 『左傳』, 襄公 31年, "『周書』數文王之德, 曰: '大國畏其力, 小國懷其德.'"
32) 『尚書』, 「武成」, "大邦畏其力, 小邦懷其德."
33) 『左傳』, 僖公 4年, "君若以德綏諸侯, 誰敢不服? 君若以力, 楚國方城以爲城, 漢水以爲池, 雖衆, 無所用之."
34) 『孟子』, 「公孫丑上」, "以力假仁者霸, 霸必有大國; 以德行仁者王, 王不待大, 湯以七十裏, 文王以百裏. 以力服人者, 非心服也, 力不贍也; 以德服人者, 中心悅而誠服也, 如七十子之服孔子也. 『詩』

각 지방 학교에서 교육을 엄히 시행하여 효도와 공경을 가르친다면, 노인이 길에서 짐을 나르는 일이 없을 것이다. 70세가 넘은 이들이 비단옷을 입고 고기를 먹고, 백성들이 굶주리거나 추위에 떨지 않는대도 왕도정치를 시행하지 못한 자는 없었다.[35]

이처럼 다수의 문헌 기록에서 덕을 사용하는지 무력에 의지하는지를 왕도와 패도를 구분하는 기준으로 삼았다. 하지만 이러한 설명은 왕도와 패도가 결코 병행할 수 없다는 이치의 필연성을 충분히 이해시켜 주지 못한다. 역사적으로 보면, 서주 이래 '덕-례 체계'는 항상 덕德과 형刑을 겸비하고 있었기 때문이다. 형刑의 유래는 상당히 깊으며 그 의의 또한 매우 중요하지만, 유가와 유가 이전의 사상사에서는 이를 매우 사악한 것으로 표현하였다. 이 점에 대해서는 따로 자세한 해명이 필요할 것 같다. 그렇다면, 패도의 역사는 어디로 거슬러 올라가는가? 현실을 놓고 보면, 패도는 바로 제나라 환공과 관중에서 시작되었다. 이들은 주덕周德을 타파하고 주례周禮를 개혁하여 춘추 패업의 패도를 세웠다. 관중의 변법은 시대의 요구에 대응할 수 없을 정도로 낡은 경제, 사회, 정치상의 각종 관계를 체계적으로 재조정한 결과였다. 역사적으로는 이를 '관중의 법'이라고 칭했는데, 『관자』에 기록된 관중의 말 속에 '관중의 법'의 일부 내용이 전한다. 그 면면을 보면 매우 넓은 범위에 걸쳐져 있으며, 경제(田畝制), 군사(保甲制), 정치 등의 각 측면을 모두 다루고 있다. 한 가지 강조할 점은 '관중의 법'(혹은 '관중과 곽언의 법')의 핵심은 다름 아닌 법(자세한 내용은 『관자』, 『국어』 「제어」 등을 참조할 것. 지면상의 한계로 여기에서는 따로 다루지 않는다.)에 있었다는 것이다. 관자가 변법을 통해 새롭게 고안해 낸 법이 (주나라의) 예를 겨냥한 것이기는 했지만, 실은 예를 보완하고 조정한 것이기도 했다. 그럼에도

云: '自西自東, 自南自北, 無思不服.' 此之謂也."
35) 『孟子』, 「梁惠王上」, "謹庠序之教, 申之以孝悌之義, 頒白者不負戴于道路矣. 七十者衣帛食肉, 黎民不饑不寒, 然而不王者, 未之有也."

불구하고 그 속에는 예와는 이질적인, 완전히 새로운 요소가 포함되어 있었다. 이 때문에 당시의 문화 보수주의자들은 사력을 다해 변법에 반대했다. 역사에서는 다음과 같이 기록하고 있다.

정나라에서 형법을 새긴 솥을 만들었다. 숙향은 자산에게 서신을 보내 이렇게 말했다. "…… 옛날 선왕들은 일의 경중을 헤아려 형벌을 결정하였지, 형법을 제정하지 않았습니다. 혹여나 백성들이 경쟁심을 지닐까 두려워했기 때문입니다. 이처럼 금지하는 것이 불가능했기 때문에 도의로써 사전에 방비하고, 정령으로써 통제하고, 예법으로써 시행하고, 신용으로써 지키고, 인仁으로써 봉양하면서 녹위를 제정하여 잘 따르는 사람들을 권면하고, 따르지 않는 사람들은 엄격한 형벌로 다스렸던 것입니다. 또한, 효과가 없을 것을 걱정해 충효로써 사람들을 훈계하고, 모범이 되는 행실로 장려하였으며, 전문적인 지식을 통해 사람들을 교육하고, 조화롭게 사람들을 부리며, 공경스럽게 사람들을 대했으며, 엄격하게 사람들을 관리하고, 과감하게 사람들의 죄를 판결하였습니다. 또한, 현명한 재상, 사리에 밝은 관리, 충성스러운 향장, 자애로운 스승을 구하였으니, 이러한 상황에서 백성들을 자유롭게 맡겨 두어도 혼란이 생기지 않았던 것입니다. 백성들이 법이 있음을 알면, 윗사람을 공경하지 않고, 마음속으로 경쟁심을 품으며, 법조문을 끌어와 이를 근거로 하여 요행으로 형벌을 피하고자 하니, 이렇게 된다면 통치가 이루어질 수 없습니다. 옛날 하나라에서는 정령을 어기는 자가 생기자 『우형禹刑』을 지었고, 상나라에서도 정령을 어기는 자가 생기자 『탕형湯刑』을 지었으며, 주나라에서도 정령을 어기는 자가 생기자 『구형九刑』을 지었습니다. 이 세 가지 형법이 생겨났을 때는 모두 각 왕조가 몰락할 즈음이었습니다. 지금 자산께서 정나라에 부임한 이후 봉혁封洫의 토지제도를 실시하고 여러 가지 비판을 받는 일을 시행하며 방금 말한 것과 같은 형법을 제정하고 또 이를 솥에 새겨 넣었습니다. 이러한 방법으로 백성을 평안하게 만들려고 하는 것은 어렵지 않겠습니까? 『시경』에서 다음과 같이 말했습니다. '문왕의 전장典章을 본받으면 사방이 매일같이 평안하다.' 이런 말도 있습니다. '문왕을 본받으면 모든 나라의 신뢰를 얻는다.' 그런데도 굳이 법이 필요하겠습니까? 백성들이 분쟁의 실마리를 알게 되면, 예의를 버리고 모두 법 조항만 따르려 할 것이니, 이렇게 된다면 아주 사소한 것일지라도 끝까지 따지려고 들 것입니다. 그러면 법에 어긋나는 사안이 점차 많아지고 결국 뇌물만이 성행하게 됩니다. 선생이 살아계실 때는 괜찮지만, 선생이 돌아가신 뒤에 정나라는 결국 몰락하고 말지 않겠습니까? 내가 듣기로 나라가 망하려면 제도가 번잡하다고 했으니, 바로 이러한 상황을 말하는 것입니다!"36)

진晉나라 조앙과 순인이 군사를 이끌고 여수 근처에 성을 세우고는 진나라 전체에 걸쳐 480근이나 되는 철을 거두어들였다. 이를 가지고 큰 솥을 만들었는데 범선자가 그 위에 형법을 새겨 넣었다. 공자가 이 일을 가지고 말했다. "진나라는 곧 멸망하겠구나, 그들은 자신들의 법도를 잃었다. 진나라는 당숙唐叔께서 전해온 법도를 지키고 따라 이를 백성들을 다스리는 준칙으로 삼아야 한다. 경대부들이 각자의 지위에 맞게 이를 지키면 백성들은 지위가 높은 이들을 존중할 것이므로 높은 지위에 있는 이들은 자신의 가업을 지킬 수 있게 된다. 이처럼 귀천이 서로 뒤섞이지 않는 것을 법도라고 한다. 이 때문에 문공이 관직의 올바른 질서를 관장하게 하는 관직을 만들고 피려被廬 땅에서 법도를 세움으로써 맹주가 될 수 있었던 것이다. 그런데 지금 문공이 세운 이 법도를 버리고 형정刑鼎의 법률을 만들려고 하니, 백성들이 이 법을 알고 나면 지위가 높은 이들을 존중하려고 하겠는가? 그렇게 되면 그들이 가업을 보존할 수 있겠는가? 귀천의 질서가 무너지고 나면 나라가 올바르게 다스려질 수 있겠는가? 게다가 범선자의 형법은 오랑캐의 땅에서 열병을 할 때 만든 것으로서 그야말로 진나라의 어지러운 법인데, 어떻게 그것을 법도로 받들 수 있겠는가?" 채사묵 역시 이 일을 가지고 말했다. "범씨와 중행씨는 멸망을 하고 말겠구나, 중행인中行寅(역자 주: 荀寅을 가리킨다.)은 하경의 지위에 있는 자인

---

36) 『左傳』, 昭公 6年, "鄭人鑄『刑書』. 叔向使詒子産書, 曰: '……昔先王議事以制, 不爲刑辟, 懼民之有爭心也. 猶不可禁禦, 是故閑之以義, 糾之以政, 行之以禮, 守之以信, 奉之以仁, 制爲祿位以勸其從. 嚴斷刑罰以威其淫. 懼其未也, 故誨之以忠, 聳之以行, 教之以務, 使之以和, 臨之以敬, 蒞之以強, 斷之以剛. 猶求聖哲之上, 明察之官, 忠信之長, 慈惠之師, 民于是乎可任使也, 而不生禍亂. 民知有辟, 則不忌于上. 並有爭心, 以征于書, 而徼幸以成之, 弗可爲矣. 夏有亂政而作『禹刑』, 商有亂政而作『湯刑』, 周有亂政而作『九刑』, 三辟之興, 皆叔世也. 今吾子相鄭國, 作封洫, 立謗政, 制參辟, 鑄刑書, 將以靖民, 不亦難乎? 『詩』曰: '儀式刑文王之德, 日靖四方.' 又曰: '儀刑文王, 萬邦作孚.' 如是, 何辟之有? 民知爭端矣, 將棄禮而征于書, 錐刀之末, 將盡爭之, 亂獄滋豐, 賄賂並行. 終子之世, 鄭其敗乎! 肸聞之, 國將亡, 必多制, 其此之謂乎!'"

데, 상관의 명령을 따르지 않고 멋대로 형정을 만들어 나라의 법으로 세우고자 하니, 이는 법에 대한 죄인이다. 게다가 이미 폐기된 범선자의 형서를 더하고 전통의 법도를 고쳤으니, 멸망할 수밖에 없다. 조앙이 참여한 것을 보니 그를 끌어들이려고 하는 모양인데, 그는 어쩔 수 없이 참여했을 것이다. (조앙은) 덕을 잘 닦아야 그나마 화를 면할 수 있다."[37]

계손이 전부田賦제도를 시행하고자 염구를 보내 공자에게 자문을 구했다. 공자가 말했다. "나는 잘 모르겠다." 재차 삼차 물으니, 그제야 공자는 "그대는 나라의 원로이니, 그대의 의견에 따라서 행하면 될 터인데 왜 자기 뜻을 말하지 않는 것입니까?"라고 대답할 뿐이었다. 그러고 나서 공자는 염구에게 넌지시 이렇게 말했다. "군자가 일을 처리할 때는 예에 맞게 생각하고 돈독히 행하며, 적합한 것을 잘 골라 일을 처리하고 세금은 최대한 가볍게 부과해야 한다. 그렇다면 구부丘賦제도에 따르면 충분할 것이다. 만약 예에 따라 일을 헤아리지 않고 끝없이 탐하고자 한다면, 전부제도에 따른다고 해도 결국 만족하지 못하게 될 것이다. 게다가 계손이 법도에 맞게 행하고자 한다면 이미 주공에 제정한 전장典章이 있다. 그것이 아니라 자기 마음대로 하려고 한다면 왜 굳이 의견을 묻는가?" 계손은 공자의 이 같은 말을 듣고자 하지 않았다.[38]

이 단락은 유신과 수구가 서로 나누어지는 지점을 잘 보여 준다. 숙향과 공자의 격정적인 어투에서도 잘 드러나듯이, 이들은 토지세(경제), 형법(정치법령)과 같은 제도 문제에서 보수적인 태도를 보이며, 역사의 수레바퀴를

---

37) 『左傳』, 昭公 29年, "晉趙鞅荀寅帥師城汝濱, 遂賦晉國一鼓鐵, 以鑄刑鼎, 著範宣子所爲刑書焉. 仲尼曰: '晉其亡乎! 失其度矣. 夫晉國將守唐叔之所受法度, 以經緯其民, 卿大夫以序守之, 民是以能尊其貴, 貴是以能守其業. 貴賤不愆, 所謂度也. 文公是以作執秩之官, 爲被廬之法, 以爲盟主. 今棄是度也, 而爲刑鼎, 民在鼎矣, 何以尊貴? 貴何業之守? 貴賤無序, 何以爲國? 且夫宣子之刑, 夷之蒐也, 晉國之亂制也, 若之何以爲法? 蔡史墨曰: '範氏中行氏其亡乎! 中行寅爲下卿, 而幹上令, 擅作刑器, 以爲國法, 是法奸也. 又加範氏焉, 易之, 亡也. 其及趙氏, 趙孟與焉. 然不得已, 若德, 可以免.'"
38) 『左傳』, 哀公 11年, "季孫欲以田賦, 使冉有訪諸仲尼, 仲尼曰: '丘不識也.' 三發, 卒曰: '子爲國老, 待子而行, 若之何子之不言也? 仲尼不對, 而私於冉有曰: '君子之行也, 度于禮, 施取其厚, 事擧其中, 斂從其薄. 如是, 則以丘亦足矣. 若不度于禮, 而貪冒無厭, 則雖以田賦, 將又不足. 且子季孫若欲行而法, 則周公之典在. 若欲苟而行, 又何訪焉?' 弗聽."

제2장 제도: 황로 정치철학의 신新사유   59

다시 과거로 돌리고자 하였다. 때로는 간곡한 말투로 설득하고, 때로는 자못 과장된 표현으로 겁을 주는 모습 속에서, 관중의 '변법'에 의해 도입된 '법'이 이들에게는 체제 내부로부터 주례周禮를 전복시킬 위협적 요소로 여겨졌음을 알 수 있다. 제환공 시대의 '관중의 법', 진문공 시대의 『곽언의 법』, 정자산이 지은 『형서』, 진晉나라 범선자가 주조한 형정刑鼎, 초나라에서 추진했었던 『초부지법』 등등, 이 모든 사례로부터 법이라는 요소가 제도의 창안 과정에서 점차 두드러지고 있었음을 확인할 수 있다. 이들은 가히 법가사상의 선구라고 말할 수 있으며, 유가와는 확연한 차이를 보인다. 제환공과 진문공이 패자霸者로 불렸던 사실이 바로 변법이 역사의 필연이었음을 증명하고 있다. 변법은 정치, 경제의 방식에서부터 심지어 그 구조까지도 깊이 변화시켰고, 법률적으로도 혁신과 창조를 일으켰으며, 사상과 정신문화 측면에서도 큰 도약을 이루어 냈다. 따라서 각 학파의 백가쟁명은 이러한 역사적 진전이 사상사적으로 구현된 결과라 할 수 있을 것이다. 즉 사상사적 관점에서 관중의 법, 곽언의 법에 의해 추진된 제도적 혁신과 그로부터 이어지는 정신문화적 유산은 결코 간과될 수 없다.

이렇게 본다면, 패도霸道가 하나의 '도道'로 불릴 수 있었던 까닭은 바로 법法(刑까지도 포함)의 합리적이고 건설적인 성격에 있다고 할 수 있겠다. 춘추전국시대를 거치며 부단히 성장해 나간 법은 시대의 변화에 따라 끊임없는 발전을 이루어 낸 시대적 산물이다. 이는 주례를 보완하고 수정한 결과인 동시에(이러한 의미의 법은 흔히 예와 혼동하여 사용된다.), 주례라는 구시대적 유물에 대한 파괴자이기도 하다(이러한 의미의 법은 예와 완전히 구분된다.). 정리하자면, 관중 이래로 법은 두 가지 중요한 측면을 포괄한다. 하나는 토지제도로서의 측면으로, 이는 주례 속의 정전제를 타파하려는 목적을 지닌다. 다른 하나는 법률제도로서의 측면(특히 '刑'의 작용이 두드러진다.)으로, 이는 신분사회가 계약사회로 전환되어 간 현실을 반영한다.[39]

---

39) 당시에 추진되었던 각종 변법의 사례를 살펴보면, 관중이 제나라에서 추진한 군사제도

여기에서 한 가지 더 지적할 사실이 있다. 물론 『상군서』와 『한비자』에 '패왕지도霸王之道'라는 용어가 반복적으로 등장하고는 있으나(구체적으로 『상군서』「신법」, 『한비자』「초현진」)[40], 오직 이러한 사실만을 들어 법가를 따르는 이들은 패도霸道만을 주장하고, 유가에서는 왕도王道만을 받들었다고 오해해서는 안 된다. 이러한 오해의 역사는 그 유래가 상당히 깊으니 정확히 해명될 필요가 있다. 유가, 도가(황로), 법가 사이에 있었던 사상사적인 교류와 상호 영향 관계의 측면에서 문제를 살펴보면 더욱 쉽고 합리적으로 타당한 결론을 도출해 낼 수 있을 것 같다. 황로 정치철학의 핵심은 바로 제도帝道에 관해 논하는 것인데, 표면적으로 제도는 왕도와 패도를 섞어 놓은 것처럼 보이지만, 좀 더 깊이 탐구해 보면, 이는 왕도와 패도 그 어떤 것과도 구별되는 새로운 사유방식이자, 새로운 모델임을 알 수 있다. 법가는 '법을 근본으로 삼을 것'(以法爲本)을 강조하기는 했으나, 동시에 '도를 항상된 이치로 삼을 것'(以道爲常)을 강조하기도 하였다. 여기서 말하는 '도道'는 도가, 더 정확히는 황로 이론을 기초로 삼는다. 사실, 한비자 시대의 법가는 황로학과 맞닿아 있어 서로 구분하기가 어려우며 춘추시대로부터 이어진 패도와는 확연한 경계를 지니고 있다. 공자 이래로 유가에서는 『시경』과 『서경』에 담긴 왕도를 흠모하여 이를 철저히 고수하였으나, 한대

와 토지제도의 개혁(기원전 685년), 晉나라의 爰田, 州兵 제도(기원전 645년), 노나라의 初稅畝제도(기원전 594년), 초나라의 토지제도와 군사제도 개혁(기원전 548년), 정나라 자산의 封洫, 丘賦 제도 및 『형서』 저술(각각 기원전 543, 538, 536년), 晉나라 조간자의 刑鼎 제작 및 爵制의 개혁(각각 기원전 513, 493년) 등이 있다.(余敦康, 「春秋思想史論」, 『新哲學』 제1집, 정주: 대상출판사, 2003년 참조) 실제로 주례를 새롭게 고치는 데 주력 했던 춘추시기의 변법운동은 전국시기에 발생한 보다 광범위적인 변법운동의 발단이 되었다. 자세한 내용은 졸고 『덕례지간』을 참조할 것.

40) 『史記』「商君列傳」에는 상앙이 秦효공에게 '세 가지 길'에 관해 고한 내용이 기록되어 있다. 이 세 가지 길이란 바로 帝道·王道·霸道를 가리킨다. 그중에서 진효공이 가장 관심을 보인 것은 패도였다.(사실 이 기록에는 다소 의문점이 있으나, 여기에서는 논하지 않기로 한다.) 왕충은 『論衡』「逢遇」에서 이에 대해 다음과 같이 평했다. "상앙이 진효공에게 세 가지를 말했으나, 앞의 두 가지는 듣지 않고 마지막 한 가지를 채용했다. 앞의 두 가지는 각각 제·왕에 관한 것이고, 마지막 한 가지는 바로 패자에 관한 것이다."

의 유가(육가, 동중서 등)에서 말한 왕도王道 혹은 『예기』에서 밝힌 천하대동天下大同 등의 사상에는 이미 황로학의 내용이 다량 스며들어 있었고, 또 이를 직접적으로 수용한 부분도 적지 않았다. 이러한 점에 관해서는 뒤에서 계속해서 논의해 나가도록 하겠다.

2. 제도帝道: 왕도와 패도를 넘어서는 새로운 차원의 논의

전국시대 중후기 이래, 고대의 철인들은 황皇・제帝・왕王・패霸라는 담론 위에서 정치를 논하며 독특한 특색을 지닌 정치철학적 사유를 형성해 나갔다. 황로학은 바로 그 사유의 시초라고 할 수 있다. 근래 들어 뤄건쩌(羅根澤), 라오쭝이(饒宗頤) 등이 이 문제를 다루었으나,[41] 이들은 한 가지 중요한 것을 빠뜨리고 설명하지 못했다. 바로 황로학에서 말하는 '제도帝道' 혹은 '제왕지도帝王之道'가 실은 왕도와 패도를 겨냥하여 등장했다는 점이다. 이는 바로 왕도와 패도를 넘어 정치철학의 새로운 차원을 열어젖히려는 시도였다.

그릴(H. G. Greel)과 궈모뤄(郭沫若) 등이 지적했듯, 서주시기에는 은상 때 사용했던 '제帝'라는 관념을 대신해 '천天'이 사용되기 시작했다. 이는 사상사적으로 변화가 발생했음을 의미한다. 서주와 춘추시대 전체를 통틀어 제帝라는 말이 더는 은상시기만큼 중요하게 사용되지 않았던 것을 고려하면, 이는 적절한 지적으로 볼 수 있다. 그런데 황로학자만큼은 오히려 제帝와 제도를 논하는 데 몰두하면서 제帝라는 용어와 그에 관한 담론의 불씨를 되살리고자 했다. 이 점은 주의 깊게 살펴보아야 한다. 예컨대『맹자』에는 '제帝'라는 글자가 총 11번 출현하는데, 주로『시경』에서 칭송하는 인격화된 '상제上帝'를 지칭하거나, '제요帝堯', '제순帝舜'과 같이 역사적 성왕을 가리키

---

41) 羅根澤, 「古代政治學中之"皇""帝""王""霸"」, 『諸子考索』(북경: 인민출판사, 1958), 115~129쪽; 饒宗頤, 「王道帝道論」, 『澄心論萃』(상해: 상해문예출판사, 1996), 414~416쪽.

는 데 사용되는 등, 모두 일상적인 의미로 사용되고 있다. 곽점 초간문헌을 검토해 보아도, '제帝'자의 용법은 이를 벗어나지 않는다. 그런데 이들과 마찬가지로 전국 중기에 편찬된 문헌인 『관자』, 『장자』 및 마왕퇴 백서 『경법』 등에서는 '제帝'와 '제도帝道'라는 말이 빈번하게 등장하였으며, 그 함의 또한 이미 일상언어적 용법을 벗어나 상당히 깊은 수준에 이르고 있었다. 이 점 역시 찬찬히 따져 보아야 한다. 실제로 황로 문헌 속에 등장하는 '제도 개념에는 한층 더 깊은 함의가 내포되어 있어, 이를 바탕으로 이론을 전개해 나가고자 하는 강한 의도를 읽을 수 있다.

『장자』 「응제왕」에는 익히 알려진 '혼돈 우화'가 등장한다.

> 남해의 제왕의 이름은 '숙儵'이라고 하였고, 북해의 제왕은 '홀忽'이라고 하였으며, 중앙의 제왕은 이름을 '혼돈渾沌'이라 하였다.[42]

「응제왕」편은 정치를 주제로 하며, 여기에 등장하는 '남해의 제왕'(南海之帝), '북해의 제왕'(北海之帝), '중앙의 제왕'(中央之帝) 모두 '제帝'자를 포함하고 있다. 이러한 점은 상당히 의미심장하다.[43] 간단히 말해, 제帝('黃帝를 포함) 개념의 출현은 기존의 왕패王霸를 넘어서는 새로운 개념의 등장으로서, 이는 당시(전국시대)에 존재했던 왕도와 패도라는 두 정치 모델에 대한 새로운 사고와 고찰을 반영한다. 따라서 이는 도가가 왕-패 논쟁을 종결하기 위해 도출해 낸 정치이론 구조임이 분명하다. 실제로 『장자』(특히 외·잡편)와 황로도가의 여러 문헌에서는 제帝 혹은 제도라는 말이 빈번하게 등장하는데, 이는 당시 성행하던 왕도와 패도를 겨냥하여 새로운 정치 모델과 이념을 제시하기 위함으로 볼 수 있다.

무위를 실천할 수 있는 자(無爲)는 제업(帝)을 이루고, 나서서 하지만 억지로

---

42) 『莊子』, 「應帝王」, "南海之帝爲儵, 北海之帝爲忽, 中央之帝爲渾沌."
43) 鄭開, 「莊子「混沌」話語: 哲學敍事和政治隱喻」, 『道家文化硏究』 제29집(북경: 삼련서점, 2015).

하지 않는 자(爲而無以爲)는 왕업(王)을 이루고, 나서서 하지만 자신을 높이지 않는 자(爲而不貴)는 패업(霸)을 이룬다. 자신을 높이지 않는 것이 바로 임금의 도(君道)이고, 자신을 높이기는 하나 정도를 넘지 않는 것이 신하의 도(臣道)이다.[44]

항상된 도를 따르고 천명을 받들며 현자를 존중하고 덕이 있는 자에게 관직을 주면 제업(帝)을 이룰 수 있고, 인을 실천하고 의를 행하며 충성스럽고 믿을 수 있는 사람을 등용하면 왕업(王)을 이룰 수 있고, 계책을 잘 헤아리고 예를 드러내며 용감한 병사를 선발하고 무기를 날카롭게 하면 패업(霸)을 이룰 수 있다. 백성의 삶을 안정시키고 백성이 죽으면 안장하며, 현자를 공경하고 백성들을 잘 대우하면 민심을 얻는다. 상과 벌을 분명하게 하고 작록을 능력 있고 현명한 자에게 주면 나라가 강성해진다. 수입과 지출의 계산을 철저하게 하고 농업에 치중하면서 상공업을 잘 관리하면 나라가 부유해진다. 법도를 공명정대하게 세우고 정책을 세심하게 살피며 일정한 규칙을 세우고 유능한 신하를 두어 대비하게 하면 나라를 잘 다스릴 수 있다. 같고 다른 것을 구분하여 관직을 분배하면 나라가 안정된다.[45]

일一에 밝은 자는 황업(皇)을 이루고, 도道를 살피는 자는 제업(帝)을 이루고, 덕德에 통하는 자는 왕업(王)을 이루고, 책략을 쓰고 군사를 출정하여 승리를 가져올 수 있는 자는 패업(霸)을 이룬다. 무력(兵)은 도를 갖추고 덕이 지극한 것은 아니지만, 왕을 도와 패업(霸)을 이룰 수 있게 해 준다. 하지만 오늘날 이를 사용하는 이들은 이러한 도리를 알지 못하고, 군사와 권력에 관해 알지 못한다. 따라서 이들이 군사를 일으키면 일으킬수록 정작 자신들의 영토는 빈곤해진다. 전쟁에서도 반드시 이기지 못하지만, 설사 이긴다 하더라도 많은 사상자를 내니, 전쟁에 승리하여 영토를 얻는다 해도 정작 나라는 망하고 만다. 이 네 가지 상황은 무력을 사용하는 것의 재앙이니,

---

44) 『管子』, 「乘馬」, "無爲者帝, 爲而無以爲者王, 爲而不貴者霸. 不自以爲所貴, 則君道也. 貴而不過度, 則臣道也."
45) 『管子』, 「幼官圖」, "常至命, 尊賢授德則帝, 身仁行義服忠用信則王, 審謀章禮選士利械則霸, 定生處死謹賢修伍則衆, 信賞審罰爵材祿能則强, 計凡付終務本飾末, 則富, 明法審數立常備能則治, 同異分官則安."

이러한 네 가지 재앙이 나라를 위태롭게 하면 나라가 위험에 빠지지
않을 수 없을 것이다.[46]

『관자』「병법」에서는 황皇·제帝·왕王·패霸의 네 가지 정치 모델을
제시하고 있다. 특히 여기에서 말한 황皇, 제帝, 왕王은 각각 일一, 도道,
덕德에 대응되고, 패霸는 '도덕道德' 이외의 원칙인 병兵(힘으로 남을 굴복시킨다는
원칙을 표현함)에 대응되고 있는데, 이러한 구도는 그 사상사적 의미를 찬찬히
따져 볼 가치가 있다. 『관자』「승마」에서는 더 나아가 제帝, 왕王, 패霸라는
세 가지 정치 모델 혹은 통치 방식을 각기 '무위를 실천함'(無爲), '유위하지만
억지로 하지 않음'(爲而無以爲), '유위하지만 자신을 높이지 않음'(爲而不貴)으로
설명하는 한편, 이를 '군도君道'(임금의 도), '신도臣道'(신하의 도)라는 정치 원칙
과 연관 지어 논의를 진행한다. 군도와 신도가 춘추 중후기 이후, 더 구체적으
로는 전국시대 중기 이후 정치 문제를 사고하던 주된 논점이라는 것은
주지의 사실이다. 마왕퇴 한묘의 출토 황로문헌 가운데 하나인 『칭稱』에서도
제자帝者, 왕자王者, 패자霸者를 언급하였으며, 이는 각기 다른 정치 이념
및 모델을 지칭하였다. 『문자』에서도 수차례 삼황三皇, 오제五帝, 오백五伯(霸)
을 말한 바 있다. 예를 들면, "오제는 덕을 귀하게 여기고, 삼왕三王은 의義를
사용하였으며, 오패(五伯)는 무력을 따랐다. 그러니 지금 제왕의 도를 취해
오패의 세상에 이를 실시하고자 하는 것은 올바른 도리가 아니다"[47], "제도
(帝者)는 천하가 추구해야 하는 바이고, 왕도(王者)는 천하가 지향해야 할
바이다. 천하가 추구하고 지향하려 하지 않는다면, 제왕의 도라고 말할
수 없다"[48], "제자는 덕德을 귀하게 여기고, 왕자는 의義를 숭상하고, 패자는
리理에 통달한다"[49], "제자는 태일太一을 체득하고, 왕자는 음양을 본받으며,

---

46) 『管子』, 「兵法」, "明一者皇, 察道者帝, 通德者王, 謀得兵勝者霸. 故夫兵雖非備道至德也, 然而所
以輔王成霸. 今代之用兵者不然, 不知兵權者也. 故擧兵之日而境內貧, 戰不必勝, 勝則多死, 得地
而國敗. 此四者, 用兵之禍者也. 四禍其國, 而無不危矣."
47) 『文子』, 「微明」, "五帝貴德, 三王用義, 五伯任力. 今取帝王之道, 施五伯之世, 非其道也."
48) 『文子』, 「道德」, "帝者天下之適也, 王者天下之往也. 天下不適不往, 不可謂帝王."

패자는 사시를 따른다"50), "기氣와 함께하는 자를 제帝라고 하고, 의義와 함께하는 자를 왕王이라 하고, 공功과 함께하는 자를 패霸라고 한다"51) 등이 그것이다. 이렇게 즐비한 용례를 어떻게 우연이라고 말할 수 있을까? 실제로 『장자』에서도 '제帝'라는 말이 반복적으로 출현하며, 그 횟수가 총 70여 회에 이른다. 이뿐만 아니라 '제도帝道', '제덕帝德', '제왕지덕帝王之德'을 언급한 부분도 무척 많다. 이는 정치적 합리성과 통치적 합법성의 계보를 새롭게 건립하여 유가에 맞서고자 한 것으로 볼 수 있다. 이 가운데 전국 중기 무렵의 자료 속에 자주 등장하는 '황제黃帝'라는 형상은 특히 주목해 보아야 한다.

새로운 제도의 설립과 출현은 '예악의 붕괴'와 '왕도의 쇠락'을 설명하는 또 다른 표현이기도 하다. 이러한 특징은 춘추 중후기에 시작된 변법운동에서 집중적으로 나타난다. 이와 동시에, 전국시대에 발생했던 전무후무한 대규모 합병 전쟁은 정치적 팽창, 민족 융합 그리고 문화적 통일이라는 경향을 급격히 촉진하였다. '황제黃帝'라는 개념은 어떤 의미에서 보면 이러한 정치적 요구를 상징하는 기호인 만큼, 그 배후에는 매우 복잡한 인문적 동기가 함축되어 있다고 할 수 있다. 사마천은 다음과 같이 말한다. "『상서』에서는 (더는 오제를 전부 서술하지 않고) 요 이후부터의 사실만을 기록하였다. 백가의 학자들이 황제黃帝에 관해 말하기도 하였으나, 그 글이 조잡하여 본보기로 삼을 만하지 못하니, 평범한 선비들은 그에 대해 제대로 설명하지 못했다."52) 여기에서 '백가의 학자들이 황제黃帝에 관해 말했다'는 것은 제자백가 문헌에서 황제黃帝에 관한 내용을 어떻게 기록하였는지를 드러내 준다. 즉, 이러한 기록53)들은 '춘추'(역사)가 아니라 '말' 즉 '제자백가의

---

49) 『文子』, 「自然」, "帝者貴其德, 王者尙其義, 霸者通于理."
50) 『文子』, 「下德」, "帝者體太一, 王者法陰陽, 霸者則四時."
51) 『文子』, 「上仁」, "同氣者帝, 同義者王, 同功者霸."
52) 『史記』, 「五帝本紀」, "然『尙書』獨載堯以來, 而百家言黃帝, 其文不雅馴, 薦紳先生難言之."
53) 吳光에 따르면, "전국시대부터 위진시기에 이르기까지, 문헌에서 黃帝의 일을 기록한 경우는 수없이 많다. 『藝文類聚』 제11권, 『太平御覽』 제79권 및 청대 마숙가 지은 『繹史』

말(철학)이라는 것이다.54) 그런데 역사서 속에 출현하는 황제黃帝는 상고시대 전설의 잔흔에 지나지 않았고,55) 유가의 종사인 공맹과 유가에서 전하는 『춘추』(『춘추공양전』·『춘추곡량전』)는 아예 황제黃帝에 관해 언급하지 않았다. 대신 황제黃帝의 고사를 선전하는 데 몰두한 것은 도가, 법가, 음양가 등이었다.56) 한편, 『장자』에 등장하는 황제黃帝의 형상은 다소 복잡한 내적 모순을 보이나, 전체적으로 보면, 황제黃帝는 무위로써 나라를 다스리는 정치 이념을 비유하고, 상고시대의 황금기였던 지덕지세至德之世는 유가가 신봉한 요순시대를 능가하는 등, 일관된 논조를 읽어 낼 수 있다. 『상군서』, 『한비자』에 나오는 황제黃帝 역시 이와 같은 모습이다.57) 일찍이 사마천은 추연을 평가하면서 "말이 황당하고 이치에 맞지 않으며", "(그의 학설은) 오늘날에서부터 황제黃帝의 시대에 걸쳐 있으며, 더욱 거슬러 올라가 천지가 생겨나지 않았던 때에까지 이른다. 참으로 알쏭달쏭하여 그 근원을 따질 수 없다"58)라고 하였다. 그런데 '제자백가의 말들이 황당하고 이치에 맞지 않는 듯 보여도 그 속에는 분명 깊은 의미가 담겨 있다. 예를 들어, 황제黃帝는 화하華夏민족의 시조인 동시에, '공통의 조상'(共祖)으로 그려진다. 그 항렬을 따지자

제5권 등에 이를 상세히 집록하고 있다"고 한다.(吳光, 『黃老之學通論』, 항주: 절강인민출판사, 1985, 116쪽 각주)

54) 그렇다고 해서 역사서 속에 黃帝에 관한 기록이 등장하지 않는 것은 아니다. 실제로 『좌씨춘추』와 『국어』 모두 黃帝의 전설을 기록하고 있고, 유가에서 전하는 「五帝德」, 「帝系姓」 2편의 글에서도 역시 黃帝가 등장한다. 그렇다면 사마천은 왜 "어떤 유학자들은 이를 전하지 않기도 했다"고 한 것인가? 顧頡剛은 이를 두고 「五帝德」, 「帝系姓」 2편과 『史記』 「五帝本紀」의 기록 "모두 신화 속에서 추려 낸 것"이기 때문이라 설명하였다. 자세한 내용은 그의 『史林雜識初編』(북경: 중화서국, 1963, 176쪽)을 참조할 것.

55) 예를 들면, 『좌전』 희공 25년, 『좌전』 소공 17년, 『국어』 「魯語上」, 『국어』 「晉語四」, 『逸周書』 「嘗麥解」 등이 있다.

56) 吳光에 따르면, "전국 중기 이후, 제자백가 대부분이 黃帝를 이야기했다. 『장자』, 『할관자』, 『여씨춘추』 등의 도가, 『서』, 『한비자』 등의 법가, 『시자』, 『순자』 등의 유가, 『손자』, 『울요자』 등의 법가, 추연 등의 음양가에서 모두 일정 부분 黃帝가 나라를 다스린 일 혹은 黃帝가 군사를 이끌고 정벌을 나선 일을 기록하고 있다"고 한다.(吳光, 『黃老之學通論』, 116쪽)

57) 예를 들면, 『상군서』의 「경법」·「화책」, 『한비자』의 「양권」 등.

58) 『史記』, 「孟子荀卿列傳」, "語閎大不經", "先序今以上至黃帝,……推而遠之, 至天地未生, 窈冥不可考而原也."

면, 심지어 요, 순, 우, 탕보다 앞서며, 전통적으로 말하는 제왕의 계통(정치)과 씨족 계보(민족)의 출발점이라고 할 수 있다. 이렇게 본다면, 황제黃帝라는 정치적 정당성과 그가 지닌 호소력에 의지하려는 것 역시 어쩌면 당연한 일이 아닐 수 없다. 다시 한 가지 예를 들면, '황제黃帝'라는 이름, 즉 '제帝'라는 말은 특히 그 의미를 헤아려 보아야 하는데, 구제강(顧頡剛)의 설에 따르면, 과거에는 '제帝'와 '천天'이 호문互文59)으로 사용되기도 하였다. "그렇다면 왜 인간인 왕을 '제帝'라고 한 것일까? 「곡례」에서는 다음과 같이 말한다. '천하를 통치하는 자를 천자라고 하고,…… 천자가 돌아가시면 '천왕이 붕어(崩)했다'고 말한다.…… 천자의 패위를 종묘에 모시고 그 위에는 '○○제'(시호)라고 적는다.'60) 왕을 제帝로 칭한 것은 신하가 승하한 군주를 극진히 높이고자 했던 것이다. 왕을 천天에 필적하는 존재로 승격하고자 하였으나, '왕'이라는 명칭으로는 그 뜻을 표현하기 부족하였으므로 제帝라는 호칭을 사용했던 것이다. 은상의 왕들 가운데 제갑帝甲, 제을帝乙, 제신帝辛 등이 있었던 것은 마치 송나라의 신종神宗이나 청나라의 성조聖祖가 있었던 것과 같은 이치로 볼 수 있다. 신종과 성조가 실제로 신神이나 성聖이 아니듯이 제갑, 제을, 제신 등 역시 실제로 제帝61)인 것은 아니다. 전국시대 일곱 개 나라가 스스로 왕을 칭하였을 때, 왕이라는 말로는 천하에 위엄을 떨칠 수 없다고 여겨 제帝라는 호칭을 사용하려는 움직임이 일어났었다."62) 이것이 바로 전국 말엽, 왕(왕도를 의미하는 왕이 아니라 군주로서의 왕)이라는 호칭이 제帝로 승격된 까닭이다. 은작산 한묘 죽간본 『손자병법』에서는 황제黃帝를 중앙의 제(中央之帝)라고 칭하면서, 그가 "사제四帝를 물리쳐 천하를 모두 소유하였으나", "천하 사방에서 모두 그를 따랐다"고 하였다. '황제黃帝'라는 기호에는 '사방'(四面)이라는 이미지가 내포되어 있었다는 말이 된다.

---

59) 역자 주: 앞뒤의 구절이 합쳐서 완전한 의미를 이루는 중국 고대의 수사법.
60) 『禮記』, 「曲禮」, "君天下曰天子,……崩曰天王崩,……措之廟立之主曰帝."
61) 역자 주: 帝의 원의에는 오늘날의 '신'의 의미가 있다. 앞의 각주59)에서도 다루었듯, '天帝', '上帝' 등이 그 용례이다.
62) 顧頡剛, 『史林雜識初編』, 176~177쪽.

춘추전국시대의 제후들은 하나같이 왕호를 참칭하기 바빴으니, 천하를 합병하고 중국을 통일하려는 자들이 어찌 황제黃帝라는 호칭을 버릴 수 있었겠는가? 이 점은 매우 중요하다. 유가 문헌에 나오는 요순이 정치적 미덕과 정치적 합리성(예를 들면, 仁義, 禪讓 등)을 나타내는 하나의 '기호'라는 점은 누구나 알고 있는 사실이다. 그렇다면 이와 마찬가지로 노장도가와 황로학파 속의 황제黃帝는 현덕玄德의 화신으로 볼 수 있을까? 이에 관해, 다시 한 번 사례를 들어 보도록 하자. 『진후인자대陳侯因齊敦』에서는 '전씨가 제나라를 취한 일'을 비호하기 위해 황제黃帝를 치켜세운 바 있다.

> (진나라 제후 因資가 말했다.) "선왕인 효무환공께서는 참으로 공경스럽구나! 선왕께서 원대한 계획을 이루시었고, 과인은 그저 멀리는 고조 황제黃帝로부터 가깝게는 환공과 문공으로 이어지는 선왕의 광명대통을 이어받을 뿐이니, 천하의 제후들에게 조문을 받으며 그 덕을 함께 널리 밝히는 바이다.[63]

염제炎帝와 황제黃帝가 서로 공존하지 못하고 끊임없이 대립했다고 말하는 일반적인 전설과 달리, 『월절서』에서는 "염제가 황제에게 천하를 물려주었다"[64]고 기록한다. 구제강(顧頡剛)은 이를 두고 다음과 같이 추측했다. "이는 강제姜齊가 전제田齊로 교체되던 시기에 나온 것으로 보이며", "정벌이라는 형식이 아니라 선양의 형식을 사용한 것은 마치 전제가 강제를 이은 것과 유사한 것으로 보인다."[65] 이는 황로학자가 직하학궁에 집중적으로 포진해 있었던 원인을 어느 정도 설명해 주기도 한다. 정치적 의도란 어디까지나 사상의 전환을 가져오는 중요한 동력 가운데 하나가 되기 때문이다.

---

63) "陳侯因齊曰: 皇考孝武桓公恭哉, 大謨克成. 其唯因齊, 揚皇考昭統, 高祖黃帝, 邇嗣桓文, 朝問諸侯, 合揚厥德." 이는 郭沫若의 『十批判書‧稷下黃老學派批判』의 번역문을 따른 것으로 "이 가운데 고문자나 가차자는 지금의 문자로 고쳤다."(『郭沫若全集―歷史編』 제2권, 북경: 인민출판사, 1982, 155쪽)

64) 『越絶書』, 「計倪內經」, "炎帝有天下, 以傳黃帝."

65) 顧頡剛, 『史林雜識初編』(北京: 中華書局, 1963), 180쪽.

나아가 궈모뤄(郭沫若)는 "황제黃帝는 본래 상제上帝 혹은 황제皇帝가 변화한 것"이라고 설명하기도 하였다.66) 민족 융합이라는 관점에서 보면, 요, 순, 우는 은나라의 시조인 설契, 주나라의 시조인 직稷에 비해 필연적으로 더욱 넓은 통합력과 호소력을 지닌다. 설契과 직稷은 제하諸夏 민족의 선조에 지나지 않지만, 요, 순, 우는 사이四夷와 제하 민족 공동의 문화 정체성을 상징하는 기호이기 때문이다. 이렇게 본다면, 황제黃帝(및 炎帝)가 포괄하는 범위는 더욱 넓을 수밖에 없다. 『사기』 「흉노열전」, 『한서』 「동이열전」, 『한서』 「서남이열전」, 『화양국지』 등과 같은 이데올로기적 역사 서술을 예로 살펴보아도, 화하(중국)로부터 멀리 떨어진 변경의 이민족들은 항상 자신을 '염황의 계승자'(炎黃之嗣), '요순의 후예'(堯舜之後) 등으로 칭하면서, 화하로 진출해 '중국'의 범위에 들어가고자 하였다. 『관자』의 표현을 빌리자면, 황제黃帝는 "천하를 하나로 빚어내고자 하였다."67) 따라서 '황제黃帝'라는 기호는 지역과 민족의 울타리를 넘어 서로 으르렁거리기 바쁜 여러 종족을 하나로 결집하고 각기 다른 문화 전통을 하나로 뭉쳐 낼 수 있었으며, 나아가 공통의 정치, 문화 그리고 정신적 신념을 하나로 이을 수 있었으니, 이른바 '대통일'의 정치적 요구를 반영하였다고 하겠다.68) 황로학에서는 '일一', '항恒'(혹은 常) 등의 관념을 매우 중시하는데, 이 역시 '천하귀일', '대통일'과 같은 정치적 열망의 추상적인 표현방식 혹은 철학적 표현방식으로 볼 수 있을 것이다. 이와 동시에, 필자는 한 가지 사실을 더 강조하고자 한다. '황제黃帝'라는 기호의 출현과 유행 그리고 황로학의 시작과 발전은 바로 전국 중기 도가학파가 시대의 요구에 응하여 변화하였음을 보여 주는 결과라는 점이다. 정치사상과 통치 모델을 혁신하고 왕도와 패도를 넘어서는 새로운 돌파구를 찾고자 했던 노력은 제도帝道라는 방향으로

---

66) 郭沫若, 『郭沫若全集—歷史編』 제2권, 155쪽.
67) 『管子』, 「地數」, "欲陶天下而以爲一家."
68) 실제로 치우가 황제에게 복속하였다는 역사서 속의 전설이나 은작산 『손자병법』 「黃帝伐赤帝」의 기록 등은 모두 黃帝가 백전무패, 천하귀일 등을 상징하는 기호였음을 잘 말해 준다.

이어지게 되었다. 구체적으로 말해, 이는 바로 '황제黃帝'라는 형상 및 그에 관한 담론이 함축하는 정치철학이다.

위에서 살펴보았듯, '제帝(黃帝를 포함)는 왕패王霸를 넘어서는 새로운 용어로서 기존의 두 가지 주된 정치 모델인 왕도와 패도를 새롭게 사고한 결과였다. 그렇다면 계속해서 제도帝道, 제왕지도帝王之道, 제왕지덕帝王之德 등에 내포된 실질적인 내용에 대해 좀 더 구체적으로 살펴보도록 하자.

1) 『장자』 중의 황로편을 둘러싼 논의

『장자』 가운데에서 황로 문헌에 속한다고 여겨지는 편들에는 「천도」, 「천운」, 「천하」, 「재유」, 「경상초」 등이 있다. 류샤오간(劉笑敢)은 이들이 장자 후학 가운데 황로파의 손에서 나온 것으로 보았다.[69] 그중 두 가지 사실은 깊이 헤아려 볼 필요가 있다. 하나는 상술한 여러 편에서 당시(춘추전국시대) 유행하던 정치사상과 정치 모델(왕도와 패도 등)에 대해 문제를 제기하며 이에 관해 반성적으로 고찰하였다는 점이고, 다른 하나는 이들이 새로운 길을 개척하면서 기존과는 다른 성왕의 계보를 구축, 이를 통해 유가가 내세웠던 성왕의 계보에 맞서고자 하였다는 점이다.

(1) 우선 『장자』의 정치 비판을 살펴보면, 그 사상의 기초는 여전히 도덕지의道德之意에 있음을 알 수 있다. 예를 들어 보자.

천도天道의 운행은 멈추는 법이 없으니 만물이 그로부터 생겨난다. 제도帝道의 운행은 멈추는 법이 없으니 천하가 그에게로 귀의한다. 성도聖道의 운행은 멈추는 법이 없으니 온 천하가 그에게 복종한다. 천도에 밝고 성도에 통달하며 육합과 사시 언제 어디에서나 제왕의 덕(帝王之德)과 원활히 소통하는 자는 만물 각자의 움직임에 맡길 뿐이니, 이에 만물은 고요히 스스로 생겨나고 자라난다. 성인이 고요하다고 하는 것은, 성인이 고요함

---

69) 劉笑敢, 『莊子哲學及其流變』(북경: 중국사회과학출판사, 1987), 299쪽.

을 좋아하기 때문에 그러한 것이 아니라 만물이 그의 마음을 동요하지 못하기에 고요하다고 하는 것이다. 물이 고요하면 수염과 눈썹마저도 밝게 비출 수 있고 그 평평함은 규구준승에 들어맞으니 훌륭한 장인이 이를 도구로 삼을 수 있을 정도이다. 물이 고요해도 이렇게 맑은데, 정신이야 어떠하겠는가? 성인의 고요한 마음은 천지의 귀감이 되고 만물을 비추는 거울이 된다. 허정虛靜, 염담恬淡, 적막寂漠, 무위無爲가 바로 천지의 본질이자 도덕의 극치이다. 따라서 제왕과 성인은 이러한 경지에 멈추어 있다. 마음과 정신이 고요하게 정지하면 텅 비어 밝아지고, 텅 비어 밝은 마음의 상태에서는 충실함을 얻게 된다. 충실함을 얻으면 모든 것을 갖추었다고 할 수 있다. (마음의 경지가) 텅 비어 밝으면 청정한 상태에 이르고, 청정한 상태에 이른 후에 다시 활동한다면 저절로 얻게 된다. 마음이 청정한 상태에서는 무위를 행할 수 있는데, 무위란 각자 자신의 책무를 다하도록 맡겨 두는 것을 말한다. 무위를 행하면 편안하고 한가로울 수 있고, 편안하고 한가로운 자는 걱정과 근심에 방해받지 않아 장수를 누릴 수 있다. 허정, 염담, 적막, 무위는 만물의 근본이니, 이 이치를 잘 알고 군주로 임하면 마치 요와 같은 임금이 될 수 있고, 이 이치를 잘 알고 신하로 임하면 순과 같은 신하가 될 수 있다. 이러한 이치를 지닌 채 높은 위치에 처하는 것이 바로 제왕과 천자가 지녀야 할 덕이고, 이러한 이치를 지닌 채 낮은 위치에 처하는 것이 바로 현성玄聖과 소왕素王이 지녀야 할 도이다. 이러한 이치를 지닌 채 한가로이 은거하면 강호와 산림의 숨어 사는 선비들이 모두 복종하게 되며, 나아가 이러한 이치를 지닌 채 세상을 어루만지면 큰 업적을 남겨 이름을 드날리며 천하의 통일을 이룰 수 있게 된다. 고요히 있을 때는 성인으로 추앙받고 몸을 일으키면 왕이 되는데, 무위를 행하여도 만물이 모두 우러러 존경하며, 어떤 작위적인 것을 가하지 않아도 온 천하가 찬미한다. 천지의 상덕常德에 밝은 것을 가장 위대한 본원(大本大宗)이라고 부르며, 이는 곧 하늘과 하나로 어우러지는 것을 말한다. 천하를 고르게 다스리는 방법은 사람들과 하나로 어우러지는 것이다. 사람들과 하나로 어우러지는 것을 사람의 즐거움(人樂)이라고 부르고, 하늘과 하나로 어우러지는 것을 하늘의 즐거움(天樂)이라고 부른다.70)

---

70) 『莊子』, 「天道」, "天道運而無所積, 故萬物成; 帝道運而無, 所積, 故天下歸; 聖道運而無所積, 故

이 단락에 담긴 풍부하고 심오한 함의는 세밀한 분석을 요하는데, 우선 '천도天道', '제도帝道', '성도聖道' 간의 병렬(혹은 동일) 관계에 주목해야 하며, 여기에서 언급되는 '제왕의 덕'(帝王之德), '제왕과 천자의 덕'(帝王天子之德), '현성과 소왕의 도'(玄聖素王之道) 등이 사실 모두 정치적 의미를 지닌다는 것을 눈여겨보아야 한다.71) 또 한 가지 중요하게 살펴볼 것은 '하늘의 즐거움'(天樂. 이는 사람의 즐거움[人樂]과 상대되며, 유가에서 말하는 '樂'을 염두에 둔 용법으로 볼 수도 있다.)이라는 말에서도 이상적 정치라는 함의가 내포되어 있다는 점이다. 심지어 이 단락은 장자 정치철학의 주요 강령에 해당한다고도 볼 수 있다. 더욱 주목해야 할 것은 이 단락에서는 정치 문제(예를 들면, 君臣, 천하의 통일[天下一也] 등)를 심心(여기서의 心은 표층의 成心이나 機心이 아닌 심층의 常心)의 문제로 귀결시키고 있다는 점이다. 바꾸어 말하면, 심心의 '허정염담虛靜恬淡하고 적막무위寂漠無爲'한 경지는 '천지의 본질(天地之平)'이자 도덕의 극치(道德之至)'이며, '만물의 근본'(萬物之本)인 동시에, '제왕과 천자의 덕'(帝王天子之德), '현성과 소왕의 도'(玄聖素王之道)이므로, 결국 '가장 위대한 본원'(大本大宗)이라고 할 수 있다. 마지막으로 지적하고 싶은 것은, 만약 이 단락이 정치론을 다룬다고 본다면, 『장자』는 여기에서 정치론과 심성론을 서로 결부시키고 있다는 점이다. 바꾸어 말해, 정치론적 맥락과 심성론적 맥락은 상호 내포적 관계 속에서 복잡하게 얽혀 있다. 이 점에 관해서는 좀 더 자세히 살펴보자.

사실 『장자』에서는 삼황오제三皇五帝를 여러 차례 언급한 바 있다. 장자는

海內服. 明于天, 通于聖, 六通四辟于帝王之德者, 其自爲也, 昧然無不靜者矣. 聖人之靜也, 非曰靜也善, 故靜也. 萬物無足以鐃心者, 故靜也. 水靜則明燭鬚眉, 平中准, 大匠取法焉. 水靜猶明, 而況精神! 聖人之心靜乎, 天地之鑒也, 萬物之鏡也. 夫虛靜恬淡, 寂漠無爲者, 天地之平, 而道德之至, 故帝王聖人休焉. 休則虛, 虛則實, 實者倫矣. 虛則靜, 靜則動, 動則得矣. 靜則無爲, 無爲也, 則任事者責矣. 無爲則俞俞, 俞俞者憂患不能處, 年壽長矣. 夫虛靜恬淡, 寂漠無爲者, 萬物之本也. 明此以南鄕, 堯之爲君也; 明此以北面, 舜之爲臣也. 以此處上, 帝王天子之德也; 以此處下, 玄聖素王之道也. 以此退居而閑遊, 則江海山林之士服; 以此進爲而撫世, 則功大名顯而天下一也. 靜而聖, 動而王, 無爲也而尊, 樸素而天下莫能與之爭美. 夫明白于天地之德者, 此之謂大本大宗, 與天地和者也; 所以均調天下, 與人和也. 與人和者, 謂之人樂; 與天和者, 謂之天樂."

71) 초기 문헌 속의 德 개념이 지니는 풍부한 정치적 의미에 관해서는 졸고 『덕례지간』을 참고할 것.

삼황오제의 예의와 법도가 시대에 맞추어 고안되었으며, 또한 '시대에 따라 변해 가야 한다'(應時而變. 「천운」편 참조)고 말하는 한편, 요, 순, 우에서부터 유가와 묵가에 이르기까지, 이들의 정치적 주장 중 한계를 지니지 않는 것이 없다고 지적하였다.

> 황제黃帝는 백성들의 마음을 순일하게 만들었으니, 누군가가 죽었을 때 그의 친족들이 그를 위해 곡을 하지 않아도 아무도 이를 비난하는 일이 없었다. 요가 천하를 다스렸을 때는 백성들이 마음속으로 친애하도록 만들었다. 따라서 누군가 자신과 가까운 사람을 가깝게 대하고자 예절을 줄여도 아무도 이를 비난하지 않았다. 순이 천하를 다스렸을 때는 백성들이 마음속으로 서로 경쟁하도록 만들었다. 임산부는 열 달이 되면 출산하고 태어난 아기는 다섯 달이 지나면 말을 하며 유아기에 접어들기도 전에 사람들을 구분하기 시작한다. (이처럼 모든 일이 다 급해지게 되어) 이에 사람들이 점차 단명하기 시작했다. 우가 천하를 다스렸을 때는 백성들의 마음을 크게 바꾸어 놓았다. 사람들은 각기 다른 마음을 품어 군사를 사용하는 일에 거리낌이 없었고 도적을 죽이면서 이를 두고 살인이라 여기지 않았으며 스스로 천하에 독존하다고 여기면서 천하의 사람들을 마음대로 부렸다. 이에 천하가 두려움에 떨어 유가와 묵가 등의 가르침이 일어나게 되었다. 처음에는 그래도 질서가 있었으나 지금에 이르러서는 전혀 그렇지 않으니 네가 무슨 할 말이 있는가![72]

위 단락에 따르면 천하를 다스리는 여러 가지 방식 중 오직 황제黃帝만이 칭송 받을 만한 것으로 설명되고 있다. 또한 「천도」편에서는 다음과 같이 말한다. "하늘이 낳지 않아도 만물은 이루어지고, 땅이 기르지 않아도 만물은 자라나고, 제왕이 무위해도 천하는 공을 이룬다. 따라서 이런 말이 있다. '하늘보다 더 신묘한 것이 없고, 땅보다 풍부한 것이 없으며, 제왕보다

---

72) 『莊子』, 「天運」, "黃帝之治天下, 使民心一, 民有其親死不哭, 而民不非也. 堯之治天下, 使民心親, 民有爲其親殺其殺, 而民不非也. 舜之治天下, 使民心競, 民孕婦十月生子, 子生五月而能言, 不至乎孩而始誰, 則人始有夭矣. 禹之治天下, 使民心變, 人有心而兵有順, 殺盜非殺人, 自爲種而天下耳, 是以天下大駭, 儒墨皆起. 其作始有倫, 而今乎婦女. 何言哉!"

위대한 것이 없다.' 또 이런 말이 있다. '제왕의 덕은 천지에 부합한다.' 이처럼 천지를 등에 업고 만물을 움직이게 하는 것이 사람들을 다스리는 법칙이다."73) 여기에서 '하늘이 낳지 않아도 만물은 이루어진다'는 말은 『노자』의 "생기게 하면서도 소유하지 않고, 행하면서도 자랑하지 않고, 자라게 하지만 지배하지 않으니, 이를 현덕이라 한다"74)라는 구절의 다른 표현이라 할 수 있다. 즉 이는 현덕玄德의 함의를 구현한 것이다. 이처럼 제왕지덕帝王之德을 현덕에 비견한 것은 매우 중요한 의미를 지닌다. 정리하면, '삼왕오제가 천하를 다스리는 방식'(三王五帝之治天下', '三王五帝之運', 「추수」)은 바로 제도帝道나 제왕지덕의 가장 핵심적 함의다. 그런데 '제왕의 덕은 천지에 부합한다'라는 구절은 서주 이래 전해진 '덕으로 하늘에 부합한다'(以德配天)는 사상을 반영한 것이 분명하다. 마왕퇴 백서 『십육경·입명』에서는 황종黃宗(黃帝)이 천하의 종주가 될 수 있었던 까닭을 논하면서 '오직 나 황종(黃帝)만이 덕이 천지에 부합한다'라고 하였다.75)

덧붙이자면, 『장자』에서 '치국治國'을 자주 언급하고, '치천하治天下'라는 표현이 빈번하게 등장하는 것 또한 예사로운 부분이 아니다. 『장자』에 등장하는 요, 순, 우, 황제黃帝 등의 성왕, 그리고 특히 반복적으로 언급되는 '요가 나라를 다스리는 방식'(堯之治天下)이라는 표현은 매우 특수한 의미를 지닌다. 어찌해서 그러한가? 『논어』 「위정」, 「위령공」, 「태백」 등의 편에서는 요, 순의 성왕지치를 찬양한 바 있고, 『역전』과 『맹자』에서도 성왕의 계보를 세우며 왕도王道의 도통적 특징을 강화하고자 한 바 있다. 장자가 활동하고 『장자』가 저술되었던 전국시대 중기에 '요순'은 이미 이상적 정치의 상징으로 자리 잡은 상태였다. 이 점은 유가의 경서에서도 잘 드러난다. 예를 들어 『논어』의 경우 「위정」, 「태백」, 「요왈」 등의 편에서 모두 이에 관해

---

73) 『莊子』, 「天道」, "天不產而萬物化, 地不長而萬物育, 帝王無爲而天下功. 故曰: 莫神于天, 莫富于地, 莫大于帝王. 故曰: 帝王之德配天地. 此乘天地, 馳萬物, 而用人群之道也."

74) 『老子』 제10장, "生而不有, 爲而不恃, 長而不宰, 是謂玄德."

75) 원문은 '唯余一人□乃肥(配)天'이며, 빠진 부분은 '德'자로 보충해 넣을 수 있다.(魏啓鵬, 『馬王堆漢墓帛書「黃帝書」箋證』, 북경: 중화서국, 2004, 97쪽 참조)

언급하였고, 곽점 죽간 『당우지도唐虞之道』에서도 역시 요순의 선양을 하나의 본보기로 묘사하였다. 이에 반해 『장자』의 맥락 속에서는 요순의 천하통치에 관한 내용이 유가 정치 이념에 대한 『장자』의 반성과 비판의 일환으로서 등장한다. 『장자』는 유가의 정치 이념을 겨냥한다는 뚜렷한 사상적 경향성을 지니기 때문이다. 하지만 문제는 그리 단순하지만은 않다. 물론 요순의 정치 방식의 부정적인 측면을 지적하는 경우가 많기는 하나, 장자는 다른 어떤 측면에서는 '요임금'이라는 상징을 통해 긍정적인 견해를 나타내기도 한다. 이러한 특징은 요임금과 은사隱士(許由, 伯成子高, 意而子, 子州支伯)들 간의 대화 속에서 특히 잘 드러난다.[76) 사람들은 대개 이러한 고사들 속에서 요가 왕위를 선양하려 했던 일에 주목하곤 하지만, 사실 이는 일반적인 가치와는 전혀 다른 지향점을 내포한다는 점을 알아차려야 한다. 특히 「천도」편에 등장하는 요와 순의 대화는 상당히 독특하다. 여기에서 순은 도가에서 긍정하는 견해(無爲而治)를 대표하는 인물로 그려진다. 얼핏 보면 우스꽝스러워 보이지만, 사실 상당히 깊은 의미를 지니고 있다.[77) 우선 이에 대한 『장자』의 결론을 한번 살펴보자. 『장자』에서는 "천자라는 제위는 가장 크고 진귀한 기물이지만, 생명과 맞바꿀 수는 없다"라고 말하면서 이것이 바로 "도를 체득한 자와 범속한 자의 차이"라 강조하였다.[78) 이러한 구절은 유묵의 정치 이념, 특히 유가에서 내세우는 인정仁政을 겨냥하여 나온 것으로 볼 수 있으며, 이런 의미에서 『장자』가 제기하는 문제의식과 반성적 사고는 큰 의의를 지닌다.[79) 실제로 『장자』의 정치사상은 주로

---

76) 「소요유」, 「대종사」, 「천지」, 「양왕」 등의 편이 대표적이다. 자세한 내용은 졸고 「『莊子』渾沌話語: 哲學敍事與政治隱喩」(『道家文化硏究』 제29집, 북경: 삼련서점, 2015)를 참조할 것.

77) 실제로 유가에서도 無爲를 즐겨 이야기한다. 특히 『논어』 「위령공」편의 "공자께서 말씀하셨다. '무위의 통치를 실천한 자는 바로 순임금이다. 어떻게 하였는가? 바로 몸가짐을 단정히 한 채 남면해 앉아 있었을 뿐이다'"라는 구절이 대표적이다. 이 구절에 대해 何晏의 『집해』는 "적임자를 얻어 관직에 임용하였으므로 무위의 통치를 실천할 수 있었다"라고 풀이하였고, 皇侃의 『소』에서는 "공자는 순임금이 무위하면서도 잘 다스릴 수 있었던 것은 인재를 잘 등용하여 근심 걱정할 필요가 없었기 때문이라고 감탄했다. 따라서 '어떻게 하였는가?'하고 재차 말한 것이다"라고 풀이하였다.

78) 『莊子』, 「讓王」, "故天下大器也, 而不以易性, 有道者之所以異乎俗者."

황제黃帝, 요, 순이 등장하는 단락 속에서 잘 나타난다. 『장자』는 심지어 황제로부터 이어지는 성왕 통치 전통(이 성왕 통치 전통은 의도적으로 건립된 것이라는 점에 주의할 필요가 있다.) 자체에도 문제를 제기한다. 『장자』는 "세상 사람들이 추존하는 자들 가운데 황제黃帝보다 더 높은 것은 없다. 그런데 황제는 덕행을 온전히 갖추지 못한 데다 탁록의 들판에서 전쟁을 벌여 사방 백 리를 피로 물들였다. 요는 자애롭지 못했고 순은 불효하였으며 우는 반신불수가 되었고 탕은 자신의 군주를 쫓아냈고 무왕은 주왕을 정벌했고 문왕은 유리에 갇혔다"고 말하는 한편, 이들은 "모두 이익을 좇아 참된 본래의 바를 잃고 실제의 성정과 억지로 멀어진 자들이니, 그 행위가 심히 부끄럽다"고 일갈하였다.[80]

(2) 『장자』의 여러 황로편에서는 전국시대 중기에 유행했던 요, 순, 황제의 '성왕 계보'가 나타내는 정치적 합리성을 인정하지 않으려 한다. 이 점은 유가와 분명히 구분되는 지점이다.[81] 심지어 『장자』에서 이와는 다른 새로운 성왕의 계보를 세우고자 했던 흔적을 엿볼 수 있다. 예를 들면, 다음과 같다.

> 도는 실재하며 작용과 효험을 지니지만 무위하며 무형의 성질을 지닌다. 마음으로 전해질 수는 있으나 입으로 전달할 수는 없고 마음으로 체득할 수는 있지만 눈으로 확인할 수는 없다. 도는 달리 근원을 지니지 않고 스스로 근원이 되는데, 천지가 생겨나기 이전의 아득한 옛날부터 이미 있었다. 도는 귀신과 상제를 낳으며 천지를 생성한다. 도는 태극의 위에 있어도 높다고 여기지 않고, 육합의 아래에 있지만 깊다고 여기지 않고,

---

79) 흥미로우면서도 난해한 점 하나는 바로 『장자』의 정치론 속에 등장하는 '黃帝'가 이중 적 면모를 지닌다는 점이다. 이는 긍정적 의미를 지님과 동시에 조롱의 대상이 되기도 한다. 자세한 사례는 「재유」, 「서무귀」, 「지북유」, 「도척」, 「천지」 등에 잘 나타나 있다.

80) 『莊子』, 「盜跖」, "世之所高, 莫若黃帝, 黃帝尚不能全德, 而戰涿鹿之野, 流血百里. 堯不慈, 舜不孝, 禹偏枯, 湯放其主, 武王伐紂, 文王拘羑里……皆以利惑其眞而強反其情性, 其行乃甚可羞也."

81) 실제로 『장자』의 우화들 속에 나타나는 인물 혹은 그들 간의 대화는 대개 훌륭한 정치, 이상적인 정치라는 문제와 관계가 있는 경우가 많다.

천지가 존재하기 이전부터 있었지만 오래되었다고 여기지 않고, 아득한 상고시절만큼 긴 세월을 보냈지만 길다고 여기지 않는다. 시위씨는 이를 얻어 천지를 바르게 정돈시켰고, 복희씨는 이를 얻어 원기를 조화시켰다. 북두칠성은 이를 얻어 그 방향이 영원토록 변하지 않게 되었고, 해와 달은 이를 얻어 영원히 쉬지 않고 운행하게 되었다. 감괴는 이를 얻어 곤륜산을 다스리게 되었고, 풍이는 이를 얻어 큰 하천을 유랑할 수 있었으며, 견오는 이를 얻어 태산을 주관하게 되었고, 황제黃帝는 이를 얻어 높은 하늘로 오를 수 있었으며, 전욱은 이를 얻어 현궁에서 거처할 수 있었고, 우강은 이를 얻어 북극에 자리할 수 있었고, 서왕모는 이를 얻어 소광산 위에서 아무도 그가 얼마나 살았는지를 알 수 없을 정도로 편안히 거처할 수 있었고, 팽조는 이를 얻어 그의 수명이 위로는 유우의 시대부터 아래로는 춘추 오패에 이를 수 있었고, 전설은 이를 얻어 무정의 재상을 담당하며 천하의 일들을 다스렸는데, 사후에는 천상의 별자리가 되어 동유성과 기미성에 올라타 항상 사람들의 삶과 함께할 수 있었다.[82]

덕이 성행하던 시대(至德之世)를 알지 못하는가? 옛날 용성씨, 대정씨, 백황씨, 중앙씨, 율륙씨, 여축씨, 헌원씨, 혁서씨, 존로씨, 축융씨, 복희씨, 신농씨가 살았던 시대에는 백성들이 매듭을 묶어 일을 기록하고, 자신들이 먹고 마시는 음식을 달다고 여겼으며, 입은 옷을 아름답다고 여겼으며, 습속을 즐겁다 여겼으며, 머무르는 거처를 편안하다고 여겼다. 이웃 나라끼리 서로 훤히 들여다볼 수 있었으며, 닭이 울고 개가 짖는 소리를 서로 들을 수 있었지만, 백성들은 태어나서 죽을 때까지 서로 왕래하는 일이 없었다. 이와 같은 시대가 진정으로 태평한 시대이다.[83]

---

82) 『莊子』, 「大宗師」, "夫道, 有情有信, 無爲無形, 可傳而不可受, 可得而不可見; 自本自根, 未有天地, 自古以固存; 神鬼神帝, 生天生地; 在太極之上而不爲高, 在六極之下而不爲深; 先天地生而不爲久, 長于上古而不爲老. 狶韋氏得之, 以挈天地; 伏羲氏得之, 以襲氣母; 維斗得之, 終古不忒; 日月得之, 終古不息; 堪坏得之, 以襲昆侖; 馮夷得之, 以遊大川; 肩吾得之, 以處大山; 黃帝得之, 以登雲天; 顓頊得之, 以處玄宮; 禺强得之, 立乎北極; 西王母得之, 坐乎少廣, 莫知其始, 莫知其終; 彭祖得之, 上及有虞, 下及五伯; 傅說得之, 以相武丁, 奄有天下, 乘東維, 騎箕尾, 而比于列星."
83) 『莊子』, 「胠篋」, "子獨不知至德之世乎? 昔者容成氏, 大庭氏, 伯皇氏, 中央氏, 栗陸氏, 驪畜氏, 軒轅氏, 赫胥氏, 尊盧氏, 祝融氏, 伏羲氏, 神農氏, 當是時也, 民結繩而用之, 甘其食, 美其服, 樂其俗, 安其居, 鄰國相望, 雞狗之音相聞, 民至老死而不相往來. 若此之時, 則至治已."

여기에 등장하는 고대 제왕들의 이름 대다수는 다른 역사서에는 보이지 않아 그 실체를 고증할 방법이 없다. 아마도 장자에 의해 고안된 가공의 존재일 확률이 높다. 바꾸어 말하면, 이는 '역사적 사실'이 아니라 일종의 '학설'인 셈이다. 하지만 그 속에 내포된 사상적 의미만은 중요한 가치를 지닌다. 유가가 세운 성인(성왕)의 계보를 '요순을 이어받고 문왕과 무왕을 모범으로 삼으며 공자를 종사로 삼는다'고 요약한다면, 장자가 새롭게 그리는 도통道統은 그 범위도 더 넓고 시대 또한 더욱 유구하다. 그 밖에도 「응제왕」편에서는 유우씨有虞氏, 태씨泰氏 등을 말했고, 「마제」편에서는 혁서씨赫胥氏를 말했는데, 이 모두 다른 고서, 특히 유가에 의해 전승된 경서에는 보이지 않는다. 그렇다면『장자』의 강렬한 반전통 및 반권위적 경향에 내재된 동기란 과연 무엇일까? 혹시 더욱 아득하고 유구한 성왕의 계보를 재구성하여 유가에서 쌓아 올린 도통을 무너뜨리고자 하는 의도는 아니었을까? 이는 충분히 합리적인 설명 방식으로 보인다.

2)『관자』의 여러 편을 둘러싼 논의

선진제자백가의 기타 여러 문헌과 같이,『관자』역시 문집의 성격을 띤 저작이다.『관자』를 평한 궈모뤄(郭沫若)의 유명한 말이 있다. "『관자』는 마치 거대한 잡탕과 같다." 펑유란(馮友蘭) 역시『관자』를 '직하 학술의 중심을 이루는 논문집'[84])으로 보았다. 위둔캉(余敦康)은『관자』가 '관중학파가 남긴 학설'[85])을 담고 있다고 하였고, 류제(劉節)는『관자』4편, 즉 「심술상」, 「심술하」, 「백심」, 「내업」편 모두 매우 선명한 도가적 색채를 띠고 있으므로 도가 황로학파 문헌에 속한다고 하였다. 그런데『관자』속의 도가 황로학이 이른바『관자』4편에만 국한되지는 않는다. 「추언」, 「주합」, 「수지」, 「사시」,

---

84) 馮友蘭,『中國哲學史新編』제2권(북경: 인민출판사, 1983), 197쪽.
85) 余敦康,「論管仲學派」,『中國哲學』제2집(북경: 삼련서점, 1980).

「오행」, 「형세」와 같은 편 역시 도가 황로학의 문헌에 속한다고 볼 수 있으므로, 사실 『관자』 4편이 아니라, '『관자』 여러 편'이라고 불러야 한다.[86] 그 밖에 「법법」, 「유관」(즉, 「현궁」)편 등에도 황로사상이 깊이 스며들어 있으니, 이 또한 황로편으로 부를 수 있다. 특히 「유관」편은 특이하게도 「유관도」(「현궁도」)편이 함께 배치되어 있어 매우 강한 형식성을 보인다. 이는 장사 자탄고 출토 백서본과도 성격이 비슷하다.[87] 우선 「유관」편부터 살펴보도록 하자.

> 도道로써 (백성을) 인도하고, 은혜(惠)로써 따르게 하고, 인仁으로써 친하게 하고, 의義로 기르고, 덕德으로 대하고, 믿음(信)으로 교제하고, 예禮로써 접대하고, 악樂으로써 화목하게 하고, 일(事)로써 판단하고, 말(言)로써 고찰하고, 힘(力)으로써 분발시키고, 정성(誠)으로써 설복시킨다. 이렇게 한 가지 조치를 실행하고 나면 상하가 모두 좋은 결과를 맺고, 두 번째 조치를 실행한 뒤에는 따르지 않는 백성이 없고, 세 번째 조치를 실행한 뒤에는 토지가 개관되어 곡식이 풍성히 맺히고, 네 번째 조치를 실행한 뒤에는 양식이 풍부하여 농민들의 근심 걱정이 사라지고, 다섯 번째 조치를 실행한 뒤에는 부역이 줄어들어도 나라의 곳간이 넘쳐나고, 여섯 번째 조치를 실행한 뒤에는 군주가 일의 변화를 미리 알 수 있게 되고, 일곱 번째 조치를 실행한 뒤에는 조정 안팎의 일이 모두 군주에 의해 좌우되고, 여덟 번째 조치를 실행한 뒤에는 승리의 국면이 이루어져 나라의 위엄이 서고, 아홉 번째 조치를 실행한 뒤에는 제업(帝業)이 틀을 갖추게 된다. 아홉 가지의 폭넓고 중대한 근본 원칙이 있으니, 이는 군주가 지켜야 한다. 여덟 가지의 직분이 있으니, 이는 경상卿相이 지켜야 한다. 일곱 가지의 승리의 비결이 있으니, 이는 장군이 지켜야 한다. 여섯 가지의 매우 세밀한 강령이 있으니, 이는 현인이 지켜야 한다. 다섯 가지 게을리해서는 안 되는 일이 있으니, 이는 서인들이 지켜야 한다. 만일 이러한 것들을 잘 지킨다면, 군주가 움직였을 때 신하와 백성들이 따르지 않는 자가

---

86) 馮達文, 『道家哲學略論—回歸自然的理論建構與價值追求』(성도: 파촉서사, 2015), 86쪽.
87) 李零, 『長沙子彈庫帛書研究』(북경: 중화서국, 1985); 饒宗頤·曾憲通, 『楚地出土文獻三種研究』(북경: 중화서국, 1993).

없고, 군주가 가만히 무위하고자 할 때 신하와 백성들이 그 뜻에 맞추어서 하지 않는 자가 없다. 치란을 결정하는 근본은 세 가지가 있고, 안위를 결정하는 관전은 네 가지가 있고, 빈부를 결정하는 원칙은 다섯 가지가 있고, 성쇠를 촉진하는 도리는 여섯 가지가 있고, 존비를 결정하는 요소는 일곱 가지가 있고, 강약을 검토하는 방식은 여덟 가지가 있고, 존망을 결정하는 수는 아홉 가지가 있다.[88]

이 단락에서 사용된 서술 방식은 『관자』에서 빈번하게 발견되며(『관자』 4편, 『문자』 등과 유사), 이 편의 내용은 제도制度에 관해 상세하게 논한 황로 문헌의 특징을 잘 드러내고 있다. 이 단락에 나오는 '제업'(帝事)은 사실 이상적 의미의 '군도君道'('人主之守')를 가리키며, '아홉 가지 조치'(九擧)는 마치 『장자』에 나오는 '아홉 가지 단계'(九變)와 비슷하다. 『장자』의 두 단락과 서로 비교하여 살펴보도록 하자.

옛날 도를 밝게 깨달은 자는 먼저 하늘의 이치(天)를 분명히 하고, 도道와 덕德을 밝혔다. 도와 덕을 밝히자 인仁과 의義와 같은 윤리법칙이 뒤를 따랐다. 인과 의가 분명해진 후에 각자의 직분(職守)을 따졌다. 각자의 직분이 분명해진 후에 형세(形)와 명분(名)을 밝혔다. 형세와 명분이 분명해 진 후, 그에 따라서 적합한 인물을 임명(因任)했다. 적합한 인물을 임명한 후에 관리와 감독(原省)을 철저히 했다. 관리와 감독이 철저해진 이후에 옳고 그름에 관한 판단을 내렸다. 옳고 그름에 관한 판단을 내린 이후에 상벌을 시행했다. 상벌의 시행이 제대로 시행된 이후에 어리석은 자와 지혜로운 자, 귀한 자와 천한 자, 어진 자와 못난 자가 각자의 재능과 능력에 따라 나뉘어 올바른 자리에 있을 수 있게 되었다. 이러한 방법으로 윗사람을 섬기고 아랫사람을 부양하고 사물을 다스리고 몸을 수양하면

---

88) 『管子』, 「幼官」, "通之以道, 畜之以惠, 親之以仁, 養之以義, 報之以德, 結之以信, 接之以禮, 和之以樂, 期之以事, 攻之以官, 發之以力, 威之以誠. 一擧而上下得統, 再擧而民無不從, 三擧而地辟散成, 四擧而農佚粟十, 五擧而務輕金九, 六擧而絜知事變, 七擧而外內爲用, 八擧而勝行威立, 九擧而帝事成形. 九本搏大, 人主之守也. 八分有職, 卿相之守也. 十官飾勝備威, 將軍之守也. 六紀審密, 賢人之守也. 五紀不解, 庶人之守也. 動而無不從, 靜而無不同. 治亂之本三, 尊卑之交四, 富貧之終五, 盛衰之紀六, 安危之機七, 強弱之應八, 存亡之數九."

헛된 지모를 쓸 일이 사라지고 하늘의 이치에 맞게 돌아갈 수 있다. 이러한
상태를 태평한 상태라고 하니 지극히 이상적인 통치의 모습이다. 옛날
책에서도 "형세와 명분이 있다"라고 했듯이 형세와 명분은 옛날 사람들도
중요하게 생각하였다. 하지만 이를 앞세우지는 않았다. 옛날 위대한 도를
말했던 사람들은 다섯 번째 단계(五變)에서야 형세와 명분을 들었고, 아홉
번째 단계(九變)에서야 상벌을 논하였다. 그런데 다짜고짜 형세와 명분을
말한다면 근본 절차를 모르는 것이고, 다짜고짜 상벌을 말한다면 올바른
다스림을 알지 못하는 것이다. 그런데 이러한 절차를 뒤집거나 어긴 채
논하는 자가 있다면 이는 남에게 다스림을 받을 수 있을 뿐이니, 어찌
남을 다스릴 수 있겠는가? 이러한 자들은 정치의 수단은 알고 있으나,
정치의 진정한 도를 이해한다고 볼 수는 없다. 이런 사람은 세상에서
사용될 수는 있겠지만 천하를 움직일 수는 없다. 이런 사람들을 가리켜
말만 앞세우는 자(辯士), 한 가지에 치우친 자(一曲之人)라고 한다. 예의 규범
과 셈법을 정하고 형세와 명분을 조사하는 일은 옛사람들도 했지만, 이는
아랫사람이 윗사람을 섬길 때 했던 일이지, 윗사람이 아랫사람을 다스릴
때 했던 일이 아니다.[89]

근본적인 것은 위에 있어야 하고, 말단은 아래에 있어야 한다. 중요한
일은 임금이 맡아야 하고 나머지 세세한 것은 신하가 맡아야 한다. 군대를
움직이고 병사를 다루는 것은 덕의 말단이다. 상벌을 따지는 것은 백성을
교화하는 일의 말단이다. 예절과 제도를 세우고 일이 돌아가는 상황을
파악하는 것은 통치의 말단이다. 종과 북소리, 화려한 장식과 춤사위 이런
것들은 음악의 말단이다. 장례식에서 곡과 읍을 하며 상복을 갖추어 입는
것은 슬픈 감정의 말단이다. 이러한 다섯 가지 말단은 진정으로 중요한
정신과 마음의 움직임이 있고 난 뒤에 뒤따라야 한다.[90]

---

89) 『莊子』, 「天道」, "是故古之明大道者, 先明天, 而道德次之; 道德已明, 而仁義次之; 仁義已明, 而
分守次之; 分守已明, 而形名次之; 形名已明, 而因任次之; 因任已明, 而原省次之; 原省已明, 而是
非次之; 是非已明, 而賞罰次之. 賞罰已明, 而愚知處宜, 貴賤履位, 仁賢不肖襲情, 必分其能, 必由
其名. 以此事上, 以此畜下, 以此治物, 以此修身, 知謀不用, 必歸其天, 此之謂大平, 治之至也. 故
書曰: '有形有名.' 形名者, 古人有之, 而非所以先也. 古之語大道者, 五變而形名可擧, 九變而賞罰
可言也. 驟而語形名, 不知其本也; 驟而語賞罰, 不知其始也. 倒道而言, 迕道而說者, 人之所治也,
安能治人! 驟而語形名賞罰, 此有知治之具, 非知治之道; 可用于天下, 不足以用天下. 此之謂辯士,
一曲之人也. 禮法數度, 形名比詳, 古人有之, 此下之所以事上, 非上之所以畜下也."

지금 인용한 「천도편」의 두 단락은 난해하여 오해의 여지가 많다. 여기에 등장하는 '분수分守', '인임因任', '원성原省' 등의 의미가 분명하지 않기 때문이다. 그런데 한 가지 흥미로운 것은 왕안석이 이 두 단락을 특히 중요하게 여겼다는 점이다. 그는 다음과 같이 설명한다.

만물이 의존하는 것이 천天이다. 만물이 말미암는 것이 도道이다. 도가 내 안에 갖추어진 것이 덕德이다. 덕으로써 사랑하는 것이 인仁이다. 사랑함에 적합함이 있는 것이 의義다. 인仁에 선후가 있고, 의義에 상하가 있는 것을 분分이라 한다. 앞선 것이 함부로 뒤에 가지 않고, 아래가 위를 침범하지 않는 것을 수守라고 한다. 형形은 이러한 것들이 사물로 드러난 것(物)이고, 명名은 이러한 것들에 이름을 붙인 것(命)이다. 이는 각각 무엇을 의미하는가? 귀천과 친소에 따라 모습을 다르게 꾸미는 것이 바로 각기 다른 사물로 드러난 것(物)이고, 귀천과 친소에 따라 호칭을 달리 하는 것이 바로 각기 다른 이름으로 불리는 것(命)이다. 사물로 드러나게 되면 귀천에 따라 각자 모습이 있게 되고, 이름이 붙여지면 친소에 따라 각자 구분이 있게 된다. 이러한 친소와 귀천에 따라 그 적합한 바대로 하게 하는 것을 일러 인임因任이라고 한다. 그 적합한 바대로 하게 하되(因任), 이를 내버려 두고 제대로 살피지 않는다면 다시 제멋대로 흘러가게 된다. 따라서 반드시 그 정세를 따지고 일을 살펴야 한다. 이것이 바로 원성原省이다. 이렇게 따지고 살펴(原省) 분명해진 후에야 시비是非를 판별할 수 있으며, 시비가 분명해진 후에야 상벌賞罰을 시행할 수 있다. 따라서 장자는 이렇게 말했다. "먼저 하늘의 이치를 분명히 하고, 도와 덕을 밝혔다. 도와 덕을 밝히고 나서 인과 의를 밝혔다. 인과 의를 밝히고 나서 분수分守를 밝혔다. 분수를 밝히고 나서 형명形名을 밝혔다. 형명을 밝히고 나서 인임을 밝혔다. 인임을 밝히고 나서 원성을 밝혔다. 원성을 밝히고 나서 시비를 밝혔다. 시비를 밝히고 나서 상벌을 밝혔다." 비단 장자가 아니더라도 옛 철인들 가운데 누가 이렇게 말하지 않았는가? 도와 덕의 기원을 말한 옛 논의 가운데

---

90) 『莊子』, 「天道」, "本在于上, 末在于下; 要在于主, 詳在于臣. 三軍五兵之運, 德之末也; 賞罰利害, 五刑之辟, 敎之末也; 禮法度數, 形名比詳, 治之末也; 鍾鼓之音, 羽旄之容, 樂之末也; 哭泣衰絰, 隆殺之服, 哀之末也. 此五末者, 須精神之運, 心術之動, 然後從之者也."

왕을 말하지 않은 경우는 한 번도 없었다. 예컨대 요堯는 성인의 정점이라 할 수 있는데, 공자는 그를 칭송하여 이르기를 "하늘이 가장 위대하며, 요만이 이를 본받을 수 있다"라고 하였다. 이는 하늘의 이치를 밝힌 것을 말한다. "총명하고 온화한 덕을 갖추었다"는 말은 도와 덕을 밝힌 것을 말하고, "공경스럽고 겸손했다"는 말은 인의를 밝힌 것을 말한다. 그가 구족과 백성과 만방의 순서를 나눈 것은 분수分守를 밝힌 것을 말한다. (舜이) 오례를 정비하고 음률과 도량형을 통일하여 천하를 하나로 만든 것은 형명形名을 밝힌 것을 말한다. 기를 후직으로 삼고, 계를 사도로 삼고, 고요를 판관으로 삼고, 수를 공공으로 삼은 것은 인임因任을 밝힌 것을 말한다. 삼 년마다 한 번씩 업적을 조사하고, 오 년마다 한 번씩 순행에 나선 것은 원성原省을 밝힌 것을 말한다. 순을 가리켜 "그 말이 공적을 얻을 수 있다"라고 한 것, 우를 가리켜 "만세에 영원히 그의 공적에 의지할 것이다", "경거망동하는 삼묘국이 아직 잘못을 깨닫지 못하고 있다"라고 한 것은 모두 시비是非를 밝힌 것을 말한다. "고요는 순종하는 이들은 정중하게 대했으나, 대항하려는 이들은 처형하는 모습을 보여주어 경고를 보냈으니, 사리에 밝았다"라고 한 것은 상벌賞罰을 밝힌 것을 말한다.[91]

왕안석의 이러한 해석은 분명 우리에게 큰 통찰을 준다. 그런데 더욱 중요한 것은 그가 한쪽에 치우친 견해를 타파하고 유가와 도가의 회통을

---

91) 『王安石集』, 권67, '九變而賞罰可言'條('아홉 번째 단계에 이르러 상벌을 논할 수 있다' 항목), "萬物待是而存者, 天也; 莫不由是而之焉, 道也; 道之在我者, 德也; 以德愛者, 仁也; 愛而宜者, 義也. 仁有先後, 義有上下, 謂之分; 先不擅後, 下不侵上, 謂之守. 形者, 物此者也; 名者, 命此者也. 所以物此者, 何也? 貴賤親疏, 所以表飾之, 其物不同者是也. 所以命此者, 何也? 貴賤親疏, 所以號稱之, 其命不同者是也. 物此者, 貴賤各有容矣; 命此者, 親疏各有分矣. 因親疏貴賤任之以其所宜爲, 此之謂因任. 因任之以其所宜矣, 放而不察乎, 則又將大馳, 必原其情, 必省其事, 此之謂原省. 原省明而後可以辨是非, 是非明而後可以施賞罰. 故莊周曰: '先明天而道德次之; 道德已明而仁義次之; 仁義已明而分守次之; 分守已明而形名次之; 形名已明, 而因任次之; 因任已明而原省次之; 原省已明而是非次之; 是非已明而賞罰次之.' 其說雖微莊周, 古之人孰不然? 古之言道德所自出而不屬王者, 未之有也. 堯者, 聖人之盛也, 孔子稱之曰: '惟天惟大, 惟堯則之.' 此之謂明天; '聰明文思安安', 此之謂明道德; 允恭克讓, 此之謂明仁義; 次九族, 列百姓, 序萬邦, 此之謂分守; 修五禮, 同律度量衡, 以一天下, 此之謂明形名; 棄後稷, 契司徒, 皐陶土, 垂共工, 此之謂明因任; 三載一考績, 五載一巡狩, 此之謂明原省; 舜曰乃言可績, 謂禹曰萬世永賴, 時乃功, '蠢茲有苗, 昏迷不恭', 此之謂明是非; '皐陶方祗厥敘, 方施象刑, 惟明', 此之謂明賞罰."

시도하는 동시에, 법가사상을 수용하려 했다는 것이다. 이것이 바로 황로학의 특징이 아니고 무엇이겠는가? 이렇게 본다면, 『장자』「천도」편은 황로의 논의로 보는 것이 타당할 것이다. 이 편은 주된 논제는 물론, 심지어 문체(다섯 번째 단계[五變], 아홉 번째 단계[九變] 등)까지도 『관자』, 『할관자』, 마왕퇴 황로 고일서 등과 유사하다. 소동파 역시 유가사상에 대한 장자의 비판이 "겉으로는 배척하는 듯 보여도 안으로는 이를 뒷받침한다"(『莊子祠堂記』)라고 평했다. 이는 왕안석의 말과 거의 같은 맥락이다. 왕안석은 다음과 같이 말한다. "옛날 선왕의 은택이 장자의 시대에 이르면 이미 고갈되어, 세상에는 거짓된 습속이 성행하고 타고난 순박함은 모두 사라졌다. 이에 세상의 학자들 가운데 내면을 귀하게 여기고 외물을 가벼이 여기는 도를 이해하는 자가 없었다.…… 장자는 이를 문제라고 여겨 천하의 폐단을 바로잡아 올바른 상태를 회복하려는 방법에 대해 생각하였다."92)(『왕안석집』, 권68, '장자' 항목) 앞에서 인용한 『관자』「유관」편을 다시 살펴보면, 여기에서도 마찬가지로 유가, 도가, 법가 심지어 음양가까지도 함께 어우르고자 하는 모습을 확인할 수 있다. 즉 『관자』「유관」(「유관도」편을 포함)편과 『장자』「천도」편 모두 인·의·예·법 등을 반대하지 않았으며, 오히려 이들이 사회정치적 질서에 미치는 건설적 작용을 긍정적으로 보았다.

더 생각해 볼 만한 문제는 앞서 인용한 『관자』의 내용이 우리가 황로 정치철학의 이론구조를 분석하는 데 도움을 줄 수 있다는 점이다. 만약 노장철학을 한마디로 '도덕지의道德之意'라고 요약한다면, 황로학은 이러한 '도덕지의'를 발전시켜 인·의·예·법 등의 관념을 '도덕지의' 안에 수용하고, 이를 다시 일련의 가치적 서열 속에서 결합함으로써 새로운 이론구조를 형성했다고 이해할 수 있다. 이러한 과정을 통해 황로 정치철학의 사상적 공간은 더욱 광범위하고 풍부해지게 되었다. 우리는 이러한 변화를 특히

---

92) 『王安石集』, 권68, "先王之澤, 至莊子之時竭矣, 天下之俗, 譌詐大作, 質樸並散, 雖世之學士大夫, 未有知其貴己賤物之道者也.……莊子病之, 思其說以矯天下之弊而歸之于正也."

『관자』「심술상」편에서 잘 확인할 수 있다.

텅 비어 형체가 없으니 이를 도道라고 부른다. 만물을 화육하니 이를
덕德이라 부른다. 군신과 부자 등의 인간관계가 각기 적합한 상태를 의義라
고 부른다. 나아가고 물러나는 예절과 읍하고 사양하는 예절, 귀천의 등급,
친소 간의 체통 등을 예禮라고 부른다. 크고 작은 모든 일이 하나의 원칙에
따르는 것, 죄를 벌하여 처형하는 것을 법法이라고 부른다. 위대한 도道에
편안히 처할 수는 있으나, 그것을 말로 표현하지는 못한다. 진인의 말은
한쪽에 치우침이 없는데 그 말은 입에서 나오지 않고 그 이치는 형체를
볼 수 없으나 천하사방의 모든 이들이 그 법칙을 알 수 있다.[93]

천도는 텅 비어 형체가 없다. 비어 있으니 고갈되지 않고, 형체가 없으니
거리끼는 것이 없다. 거리끼는 것이 없으니 만물에 두루 흐르면서도 만물을
변화시키지 않는다. 덕은 도가 체현된 것으로서 만물은 이를 얻어 살아가
고, 지혜는 이를 얻어 도의 정수를 체득할 수 있다. 따라서 덕은 얻음(得)을
말한다. 얻는다는 것은 만물이 그러하도록 하는 것을 얻음을 의미한다.
체현되지 않은 상태로 말하면 도이고, 체현된 것으로 말하면 덕이다. 따라
서 도와 덕은 서로 차이가 있는 것이 아니므로, 이를 말할 때도 구별하지
않는다. 흔히 말하는 '인간의 이치(理)'란, 그것이 체현된 것을 말하고,
의義란 각기 마땅한 곳에 처하는 것을 말한다. 예禮는 인간의 성정과 의義의
이치에 따라 각종 예의법도를 제정하는 것을 말한다. 따라서 예禮는 이치가
있음을 말하며, 이치(理)란 각종 등급과 신분의 구분을 분명하게 하여
사람들이 마땅한 곳에 처한다는 의義의 의미를 깨닫게 하는 것을 말한다.
따라서 예禮는 의義에서 나오고 의義는 이치(理)에서 나오며, 이치(理)는
마땅함에서 나온다. 법法이 항상 동일하게 나타나야 하는 것은 모든 것이
본래 그러한 실상이 있기 때문이며, 따라서 형벌로써 획일화시킬 수밖에
없다. 따라서 모든 일은 법으로써 감독하며, 법은 권력에서 나오며, 권력은
도에서 나온다.[94]

---

93) 『管子』,「心術上」, "虛無無形謂之道. 化育萬物謂之德. 君臣父子人間之事謂之義. 登降揖讓, 貴
賤有等, 親疏之體, 謂之禮. 簡物小未一道, 殺僇禁誅謂之法. 大道可安而不可說, 直人之言, 不義
不顧. 不出于口, 不見于色, 四海之人, 又孰知其則."

『장자』「천도」편과 『관자』「유관」, 『관자』「심술상」편에 등장하는 "도에 관한 내용 그리고 도와 덕의 관계를 정의한 내용은 명백히 『노자』에 출처를 두고 있다."[95] 더 정확히 말하자면, 황로 정치철학의 새로운 사유 방식은 '도덕지의道德之意'에 대한 근본적이면서 창조적인 변화를 불러일으켰다. 이와 동시에, '리理'와 '법法'은 '도덕지의'로 대표되는 도가와 '인의지제仁義之際'로 대표되는 유가가 상호교차하며 융합되는 지점에 출현한다는 것을 확인할 수 있는데, 이는 도가(노장)철학을 이론 기초로 백가의 사상을 종합하고자 한 황로학의 사상적 경향성을 잘 보여 준다. 그런데 황로 정치철학 사유 가운데 가장 특색 있는 부분이라면 역시 '제도帝道'에 관한 담론일 것이다.

옛날의 성왕들이 드넓고 빛나는 명예와 위대한 업적을 성취하여 천하에 드날리고 후세에 잊히지 않는 존재가 되었던 이유는 무엇인가? 민심을 얻지 못하고도 그렇게 된 경우는 아직 듣지 못했다. 포악한 왕들이 나라를 잃고 사직을 위태롭게 하고 종묘를 전복시켜 천하에서 사라진 이유는 무엇인가? 민심을 잃지 않고도 그렇게 된 경우는 아직 듣지 못했다. 그런데 지금 영토를 소유한 군주들은 모두 편안히 거처하고자 하고, 거동을 위엄 있게 하고자 하고, 전쟁에서 승리하고자 하고, 수비를 굳건히 하고자 한다. 크게는 천하의 제왕이 되고자 하고, 작게는 제후 가운데 패자로 군림하고자 하나, 민심을 얻고자 힘쓰지는 않는다. 따라서 작게는 전쟁에서 패배하여 토지가 줄어드는 정도지만, 크게는 목숨을 잃고 나라가 멸망한다. 그러므로 말하기를 "민심을 얻는 일에 힘쓰지 않을 수 없다"라고 하였는데, 이것이 바로 천하의 근본 법칙이다.…… 현명한 왕의 임무는 본업을 강화하

---

94) 『管子』, 「心術上」, "天之道, 虛其無形. 虛則不屈, 無形則無所位迕, 無所位迕, 故遍流萬物而不變. 德者道之舍, 物得以生. 生知得以職道之精. 故德者, 得也. 得也者, 其謂所得以然也. 以無爲之謂道, 舍之之謂德. 故道之與德無間. 故言之者不別也. 間之理者, 謂其所以舍也. 義者, 謂各處其宜也. 禮者, 因人之情, 緣義之理, 而爲之節文者也. 故禮者, 謂有理也. 理也者, 明分以諭義之意也. 故禮出乎義, 義出乎理, 理因乎宜者也. 法者, 所以同出, 不得不然者也. 故殺僇禁誅以一之也. 故事督乎法, 法出乎權, 權出乎道."

95) 馮達文, 『道家哲學略述』, 87쪽.

고 쓸모없는 일을 없애는 데 있다. 그런 다음에야 백성들을 풍요롭게 만들 수 있다. 현명한 자를 선발하고 능력 있는 자를 등용하면 백성을 평화롭게 만들 수 있다. 세금을 줄이고 백성에게 가혹하게 하지 않으며, 진정성과 사랑으로 백성을 대하면 백성이 왕을 가깝게 여기도록 할 수 있다. 이 세 가지가 바로 패업과 왕업을 이루는 일이다. 이 일에는 근본이 있는데, 인의仁義가 바로 그 핵심이다. 지금 공인들의 기술이 매우 정교하지만, 정작 백성들이 필요한 물품을 갖추지 못하는 것은 군주가 완구품만 좋아하기 때문이다. 농부들이 매우 노력하나, 천하 사람들이 굶주리고 있는 것은 군주가 산해진미를 좋아하여 식탁에 펼쳐 놓기 때문이다. 여공들의 베 짜는 기술이 훌륭한데 천하 사람들이 추위에 떠는 것은 군주가 화려하게 수놓은 옷을 좋아하기 때문이다. 그러므로 넓은 띠를 좁게 만들고, 큰 소매를 자르고, 수놓은 옷을 어둡게 물들이고, 조각한 장식을 깎아 내고, 아로새긴 무늬를 없애야 한다. 관문에서는 조사만 하고 통행세를 징수하지 않으며, 시장에서는 장소만 제공하되 자릿세를 받지 않아야 한다. 옛날의 훌륭한 공인들은 그 정교한 기술들을 가지고 사치품을 만들지 않았다. 법을 지키는 자는 쓸데없는 물건을 만들게 하지 않는다.[96]

제왕이 네 가지 방법을 잘 사용하면 천하는 다스려진다. 제왕은 먼저 할 것과 나중에 할 것은 살펴야 한다. 백성과 땅을 우선하면 이득을 보지만, 존귀함을 내세우며 교만을 앞세우면 손실을 본다. 따라서 선왕은 먼저 할 것과 나중에 할 것을 신중하게 생각해야 한다. 군주는 귀족에 관한 문제를 신중하게 처리해야 하며, 백성에 관한 문제를 신중하게 처리해야 하며, 부를 얻는 문제를 신중하게 처리해야 한다. 귀족의 문제를 신중하게 처리하는 것은 현명한 인재를 등용하는 데 달려 있고, 백성에 관한 문제를

---

96) 『管子』, 「五輔」, "古之聖王, 所以取明名廣譽, 厚功大業, 顯于天下, 不忘于後世, 非得人者, 未之嘗聞. 暴王之所以失國家, 危社稷, 覆宗廟, 滅于天下, 非失人者, 未之嘗聞. 今有士之君, 皆處欲安, 動欲威, 戰欲勝, 守欲固, 大者欲王天下, 小者欲霸諸侯, 而不務得人. 是以小者兵挫而地削, 大者身死而國亡, 故曰: 人不可不務也, 此天下之極也.……明王之務, 在于強本事, 去無用, 然後民可使富. 論賢人, 用有能, 而民可使治. 薄稅斂, 毋苟于民, 待以忠愛, 而民可使親. 三者, 霸王之事也. 事有本, 而仁義其要也. 今工以巧矣, 而民不足于備用者, 其悅在玩好. 農以勞矣, 而天下饑者, 其悅在珍怪, 方丈陳于前. 女以巧矣, 而天下寒者, 其悅在文繡. 是故博帶梨, 大袂列, 文繡染, 刻鏤削, 雕琢采. 關幾而不征, 市廛而不稅. 是故古之良工, 不勞其知巧以爲玩好. 無用之物, 守法者不失."

신중하게 처리하는 것은 관리를 배치하는 데 달려 있고, 부를 얻는 문제를 신중하게 처리하는 것은 토지 경작에 힘쓰는 데 달려 있다. 군주의 존비와 권력의 경중은 바로 이 세 가지에 의해 결정되니, 신중히 하지 않을 수 없다. 나라에는 보물이 있고 기물이 있고 재물이 있다. 성곽과 험난한 지형과 저장된 양식은 보물이고, 훌륭한 인재는 기물이며 주옥과 같은 것들은 재물로서 가장 말미에 두어야 할 것이다. 선왕들은 보물과 기물을 중시하고 재물을 경시하였기 때문에 천하를 잘 다스릴 수 있었다. 소멸하지 않고 존재하게 하는 조건에 두 가지가 있으며, 존립해야 하는데 존립하지 못하게 만드는 원인이 네 가지가 있다. 기뻐하고 노여워하고 미워하고 욕망하는 것이 바로 나라를 망하게 하는 것이니, 현명한 자들은 이를 교훈으로 삼아 자신을 가다듬는다. 선을 꾸미는 자는 선한 것이 아니니, 선에는 꾸밈이 없어야 한다. 따라서 선왕들은 선을 귀하게 여겼다. 왕업을 이룬 군주는 백성들을 축적하고, 패업을 이룬 군주는 장수와 병사들을 축적하고, 쇠약한 군주는 귀족을 축적하고, 패망한 군주는 부녀자와 주옥을 축적한다. 따라서 선왕들은 무엇을 축적할지를 신중하게 생각하였다.……하늘은 시령을 통해 작용하고, 땅은 자원을 통해 작용하고, 인간은 덕을 통해 작용하고, 귀신은 조짐을 통해 작용하고, 짐승은 힘을 통해 작용한다. 여기에서 말하는 덕이란 바로 앞서 모범을 보이는 것을 말한다. 따라서 덕을 행할 때는 앞서서 모범을 보이는 것이 가장 좋고, 적에 대응할 때는 나중에 하는 것이 좋다. 선왕 중에서 한 가지 불리한 조건과 두 가지 유리한 조건을 지녔던 자는 패업을 이루었고, 오직 유리한 조건만을 지녔던 자는 왕업을 이루었다. 한 가지 유리한 조건과 두 가지 불리한 조건을 지녔던 자는 세력이 꺾였으나, 오직 불리한 조건만을 지녔던 자는 패망하였다. 일을 헤아릴 때는 많고 적음만을 생각하지 말고, 경중만을 따지지 말고, 길고 짧음만을 계산하지 말아야 한다. 이 세 가지에 밝지 않으면 대업을 이룰 수 없다. 능히 조심하는가? 능히 삼가는가? 능히 엎드려 몸을 숨기는가? 좁쌀을 심어 잘 거두어들일 수 있는가? 밀을 심어 잘 거두어들일 수 있는가? 봄에 싹이 자라지 않아 여름에 거두어들이지 못하는 일에 잘 대비하는가? 사람들의 마음 가운데 사랑은 증오의 시작이며, 덕은 원한의 근본이다. 오직 현자만이 이러한 마음을 지니지 않는다. 선왕은 섬기는 태도로 친교를 맺고, 덕으로써 백성들과 화합했다. 이 두 가지를 잘하지 못하면 이루는 것도 없고, 친한 관계도 없을 것이다.[97]

황제黃帝, 요, 순의 시대에는 제업이 융성하여 천하가 한 사람에 의해 통제되었다. 그런데 이 당시에조차 군대를 폐기하지 않았다. 그런데 지금 공덕이 세 제왕에게 이르지 못하고 천하가 순종하지 않는데도 군대를 폐기하려고 하면 어렵지 않겠는가? 따라서 현명한 군주는 무엇을 독자적으로 처리하고 무엇을 걱정해야 하는지를 안다. 나라가 다스려져도 백성들의 일이 쌓이니 이것이 바로 자신이 독자적으로 처리해야 할 일이다. 동정이 적합하지 않은 것은 바로 근심해야 하는 일이다. 따라서 현명한 군자는 독자적으로 처리해야 하는 바에 집중함으로써 근심해야 하는 일에 대비한다.98)

위 단락의 글들은 표면적으로는 제도帝道와 별 관련이 없어 보이지만, 내용을 좀 더 구체적으로 분석해 볼 필요가 있다. 「오보」편에서는 제帝 혹은 제도라는 말이 나오지 않지만, 대신 성왕聖王이라는 말이 패왕霸王에 상대하여 사용되고 있으므로 이를 제왕帝王에 해당하는 것으로 볼 수 있다. 「추언」편에서는 직접적으로 제왕이라는 말이 등장한다. 이 편에서는 패霸(霸道)와 왕王(王道)을 모두 말하였는데, 중요한 것은 제왕帝王(帝道)이 전통적 의미의 왕도에 비해 더욱 광범위하고 더욱 강력한 시대정신의 색채를 보이고 있다는 점이다. 한편 「법법」편에서는 황제黃帝, 당우唐虞라는 말만 등장하나, 실제 내용은 전형적으로 제도 이론을 다루고 있으므로 제도라는

---

97) 『管子』, 「樞言」, "帝王者用之而天下治矣. 帝王者, 審所先所后, 先民與地則得矣, 先貴與驕則失矣. 是故先王愼貴在所先所后. 人主不可以不愼貴, 不可以不愼民, 不可以不愼富. 愼貴在擧賢, 愼民在置官, 愼富在務地. 故人主之卑尊輕重, 在此三者, 不可不愼. 國有寶, 有器, 有用. 城郭, 險阻, 蓄藏, 寶也. 聖智, 器也. 珠玉, 末用也. 先王重其寶器而輕其末用, 故能爲天下. 生而不死者二, 立而不立者四. 喜也者, 怒也者, 惡也者, 欲也者, 天下之敗也, 而賢者寶之. 爲善者, 非善也, 故善无以爲也, 故先王貴善. 王主積于民, 霸主積于將戰士, 衰主積于貴人, 亡主積于妇女珠玉, 故先王愼其所積……天以時使, 地以材使, 人以德使, 鬼神以祥使, 禽獸以力使. 所謂德者, 先之之謂也, 故德莫先, 應适莫如后. 先王用一陰二陽者霸, 盡以陽者王; 以一陽二陰者削, 盡以陰者亡. 量之不以少多, 稱之不以輕重, 度之不以短長, 不審此三者, 不可擧大事. 能戒乎? 能敕乎? 能隱而伏乎? 能而稷乎? 能而麥乎? 春不生而夏无得乎? 衆人之用其心也, 愛者憎之始也, 德者怨之本也. 唯賢者不然. 先王事以合交, 德以合人, 二者不合, 則无成矣, 无親矣."

98) 『管子』, 「法法」, "黃帝唐虞, 帝之隆也, 資有天下, 制在一人. 當此之時也, 兵不廢. 今德不及三帝, 天下不順, 而求廢兵, 不亦難乎? 故明君知所擅, 知所患. 國治而民務積, 此所謂擅也. 動與靜, 此所患也. 是故明君審其所擅, 以備其所患也."

표현이 등장하지 않는 것은 크게 중요하지 않다. 실제로 초기 문헌에서 반복적으로 등장하는 삼황오제三皇五帝라는 말은 특히 황제黃帝와 신농神農의 정교政敎를 설명하기 위한 표현으로서 주로 정치철학을 다루는 서술로 볼 수 있다. 이상 텍스트에 대한 분석을 통해 볼 때, 『관자』의 정치철학적 사유는 아직 추상적인 단계에 머물러 있었지만, 도덕지의의 이론구조를 바탕으로 새로운 의미를 끌어내며, 제도에 관한 이론적 서술이 풍부하게 담겨 있는 만큼, 그 단초가 충분하다고 할 수 있다.

『관자』여러 편에 대한 분석으로부터 우리는 황로 정치철학 사유의 출발점이 여전히 노장철학의 핵심 이론, 즉 도덕지의道德之意에 있음을 알게 되었다. 그 이론의 귀착점은 바로 왕도와 패도를 넘어서는 제도帝道 혹은 제왕지도帝王之道를 밝히는 것이다. 그렇다면 정치적 비판성과 철학적 심오함을 동시에 지닌 도덕지의에서 어떻게 체계적인 정치철학 시스템, 즉 제도 이론을 건립해 낼 수 있을지가 바로 『관자』여러 편의 주안점이라고 하겠다.

3) 『여씨춘추』와 『회남자』를 둘러싼 논의

『여씨춘추』와 『회남자』 두 저작의 성격은 상당히 복잡하다. 『한서』「예문지」에서는 이들을 잡가로 분류하였는데, 이들의 사상적 경향이 매우 다양하여 흡사 삼라만상을 모두 포괄하려는 것처럼 보이기 때문이다. 하지만 깊이 분석해 보면, 『여씨춘추』와 『회남자』 모두 황로의 담론과 황로편을 상당수 포함하고 있음을 알 수 있다.[99] 특히 아래의 두 단락에는 전형적인 형태의 황제의 말(黃帝之言)이 등장한다.

황제黃帝가 말했다. "하늘의 위엄을 따르고 원기와 함께하니, 아득하고

---

99) 蒙文通, 『古學甄微』(성도: 파촉서사, 1987); 牟鐘鑒, 『『呂氏春秋』與『淮南子』思想研究』(제남: 제로서사, 1987).

까마득하도다!" 따라서 말하기를, 기氣와 함께하는 것은 의義와 함께하는 것보다 현명하고, 의와 함께하는 것은 힘과 함께하는 것보다 현명하고, 힘과 함께하는 것은 거처를 함께하는 것보다 현명하고, 거처를 함께하는 것은 명분을 함께하는 것보다 현명하다고 한다. 제자帝者는 기를 함께하고, 왕자王者는 의義를 함께하고, 패자는 힘을 함께한다. 부지런한 군주는 거처를 함께하며 고생하나 빈약하고, 패망한 군주는 명분을 함께하나 조잡하다. 지혜가 조잡한 자일수록 함께하는 것도 조잡하고, 지혜가 정미한 자일수록 함께하는 것도 정미하다. 따라서 생각하는 바는 정미해야만 한다. 오제삼 왕이 그 업적을 이룰 수 있었던 이유도 바로 정미함에 있었다. 사물은 동류끼리는 모두 서로 화합할 수 있다. 따라서 요堯가 선을 행하니, 모든 선한 것이 그에게로 이르렀고, 걸이 그릇되게 행동하니, 모든 그릇된 것이 그에게로 이르렀던 것이다. 『상잠』에서 이르기를 "하늘이 재앙을 내리고 상서로움을 베푸는 것에는 모두 일정한 대상이 있다" 하였다. 이 말은 즉 화복은 사람이 초래한다는 것이다. 따라서 나라가 혼란스러울 때는 그저 혼란에 그치는 것이 아니라 반드시 외환을 초래하게 된다. 나라 안이 혼란스러운 것만으로는 반드시 패망에 이른다고 볼 수 없지만, 외환을 초래하면 도무지 생존할 방법이 없다.[100]

황제黃帝가 말했다. "하늘의 위엄을 따르고 원기와 함께하니, 아득하고 까마득하도다!" 따라서 기氣와 함께하는 자는 제자(帝)가 되고, 의義와 함께하는 자는 왕자(王)가 되고, 힘과 함께하는 자는 패자(霸)가 되고, 아무것도 없는 자는 패망한다. 따라서 군주가 다른 나라를 정벌할 뜻을 지니고 있으면, 성읍의 개들이 모두 무리지어 울부짖고 수탉이 한밤중에 울어대고 무기고의 무기가 진동하고 병마들이 난동을 부린다. 그런데 원한을 풀고 군사를 거두면, 집 안에서는 노인들이 단잠을 자고 거리에서는 무리를 지어 웅성거리는 자들이 사라지고 괴이한 일들이 발생하지 않는다. 이는 법령의 효과가 아니라 정기에 감화되었기 때문이다. 따라서 굳이 말을

100) 『呂氏春秋』, 「應同」, "黃帝曰: '芒芒昧昧, 因天之威, 與元同氣.' 故曰同氣賢于同義, 同義賢于同 力, 同力賢于同居, 同居賢于同名. 帝者同氣, 王者同義, 霸者同力, 勤者同居則薄矣, 亡者同名則 捐矣. 其智彌捐者, 其所同彌捐; 其智彌精者, 其所同彌精. 故凡用意不可不精. 夫精, 五帝三王之 所以成也. 成齊類同皆有合, 故堯爲善而衆善至, 桀爲非而衆非來. 商箴云: '天降災布祥, 並有其 職.' 以言禍福, 人或召之也. 故國亂非獨亂也, 又必召寇. 獨亂未必亡也, 召寇則無以存矣."

하지 않아도 믿음을 얻고, 굳이 은혜를 베풀지 않아도 어질다는 평가를
받고, 굳이 분노하지 않아도 위엄을 지니는 자는 바로 천심天心으로 감화시
킨 자이다. 은혜를 베풀면 어질다는 평가를 받고, 말을 하면 믿음을 얻고,
분노하면 위엄을 지니게 되는 자는 정성으로서 감화시킨 자이다. 반면
은혜를 베풀어도 어질다는 평가를 받지 못하고, 말을 해도 믿음을 얻지
못하고, 분노해도 위엄을 지니지 못하는 것은 단지 겉모습으로 행동한
자이다. 따라서 도道로써 통치하면 법령이 적어도 사람들을 감화시킬
수 있으나, 도가 없으면 법령이 많아도 혼란만 발생하게 된다.[101]

이 단락에서 주의해서 볼 것은, 동일한 황제黃帝의 말을 『여씨춘추』와
『회남자』가 각기 다른 맥락에서 해석하고 있다는 점이다. 이를 『관자』
「승마」편과 비교해서 분석하면 좀 더 쉽게 이해할 수 있다. 고유高誘의
『여씨춘추주』에서는 "동기同氣는 원기元氣와 함께하는 것이고, 동의同義는
인의仁義와 함께하는 것이고, 동력同力은 무력과 함께하는 것이다"라고 설명
하였는데, 다소 상세하지 못한 측면이 있다. 그런데 문제의 핵심은 이
구절에 등장하는 기氣 혹은 원기는 과연 무엇을 의미하며, '원기와 함께하는
것'(與元同氣)은 왜 '제帝'와 연결되는가 하는 것이다. 이를 토대로 보면, 제帝가
왕王과 패覇보다 상위에 있는 것이 분명해 보인다. "『여씨춘추』「응동」편의
요지는 통치의 층차를 설명하는 것에 있다. 가장 상위가 바로 제帝이고,
그다음이 왕王, 패覇는 가장 아래이다."[102] 그렇다면 '제자帝者는 기를 함께하
고, 왕자王者는 의義를 함께하고, 패자는 힘을 함께한다'(帝者同氣, 王者同義,
覇者同力)는 말은 어떻게 이해할 수 있을까? 만일 패도覇道를 소위 하드파워(정
치, 사회, 경제, 특히 군사적 측면을 포함)에 의지하는 것으로 본다면, 왕도王道는

---

101) 『淮南子』, 「泰族訓」, "黃帝曰: '芒芒昧昧, 因天之威, 與元同氣.' 故同氣者帝, 同義者王, 同力者
覇, 無一焉者亡. 故人主有伐國之志, 邑犬群嗥, 雄雞夜鳴, 庫兵動而戎馬驚. 今日解惡偃兵, 家老
甘臥, 巷無聚人, 妖菑不生, 非法之應也, 精氣之動也. 故不言而信, 不施而仁, 不怒而威, 是以天
心動化者也. 施而仁, 言而信, 怒而威; 是以精誠感之者也. 施而不仁, 言而不信, 怒而不威, 是以
外貌爲之者也. 故有道以統之, 法雖少, 足以化矣; 無道以行之, 法雖衆, 足以亂矣."
102) 饒宗頤, 『澄心論萃』(상해: 상해문예출판사, 1996), 415쪽.

가치와 질서가 지닌 의미를 더욱 강조한다고 볼 수 있다. 그런데 제도帝道가 그보다 상위에 존재하는 기氣나 원기元氣를 바탕으로 한다는 설명은 다소 명확하지가 않다. 라오쭝이(饒宗頤)는 다음과 같이 설명한다. "패도霸道는 부강을 추구하고 왕도는 덕례德禮를 중시하니, 모두 인간의 경지에 머물러 있다. 하지만 제도는 더 높이 하늘(天)과 하나가 되기를 추구한다."103) 그의 설명이 무조건 옳다는 것은 아니지만, 제도의 유력한 이론 기초를 제시해 준 것은 분명하다. 지극히 인간적인 차원에 머물러 있는 왕도와 패도에 비하면 제도는 보다 상위에 자리한다. 『장자』의 혼돈渾沌 개념과 『관자』 4편의 정기精氣 개념, 그리고 그에 관한 이론을 빌려 고찰해 보면, 다음과 같은 사실을 어렵지 않게 확인할 수 있다. 즉, '원기와 함께한다'(與元同氣)는 말은 제도의 이론 기초가 바로 태일혼돈太一渾沌의 '기氣' 혹은 허무무형의 '도道'임을 말해 준다. 바꾸어 말해, 제도는 '도道 – 기氣' 개념 및 그에 관한 이론을 기초로 삼으며, 이는 패도가 추종하는 현실정치의 셈법이나 왕도가 고수하는 가치판단과 유토피아적 이상을 초월해 있다. 왜냐하면 왕도와 패도의 이론 기초는 어디까지나 인간적인 구실 혹은 이유에 머무르기 때문이다. 추가로 아래의 자료를 함께 살펴보자.

천하와 국가를 다스리는 데는 덕을 사용하고 의義를 행하는 것보다 나은 것이 없다. 덕과 의로써 다스리면 상을 내리지 않아도 백성들이 선을 위해 노력하며 벌을 내리지 않아도 악행을 그친다. 이것이 바로 신농과 황제黃帝의 다스림이다. 덕과 의로써 다스리면 사해의 광활함과 강하의 물줄기로도 대적할 수 없고, 태산과 화산의 드높음과 회계산의 험준함으로 도 막을 수 없으며, 합려의 가르침과 손무, 오기의 병법으로도 감당할 수 없다. 따라서 옛날의 왕들은 그 덕이 천지를 뒤덮었고 사해를 가득 채웠으며 동서남북 해와 달이 비추는 모든 곳에 이르렀다. 마치 하늘이 만물을 뒤덮고 땅이 만물을 떠받치듯 좋아하고 미워하는 것을 가리지

---

103) 饒宗頤, 『澄心論萃』(상해: 상해문예출판사, 1996), 414쪽.

않고 만물을 아울렀다. 이처럼 텅 비고 꾸미지 않는 모습으로 공정무사하게 모든 것을 대하니, 백성들은 모두 그를 따라 공정하게 행동하지만, 왜 그러한지 인식하지는 못했다. 이를 바로 하늘을 따른다고 말한다. 왕의 가르침이 백성들의 모습과 습속을 바꾸었으나, 정작 백성들은 어떤 가르침을 받았는지를 인식하지 못했다. 이를 바로 실정을 따른다고 말한다. 따라서 옛날의 사람들은 자신을 드러내지 않았으나 공적은 밝게 빛났고, 신체는 소멸해도 이름은 널리 휘날렸다. 설교가 막힘없이 통하고 가르침이 크게 행해져 온 천하 사람들에게 큰 이익을 가져다주었으나, 정작 백성들은 이를 알아챌 수 없었다. 그러니 굳이 상벌을 무겁게 할 필요가 있겠는가? 상벌을 무겁게 하는 것은 쇠퇴한 세상의 정치일 뿐이다.[104]

옛날의 군주들은 인의로써 백성들을 다스렸고, 아끼고 보살펴 줌으로써 백성들을 편안하게 했고, 진정성과 믿음으로써 백성들을 인도했고, 백성들의 재난을 없애기 위해 노력했으며, 백성들에게 복을 가져다주기 위해 고심했다. 따라서 백성과 군주의 관계는 마치 옥새를 봉랍에 찍을 때 네모난 모양으로 누르면 네모나게 되고 둥근 모양으로 누르면 둥글게 되는 것과 같다. 다시 비유하자면, 곡식을 땅에 심을 때 콩 심은 데 콩 나고 팥 심은 데 팥 나는 것과 같다. 게다가 심지어 본래 심은 것보다 백배는 더 자라게 만든다. 이것이 바로 오제삼왕에게 적수가 없었던 까닭이다. 이들은 목숨이 다하여 세상을 떠났어도 마치 혼령이 남듯 후세가 이들의 교화를 받아 이어 나갔으니, 이들이 인간세상의 일을 얼마나 깊이 살폈는지를 알 수 있다.[105]

요가 천하를 순에게 선양하니, 제후였던 곤이 요의 처사에 분노하여 말했

---

104) 『呂氏春秋』, 「上德」, "爲天下及國, 莫如以德, 莫如行義. 以德以義, 不賞而民勸, 不罰而邪止, 此神農黃帝之政也. 以德以義, 則四海之大, 江河之水, 不能亢矣; 太華之高, 會稽之險, 不能障矣; 闔廬之教, 孫吳之兵, 不能當矣. 故古之王者, 德迴乎天地, 澹乎四海, 東西南北, 極日月之所燭, 天覆地載, 愛惡不臧, 虛素以公. 小民皆之其之敵而不知其所以然, 此之謂順天; 教變容改俗而莫得其所受之, 此之謂順情. 故古之人, 身隱而功著, 形息而名彰, 說通而化奮, 利行乎天下而民不識, 豈必以嚴罰厚賞哉? 嚴罰厚賞, 此衰世之政也."

105) 『呂氏春秋』, 「適威」, "古之君民者, 仁義以治之, 愛利以安之, 忠信以導之, 務除其災, 思致其福. 故民之于上也, 若璽之于塗也, 抑之以方則方, 抑之以圜則圜; 若五種之于地也, 必應其類, 而蕃息于百倍; 此五帝三王之所以無敵也. 身已終矣, 而後世化之如神, 其人事審也."

다. "하늘의 도에 부합하는 자는 제왕이 되고, 땅의 도에 부합하는 자는 삼공이 된다. 지금 내가 땅의 도를 체득하였는데 어찌 삼공에 삼지 않은 것인가?" 곤은 요의 결정이 이치에 어긋난다고 여기며 자신이 삼공의 자리에 올라야 한다고 생각했다. 그는 맹수보다 더 사납게 분노하며 반란을 일으키고자 하였다. 그는 마치 맹수의 뿔처럼 단단히 성을 쌓고 맹수가 꼬리를 치켜들 듯 기치를 드높게 내세우면서 순임금의 소환도 무시한 채 야외를 떠돌았다. 그러다 결국에는 순이 그를 우산에서 주살하고는 오나라의 예리한 검으로 그의 사지를 잘랐다. 그의 아들 우는 감히 원망하지 못하고 오히려 순을 섬겼다. 그는 순의 밑에서 사공의 직책을 담당하면서 치수를 시행하여 홍수 문제를 해결하였다. 어찌나 고생했던지 낯빛은 새카맣게 탔고 걸음조차 제대로 걷지 못했으며 몸의 온갖 구멍에 기운이 제대로 통하지 않을 정도였다. 그렇게 하여 우는 순임금의 환심을 살 수 있었다.[106]

여기에서 우리는 황로 정치철학의 맥락 속에서 진행되는 신농과 황제의 정치(神農, 黃帝之政), 요・순・우의 도(堯・舜・禹之道)에 관한 논의가 왕도와 패도에 관한 기존의 담론보다 훨씬 더 복잡하고 깊으며, 이론성을 갖추고 있음을 확인할 수 있다. '하늘의 도에 부합하는 자는 제왕이 되고, 땅의 도에 부합하는 자는 삼공이 된다'는 말에서 알 수 있듯, 황로 정치철학 맥락 속에 등장하는 덕德, 인仁, 의義 등의 개념에는 더욱 깊고 폭넓은 의미가 부여되어 있다. 황로 정치철학의 이론적 시야는 단순히 인간세상에 국한되지 않고 천지만물과 혼연일체를 이루며, 무한한 우주적 시야에서 천하를 내려다보고 인간사회와 역사의 운명을 굽어살피고자 한다. 이는 바로 도가 정치철학의 일관된 지향점이 아닌가?

『회남자』에서는 상대적으로 제도帝道의 핵심 내용, 주된 특징 및 의미를

---

106) 『呂氏春秋』, 「行論」, "堯以天下讓舜. 鯀爲諸侯, 怒于堯曰: '得天之道者爲帝, 得地之道者爲三公. 今我得地之道, 而不以我爲三公.' 以堯爲失論, 欲得三公, 怒甚猛獸, 欲以爲亂. 比獸之角能以爲城, 擧其尾能以爲旌, 召之不來, 仿佯于野以患帝. 舜于是殛之于羽山, 副之以吳刀. 禹不敢怨而反事之, 官爲司空, 以通水潦, 顔色黎黑, 步不相過, 竅氣不通, 以中帝心."

설명하는 데 주안점을 두고 있다.

옛날 황제黃帝가 천하를 다스릴 때 역목과 태산계가 그를 보좌했다. 그들은
해와 달의 운행 법칙과 음양의 기를 따라 사계절의 법도를 정하고 달력을
바로잡았으며, 남녀와 암수를 구분하고 상하와 귀천의 등급을 분명히
함으로써 강자가 약자를 박해하지 않고 다수가 소수에게 횡포를 부리지
못하게 했다. 그리하여 백성들은 천명을 보존하여 요절하는 일이 없었고,
적합한 때에 맞추어 곡식이 잘 자라 흉년이 들지 않았다. 관리들은 공정무
사하였고, 상하가 서로 협조하여 우를 범하는 일이 없었다. 법령은 명명백
백하게 집행되었고, 보좌하는 산하들은 공정하여 아첨하지 않았다. 농부들
은 남의 논밭을 침범하지 않았고, 어부들은 물고기가 많은 지역을 다투지
않았다. 길가에 물건이 떨어져도 주워 가지 않았고, 시장에서는 바가지를
씌우는 일이 없었다. 성곽은 밤낮으로 활짝 열려 있었는데 마을에는 도적이
없었다. 걸인들이 서로 물건을 양보하고, 개와 돼지도 길에다 먹이를 뱉어
낼 정도로 서로 다투는 마음이 없었다. 이 당시에는 해와 달이 영롱히
빛났고, 별자리의 운행이 올바른 궤도를 벗어나지 않았다. 바람과 비는
시기적절하게 불고 내렸으며, 오곡은 알맞게 익었다. 맹수들은 함부로
물어 대지 않았고, 맹금들도 함부로 쪼아 대지 않았다. 궁전의 정원에서는
봉황이 날아다녔고, 교외에서는 기린이 노닐었으며, 청룡이 수레를 끌었
고, 비황은 말구유에서 엎드려 먹이를 먹었으며, 제북과 담이와 같은 나라
에서도 모두 공물을 바쳤다. 그렇지만 이러한 다스림도 복희씨의 도에는
미치지 못했다.[107]

먼 옛날, 하늘을 받치는 네 개의 기둥이 무너지고, 구주의 땅이 갈라졌다.
그리하여 하늘은 만물을 두루 뒤덮지 못하고 땅은 만물을 두루 떠받치지
못했으며 화염은 꺼질 줄 모르고 타올랐고 홍수가 쉴 새 없이 몰아쳤다.

---

107) 『淮南子』, 「覽冥訓」, "昔者黃帝治天下, 而力牧太山稽輔之, 以治日月之行律, 治陰陽之氣, 節四
時之度, 正律曆之數. 別男女, 異雌雄, 明上下, 等貴賤. 使强不掩弱, 衆不暴寡, 人民保命而不夭,
歲時孰而不凶, 百官正而無私, 上下調而無尤, 法令明而不暗, 輔佐公而不阿, 田者不侵畔, 漁者不
爭隈. 道不拾遺, 市不豫賈, 城郭不關, 邑無盜賊, 鄙旅之人相讓以財, 狗彘吐菽粟于路, 而無忿爭
之心. 于是日月精明, 星辰不失其行, 風雨時節, 五谷登熟, 虎狼不妄噬, 鷙鳥不妄搏, 鳳皇翔于庭,
麒麟遊于郊, 青龍進駕, 飛黃伏皂, 諸北儋耳之國, 莫不獻其貢職, 然猶未及慮戲氏之道也."

맹수는 선량한 백성들을 잡아먹었고 맹금은 노약한 자들을 낚아 댔다. 이에 여와는 오색의 돌을 다듬어 무너진 하늘을 보수했고 자라의 자리를 잘라 하늘을 받치는 기둥을 바르게 세웠으며 흑룡을 잡아 기주땅을 물에서 건져 냈고 갈대의 재를 쌓아 홍수를 막았다. 이렇게 하여 하늘은 온전히 보수되었고 하늘을 받치는 기둥은 바르게 섰으며 홍수로 젖은 대지는 메말랐고 기주땅은 평온을 되찾았고 해충은 죽고 선량한 백성들은 살아났다. 사람들은 대지에 누워 하늘을 바라보며 온화한 봄과 내리쬐는 여름, 시들어 가는 가을과 저물어 가는 겨울을 지냈고, 네모난 베개를 베고 노끈으로 짠 침상에서 편안히 잠을 잤다. 또한 여와는 음양이 막혀 통하지 않는 것이 있으면 뚫어서 통하게 했고, 기운이 역행하여 사물을 해치고 백성들의 재물을 상하게 하면 이를 그치게 하였다. 이 당시 사람들은 아무런 근심 없이 편안히 잠자리에 들었고, 깨어 있을 때는 잔꾀를 부리지 않고 천진난만하게 살았다. 때로는 말처럼 때로는 소처럼, 어슬렁어슬렁 걸어 다니면서 아무것도 보이지 않는 듯 끔뻑끔뻑할 뿐이었다. 이처럼 누구나 평화를 얻었으나, 정작 어떻게 해서 평화를 얻게 되었는지는 알지 못했다. 별달리 추구하는 바 없이 그저 마음이 내키는 대로 떠돌았고, 어디로 갈지 모르는 듯이 우두커니 서성였다. 당시에는 금수나 독사도 발톱과 이빨을 감추고는 누구를 해칠 마음을 갖지 않았다. 여와의 공적을 따지자면, 위로는 구천에 이르고 아래로는 황천에 이르며, 그 명성은 후세에 미치고 광휘가 만물을 뒤덮는다. 그는 우레의 수레에 올라 응룡에게 수레를 끌게 하고 청규를 양옆에 배치하고 손에 진귀한 서옥을 잡고 그림이 그려진 깔개를 바닥에 깔고 황색 구름으로 위를 장식하고 백리를 선두에 앞세우고 분사를 후방에 뒤따르게 하였다. 이렇게 자유롭게 노닐며 귀신을 길잡이로 삼아 구천에 올라 영문에서 상제를 알현하고 태조 아래에서 편하게 휴식하였다. 하지만 여와는 자신의 공을 드러내지 않고 명성을 내세우지 않았다. 진인의 도를 감추고 천지의 자연스러운 법칙을 따랐을 뿐이다. 어떻게 그렇게 한 것인가? 도와 덕이 위로 하늘과 통하여 지모와 계교의 마음이 사라졌기 때문이다. 하나라 걸왕의 시대에 이르자, 군주는 우매하여 사리에 밝지 못했고 도는 흩어져 다스려지지 않았고 오제가 세운 상벌제도는 폐기되었고 삼왕이 제정한 법도는 무너지고 말았다. 이에 지극한 덕은 사라져서 드러나지 않았고 제도帝道는 가려져 다시 부흥하지 못했으며 벌이는 일마다 천도에 어긋나고 내리는 명령마다 사시의 법칙을 거슬렀다. 이에 날씨는 조화를 잃었고 천지의 덕이 사라졌으며 군주는 자리에 있으면서도 불안했고 대부는 도를 감추고 직언하지 않았고 신하들은 윗사람의 눈치만 보면서 영합하고자 하면서 혈육을 소홀히 하고 자신의 영달만을 바랐다. 간사한 자들은 무리를 지어 음모를 꾸몄고 군신과 부자 사이에서조차 서로 경쟁하면서 교만한 군주의 뜻에 부합하고자 했고, 심지어는 남을 해치면서까지 뜻을 이루고자 하였다. 따라서 군주와 신하 사이가 어긋나 친하지 않았고 혈육들의 사이는 멀어져 서로 맞지 않았다. 아무도 제사를 지내지 않아 사당의 나무 기둥이 마르고 갈라졌으며 예를 행하는 전당은 지진에 무너진 채로 있었다. 개 떼는 울부짖으며 연못으로 뛰어들었고 돼지들은 바닥에 까는 짚을 물고 땅바닥에 널브러졌으며 미인들은 머리를 흩트리고 더러운 얼굴을 한 채 꾸미지 않았고 소리를 잘하는 사람들은 숯을 삼키고 노래를 부르지 않았으며 초상을 당한 사람들은 그 슬픔을 다 표현할 수 없었고 사냥을 나간 사람들도 즐거움을 다 느끼지 못했다. 서왕모는 비녀를 꺾어 버렸고 황제黃帝는 깊이 탄식하였고, 날아가는 새들은 날개가 꺾였고 달리는 짐승들은 다리가 부러졌다. 산에는 재목으로 쓸 나무가 없었고 못에는 고인 물이 없었으며, 여우와 이리는 동굴로 숨어들었고 소와 말은 도망쳤으며, 밭에는 벼가 서 있지 않았고 길가에는 잡초조차 자라나지 않았다. 상황이 이러한데도 임금의 창고에는 황금 기물이 쌓여 모서리가 닳았고 옥도 겹겹이 쌓여 무늬가 닳을 정도였다. 거북점을 자주 쳐서 거북의 배가 남아나지 않았고 매일 같이 시초점이 행해졌다.[108]

---

108) 『淮南子』, 「覽冥訓」, "往古之時, 四極廢, 九州裂, 天不兼覆, 地不周載, 火爁炎而不滅, 水浩洋而不息, 猛獸食顓民, 鷙鳥攫老弱. 于是女媧煉五色石以補蒼天, 斷鼇足以立四極, 殺黑龍以濟冀州, 積蘆灰以止淫水. 蒼天補, 四極正, 淫水涸, 冀州平, 狡蟲死, 顓民生, 背方州, 抱圓天, 和春陽夏, 殺秋約冬, 枕方寢繩, 陰陽之所壅沈不通者, 竅理之; 逆氣戾物傷民厚積者, 絶止之. 當此之時, 臥倨倨, 興眄眄, 一自以爲馬, 一自以爲牛, 其行蹎蹎, 其視瞑瞑, 侗然皆得其和, 莫知所由生, 浮遊不知所求, 魍魎不知所往. 當此之時, 禽獸蝮蛇, 無不匿其爪牙, 藏其螫毒, 無有攫噬之心. 考其功烈, 上際九天, 下契黃壚, 名聲被後世, 光暉重萬物. 乘雷車, 服駕應龍, 驂靑虯, 援絶瑞, 席蘿圖, 黃雲絡, 前白螭, 後奔蛇, 浮遊消搖, 道鬼神, 登九天, 朝帝于靈門, 宓穆休于太祖之下. 然而不彰其功, 不揚其聲, 隱眞人之道, 以從天地之固然. 何則? 道德上通而智故消滅也. 逮至夏桀之時, 主暗晦而不明, 道瀾漫而不修, 棄捐五帝之恩刑, 推㩧三王之法籍. 是以至德滅而不揚, 帝道掩而不興. 擧事戾蒼天, 發號逆四時, 春秋縮其和, 天地除其德, 仁君處位而不安, 大夫隱道而不言, 群臣准上意而懷當, 疏骨肉而自容, 邪人參耦比周而陰謀, 居君臣父子之間而競載, 驕主而像其意, 亂人以成其事. 是故君臣乖而不親, 骨肉疏而不附, 植社槁而燎裂, 容台振而掩覆, 犬群嗥而入淵, 豕銜蓐而席澳, 美人挐首墨面而不容, 曼聲吞炭內閉而不歌, 喪不盡其哀, 獵不聽其樂, 西老折勝, 黃

지금의 시대에 이르러서는 천자가 높은 자리에 앉아 도와 덕으로 천하를 다스리고 인과 의로 이를 보조하고 있으니, 가까이 있는 자는 달려와 지혜를 바치고, 멀리 있는 자는 그 덕을 사모한다. 따라서 천자는 느긋이 손짓만 보여도 사해의 모든 사람이 복종하여 봄 여름 가을 겨울 사계절마다 공물을 헌납한다. 이처럼 천하는 어우러져 하나가 되었으며 자손 대대로 전해져 이어졌다. 이는 바로 옛날 오제가 하늘의 덕을 받아들일 수 있었던 것과 같은 이치이다. 성인이란 때를 만들어 낼 수는 없어도 때가 오면 이를 놓치는 법이 없다. 성인은 능력 있는 자를 보좌로 삼고 아첨하는 자를 물리치며 감언이설을 없애고 가혹한 법을 제거하여 번거로운 일을 줄이고 유언비어를 막으며 파벌을 금지하고 지모와 계교를 막는다. 성인은 대신 위대한 자연의 법칙을 닦아 육신을 잊고 귀와 눈과 같은 감각을 물리쳐 그윽하고 심원한 경지에 통했으며 의도를 버리고 정신을 풀어헤쳐 마치 혼백이 없는 듯한 상태에 머물렀다. 이렇게 함으로써 성인은 만물이 각기 그 근본으로 돌아가게끔 한다. 이는 바로 복희씨의 자취를 닦고 오제의 도를 회복하였기 때문이다.[109]

이상의 몇 가지 단락과 앞에서 인용했던 『여씨춘추』의 단락은 서로 비슷한 어조를 띤다. 이들은 계속해서 '도와 덕으로 천하를 다스리고 인과 의로 이를 보좌한다'(持以道德, 輔以仁義)라는 취지를 강조하면서 제도帝道의 특징을 드러내고자 한다. 즉 제도는 도덕지의道德之意를 바탕으로 하며, 천도天道와 천덕天德 이론이라는 중심 사상에 의거하여 인의예법仁義禮法과 같은 질서에 관한 개념들을 통섭함으로써 궁극적으로는 '천하가 어우러져 하나가 되도록'(天下混而爲一) 하는 데 그 목적이 있다. 인용문 첫 번째 단락에서는 황제黃帝의 군신 관계에 관한 서술을 통해 제도의 이러한 특징을 드러냈다.

神嘯吟, 飛鳥鎩翼, 走獸廢脚, 山無峻幹, 澤無窪水, 狐狸首穴, 馬牛放失, 田無立禾, 路無莎薠, 金積折廉, 璧襲無理, 磬龜無腹, 蓍策日施."
109) 『淮南子』, 「覽冥訓」, "逮至當今之時, 天子在上位, 持以道德, 輔以仁義, 近者獻其智, 遠者懷其德, 拱揖指麾而四海賓服, 春秋冬夏皆獻其貢職, 天下混而爲一, 子孫相代, 此五帝之所以迎天德也. 夫聖人者, 不能生時, 時至而弗失也. 輔佐有能, 黜讒佞之端, 息巧辯之說, 除刻削之法, 去煩苛之事, 屛流言之迹, 塞朋黨之門, 消知能, 修太常, 隳肢體, 紬聰明, 大通混冥, 解意釋神, 漠然若無魂魄, 使萬物各復歸其根, 則是所修伏犧氏之迹, 而反五帝之道也."

한편, 두 번째와 세 번째 단락은 황로 정치철학의 내재적 이론구조를 더욱 여실히 보여 준다. 즉 황로 정치철학 담론 속에는 이상적 국가 혹은 유토피아 그리고 이상적 정신 경지라는 복잡한 차원이 혼재되어 있다는 것이다. 그런데 이러한 서술 속에는 심성론의 의미가 녹아들어 있음에 주목해야 한다. 이 역시 황로학의 중요한 특색 가운데 하나다.

한 가지 흥미로운 것은 『회남자』에서는 '태일을 체득한다'(體太一)라는 말로 제도帝道를 요약하고 '음양을 본받는다'(法陰陽)라는 말로 왕도王道를 요약하며 '사시를 따른다'(則四時)라는 말로 패도霸道를 요약한다는 것이다. 아래 단락에서는 이들 간의 차이를 자세히 설명하고 있다.

> 제자帝者는 태일太一을 체득하고, 왕자王者는 음양陰陽을 본받고, 패자는 사시四時를 따르고, 제후는 육률六律을 사용한다. 태일이란 천지를 아우르고 산천을 제어하며 음양을 머금거나 토해 내며 사계절을 조절하며 팔극을 다스리고 육합을 관리하면서 만물을 덮어 주고 드러나게 하고 비추어 주고 이끌어 준다. 이는 치우침이 없이 만물에 두루 펴져 있으니, 날짐승과 들짐승은 물론이고 꿈틀거리는 작은 벌레까지도 그 덕에 의지해 살아가지 않는 것이 없다. 음양이란 천지의 조화를 받아 만물의 각기 다른 형체를 만들고, 기를 머금어 만물을 변화시킴으로써 온갖 종류의 사물을 이룬다. (음양의 이치란) 길어졌다 짧아졌다 말렸다 펼쳐졌다는 반복하면서 헤아릴 수 없는 깊은 경지로 들어가고, 때로는 시작이 되기도 하고 끝이 되기도 하고, 텅 비기도 하고 가득 차기고 하면서 무한히 회전한다. 사시란 봄에는 생겨나게 하고 여름에는 자라게 하며 가을에는 거두어들이게 하고 겨울에는 갈무리하게 한다. (사시의 이치란) 주고받음에는 절도가 있고, 들어가고 나감에는 일정한 때가 있으며, 열어서 펼치고 닫아서 거두어들임에 질서를 잃지 않고, 기뻐하고 분노하고 강하게 하고 부드럽게 함에 올바른 이치를 벗어나지 않는다. 육률이란 살리고 죽이고, 상주고 벌주고, 주고 뺏는 여섯 가지 일에 관한 규칙을 가리킨다. (제후에게는) 이것 외에는 다른 사용할 수 있는 도리가 없다. 그러므로 일을 따지는 규칙과 기준을 신중하게 고려하여 일의 경중을 잘 살피면 자신의 영내 정도는 충분히 통치할 수 있다.[110]

따라서 태일을 체득한 자는 천지의 실정에 밝고 도와 덕의 법칙에 통달하며 감각이 해와 달보다 밝고 정신이 만물에 두루 통하며 움직임과 머무름의 행실이 음양에 들어맞고 기뻐하고 분노하는 감정이 사시와 조화를 이루며 그 은택이 멀리 변방에까지 미치고 명성이 후세에까지 전해진다. 음양을 본받는 자는 덕이 천지와 함께하고 밝음은 해와 달과 나란히 하며 정신은 귀신과 합치된다. 그러한 자는 하늘을 등에 지고 땅을 밟은 채 손에는 준칙의 도구를 쥐고 있으니, 안으로는 자기 몸을 다스릴 수 있고 밖으로는 사람들의 마음을 얻을 수 있다. 그리하며 한번 명령을 내리면 천하 사람들이 복종하지 않는 경우가 없다. 사시를 따르는 자는 부드럽지만 연약하지 않고 강하지만 부러지지 않고 관대하지만 제멋대로이지 않고 엄숙하지만 도리에 어긋나지 않는다. 그러한 자는 너그럽고 부드러운 태도로 만물을 잘 길러 주니, 그 덕은 어리석은 자와 모자란 자까지도 포용하여 어떤 사사로움도 지니지 않는다. 육률을 사용하는 자는 반란을 정벌하고 포악한 자를 막으며, 현명한 자를 등용하고 모자란 자를 물러나게 한다. 휜 것을 다듬어 바르게 만들고 험한 곳을 메워서 평평하게 만들며 굽은 것을 교정하여 곧게 만든다. 그러한 자는 금지할지 허용할지, 열지 닫을지와 같은 도리에 밝고 때와 형세를 잘 사용하여 사람들의 마음을 따르게 할 수 있다. 그런데 제자帝者가 음양의 이치를 체득하면 침범을 당하고, 왕자王者가 사시를 본받으면 영토를 빼앗기고, 패자霸者가 육률을 사용하면 치욕을 당하고, 제후가 법도와 기준을 잃으면 쫓겨나게 된다. 따라서 작은 것이 큰 것을 행하면 너무 빈약하고 공허하여 사람들이 다가오지 않고, 큰 것이 작은 것을 행하면 너무 협소하고 편협하여 사람들을 포용할 수 없다. 따라서 귀천이 서로 자신의 체통을 잃지 않아야 천하게 잘 다스려 질 수 있다.111)

---

110) 『淮南子』, 「本經訓」, "帝者, 體太一; 王者, 法陰陽; 霸者, 則四時; 君者, 用六律. 秉太一者, 牢籠天地, 彌麻山川, 含吐陰陽, 伸曳四時, 紀綱八極, 經緯六合, 覆露照導, 普氾無私; 蠉飛蠕動, 莫不仰德而生. 陰陽者, 承天地之和, 形萬殊之體, 含氣化物, 以成埒類, 嬴縮卷舒, 淪于不測, 終始虛滿, 轉于無原. 四時者, 春生夏長, 秋收冬藏, 取予有節, 出入有時, 開闔張歙, 不失其敘, 喜怒剛柔, 不離其理. 六律者, 生之與殺也, 賞之與罰也, 予之與奪也, 非此無道也. 故謹于權衡准繩, 審乎輕重, 足以治其境內矣."

111) 『淮南子』, 「本經訓」, "是故體太一者, 明于天地之情, 通于道德之倫, 聰明耀于日月, 精神通于萬物, 動靜調于陰陽, 喜怒和于四時, 德澤施于方外, 名聲傳于後世. 法陰陽者, 德與天地參, 明與日月並, 精與鬼神總, 戴圓履方, 抱表懷繩, 內能治身, 外能得人, 發號施令, 天下莫不從風. 則四時

여기에서 말하는 태일太一이란 최상위 원칙이라는 함의를 지닌다. 구체적으로 말하자면, 이는 '천지의 실정에 밝고 도와 덕의 법칙에 통달하며 감각이 해와 달보다 밝고 정신이 만물에 두루 통하며 움직임과 머무름의 행실이 음양에 들어맞고 기뻐하고 분노하는 감정이 사시와 조화를 이루는 것'(明于天地之情, 通于道德之倫, 聰明耀于日月, 精神通于萬物, 動靜調于陰陽, 喜怒和于四時)을 의미한다. 따라서 이는 왕도와 패도의 핵심 내용, 즉 '음양에 들어맞고(調于陰陽), 사시와 조화를 이룬다(和于四時)'는 의미를 포괄하고 있다. 이렇게 본다면, 제도帝道는 바로 태일의 도(太一之道)로서 왕패의 도(王霸之道)를 넘어선다. 한편 제도에 의한 통치의 효과는 '그 은택이 멀리 변방에까지 미치고 명성이 후세에까지 전해진다'(德澤施于方外, 名聲傳于後世)고 설명되는데, 이 역시 '덕이 천지와 함께하는'(與天地參) 왕도王道의 경지에 비해 한층 더 높다고 할 수 있다. 황로 정치철학의 맥락 속에서 태상太上이라는 말이 최상의 정치 혹은 가장 합리적이고 성공적인 통치를 묘사하는 말로 사용된다는 것은 잘 알려져 있다. 여기에서 말하는 태일太一은 바로 태상의 또 다른 표현이며, 이러한 의미는 정치 철학적 맥락 속에서 특히 두드러진다. 정리하자면, 천도天道의 차원에서 제도를 논함으로써 혹은 제도를 천도에 비유하여 설명함으로써 황로 정치철학의 이론적 시야는 국가와 천하라는 범주를 넘어서게 되었다. 어떤 의미에서 이는 '천인합덕天人合德'이라는 전통적 관념보다 더욱 웅대한 정치이론이기도 하다.

『회남자』는 지덕至德(즉, 玄德)과 제도帝道를 나란히 들면서[112] 제도가 실은 현덕玄德의 축소판임을 밝히는 동시에, 노장의 심오한 이치와 황로사상을 서로 연결하기 위해서는 모종의 연결고리가 필요함을 말했다. 이와 같은 이치에서 우리는 노장철학 이론체계 상의 유-무 관계가 황로 정치철학의

者, 柔而不脆, 剛而不饋, 寬而不肆, 肅而不悖, 優柔委從, 以養群類, 其德舍愚而容不肖, 無所私愛. 用六律者, 伐亂禁暴, 進賢而退不肖, 扶撥以爲正, 壞險以爲平, 矯枉以爲直, 明于禁舍開閉之道, 乘時因勢, 以服役人心也. 帝者體陰陽則侵, 王者法四時則削, 霸者節六律則辱, 君者失准繩則廢. 故小而行大, 則涺窘而不親; 大而行小, 則狹隘而不容. 貴賤不失其體, 則天下治矣."
112) 『淮南子』, 「覽冥訓」, "至德滅而不揚, 帝道掩而不興."

사유에서도 중요한 근거로 작용하는 것을 확인할 수 있다. 예를 들면, 다음과 같다.

'원'은 하늘이고 '네모'는 땅이다. 둥근 하늘은 발단이 없으니, 그 형상을 관찰할 수 없다. 네모난 땅은 한계가 없으니 그 문을 들여다볼 수 없다. 하늘은 만물을 변화시키고 길러 주나 어떠한 형상도 없고, 땅은 만물이 생기고 자라게 하나 이를 헤아릴 수가 없다. 이처럼 아득하고 그윽하니 그 깊은 속을 누가 알겠는가? 모든 사물과 현상에는 조짐이 있는 법이지만, 오직 도에는 어떠한 조짐도 없다. 그 이유는 도에는 일정한 형세가 없기 때문이다. 마치 수레바퀴가 끝없이 돌아가는 것과 같고, 해와 달이 운행하는 것과 같고, 봄과 가을이 번갈아 나타나는 것과 같고, 해와 달이 뜨고 짐에 따라 밤낮이 바뀌는 것과 같다. 끝나는가 하면 다시 시작되고 밝아지는가 하면 다시 어두워지니, 누구도 그 법칙을 알 수 없다. 도는 형체가 있는 것을 통제하지만 정작 자신은 형체가 없으니, 공을 이룰 수 있다. 도는 만물을 있게 하지만 정작 자신은 어떤 사물로 구체화되지 않았으니, 항상 승리하며 지는 일이 없다. 적의 형세를 무너뜨리는 것이 전쟁의 목적이니, 어떠한 형세도 지니지 않는 것이야말로 진정 궁극의 경지라고 할 수 있다. 따라서 위대한 전쟁이란 남은 해치는 일이 없이 귀신과 서로 통하는 것으로서 이러한 경지에 이르면 무기들을 날카롭게 갈지 않아도 천하에 적수가 없고, 전쟁에 사용하는 북을 창고에서 아직 꺼내지도 않았는데도 제후들은 두려움에 떨며 제자리에 조용히 머무른다. 묘당에서 전략을 세우는 것만으로도 승리하는 자는 제자帝者가 되고, 신비한 교화를 통해 승리하는 자는 왕자王者가 된다. 묘당에서 전략을 세우는 것으로 승리하는 자는 천도를 본받고, 신비한 교화를 통해 승리하는 자는 사시를 본받는다. 이러한 자들은 영내에서 내정만 닦아도 먼 곳에서 그 덕을 사모하고, 전쟁을 일으키지도 않았는데 제후들이 그 위엄에 굴복한다. 이는 모두 내치를 잘했기 때문이다.[113]

---

113) 『淮南子』, 「兵略訓」, "夫圓者, 天也; 方者, 地也. 天圓而無端, 故不可得而觀; 地方而無垠, 故莫能窺其門. 天化育而無形象, 地生長而無計量, 渾渾沈沈, 孰知其藏. 凡物有朕, 唯道無朕. 所以無朕者, 以其無常形勢也. 輪轉而無窮, 象日月之運行, 若春秋有代謝, 若日月有晝夜, 終而復始, 明而復晦, 莫能得其紀. 制刑而無刑, 故功可成; 物物而不物, 故勝而不屈. 刑, 兵之極也, 至于無刑,

따라서 법은 다스림의 수단이지 다스림의 근본이 아니다. 이는 마치 활과 화살이 표적을 맞히기 위한 도구인 것과 같은 이치다. 황제黃帝가 말했다. "하늘의 위엄을 따르고 원기와 함께하니, 아득하고 까마득하도다!" 따라서 기氣와 함께하는 자는 제자(帝)가 되고, 의義와 함께하는 자는 왕자(王)가 되고, 힘과 함께하는 자는 패자(霸)가 되고, 아무것도 없는 자는 패망한다. 따라서 군주가 다른 나라를 정벌할 뜻을 지니고 있으면, 성읍의 개들이 모두 무리지어 울부짖고 수탉이 한밤중에 울어 대고 무기고의 무기가 진동하고 병마들이 난동을 부린다. 그런데 원한을 풀고 군사를 거두면, 집 안에서는 노인들이 단잠을 자고 거리에서는 무리를 지어 웅성거리는 자들이 사라지고 괴이한 일들이 발생하지 않는다. 이는 법령의 효과가 아니라 정기에 감화되었기 때문이다. 따라서 굳이 말을 하지 않아도 믿음을 얻고, 굳이 은혜를 베풀지 않아도 어질다는 평가를 받고 굳이 분노하지 않아도 위엄을 지니는 자는 바로 천심天心으로 감화시킨 자이다. 은혜를 베풀면 어질다는 평가를 받고, 말을 하면 믿음을 얻고, 분노하면 위엄을 지니게 되는 자는 정성으로서 감화시킨 자이다. 반면 은혜를 베풀어도 어질다는 평가를 받지 못하고, 말을 해도 믿음을 얻지 못하고, 분노해도 위엄을 지니지 못하는 것은 단지 겉모습으로 행동한 자이다. 따라서 도道로써 통치하면 법령이 적어도 사람들을 감화시킬 수 있으나, 도가 없으면 법령이 많아도 혼란만 발생하게 된다.[114]

『회남자』에서는 하늘은 둥글고 땅은 평평하다는 관념을 도-물 관념과 유-무 관계 속에 가미하여 논의를 진행하는 한편,[115] 유-무 관계라는

可謂極之矣. 是故大兵無創, 與鬼神通, 五兵不厲, 天下莫之敢當. 建鼓不出庫, 諸侯莫不慴悸沮膽 其處. 故廟戰者帝, 神化者王. 所謂廟戰者, 法天道也; 神化者, 法四時也. 修政于境內, 而遠方慕 其德; 制勝于未戰, 而諸侯服其威. 內政治也."

114) 『淮南子』, 「泰族訓」, "故法者, 治之具也, 而非所以爲治也. 而猶弓矢, 中之具, 而非所以中也. 黃 帝曰: '芒芒昧昧, 因天之威, 與元同氣.' 故同氣者帝, 同義者王, 同力者霸, 無一焉者亡. 故人主有 伐國之志, 邑犬群嗥, 雄雞夜鳴, 庫兵動而戎馬驚. 今日解怨偃兵, 家老甘臥, 巷無聚人, 妖菑不生, 非法之應也, 精氣之動也. 故不言而信, 不施而仁, 不怒而威, 是以天心動化者也; 施而仁, 言而信, 怒而威, 是以精誠感之者也; 施而不仁, 言而不信, 怒而不威, 是以外貌爲之者也. 故有道以統之, 法雖少, 足以化矣; 無道以行之, 法雖衆, 足以亂矣."

115) 앞에서 인용한 『管子』 「乘馬」편의 "무위를 실천할 수 있는 자는 제업을 이루고, 나서서 하지만 억지로 하지 않는 자는 왕업을 이루고, 나서서 하지만 자신을 높이지 않는 자는

이론구조를 빌려 형刑과 무형無刑, 병兵과 대병大兵의 관계를 분석하였다. 이를 통해, 우선 도가 지니는 이론적, 가치적 우월성을 드러냈으며, 다른 한편으로 유형有形의 형刑과 병兵이 무형과 대병으로부터 기인한다는 것을 말했다. 사실 도-법 간의 관계 또한 이와 같다. 『회남자』「태족훈」에서 황제의 말(黃帝曰)을 인용하여 서술한 부분을 보면, 그 내용은 『여씨춘추』와 대체로 같지만, 해석의 방향은 서로 명백히 다르다. 「태족훈」의 중점은 도-법 간의 관계를 논의하는 것이다. 이에 따르면 "법은 다스림의 수단이지 다스림의 근본이 아니다." 그렇다면 다스림의 근본에 해당하는 것은 오직 도道(法에 비해 더욱 근본적이고 기초적인 원칙)만이 가능할 것이다. 바로 이처럼 황로 정치철학 속의 제도帝道를 해석하고 설명하기 위해서는 천도天道나 현덕玄德과 같은 개념을 사용해야 했는데, 이는 황로 정치철학이 강한 이론성과 추상성을 지닐 수밖에 없게 된 이유가 되기도 했다. 무형無形의 천도와 무위無爲의 현덕은 어디까지나 추상적이고 현묘한 이치이기 때문이다. 그런데 질서의 재건립에 특히 심혈을 기울였던 황로 정치철학은 법法, 리理, 강綱, 기紀 등의 개념은 물론이고 심지어는 인仁, 의義, 예禮, 악樂 등의 개념까지도 취하여 그 대상으로 삼았다. 물론 질서의 건립을 가능케 한 더욱 근본적인 역량 혹은 원칙은 어디까지나 무형의 도덕지의道德之意였다. 이러한 점을 고려하면, 도덕지의가 탄생시킨 제도는 인시변법因時變法을 위한 이론 근거인 동시에, 사회 정치체계 전반이 덕-례 체계에서 도-법 체계로 전환될 수 있도록 한 사상적 기초가 되었다.

정리하면, 황로 정치철학은 도덕道德, 유무有無, 종시終始, 음양陰陽, 형신形神 등의 개념어를 통해 제도帝道, 왕도王道, 패도霸道를 새롭게 논의하였다. 또한 인仁, 의義, 예禮, 법法의 가치와 의미를 새롭게 고찰하고 윤리학 및 정치철학과 관련된 여러 문제를 폭넓게 탐구하여 고대 정치사상사의 새 국면을 열었다.

패업을 이룬다"라는 구절 역시 유-무 관계의 일종이라고 볼 수 있는 '無爲而無不爲'의 형식으로 제·왕·패를 각각 구분하고 있다.

이렇게 본다면, 『회남자』 텍스트는 도덕지의道德之意에서 시작하여 제왕지도帝王之道로 끝난다고 요약할 수 있다. 『회남자』「요략」편은 바로 이러한 내용을 담고 있다.

이 책을 저술한 이유는 다음과 같다. 도를 살펴 막힌 곳을 뚫어 후세 사람들에게 올바르고 타당한 행실과 선택이 무엇인지를 알려 주고, 밖으로 사물과 접촉하여 현혹되지 않고 안으로는 정신을 안정시키고 기를 길러나가서 천지로부터 부여받은 것 속에서 안락함을 느낄 수 있게 하기 위함이다. 따라서 인간의 도리에 관해 말하면서 그 근원에 관해 설명하지 않으면 사람들은 무엇을 본받아야 할지를 알 수 없게 된다. 한편, 근원에 관해 말하면서 천지사시의 법칙에 관해 설명하지 않으면 사람들은 피하고 꺼려야 하는 것을 알지 못한다. 천지사시의 법칙에 관해 말하면서 인용과 비유를 통해 사례를 들어 주지 않으면 사람들은 정미한 사물과 현상을 알지 못한다. 지극히 정미한 사물과 현상까지 말하면서 인간의 정신과 기의 근원을 설명하지 않으면 사람들은 양생의 기틀을 알지 못한다. 인간의 실정에 관해 고찰하였으나 위대한 성인의 덕에 관해 말하지 않는다면 사람들은 다섯 가지 행위(五行)의 차이에 관해 알지 못한다. 제도帝道에 관해 말하면서 군주의 일에 관해 말하지 않는다면 사람들은 큰 것과 작은 것의 구별을 알지 못한다. 군주의 일에 관해 말하면서 비유를 들어 설명하지 않는다면 사람들은 움직임과 머무름의 적합한 때를 알지 못한다. 비유를 들어 설명하더라도 습속의 변화에 관해 말하지 않는다면 사람들은 무엇이 큰 요지와 부합하는지를 알지 못한다. 습속의 변화에 관해 말했더라도 과거의 일에 관해 말하지 않는다면 사람들은 도와 덕이 어떻게 변화해 왔는지를 알지 못한다. 도와 덕에 관해 알게 되었더라도 세부적인 분야를 알지 못한다면 세상의 온갖 일에 대응할 수 없다. 일반론에 관해 알았더라도 정미하고 세밀한 논의를 알지 못한다면 여유를 지닐 수 없다. 문리에 통달했다고 하더라고 용병의 핵심을 알지 못한다면 갑작스러운 변고에 대응할 수 없다. 대략적인 것에 관해 알았더라도 구체적인 비유로써 이해하지 못했다면 앞으로 새로운 일을 추론하여 알지 못한다. 보편적인 도를 알았다고 하더라고 인간사의 개별적인 일을 알지 못한다면 화나 복에 대응할 수 없다. 인간사를 알았다 할지라도 부지런히 노력할 줄 모르면

배우는 자들을 권면할 수 없다. 최대한 글을 줄이고 핵심만을 요약하고자
해도 세부적으로 기술하지 않는다면 도와 덕의 의미를 제대로 규명할
수 없다. 따라서 20편의 글을 저술한 것이니 이로써 천지의 이치를 궁리하고
인간사를 다루었으며 제왕의 도를 갖추었다.[116]

황로 정치철학의 이론적 핵심과 표현형식은 위와 같은 요약에서 크게
벗어나지 않는다. 분명한 것은 이는 구체적인 정치학 담론이 아니라 추상적
인 하나의 철학 이론이라는 것이다. 『장자』 속의 황로편, 『관자』의 여러
편 그리고 황로백서 등 모두 구체적인 제도적 조치에 뜻을 두고 있기는
하나, 그보다는 제도와 질서 배후에 존재하는 가치와 의미에 더욱 관심을
보였다. 즉 시대의 변화라는 입장에서 예악 붕괴의 필연성이나 변법운동의
합리성과 같은 시대적 문제를 탐구하고자 했다는 것이다. 「요략」편의 논의
는 내內-외外, 종終-시始, 범凡-성聖, 제도帝道-군사君事 등 간의 관계, 즉
정치철학의 추상적 이론을 통해 도덕지의道德之意와 제왕지도帝王之道를 설명
하는 것이다. 따라서 황로 정치철학 맥락 속의 제도帝道 및 제도가 내포한
법치法治는 단순한 정치질서라기보다 더욱 복잡한 인문학적 동기를 함축하
는 법치질서라 할 수 있다.[117] 법가인 한비자의 법리지학法理之學만 하더라도
한층 더 깊은 도 개념과 이론을 담고 있는데, 황로 정치철학이야 두말할

---

116) 『淮南子』, 「要略」, "凡屬書者, 所以窺道開塞, 庶後世使知擧錯取舍之宜適, 外與物接而不眩, 內
有以處神養氣, 宴煬至和, 而己自樂所受乎天地者也. 故言道而不明終始, 則不知所倣依; 言終始
而不明天地四時, 則不知所避諱; 言天地四時而不引譬接類, 則不知精微; 言至精而不原人之神氣,
則不知養生之機; 原人情而不言大聖之德, 則不知五行之差; 言帝道而不言君事, 則不知小大之衰;
言君事而不爲稱喻, 則不知動靜之宜; 言稱喻而不言俗變, 則不知合同大指; 已言俗變而不言往事,
則不知道德之應; 知道德而不知世曲, 則無以耦萬方; 知氾論而不知詮言, 則無以從容; 通書文而
不知兵指, 則無以應卒; 已知大略而不知譬喻, 則無以推明事; 知公道而不知人間, 則無以應禍福;
知人間而不知修務, 則無以使學者勸力. 欲强省其辭, 覽總其要, 弗曲行區入, 則不足以窮道德之
意. 故著書二十篇, 則天地之理究矣, 人間之事接矣, 帝王之道備矣!"
117) 閻步克에 따르면 법가가 추진한 법치는 단순한 정치질서를 나타내지만, 유가가 옹호한
예치는 더욱 거대하고 포괄적인 문화질서를 나타낸다. 유가는 혈연관계와 교화체계의
규칙, 목표 및 역할을 정치질서와 서로 연결하여 하나의 유기체로 만들어 냈다. 자세한
내용은 閻步克, 『士大夫政治演生史稿』(북경: 북경大學출판사, 1996), 86쪽을 참조할 것.

나위가 있을까.

3. 유도 회통 및 황로학의 역사적 영향

지금까지의 논의를 통해 우리는 제도帝道가 사상사적 필연성에 의해
출현하게 되었음을 알게 되었다. 이는 황로 정치철학이 만들어 낸 탁월한
이론적 성과라 하겠다. 사실 기존 학자들 또한 황皇, 제帝, 왕王, 패覇 담론
속에 정치에 관한 가치판단 의미가 반영되어 있음을 알아차리고는 있었다.
다만 그들은 그것이 황로 정치이론이 생겨나고 발전해 온 역사적 영향에
기인하였다는 점은 미처 분석하지 못했다. 아래에서는 바로 이 문제에
관해 논의를 이어 나가고자 한다.

제도가 사상사 속에 등장했던 상황을 고찰하기 위해서는 잠시 논지에서
벗어난 이야기를 할 필요가 있을 것 같다. 우선 송나라 학자들의 정치
철학적 사고에 대해 잠시 살펴보도록 하자. 사실 "북송 유학은 본질적으로
정치철학에 관한 논의다."118) 더 나아가서 말하자면, 천도天道, 천리天理
등의 측면에서 정치 문제를 탐구한 이론은 모두 정치학이 아닌 정치철학에
속한다고 할 수 있다. 왕안석은 송나라 신종에게 다음과 같이 말한 바
있다. "형명법술은 통치의 근본이 아닙니다. 이는 관리들이 행할 일이지
군주의 도가 아닙니다. 나라의 여섯 가지 직급 가운데 앉아서 도를 논하는
것은 삼공의 일이라 하였습니다. 이른바 군주의 도는 관리들의 일과는
다릅니다. 정신의 운행과 심술의 조화를 통해 사람들이 자연스럽게 죄를
멀리하고 선으로 나아가게 하는 것이 바로 군주의 도입니다."119) 여기에서
왕안석은 정치철학이 정치학과 다르다는 점을 분명히 밝히고 있는데, 한편

---

118) 盧國龍, 『宋儒微言』(북경: 화하출판사, 2001), 2쪽.
119) 『續資治通鑑長編』, 권230, "刑名法制非治之本, 是爲吏事也. 非主道也. 國有六職, 坐而論道, 謂之
三公. 所謂主道者, 非吏事而已. 蓋精神之運, 心術之化, 使人自然遷善而遠罪者, 主道也."

으로 이 말 속에서는 그의 정치 철학적 사고가 황로학의 영향을 받았음이 드러난다. 계속해서 다른 송대 유학자들은 어떻게 말하였는지 살펴보도록 하자.

공자는 복희와 헌원 이래의 『역』을 찬술했고, 요순 이래의 『서경』을 편집했고, 문무 이래의 『시경』을 간추렸고, 환공과 문공 이래의 『춘추』를 정비했다. 복희와 헌원 이래로는 삼황을 조상으로 삼고, 요순 이래로는 오제를 종주로 삼고, 문무 이래로는 삼왕을 어버이로 삼고, 환공과 문공 이래로는 선조로 삼는다.[120]

행동을 숭상하면 진실된 풍조가 성행할 것이고, 말을 숭상하면 간교한 풍조가 성행할 것이다.…… 삼왕은 행동을 숭상한 자들이고, 오패는 말을 숭상한 자들이다. 행동을 숭상하는 자들은 필히 의로움을 먼저 생각하고, 말을 숭상하는 자들은 필히 이로움을 먼저 생각한다.[121]

평유란(馮友蘭)은 다음과 같이 말한 바 있다. "역사에 대한 중국의 옛 견해에 따르면, 중국의 역사는 두 개의 시기로 매우 분명히 구분된다. 바로 삼대 왕조 이전과 삼대 왕조 이후이다. 삼대 왕조 이전 시기는 가장 완벽한 황금기로서 사회의 여러 측면이 모두 이상적인 상태를 이루었던 시기이다. 삼대 이후의 시기에 이르러 역사는 점차 타락의 시대로 접어들게 되었다. 이후의 각 시대는 삼대와 멀어지면 멀어질수록 그 타락의 정도가 심해져 갔다. 소옹의 『황극경세』는 이러한 견해를 가장 체계적으로 표현하였다."[122] 우리가 소옹에서부터 논의를 시작한 것도 바로 이러한 이유에서

---

120) 『觀物內篇』, "孔子贊『易』, 自羲軒而下; 序『書』, 自堯舜而下; 刪『詩』, 自文武而下; 修『春秋』, 自桓文而下. 自羲軒而下, 祖三皇也; 自堯舜而下, 宗五帝也; 自文武而下, 子三王也; 自桓文而下, 孫五霸也."(邵雍, 『宋元學案』, 권9에 인용)

121) 『觀物內篇』, "尙行, 則篤實之風行焉. 尙言, 則詭譎之風行焉.……三王, 尙行者也; 五霸, 尙言者也. 尙行必入于義也, 尙言必入于利也."(邵雍, 『宋元學案』, 권9에 인용)

122) 馮友蘭, 「中國政治哲學與中國歷史中之實際政治」, 『古史辨』 하편 제7권(상해: 상해고적출판사, 1982), 296쪽.

였다. 송대 유학의 이 같은 설명 방식은 매우 질서정연한 도식화의 특징을 보인다. 이는 황皇·제帝·왕王·패霸의 서열화 구도가 이미 일찍부터 정형화 되어 정치철학을 사유하는 하나의 모델로서 사고의 출발점이 되었음을 말해 준다. 송태종 조광의는 다음과 같이 말했다. "백성들의 그릇된 행동을 막는 것은 법보다 나은 것이 없다.", "법이란 다스림의 말미로서 난세에나 행하는 일이다. 황자皇者는 도와 덕을 사용하고 제자帝者는 인과 의를 사용하고 왕자王者는 예와 악을 사용하고 패자霸者는 충과 신을 사용한다. 패망하는 자는 도덕, 인의, 예악, 충신을 사용할 줄 모르니, 결국 법을 사용하다가 혼란과 몰락을 초래하고 만다."[123] 이것으로 볼 때, 황皇·제帝·왕王·패霸 가 통치의 도를 평가하고 사고하는 하나의 도식 혹은 척도가 되었음을 알 수 있다. 사실 송대 유학의 이러한 설명 방식은 한당시기의 유학을 계승한 것이다. 예를 들면, 육가나 가의 모두 제도帝道를 언급한 바 있다.

요는 인의를 둥지로 삼았고, 순은 직과 계를 지팡이로 삼았다. 따라서 높은 자리에 있는데도 오히려 편안했고, 행차를 나가도 오히려 내실이 견고했다. 안락의 누대에 거처하고 겸양의 길에 올라타니, 덕은 천지와 합치했고 빛은 팔극을 뒤덮었으며 공덕은 무한히 전해지고 명성은 영원히 이어지게 되었다. 이는 모두 자신은 인의를 둥지로 삼고 직과 계라는 지팡이에게 일을 맡겼기 때문에 가능한 일이었다. 하지만 진나라는 형벌을 둥지로 삼았으니 둥지가 뒤집어져서 알이 깨지는 환란을 맞이하였고, 이사와 조고를 지팡이로 삼았으니 고꾸라져서 다치는 화를 입고 말았다. 이는 왜 그러한가? 잘못된 이에게 일을 맡겼기 때문이다. 따라서 성인을 지팡이로 삼으면 제자(帝)가 되고, 현자를 지팡이로 삼으면 왕자(王)가 되고, 어진 자를 지팡이로 삼으면 패자(霸)가 되고, 의로운 자를 지팡이로 삼으면 강자(强)가 되고, 거짓말하는 자를 지팡이로 삼으면 쇠퇴하고, 역적 을 지팡이로 삼으면 패망한다.[124]

---

123) 『全宋文』 제3권, 「諭家兄明法改科書」, 612쪽, "禁民爲非者莫大于法.", "夫法者, 爲治之末也, 亂世之事也. 皇者用道德, 帝者用仁義, 王者用禮樂, 霸者用忠信. 亡者不能用道德仁義禮樂忠信, 卽複取法以制其衰亂焉."

통치는 도와 덕을 최고로 치고 행실은 인과 의를 근본으로 친다. 따라서
존귀한 자리에 있으면서 덕이 없는 자는 쫓겨나고 풍부한 재물을 지녔으면
서 의롭지 못한 자는 형벌을 받게 된다. 비천한 지위에 있으면서 덕을
좋아하는 자는 존귀해지고 가난하면서도 의로움을 아는 자는 영달을
얻는다. 단간목은 한낱 평범한 선비에 불과하나 도를 닦고 덕을 행하였으므
로 위문공이 그의 집 앞을 지날 때마다 그에게 경의를 표했다. 공자께서도
진나라와 채나라 사이에서 재난을 당했을 때 콩밥과 나물죽으로 겨우
연명하며 허기를 금치 못했고, 다 해진 무명옷을 걸쳐 추위를 막지 못했다.
이처럼 갑작스러운 변고를 당해 매우 열악한 환경에 처했다. 하지만 공자의
행실은 도에 들어맞았고, 제자들의 행실은 의로움을 따랐다. 비록 가난한
선비에 지나지 않았으나 위로는 천자에게 유세하고 아래로는 백성들을
교화하고자 하였으니, 실로 몸을 고생시켜 가며 세상을 바로잡고자 하였다.
또한 이들은 주 왕실이 쇠퇴하고 예(禮)가 행해지지 않는 것을 안타깝게
여겨 온갖 좌절과 시련 속에서도 동분서주하며 제후들을 찾아 유세하였다.
제왕의 도(帝王之道)를 바로잡아 천하의 올바른 다스림으로 돌아가기 위함
이었다. 하지만 입신을 이루지 못한 데다, 세상에 이를 알아보는 군주도
없었기에 천하를 주유하면서도 결국 뜻을 이루지 못하였다. 이에 치국의
대도는 펼쳐지지 못하고 숨어들었으며, 양 날개는 뜻을 피우지 못하고
움츠러들고 말았다. 공자는 유학을 전파하고 인의의 교화를 깊이 가르쳤다.
구체적으로 그는 『춘추』를 지어 세상의 일을 찬술하는 한편, 선왕의 치적을
따지고 선별하여 이것으로 세상의 일을 바로잡고자 하였다. 또한 역사에
근거하여 도록을 편찬하고 이것으로 성(性)과 명(命)을 미리 알았다. 그리고
육예를 정리하고 유가의 학술을 새롭게 세웠으니, 선악이 서로 침범하지
않고, 귀천이 서로 모욕하지 않으며, 강약이 서로 넘보지 않고, 현자와
불초한 자가 서로 뒤섞이지 않았다. 이처럼 과거 등급의 질서가 제자리를
찾아 만세에 부단히 전해지고, 『시』, 『서』, 『예』, 『악』이 제 역할을 다하니,
비로소 천도가 세워지고 대의가 행해질 수 있었다.[125]

---

124) 陸賈, 『新語』, 「輔政」, "堯以仁義爲巢, 舜以稷契爲杖, 故高而益安, 動而益固. 處宴安之台, 乘克
讓之塗, 德配天地, 光被八極, 功垂于無窮, 名傳于不朽, 蓋自處得其巢, 任杖得其人也. 秦以刑罰
爲巢, 故有覆巢破卵之患, 以李斯趙高爲杖, 故有頓仆跌傷之禍, 何者? 所任者非也. 故杖聖者帝,
杖賢者王, 杖仁者霸, 杖義者强, 杖讒者滅, 杖賊者亡."
125) 『新語』, 「本行」, "治以道德爲上, 行以仁義爲本. 故尊于位而無德者絀, 富于財而無義者刑, 賤而好

토지제도가 확립되면 제도帝道가 밝아져 신하들의 마음이 바르게 돌아가고, 법이 확립되면 사람들이 위반하는 일이 없고, 정령이 시행되면 사람들이 거스르는 일이 없다. 관고와 이기와 같은 자들의 모략도 발생하지 않고 잔기와 계장 같은 자들의 계교도 일어나지 않을 것이며, 백성들은 선을 향해가고 대신들은 충심을 다 바칠 것이다. 이는 윗사람이 그렇게 만든 것으로서 천하 사람들이 모두 다 폐하의 덕을 알 것이다.[126)]

진언을 올리는 자가 말했다. "흉노는 불경하고 그 언사가 바르지 않습니다. 이들은 무리의 힘을 등에 업고 시시때때로 노략질을 일삼으니 국경을 어지럽히고 나라를 근심에 빠뜨리고 있습니다. 이처럼 의롭지 못한 행동을 수차례 반복하니 실로 우리의 적이 아닐 수 없습니다. 이들을 어떻게 해야 합니까?" 대답하였다. "소신이 듣기로 강대한 국가는 지혜를 사용하여 싸우고 왕자王者는 의로움을 사용하여 싸우고 제자帝者는 덕을 사용하여 싸운다고 했습니다. 따라서 상나라의 탕은 그물에 비는 기도로써 한수 이남을 투항하게 했고, 순은 우땅에서 춤을 추어 삼묘를 굴복하게 했습니다. 지금 한나라는 천하의 황제로 군림하는 나라입니다.(漢帝中國) 그렇다면 덕을 두텁게 하여 사방의 오랑캐들을 복종하게 하고 의로움을 분명하게 드높여 먼 곳까지 보여 주어야 할 것입니다. 그러면 수레와 배가 이르는 곳, 사람의 힘으로 닿을 수 있는 모든 곳이 복종해 올 것이니 그 누가 감히 제의帝意에 왈가왈부하며 이를 따르지 않겠습니까?"[127)]

德者尊, 貧而有義者榮, 段幹木徒步之士, 修道行德, 魏文侯過其閭而軾之, 夫子陳蔡之厄, 豆飯菜羹, 不足以接餒, 二三子布弊縕袍, 不足以禦寒, 惽惽屈厄, 自處甚矣; 然而夫子當道, 二三子近于義, 自布衣之士, 上□天子, 下齊庶民, 而果其身而臣上也. 及閔周室之衰微, 禮義之不行也, 厄挫頓仆, 歷說諸侯, 欲匡帝王之道, 反天下之政, 身無其立, 而世無其主, 周流天下, 無所合意, 大道隱而不舒, 羽翼摧而不申, 自□□□深授其化, 以序終始, 追治往事, 以正來世, 按紀圖錄, 以知性命, 表定六藝, 以重儒術, 善惡不相幹, 貴賤不相悔, 強弱不相淩, 賢與不肖不得相踰, 科第相序, 爲萬□□□而不絶, 功傳而不衰, 『詩』『書』『禮』『樂』, 爲得其所, 乃天道之所立, 大義之所行也."

126) 賈誼, 『新書』, 「五美」, "地制一定, 則帝道還明而臣心還正, 法立而不犯, 令行而不逆, 貫高利幾之謀不生, 棧奇啓章之計不萌. 細民鄉善, 大臣致順, 上使然也, 故天下鹹知陛下之義."
127) 『新書』, 「匈奴」, "建圖者曰: '匈奴不敬, 辭言不順, 負其衆庶, 時爲寇盜, 撓邊境, 擾中國, 數行不義, 爲我狡猾, 爲此奈何? 對曰: '臣聞伯國戰智, 王者戰義, 帝者戰德. 故湯祝網而漢袌降, 舜舞幹羽而三苗服. 今漢帝中國也, 宜以厚德懷服四夷, 舉明義, 博示遠方, 則舟車之所至, 人力之所及, 莫不爲畜, 又且孰敢忿然不承帝意?'"

황제黃帝가 말했다. "도는 마치 산골짜기에 흐르는 물과 같으니 끝없이 솟아 나오고 그침이 없이 흘러간다." 그러므로 남을 굴복시키면서도 원한을 사지 않으며 남의 것을 나누어 주면서도 불만을 사지 않는 것은 오직 도만이 가능하며, 천하에 널리 퍼트리는데도 사라지지 않는 것은 오직 도만이 가능하다. 따라서 도의 높음은 하늘에 비견되고 도의 밝음은 태양에 비견되고 도의 안정됨은 산에 비견된다. 따라서 도를 논할 수 있는 자는 지혜롭다고 불리고, 도를 배울 수 있는 자는 현명하다고 불리고, 도를 지킬 수 있는 자는 믿음직하다고 불리고, 도를 즐길 수 있는 자는 어질다고 불리고, 도를 행할 수 있는 자는 성인이라고 불린다. 따라서 오직 도만이 이를 훔치거나 꾸며서 할 수 없다. 따라서 황제黃帝는 도를 장악하고 천하를 관리하고 인륜을 관장하고 만물을 다스린다. 그는 신용과 인자함을 천하의 모범으로 내세운 다음, 동해를 건너 장강으로 들어가 『녹도』를 얻고 서쪽의 적석산을 넘어 사막을 건너 곤륜산에 올랐다. 그러고는 중원으로 돌아와 천하를 평정했다. 천하가 태평해질 수 있었던 것은 오직 그가 친히 도를 실천했기 때문이다.[128]

육가의 『신어』는 "『맹자』와 『순자』를 이어받아 가의와 동중서에게 길을 열어 준 만큼"(嚴可均, 『新語叙』) 상당히 중요한 의미를 지닌다. 왕리치(王利器)는 다음과 같이 지적한다. "육가는 유가와 도가를 겸하면서 한대漢代 학술사상의 앞길을 인도하였다."[129] 육가는 확실히 각 학파의 주장을 혼합한 특징을 보여 주었는데, 그는 청정무위(도가)를 중시하면서도 상선벌악(법가)과 예의를 통한 교화(유가)라는 사상적 경향 또한 강조하였다. 이것이 황로학의 유산이 아니라면 무엇이겠는가? 실제로 그가 황로학의 영향을 깊이 받은 사실은 쉽게 찾아볼 수 있다.[130] 그렇기 때문에 (육가를 이어받은) 가의가

---

128) 『新書』, 「修政語上」, "黃帝曰: '道若川谷之水, 其出無已, 其行無止.' 故服人而不爲仇, 分人而不
  諍者, 其惟道矣. 故播之于天下, 而不忘者, 其惟道矣. 是以道高比于天, 道明比于日, 道安比于山.
  故言之者見謂智, 學之者見謂賢, 守之者見謂信, 樂之者見謂仁, 行之者見謂聖人. 故惟道不可竊
  也, 不可以爲虛也. 故黃帝職道義, 經天地, 紀人倫, 序萬物, 以信與仁爲天下先. 然後濟東海, 入
  江內, 取綠圖, 西濟積石, 涉流沙, 登于崑嵩. 于是還歸中國, 以平天下. 天下太平, 唯躬道而已."
129) 王利器, 「前言」, 『新語校注』(북경: 중화서국, 1986), 11쪽.
130) 王利器, 「前言」, 『新語校注』(북경: 중화서국, 1986), 14쪽.

왕자王者와 제자帝者를 나란히 언급한 것 역시 그리 놀라운 일은 아니다. 그는 "왕자는 의로움을 사용하여 싸우고 제자는 덕을 사용하여 싸운다"고 했는데, 이는 결국 "태상의 시절에는 덕을 귀하게 여겼으며 그다음에는 은혜를 베풀어 보답 받는 데 힘썼다"[131], "태상은 덕으로 백성을 어루만지고 그다음은 친친의 도리로 서로 맞닿게 하는 것이다"[132] 등과 같은 논리 구조라고 볼 수 있다. 한 가지 주의할 점은 『신서』「흉노」편에 등장하는 '한제중국漢帝中國'의 '제帝'자는 동사로 보아야 한다는 것이다. 이는 한漢의 왕가가 중국을 다스린다는 뜻으로 제도를 통해 중국을 통치한다는 점을 천명한 것이기도 하다. 뒤에서 말한 제의帝意 역시 제도의 또 다른 표현이며, 『신서』「수정어상」에서 인용한 '황제黃帝의 말은 전형적인 황로학의 서술 방식의 일종이다. 하지만 가의의 사상은 여전히 인의仁義와 덕교德教를 근본 으로 하고 있어 황로학과는 다소 차이가 있으니, 이 점은 주의할 필요가 있다. 이러한 점을 바탕으로 한층 더 깊이 사료들을 정리해 나가다 보면, 왕王과 왕도王道에 비해 제帝와 제도帝道가 가치적으로 더 상위에 있으며, 이것이 한대漢代 지식인들의 공통적 인식이었음을 발견하게 된다. 그 사례를 열거해 보자면 다음과 같다.

온 사방을 하나로 통괄하기 때문에 제자(帝)가 될 수 있는 것이다.[133]

'제帝'는 '제諦'와 같다. 천하를 다스리는 자의 호칭이다.[134]

'제帝'는 하늘의 호칭이고, '왕王'은 인간의 호칭이다.[135]

오제는 명성을 닦고 공을 세웠으며, 덕을 닦아 교화를 이루었으며, 음과

---

131) 『禮記』, 「曲禮上」, "太上貴德, 其次務施報."
132) 『左傳』, 僖公 24年, "太上以德撫民, 其次親親以相及."
133) 『淮南子』, 「詮言訓」, "四海之內, 莫不系統, 故能帝也."
134) 『說文解字』, "帝, 諦也. 王天下之號也."
135) 『尙書緯』, 「刑德放」, "帝者, 天號也. 王者, 人稱也."

양을 조절함으로써 사람들을 불러들이고 신을 부렸다. 그리하여 제帝의
칭호를 얻을 수 있었다.136)

제帝와 왕王의 덕에는 우열의 차이가 있다.137)

덕이 천지와 서로 배합하는 자는 제帝라 칭하고, 인의가 천지와 서로
배합하는 자는 왕王이라 칭하니 우열의 차이가 있다.138)

위와 같은 사례를 보면, 경서經書와 위서緯書를 막론하고 모두 제帝를
왕王보다 높이 여기고 있으며, 제帝라는 칭호와 제도帝道를 천天에 비견하면서
이 둘을 서로 연결하고 있음을 알 수 있다. 『예기』「곡례」에서는 다음과
같이 말한다. "천자의 위패를 종묘에 모시고 그 위에는 '제帝'라는 시호를
붙인다." 정현은 『주』에서 이를 "천신과 같게 한 것이다"라고 설명하였고,
공영달은 다시 『소』에서 "천신을 제帝라고 부르는데 천자의 시호를 천신과
같게 하였으니, 문제, 무제와 같이 제帝라고 시호를 지은 것이다"라고 설명을
덧붙였다. 즉 한당漢唐시기 유가의 마음속에 '제帝'는 상당히 깊은 의미를
지니고 있었다. 전국시대 말기는 기존의 제후들이 스스로 제호帝號를 참칭하
기에 이르렀고, 진한시기에 접어들어서는 제호가 하나의 정치제도로 굳어
지게 되었다. 그런데 앞선 논의로부터 우리는 이미 사상사적 맥락, 특히
정치철학 맥락 속에서 제帝가 심오한 함의를 지닌다는 것을 알 수 있었다.
이는 황로 정치철학의 사유를 통하지 않고서는 불가능한 일이었을 것이다.
　여기에서 한 가지 다른 문제가 이어질 수 있다. 황로 정치철학이 창안한
제도帝道와 제왕지도帝王之道가 과연 유가 정치철학의 사유에는 어떤 영향을
주었을까 하는 문제다. 제왕지도를 둘러싸고 유가와 도가 두 학파 사이에서
는 과연 어떤 사상적 교류가 있었을까? 계속해서 동중서의 왕도王道이론과

---

136) 『春秋緯』, 「運斗樞」, "五帝修名立功, 修德成化, 統調陰陽, 招類使神, 故稱帝."
137) 『白虎通』, 「爵」, "帝王之德有優劣."
138) 『白虎通』, 「號」, "德合天地者稱帝, 仁義合者稱王, 別優劣也."

『예기』(「예운」, 「곡례」편)에 등장하는 설명을 살펴보도록 하자.

일반적으로 "동중서의 사상은 『공양』가의 입장을 기초로 하여 음양가의 이론을 빌리고 육가의 학설을 개조하여 얻어낸 결과물"[139]이라 여겨진다. 동중서가 새롭게 발굴해 낸 왕도王道는 한漢왕조 제도의 이론 기초를 확립하는 것을 목표로 하였다. 흥미로운 점은 그가 바랐던 새로운 왕도가 전국시대 및 진한시기에 유행했던 제도帝道를 흡수하였다는 점이다. 즉 동중서의 관심은 이론적으로 어떻게 왕도를 재구성하여 한대漢代 정치제도의 이론 기초, 이른바 '한도漢道'[140]를 만들어 낼 것인가 하는 문제였다. 그에 따르면, "『춘추』의 도는 하늘을 받들고 과거를 본받는 것이다"[141], "『춘추』는 통일을 중시하였는데, 이는 천지의 일정한 법칙이자 고금의 공통된 도리이다."[142] 이것이 바로 그의 가장 중요한 원칙이었다. 좀 더 구체적으로 말하자면, 그가 말한 왕도의 핵심은 바로 '형벌이 아닌 덕의 교화에 따르며', '덕과 선으로 백성들을 교화시키는 것'이라 할 수 있다.

> 왕자王者는 하늘의 뜻을 이어받아 일에 종사한다. 따라서 형벌이 아닌 덕의 교화에 따른다.…… 선왕들 가운데 하늘을 따르지 않고 형벌에 따라 정사를 펼치려 하는 경우는 없었다.…… 옛날에는 교화를 담당하는 관직을 두어 덕과 선으로 백성들을 교화시켰는데, 백성들이 감화를 받은 후에는 천하에 감옥에 갇히는 자가 하나도 없게 되었다.[143]

> 왕자王者가 무슨 일을 하고자 할 때는 하늘을 향해 그 시작을 구했다. 천도의 위대함은 바로 음양에 있었는데, 음은 덕이고 양은 형에 해당한다. 형과 덕은 각각 살생을 담당한다. 따라서 양은 항상 한여름 속에서 생장과

---

139) 陳蘇鎭, 『兩漢魏晉南北朝史探幽』(북경: 북경대학출판사, 2013), 230쪽; 王博, 「陰陽五行視野下的董仲舒政治哲學」(북경대학 박사논문, 2015).
140) 陳蘇鎭, 『兩漢魏晉南北朝史探幽』, 231~243쪽.
141) 『春秋繁露』, 「楚莊王」, "春秋之道, 奉天而法古."
142) 『漢書』, 「董仲舒傳」, "『春秋』大一統者, 天地之常經, 古今之通誼也."
143) 『漢書』, 「董仲舒傳」, 「天人三策」, "王者承天意以從事, 故任德教而不任刑……爲政而任刑, 不順于天, 故先王莫之肯爲也.……古者修教訓之官, 務以德善化民, 民已大化之後, 天下常亡一人之獄矣."

양육에 종사하고, 음은 항상 한겨울 속에서 공허하여 쓸모없는 곳을 채운다. 이렇게 볼 때, 하늘은 형벌이 아닌 덕에 따르는 것을 알 수 있다.[144]

하늘은 음을 따르지 않고 양을 따르며, 형벌을 좋아하지 않고 덕을 좋아한다.[145]

음양오행이란 동중서가 천도天道에 근거하여 왕도王道를 논의했던 하나의 이론 모델이라고 할 수 있다. 사실 황로학과 음양가 간의 사상적 교류는 매우 깊은 수준에 이르렀는데,[146] 앞에서 언급한 음양형덕陰陽刑德이 바로 황로학과 음양가 중 기원을 판별하기 힘든 한 가지 사례이다. 이 외에도 '형벌이 아닌 덕을 따른다'(任德不任刑), '덕례를 높이고 형벌을 낮춘다'(尊德禮而卑刑罰)는 원칙 역시 한대 유가의 일치된 신앙에 가까웠다.[147] '덕교德敎'라는 말이 한대 저작 속에 광범위하게 출현한다는 점에서 이 같은 사실을 확인할 수 있다.[148] 동중서 역시 이와 다르지 않았는데, 그렇다면 그가 강조했던 왕도, 덕교는 과연 무엇을 의미한 것일까? 우선 공자가 말한 '덕으로써 인도하고 예로써 통제한다'(道之以德, 齊之以禮)는 원칙이 그의 출발점이었음은 사실은 분명하다. 이렇게 보면, 그가 추종했던 인의의 법칙(仁義法)이 바로 이 문제의 해답임을 추측할 수 있다. 인의의 법칙이란 '인과 의의 구별을 통해 타인과 나의 관계를 조절한다'(求仁義之別, 以紀人我之間)는 원칙을 말한다.

『춘추』가 궁구했던 것은 타인과 나의 관계이며, 이를 사고하는 범주는 바로 인仁과 의義다.…… 따라서 『춘추』는 인의의 법칙을 제시하였다. 인仁

---

144) 『漢書』, 「董仲舒傳」, '天人三策', "王者欲有所爲, 宜求其端于天. 天道之大者在陰陽, 陽爲德, 陰爲刑. 刑主殺而德主生. 是故陽常居大夏, 而以生育養長爲事; 陰常居大冬, 而積于空虛不用之處. 以此見天之任德不任刑也."

145) 『春秋繁露』, 「陰陽位」, "天之任陽不任陰, 好德不好刑."

146) 陳麗桂, 「黃老與陰陽」, 『道家文化硏究』 제30집(북경: 중화서국, 2016).

147) 瞿同祖, 『中國法律與中國社會』(북경: 중화서국, 2003), 제6장, 부록 「中國法律之儒家化」.

148) 예를 들면, 『漢書』 「賈誼傳」, "道之以德敎", 『鹽鐵論』 「遵道」, "上自黃帝, 下及三王, 莫不明德敎, 謹庠序, 崇仁義, 立敎化. 此百世不易之道也." 등이 있다.

의 법칙이란 자신이 아닌 타인을 사랑해야 한다는 것이고, 의義의 법칙이란 타인이 아닌 자신을 바로잡아야 한다는 것이다.[149)]

이처럼 사람들을 바르게 하기 위해서는 우선 반드시 자신을 바르게 해야 한다는 인의의 법칙은 인간관계와 사회질서를 유지하는 데에 그 목적이 있다. 그런데 인의의 법칙이 동중서가 늘 염두에 두었던 요순지도堯舜之道의 핵심 내용 중 하나였다고는 하나, 그것만으로는 왕도王道와 덕교德敎의 함의를 전부 나타낼 수는 없고, 또 왕도와 덕교에 대한 완전한 해답이 될 수 없을 것이다. 왜냐하면 인의의 법칙(仁義法)에 비해 덕의 법칙(德法)이 더욱 광범위하고 보편적이며 근본적인 것이기 때문이다. 그런데 문제는 동중서가 말한 덕德 혹은 요순지덕堯舜之德의 함의가 명료하지 않아 이를 정확히 규명하고 파악하기가 어렵다는 것이다.

선왕이 밝은 덕을 백성에게 보여 주니 백성들은 기뻐하며 시를 지어 이를 칭송하였다. 그리하여 굳이 명령을 내리지 않아도 백성들은 스스로 행동했고 굳이 금지하지 않아도 스스로 그칠 줄 알았다. 이처럼 백성들은 윗사람의 뜻에 따르되 그렇게 하도록 시키지 않아도 스스로 그리하였다. 따라서 말하기를, 성인이 천지를 감동시키고 사시를 감화시키는 것은 다름이 아니라 그가 대의를 알았기 때문이다. 대의를 알았기 때문에 천지를 감동시킬 수 있었던 것이고, 천지를 감동시킬 수 있었기 때문에 사시를 감화시킬 수 있었던 것이고, 사시를 감화시킬 수 있었기 때문에 교화를 널리 행할 수 있던 것이고, 교화를 널리 행할 수 있었기 때문에 사람들이 범법을 저지르지 않았던 것이고, 사람들이 범법을 저지르지 않았기 때문에 형벌이 필요가 없었던 것이다. 형벌이 필요가 없어진 것은 바로 요순의 공덕功德이라 할 수 있다. 이것이 바로 위대한 통치의 도이며, 이는 고대의 성왕으로부터 전수해 내려온 것이다.[150)]

---

149) 『春秋繁露』, 「仁義法」, "『春秋』之所治, 人與我也. 所以治人與我者, 仁與義也……是故『春秋』 爲仁義法. 仁之法在愛人, 不在愛我; 義之法在正我, 不在正人."
150) 『春秋繁露』, 「身之養重于義」, "先王顯德以示民, 民樂而歌之以爲詩, 說而化之以爲欲. 故不令而

천지신명의 마음과 인간사 성패의 근본 원인은 본래 눈으로 볼 수 없는 것으로서, 오직 성인만이 이를 볼 수 있다. 성인이란 남들이 볼 수 없는 것을 보는 자를 뜻하니, 성인의 말 역시 경외롭다 하겠다.…… 탁 트였다는 것은 드러난다는 뜻이다. 왕자王者가 덕행德行을 세상에 드러내 보이면 사방에서 호응해 오지 않는 이가 없으니, 이는 왕의 덕행과 풍속으로 이들을 감화시켰기 때문이다.[151]

윗글에 나온 덕(功德, 德行)이라는 말은 의미가 다소 모호한 데다가 이를 어떻게 제도 조치 속에서 실현할 것인지의 문제는 더욱 불분명하다. 동중서는 「천인삼책天人三策」에서 세 가지 항목의 기본 원칙을 제시한 바 있다. 바로 '하늘의 뜻을 삼가 계승할 것', '밝은 덕을 닦아 백성을 교화시킬 것', '법도를 타당하게 바로잡을 것'이 그것이다. 그런데 앞의 두 가지 항목을 과연 어떻게 제도화할 것인가? 이 역시 의미가 불분명할 수밖에 없다. 정리하면, 육가, 가의, 동중서가 말하는 덕교德敎 개념 속에는 명덕明德의 의미가 포함되어 있는데, 여기에는 현덕玄德의 영향이 은연중에 내포되어 있기도 했다. 이러한 의미의 혼잡성은 어떤 사상에 대한 해석을 풍부하게 만들어 줄 수 있는 성장점이 될 수 있다. 즉 덕德이라는 키워드의 복잡성이야말로 황로 정치철학과 유가 정치철학 사이의 '은밀한 내통'을 가능하게 한 장본인이었다. 이를 통해 황로의 제도帝道 이론은 유가의 왕도王道 담론 속에 이식될 수 있었고, 유가와 도가 사이의 교류 관계 또한 이전의 예상을 뛰어넘는 수준으로 깊어질 수 있었다.

계속해서 『예기』에 등장하는 두 가지 자료와 그 해석사에 대한 분석을 중심으로 황로 정치철학 범주의 제도 담론이 어떻게 유가 정치철학의

自行, 不禁而自止, 從上之意, 不待使之, 若自然矣. 故曰: 聖人天地動四時化者, 非有他也, 其見義大故能動, 動故能化, 化故能大行, 化大行故法不犯, 法不犯故刑不用, 刑不用則堯舜之功德. 此大治之道也, 先聖傳授而復也."

151) 『春秋繁露』, 「郊語」, "天地神明之心, 與人事成敗之眞, 固莫之能見也, 唯聖人能見之. 聖人者, 見人之所不見者也, 故聖人之言亦可畏也.……覺者著也, 王者有明著之德行于世, 則四方莫不響應, 風化善于彼矣."

사유 속으로 파고들어 갔는지를 좀 더 자세히 규명해 보도록 하겠다. 천쑤전
(陳蘇鎭)은 한 가지 흥미로운 자료를 검토한 바 있다.[152]

　　황제께서 여쭈었다. "(『예기』에서) '태상의 시절에는 덕을 높게 세웠으며
　　그다음에는 은혜를 베풀어 보답 받는 데 힘썼다'라고 하였다. 통치에 왜
　　각기 다른 교화의 단계가 있는 것인가? 어떤 정책을 만들어야 덕을 세우는
　　단계에 이를 수 있겠는가? 은혜를 베풀었는데 보답을 바랄 수는 없는가?"
　　박사 벼슬에 있는 마조가 대답했다. "'태상의 시절에 덕을 높게 세웠다'는
　　말은 삼황오제의 시대에는 덕으로 백성을 교화하였다는 뜻이고, '그다음에
　　는 은혜를 베풀어 보답 받는 데 힘썼다'는 말은 삼왕의 시대에는 예로써
　　다스렸다는 뜻입니다." 황제께서 말씀하셨다. "이 두 가지 교화의 방법에는
　　그 깊이에 차이가 있는 듯한데, 이는 군주의 품성 자체에 우열의 차이가
　　있었기 때문인가, 아니면 시대의 차이로 인해 그렇게 된 것인가?" 마조가
　　대답했다. "서로 다른 시대에는 서로 다른 사회의 기반이 있기 마련이니,
　　자연스럽게 교화의 방식에서도 깊이의 차이가 있습니다."[153]

　　'태상의 시절에는 덕을 높게 세웠으며 그다음에는 은혜를 베풀어 보답
받는 데 힘썼다'(太上立德, 其次務施報)라는 말은 『예기』 「곡례」에 나오는 말로,
원문에는 '태상의 시절에는 덕을 귀하게 여겼다'(太上貴德)라고 하였다. 위
인용문에 따르면, 마조는 '태상의 시절에 덕을 높게 세웠다'는 말을 '삼황오
제의 시대에는 덕으로 백성을 교화하였다'는 의미로 해석하였고, '그다음에
는 은혜를 베풀어 보답 받는 데 힘썼다'는 말을 '삼왕의 시대에는 예로써
다스렸다'는 말로 해석하였다. 그런데 만약 이러한 해석을 근거로 덕에
의한 교화와 예에 의한 통치를 병렬적인 관계로 이해한다면, 지나치게
단편적이고 기계적인 해석이 된다. 덕에 의한 교화는 명백히 예에 의한

---

152) 陳蘇鎭, 『兩漢魏晉南北朝史探幽』, 232~234쪽.
153) 『三國志』, 권4, 「魏書 · 少帝紀」, "(高貴鄕公) 問曰: '太上立德, 其次務施報' 爲治何由而敎化各
　　異? 皆修何政而能致于立德, 施而不報乎? 博士馬照對曰: "太上立德', 謂三皇五帝之世以德化民
　　'其次施報', 謂三王之世以禮爲治也.' 帝曰: '二者致化薄厚不同, 將主有優劣邪? 時使之然乎? 照
　　對曰: '誠由時有樸文, 故化有薄厚也.'"

통치에 앞서 있으며 이상적인 정치, 최상의 정치에 속한다. 『좌전』 희공
24년에 기록된 부진富辰의 말을 살펴보자. "태상은 덕으로 백성을 어루만지
고 그다음은 친친의 도리로 서로 맞닿게 하는 것이다."[154] 두예杜預의 『집해』
에서는 이에 대해 마조의 해석과 판에 박힌 듯 꼭 같은 해석을 내린다.
즉, 그는 '덕으로 백성을 어루만진다'는 구절을 '친소의 구별이 없다'는
의미로 해석하고, '친친의 도리로 서로 맞닿게 한다'는 구절을 '가까운
것부터 먼 것까지 은혜를 미루어 나감으로써 의義를 행한다'는 의미로
해석한다. 유가 정치철학 맥락 속에 출현하는 '가장 훌륭한 정치', '가장
합리적인 정치'는 모두 불가해한 성왕의 선각자적 덕성에 근거를 두고
있는데, 이는 천인 관계를 궁구하는 이론적 시야를 보여 주기도 한다.
그런데 문제는 유가가 천도天道를 논할 때 종종 도가(황로를 포함)의 설을
취하곤 한다는 점이다. 이와 마찬가지로 한대 유가에서 왕도王道와 덕교德敎
를 논할 때도 역시 황로 정치철학의 탁월한 성과인 제도帝道를 깊이 받아들였
다.[155] 다음을 살펴보자.

> 태상의 제황帝皇 시대에는 백성들에게 베풀되 보답을 바라지 않았다. 삼왕
> 의 시대에 이르자 예가 일어나기 시작했다.[156]

> '태상귀덕太上貴德'에서 '태상太上'은 삼황오제의 시대를 가리킨다. 이때에는
> 오직 덕을 두텁게 할 뿐, 예를 주고받지 않았다. 오로지 덕을 지니는 것을
> 중시하였기 때문에 '귀덕貴德'이라고 한 것이다.…… '그다음'(其次)은 삼왕의
> 시대를 가리킨다.…… 이때는 가까운 자만 가깝게 대하고 자기 자식만
> 자식으로 여겼으니, 오로지 자신을 위해 힘을 사용하였고 은혜를 베풀어

---

154) 『左傳』, 僖公 24年, "太上以德撫民, 其次親親以相及也."
155) 陳贇에 따르면, 덕과 예의 대립은 이들이 서로 다른 정치 강령을 대표했음을 의미한다.
   덕과 예는 각각 오제시대와 삼왕시대 정교 이념의 총결로 이해할 수 있으며, 이는 다시
   성왕의 도가 구현된 두 가지 역사 단계, 즉 대동시대와 소강시대에 대응한다. 자세한
   내용은 陳贇, 『莊子哲學精神』(상해: 상해인민출판사, 2016), 205~206쪽을 참조할 것.
156) 鄭玄, 『曲禮』, '太上貴德, 其次務施報'에 대한 주석. "太上帝皇之世, 其民施而不惟報, 三王之
   世, 禮始興焉."

주면 반드시 보답을 바랐다.[157]

여기에서 가장 중요한 지점은 한당시기의 유학자들이 덕과 예 사이의 긴장 관계를 '태상과 그다음'(太上, 其次)이라는 가치적 서열로 구조화하여 삼황오제三皇五帝의 도(덕에 해당)와 삼왕三王의 도(예에 해당) 간의 우열 관계를 설정하였다는 점이다. 예를 들면, 공영달은 다음과 같이 말했다. "삼황은 도를 행했고 오제는 덕을 행했다. 차이가 있다면 덕이 도에서 생겨났다는 것일 뿐, 도를 근본으로 하고 있다는 점에서 같다. 따라서 도가 덕보다 우위에 있다고 말하는 것은 구분하여 말한 것이며, 덕 역시 실은 도이다. 그러므로 이를 총괄하여 '귀덕貴德'이라고 하였다. 그렇다면 삼황이 도를 행했고 오제가 덕을 행했다고 했는데, 그다음을 미루어 생각하면 삼왕은 인을 행했고 오패는 의義를 행했다고 할 수 있다."[158] 그런데 역사적으로 볼 때, 삼황오제의 도, 특히 '황제黃帝의 도'나 '황제黃帝의 말'에 관한 기록은 도가(황로학을 포함)류 저작 속에서 더 많이 보인다. 따라서 한대 유가가 도가 이론의 서술 형식을 가져다 쓴 것이 명백하다. 이러한 교류와 모방의 과정은 유가의 정치사상의 내용과 형식 측면 모두에 많은 영향을 주었다. 그 대표적인 사례가 바로 한대 유가의 정치이론 구조 속에 깊숙이 스며든 황로의 제도帝道이다. 『예기』「예운」에서는 다음과 같이 말한다.

대도大道가 행해지던 시대에는 사람들이 천하를 함께 소유했다. 현인을 선발하고 능력이 있는 자를 천거하였으니 성실함을 추구하고 화목함을 길렀다. 이에 사람들은 양친만을 공경하거나 자기 자식만을 사랑하거나 하지 않으니, 늙은이들은 천수를 다 누렸고 젊은이들은 능력을 다 발휘하였으며 어린이들은 건강하게 자라났고 홀아비와 과부, 고아와 늙어서 자식이

---

157) 孔穎達, 『禮記正義』, 권1, "所貴者在于有德, 故曰'貴德'也.……其次謂三王之世也.……獨親其親, 獨子其子, 貸力爲己, 施則望報."
158) 『禮記正義』, 권1, "是三皇行道, 五帝行德, 不同者但德由道生, 道爲其本, 故道優于德. 散而言之, 德亦是道, 故總云'貴德'. 旣三皇行道, 五帝行德, 以次推之, 則三王行仁, 五霸行義."

없는 자, 불구와 병든 자들이 모두 보살핌을 받았다. 남자들은 각기 직업을 지녔고 여자들은 각기 가정을 가졌다. 사람들은 재물은 미워하여 이를 거두어들이려 하지 않고 길가에 내다 버렸고, 힘을 지닌 것을 미워하여 이를 내세우지 않고 자신을 위해 힘쓰는 법도 없었다. 따라서 음모는 차단되어 일어나지 않고 도둑과 도적 떼도 생겨나지 않았으니, 사람들은 집의 대문을 걸어 잠그지 않았다. 이러한 시대를 대동사회라고 한다. 그런데 지금 대도가 자취를 감추어 행해지지 않고 천하는 일가의 소유가 되었다. 사람들은 각자의 부모만 공경하고 자기 자식만 사랑하였으며 재물과 힘을 오직 자신만을 위해 사용했다. 대인들은 지위를 세습하면서 이를 예법으로 제정했고, 각 나라에서는 성곽을 높이 쌓고 웅덩이를 파 방어를 견고히 하였다. 예와 의는 규율이 되어 이를 바탕으로 군신 관계를 바로잡고, 부자 관계를 돈독히 하고, 형제 관계를 화목하게 하였고, 부부 관계를 조화롭게 하고 제도와 규칙을 세우고, 토지를 구분하고, 용맹한 자와 지혜로운 자를 높였다. 이처럼 공과 업적이 모두 자신을 위한 것이었 기에 자연스레 음모가 생겨나고 전쟁이 발생하게 되었다. 우왕, 탕왕, 문왕, 무왕, 성왕, 주공은 모두 예와 의로 나라를 다스린 자들로서 이 여섯 명의 군자 가운데 예를 삼가 받들지 않은 이가 없었다. 이들은 예법을 통해 도의를 드러내고 성실함을 이루고 잘못을 헤아렸으며, 인仁을 모범으로 삼아 겸양을 추구하면서 이를 사람들에게 일정한 법도로 내보였다. 만약 권세를 지닌 자가 이를 따르지 않으면 죄를 추궁받아 물러났으며, 백성들은 이를 재앙이라 여겼다. 이러한 시대를 소강사회라고 한다.[159]

이에 관해 정현의 『주』에서는 "대도大道란 오제五帝의 시기를 가리킨다" 라고 하였고, 공영달의 『소』에서는 "앞 문단 '대도가 행해지던 시대' 부분에 서는 오제의 선정을 논했고, 뒷 문단 '대도가 자취를 감춘' 부분에서는

---

159) 『禮記』, 「禮運」, "大道之行也, 天下爲公. 選賢與能, 講信修睦, 故人不獨親其親, 不獨子其子, 使 老有所終, 壯有所用, 幼有所長, 矜寡孤獨廢疾者, 皆有所養. 男有分, 女有歸. 貨惡其棄于地也, 不 必藏于己; 力惡其不出于身也, 不必爲己. 是故謀閉而不興, 盜竊亂賊而不作, 故外戶而不閉, 是謂 大同. 今大道旣隱, 天下爲家, 各親其親, 各子其子, 貨力爲己, 大人世及以爲禮, 城郭溝池以爲固, 禮義以爲紀. 以正君臣, 以篤父子, 以睦兄弟, 以和夫婦, 以設制度, 以立田裏, 以賢勇知, 以功爲己. 故謀用是作, 而兵由此起. 禹湯文武成王周公, 由此其選也. 此六君子者, 未有不謹于禮者也. 以著 其義, 以考其信, 著有過, 刑仁講讓, 示民有常. 如有不由此者, 在勢者去, 衆以爲殃, 是謂小康."

그 후세인 삼왕三王의 시대를 논했다. 따라서 이 경전에서 말하는 '대도가 행해지던 시대'란 바로 오제의 시대를 가리킨다'라고 하였다. 나아가 공영달은 다음과 같은 설명을 내놓았다.

제帝라는 것은 하늘(天)의 한 가지 별칭으로서 이를 따라 제帝라는 이름을 붙인 것이다. 제帝라는 말은 제諦(상세하다)와 통한다. 즉 하늘은 사사로운 마음이 없이 광대하니 자타의 구분을 잊음을 말하며, 널리 모든 것에 공평하게 통하니 두루두루 자세히 살핌을 말한다. 따라서 하늘을 일러 제帝라고 하는 것이다. 오제五帝의 도 역시 이와 같아서 세심히 살필 수 있으므로 이러한 이름을 붙였다. 이처럼 성인들은 모두 하늘과 같이 할 수 있었으므로 대인이라고 불렀다. 대인은 덕이 천지와 서로 부합하는 자들이며, 삼왕三王 또한 대인에 속한다. 이들이 실제로는 성인인데도 제帝라고 불리지 못한 것은 비록 내면의 덕은 하늘과 부합하지만, 타고난 시운으로 인해 성인의 도를 온전히 다 발휘하지 못하고 다만 성인의 도를 추구하고자 하였기 때문이다. 따라서 이들을 왕王이라 칭했다. 『예기』「예운」에서는 "대도大道가 행해지던 시대에는 사람들이 천하를 함께 소유했다"라고 하였다. 이는 제帝의 시대를 말한 것이다. 또한 "지금 대도가 자취를 감추어 행해지지 않고 천하는 일가의 소유가 되었다"라고 한 것은 왕王의 시대를 말한 것이다. 즉 성인의 덕은 하늘보다 넓지 않고, 삼황三皇은 제帝보다 앞선다고 한들, 어찌 하늘을 넘어서겠는가? 그렇다면 삼황 역시 하늘을 넘어서지는 못하지만, 하늘을 따르고자 한 방식에 따라 삼황과 오제의 우열이 나뉜다. 오제는 인위로써 하늘을 따랐고, 삼황은 무위로써 하늘을 따랐다.[160]

이처럼 유가는 '천하를 함께 소유하는' 대동大同과 '천하를 일가가 소유하

---

160) 『尙書正義』, 권2, 「堯典」, "言帝者, 天之一名, 所以名帝. 帝者, 諦也. 言天蕩然無心, 忘于物我, 言公平通遠, 擧事審諦, 故謂之帝也. 五帝道同于此, 亦能審諦, 故取其名. 若然, 聖人皆能同大, 故曰大人. 大人者與天地合其德, 卽三王亦大人. 不得稱帝者, 以三王雖實聖人, 內德同天, 而外隨時運, 不得盡其聖, 用逐迹爲名, 故謂之王. 「禮運」曰: '大道之行, 天下爲公', 卽帝也; '大道旣隱, 各親其親', 卽王也. 則聖德無大于天, 三皇優于帝, 豈過乎天哉! 然則三皇亦不能過天, 但逐同天之名, 以爲優劣. 五帝有爲而同天, 三皇無爲而同天."

는' 소강小康을 서로 구분하였는데, 그 이면에는 제도帝道(삼황오제의 도)와 왕도王道(문왕과 무왕의 도)를 구분하는 관점이 내포되어 있었다. 라오쭝이(饒宗頤)는 다음과 같이 설명한다. "제帝와 왕王의 구분은 바로 공과 사의 구분이다. 왕王은 친친의 도리를 따랐으며, 이에 봉건제를 세웠다. 천하를 함께 소유하였다는 말은 사사로움을 물리치는 것에 힘썼다는 뜻이며, 이는 바로 제도를 말한다." 여기에서 말하는 제도는 "대략 여불위로부터 시작된 것으로서" "천하의 대통일과 천인 간의 상응을 핵심 사상으로 한다."[161] 하지만 그의 설명은 다소 미진한 부분이 있는데, 사실 이 문제 역시 유가와 도가 간의 사상적 대화와 회통이라는 시각에서 분석해 나가야 한다. 즉, 동중서가 재건하고자 힘썼던 왕도王道나 「예운」편에서 설명하는 새로운 사상[162] 모두 도가, 특히 황로사상을 취했다고 보아야 한다.

유학의 문헌과 유가사상 간의 상호작용이라는 각도에서 분석해 보면, 성인(특히 요순)이라는 형상을 둘러싼 사상사적 구조의 건립은 매우 의미가 깊으며, 많은 연구 가치를 담고 있다. 부단히 증식하며 풍부해져 간 요순의 고사는 물론 왕도에 관한 초기 유가의 서술로도 볼 수도 있다. 하지만 필자는 왕도에 관한 이러한 서술 역시도 모종의 대화와 교류 관계 속에서 전개되었다는 점을 강조하고 싶다. 실제로 왕도에 대한 유가의 설명과 설정 속에는 이미 황로학의 제도帝道라는 요소가 깊이 스며들어 있었다. 바꾸어 말하면, 유가 내부에서도 역시 제도를 자신의 정치철학으로 내세울 필요가 있었다는 것이다. 다만 유가는 극히 미묘한 방식으로 제도를 전통적인 왕도王道 논리의 연장선상에 위치시키고 있어, 마치 이 둘이 감쪽같이 맞아떨어지는 듯이 보였던 것이다. 사실, 유가 속에 존재하던 모호한 형태의 제도는 어디까지나 왕도의 연장이자 변종일 뿐이었다. 이에 비해 황로의

---

161) 饒宗頤, 『澄心論萃』, 416쪽.
162) 익히 알려져 있듯, 동중서는 제학의 요소를 상당 부분 취한 바 있으며 여기에는 음양오행설이 포함된다. 정현의 설명을 따르면 "「예운」편은 五帝에서 三王으로 변화되고 음양이 뒤바뀐 이치를 기록한 것이다."(『예기정의』권21에서 인용) 이는 추연의 오덕종시설과 유사하지 않은가? 이 문제 또한 깊이 살펴볼 가치가 있다.

제도는 전통의 왕도사상과 서로 대립 관계 속에서 시작되고 발전해 왔다. 이는 바로 왕도와 패도를 넘어서는 새로운 정치를 모색하기 위한 목적에서였다.

　근현대 중국의 인문학계는 고사변古史辨운동의 세례를 널리 경험했다. 하지만 그 폐단으로서 고대에 대해 지나치게 회의하는 경향이 생겨나기도 했다. 물론 구제강(顧頡剛)을 필두로 하는 고사변 학파의 건설적인 공헌도 존재한다. 바로 삼황오제의 역사 서술을 체계적으로 정리함으로써 과거로부터 누적되어 형성된 고대에 대한 역사관을 매우 뚜렷이 드러내 주었다는 점이다. 사상사의 측면에서 분석해 보면, 그러한 역사관의 배후에 존재하는 인문적 동기는 더없이 깊은 의미를 지닌다.[163] 한 가지 관련된 사례를 들자면, 린위성(林毓生)은 역사 속 '성왕 관념'을 강렬히 비판한 바 있다. 사실 그 이론의 합리성에 의문을 제기하는 것은 건설적인 행위라고 보기 힘들다. 비판과 문제 제기만으로는 성왕 관념이 어떻게 해서 중국 고대 사상사 혹은 철학사 속에 필연적으로 출현할 수밖에 없었는가 하는 문제에 대답할 수 없기 때문이다. 필자는 바로 이 문제야말로 진정 의미와 가치를 지닌다고 생각한다. 즉 과거에서부터 누적되어 형성된 고대사는 일반적인 역사학의 척도로는 헤아릴 수 없으며, 반드시 사상 문화사의 각도에서 살펴보아야 한다. 펑유란(馮友蘭)이 지적했듯, "고대인들이 서술한 삼대 왕조 이전의 사회는 대부분 역사가 아닌, 정치와 사회에 대한 그들의 이상이었다."[164] 한마디로 말해, 과거로부터 누적되어 형성된 고대사는 어디까지나 사상사에 속하므로 반드시 사상사적 분석을 거쳐야만 그 진정한 의미를 드러낼 수 있다. 이렇게 볼 때, 요순의 고사와 삼황오제의 전설이 사상사 속에서 탄생하고 증식해 나간 것은 바로 사상사의 발전이 문헌자료 속에 투영된 하나의 흔적이라 할 수 있다. 유가 윤리학(정치철학을 포함)은 특히 삼황오제에

---

163) 이에 대해 王泛森이 상세히 분석한 바 있다. 자세한 내용은 그의 저서 『古史辨運動的興起──個思想史分析』(타이베이: 윤신문화유한공사, 1987)을 참조할 것.
164) 馮友蘭, 「中國政治哲學與中國歷史中之實際政治」, 『古史辨』 第七冊 下編, 296쪽.

관한 역사적 서술과 황皇·제帝·왕王·패霸라는 정치 교화의 판단기준을 바탕으로 전개된다. 우리는 '과거로부터 누적되어 형성된 고대사'라는 고사 변운동의 명제를 역이용하여 유가 정치철학의 역사 구조를 거슬러 관찰하고, 이를 통해 다시 유가 정치철학이 지닌 가치와 의의를 긍정적으로 설명해 낼 수 있다. 이것이 바로 의고시대疑古時代를 벗어나는 진정한 의미가 아닐까?

아울러 전통적 관점 한 가지를 이야기하자면, 일반적으로 유가는 왕도王道를 추종했고, 법가는 패도霸道를 주장했다고 여겨진다. 그런데 이러한 방식은 너무도 엄격하지 않아 한번 짚고 넘어갈 필요가 있다. 만약 황로학 제도帝道 관념의 역사적 공헌과 그 영향력을 간과하지 않는다면, 사실 법가의 정치이론 속에 한 차원 깊은 황로 정치철학이 이론 배경으로서 자리하고 있으며, 유가의 왕도 이론에도 역시 황로 정치철학 사유의 흔적이 짙게 드리워져 있음을 발견할 수 있을 것이다. 황로 정치철학 담론 가운데 제도라는 관념은 상당히 유구하고 깊은 역사 속에서 발전해 왔다. 이는 초기 정치사상사의 새로운 국면, 새로운 차원을 열어젖혔을 뿐 아니라, 유가의 정치철학 사유에도 일대 파란을 일으키며 중대한 역사적 영향을 미쳤다.

제3장

집일: 황로 문헌 속 '일—' 개념의 복잡한 맥락을 통한 분석

일—은 도가 문헌 속에서 드물지 않게 보이는 용어 혹은 개념이다. 황로 문헌에서는 특히 반복적으로 태일太—, 집일執—, 포일抱—(혹은 搏—)을 논했는데, 이들은 모두 매우 복잡한 이론적 맥락을 드러내고 있어 깊이 탐구해 볼 만한 가치가 있다. 여기에서는 우주론, 정치철학, 그리고 양생론과 심성론 간의 상호작용, 이 세 가지 측면에서 각각 분석을 진행하여 이들이 담고 있는 다차원적인 시각과 다중적 방향성을 밝혀 보고자 한다.

『노자』는 일—에 대해 여러 차례 논의를 펼쳤다. 예를 들면, "형체와 정신을 하나(—)로 껴안아서 떨어지지 않게 할 수 있는가?"(『노자』 제10장), "도는 일을 낳고, 일은 이를 낳고, 이는 삼을 낳고, 삼은 만물을 낳는다"(『노자』 제42장), "하늘은 일을 얻어 맑고, 땅은 일을 얻어 평안하고, 신령은 일을 얻어 영험하고, 골짜기는 일을 얻어 충만하고, 만물은 일을 얻어 생겨나고, 제후는 일을 얻어 천하를 안정시킨다"(『노자』 제39장), "성인은 일을 지켜 이를 천하의 법도로 삼는다"(『노자』 제22장) 등이 있다. 이러한 다양한 설명은 『노자』가 서로 다른 측면에서 일—을 해석하고 있음을 말해 준다. 이처럼 일— 개념은 다차원적이고 다층적인 함의를 지니며, 천도天道와 인도人道를 관통하고 있다. 따라서 서로 다른 측면에서 이를 분석하고 파악해 나가야만 한다. 예를 들면, 『노자』 제10장에서 등장하는 포일抱—은 양생론과 심성론 간의 상호작용 관계 속에서 파악해야 하지만, 제22장의 포일抱—은 보다 더 정치철학적 각도에서 분석을 진행해야 한다. 정리하자면, 노자철학 속의 일—은 대체로 도道의 별칭으로 사용되거나 아니면 최소한 도道와 밀접한 관계를 지니고 있다고 할 수 있다. 마찬가지로 황로학 문헌(『장자』

속의 황로편을 포함)에서도 역시『노자』와 같은 다중적 시각과 다원적 노선에서
일─ 개념을 한층 더 깊이 설명하였다. 아래에서는 이 문제를 본격적으로
논의해 보도록 하겠다.

1. 태일太一: 우주론 맥락에서의 분석

『노자』에서 말하는 일─에는 원시적 통일성(混沌)이라는 함의가 뚜렷이
내재해 있다. 도道와 물物 간의 관계 즉 도-물 관계는 일─과 다多의 관계와
같은데, 바꾸어 말하면 만물 본원으로서의 도道는 논리적으로 만물의 유래가
되는 시원(始)이라고 해석할 수도 있고, 만물이 통합된 '하나'(─. 즉 원초적
통일성 혹은 원시적 동일성)라고 해석할 수도 있다. 이에 관해 다양한 설명이
등장하는데,『노자』에서는 "혼연히 하나를 이룬다"(제14장)라고 하였고,『장
자』에서는 "도의 상태에서는 모두 통하여 하나를 이룬다"(「제물론」), "천하는
하나의 기로 통한다"(「지북유」)고 하였다. 이 모두 일─의 원시적 통일성
혹은 동일성(즉 混沌)을 나타내려 한 것이다. 앞에서 인용한『노자』제42장의
"도는 일을 낳고, 일은 이를 낳고, 이는 삼을 낳고, 삼은 만물을 낳는다"라는
구절 역시 도道 혹은 일─이 지닌 만물의 시원(始)으로서의 함의를 나타내고
있다. 도道는 일─이라고도 칭하니, 일─은 바로 도道의 별칭이라 할 수
있다. 이러한 의미의 일─은 초기 사상계에서는 사실상 보편적 관념이었다.
예를 들어,『설문해자』에서는 "태초의 단계에서는 도가 하나를 이루고
있었다. 여기에서 천지가 분화되고 다시 만물이 이루어졌다"라고 하였고,
마왕퇴 백서『도원』에서는 "어떤 것도 이루어지지 않은 태초의 상태는
모든 것이 함께 어우러진 태허의 상태였다. 이때는 모든 것이 하나를 이루고
있었는데 오직 하나를 이룬 채로 머물러 있었으니, 아득하여 낮과 밤,
밝음과 어둠도 생겨나지 않았다"라고 하였고,『회남자』「원도훈」에서는
"무형이라는 것은 일─을 말한다"라고 하였고,『문자』「구수」에서는 "아직

천지가 형성되지 않았으니 모든 것이 하나로 어우러진 아득한 상태였다"라고 하였고, 『문자』「도원」에서는 "만물은 모두 하나의 구멍으로 모인다. 모든 일의 근원은 모두 하나의 문으로 나온다. 따라서 성인은 근본을 변화시키지 않고 항상된 이치를 바꾸지 않으며 오직 하나의 법칙을 따른다"[1]라고 하였다. 이 외에 『장자』에서도 일一을 중시하였는데, 여기에서 두 가지 부분에 주목할 필요가 있다. 첫째는 '도통위일道通爲一'(즉 도의 상태에서는 모두 통하여 하나를 이룬다.)사상[2] 및 그와 관련된 여러 가지 설명들이다. 예를 들면 다음과 같다.

태초는 무無의 상태로서 유有도 없고 명칭도 없었다. 이때에는 모든 것이 어우러진 혼일의 상태만이 존재하며, 아직 어떤 것도 형체를 이루지 않았다. (그런 뒤에) 만물이 일一을 얻어 태어나면 이를 덕德이라고 한다.[3]

삶이 시작되는 순간을 생각해 보면, 본래는 생명이 없었을 것이고, 생명뿐만 아니라 형체도 없었을 것이고, 신체뿐만 아니라 기도 없었을 것이다. 마치 있는 것 같기도 하고 없는 것 같기도 한 것 사이에서 변화가 일어나기가 생겨나고, 다시 기가 변화하여 형체가 생기고, 형체가 이루어져 생명이 생겨나는데, 이제는 다시 변화하여 죽음에 이르게 된 것이다.[4]

이 두 인용문은 모두 우주론적 의미를 포함하고 있는데, 특히 기氣 개념이 우주론의 중요한 바탕이 되고 있음을 알 수 있다.

다른 하나는 『장자』에서 여러 차례 언급하고 있는 태일太一이다.

---

1) 『文子』, 「道原」, "萬物之總, 皆閱一孔, 百事之根, 皆出一門. 故聖人一度循軌, 不變其故, 不易其常."
2) 『莊子』, 「齊物論」, "道通爲一." 이 외에도 『장자』에는 "만물은 모두 하나이다"(「德充符」, "萬物皆一."), "천하는 하나의 기로 통한다"(「知北游」, "通天下一氣"), "천지의 일기一氣에서 노닌다"(「大宗師」, "遊乎天地之一氣"), "일一에 통달하면 모든 일을 이룬다"(「天地」, "通於一而萬事畢.") 등의 설명이 등장한다.
3) 『莊子』, 「天地」, "泰初有無, 無有無名. 一之所起, 有一而未形. 物得以生, 謂之德."
4) 『莊子』, 「至樂」, "察其始而本無生, 非徒無生也而本無形, 非徒無形也而本無氣. 雜乎芒芴之間, 變而有氣, 氣變而有形, 形變而有生, 今又變而之死."

대일大一을 알고, 대음大陰을 알고, 대목大目을 알고, 대균大均을 알고, 대방大方을 알고, 대신大信을 알고, 대정大定을 알면 지극하다고 할 수 있다. 대일大一로 관통하고, 대음大陰으로 녹아들며, 대목大目으로 살피고, 대균大均으로 따르고, 대방大方으로 체득하고, 대신大信으로 헤아리며, 대정大定으로 붙잡는다.[5]

형체가 없는 태일太一의 경지.[6]

항상된 무유無有의 상태에 관한 학설을 세우고, 태일太一을 그 중심으로 삼았다.[7]

장자가 언급한 태일太一은 명백히 철학 개념에 속한다. 이 외에도 「천하」편에서는 '사물에 관한 혜시의 열 가지 명제' 가운데 한 가지, 즉 "거대함이 극한에 달해 그를 둘러싸는 외곽이 없는 것을 일러 대일大一이라고 하고, 작음이 극한에 달해 그 속에 어떤 알맹이조차 없는 것을 일러 소일小一이라고 한다"라는 구절이 등장한다. 앞에서 인용한 「서무귀」편에 등장하는 대일大一은 태일泰一로 읽어야 하는 것이 맞다. 그렇다면 혜시가 말한 대일大一은 태일泰一로 읽을 수 있을까? 필자의 견해에 따르면, 혜시가 말한 대일大一은 글자 그대로 읽어야 한다. 여기에서의 대일大一은 소일小一과 상대적인 개념으로 사용되었기 때문이다. 더욱 중요한 점은 「천하」편에서 관윤, 노담의 학술을 요약했을 때 언급했던 태일太一과 혜시가 말한 대일大一, 소일小一이 확연히 구분된다는 것이다. 그렇다면 우리는 어떻게 이 문제를 이해해야 할까? 「천하」편에서 관윤과 노담의 학설에 관해 분석한 내용은 사실 우리가 황로학파의 학설을 분석한 내용과 거의 같은 형태로 등장한다. 게다가 태일太一은 황로학 문헌에 드물지 않게 등장하는 개념이기도 하다. 따라서

---

5) 『莊子』, 「徐无鬼」, "知大一, 知大陰, 知大目, 知大均, 知大方, 知大信, 知大定, 至矣! 大一通之, 大陰解之, 大目視之, 大均緣之, 大方體之, 大信稽之, 大定持之."
6) 『莊子』, 「列禦寇」, "太一形虛."
7) 『莊子』, 「天下」 중 관윤과 노담의 학술을 기술한 내용. "建之以常無有, 主之以太一."

태일太一 개념의 출현은 노장도가의 일一 개념을 계승하고 발전시킨 결과이자, 혜시의 대일大一과 소일小一에 관한 지양으로 보아야 한다.

사실 혜시의 대일大一과 소일小一에 관한 학설 역시 큰 영향력을 지니고 있었다. 『장자』에서도 이를 참고하여 "가장 정미한 것은 형체조차 없고, 가장 거대한 것은 둘러쌀 수 없다", "형체조차 없는 것에 이르면 그 수량을 다시 나눌 수가 없고, 둘러쌀 수 없는 것은 그 수량에 끝이 없다"(「추수」), "더 이상 비할 바 없을 정도로 정미하고, 둘러쌀 수 없을 정도로 거대하다"(「칙양」)라고 말하기도 하였다. 멍원퉁(蒙文通)은 일찍부터 이 점에 주목하면서 명가와 도가의 사상 간의 관련성을 지적하였으니, 그야말로 홀로 깨어 있었다고 하겠다.[8] 이에 관한 구체적 사례를 열거하자면 다음과 같다.[9]

밖에 아무것도 없을 정도로 크고, 안에 아무것도 없을 정도로 작다.[10]

도는 천지 사이에 있다. (도는) 그의 밖에 아무것도 없을 정도로 크고, 그의 안에 아무것도 없을 정도로 작으니, "멀리 떨어져 있지 않지만, 다다르기는 어렵다"라고 말한다.[11]

신령한 기는 마음속에 있다.…… 그 속에 아무것도 없을 정도로 세밀하고, 그 밖에 아무것도 없을 정도로 거대하다.[12]

깊고도 광대함은 그 어떤 것도 그것을 둘러싸지 못하고, 세밀하게 나누어져 있음은 그 어떤 것도 그 속에 있을 수 없다.[13]

---

8) 자세한 내용은 蒙文通의 저서 『古學甄微』(성도: 파촉서사, 1991), 77쪽; 『蒙文通學記』(蒙默 엮음, 북경: 삼련서점, 1993), 13쪽을 참조할 것.
9) 『예기』「중용」에서도 "군자의 거대한 말은 천하에 그것을 담을 것이 없고, 정미한 말은 천하에 그것을 깨트릴 것이 없다"라고 하였으니, '지극히 큼', '지극히 작음'의 개념이 폭넓게 영향을 미친 것을 알 수 있다.
10) 『管子』, 「宙合」, "大之無外, 小之無內."
11) 『管子』, 「心術上」, "道在天地之間也, 其大無外, 其小無內, 故曰不遠而難極也."
12) 『管子』, 「內業」, "靈氣在心,……其細無內, 其大無外."
13) 『文子』, 「道原」, "深閎廣大, 不可爲外; 折毫剖芒, 不可爲內."

(도를 체득한 자는) 하늘을 법으로 삼고 덕을 품행으로 삼고 도를 근본으로
삼는다. 만물에 따라 무궁무진하게 변화하고, 그 정기는 천지를 가득 채우
고도 고갈되지 않으며, 그 정신은 끝없이 우주를 뒤덮는다. 그 시작이
무엇인지를 알지 못하고 그 끝이 무엇인지를 알지 못하고 그 문이 어딘지를
알지 못하고 그 발단이 무엇인지를 알지 못하고 그 근원이 무엇인지를
알지 못한다. 그 밖에 아무것도 없을 정도로 거대하고 그 속에 아무것도
없을 정도로 정미하니, 이를 일러 지극히 귀하다고 말한다.[14]

더 이상 그 밖에 아무것도 없을 만큼 지극히 크고, 더 이상 그 속에 아무것도
없을 만큼 지극히 귀하다. 그것의 크고 귀함을 안다면 어디로 나아가든
이루지 못함이 있겠는가?[15]

도는 받아들일 수는 있으나 전해 주지는 못한다. 도는 안에 아무것도
없을 정도로 작으면서도 끝이 없을 정도로 거대하다.[16]

속에 아무것도 없을 정도로 정미한 것 가운데에 어떤 미세한 것이 생겨나려
한다. 견주어 보고자 해도 형상이 없고 말하고자 해도 이름이 없다. 그저
아득하게 어떤 모습도 갖추지 않았으니 거대한 허무의 성을 넘어 어떠한
조짐도 없는 궁궐을 벗어나 있다.…… 이를 보고자 해도 흐릿하고 어둑하여
도무지 바라볼 수가 없다.[17]

　　그런데 황로학의 여러 문헌에서는 대일太一과 소일小一보다는 태일太一을
논하는 데 더욱 열중했다. 황로학의 태일太一 개념은 대일太一과 소일小一
개념이 지닌 국한성을 극복함으로써 자신이 내포하고 있던 이들 개념의
흔적을 성공적으로 지워 냈다. 대일太一과 소일小一은 어디까지나 두 개의

---

14) 『呂氏春秋』, 「下賢」, "以天爲法, 以德爲行, 以道爲宗. 與物變化而無所終窮, 精充天地而不竭, 神
　　覆宇宙而無望. 莫知其始, 莫知其終, 莫知其門, 莫知其端, 莫知其源, 其大無外, 其小無內, 此之謂
　　至貴."
15) 『文子』, 「九守」, "無外之外, 至大; 無內之內, 至貴. 能知大貴, 何往不遂."
16) 『楚辭』, 「遠游」, "道可受兮, 不可傳. 其小無內兮, 其大無垠."
17) 宋玉, 『小言賦』, "無內之中, 微物潛生, 比之無象, 言之無名, 蒙蒙滅景, 昧昧遺形, 超于大虛之域,
　　出于未兆之庭,……視之則眇眇, 望之則冥冥."

근본을 함의하므로 일ー 개념에 내포된 원시적 통일성 혹은 원초적 동일성의
관념이 둘로 나누어져 버렸기 때문이다. 예를 들어보자.

대일太一은 물을 낳고, 물은 다시 돌아와 대일을 도와 하늘을 이룬다.
하늘은 다시 돌아와 대일을 도와 땅을 이룬다. 천지는 다시 서로를 도와
신명을 이룬다. 신명은 다시 서로를 도와 음양을 이룬다. 음양은 다시
서로를 도와 사시를 이룬다.…… 사시는 음양이 낳은 것이고, 음양은 신명이
낳은 것이고, 신명은 천지가 낳은 것이고, 천지는 대일이 낳은 것이다.
따라서 대일은 물속에 감추어져 있으면서 알맞은 때에 따라 행동하고
순환 반복하여 다시 처음으로 돌아오니, 스스로 만물의 어머니가 된다.[18]

제자帝者는 태일太一을 체득하고, 왕자王者는 음양陰陽을 본받고, 패자는
사시四時를 따르고, 제후는 육률六律을 사용한다. 태일을 체득한 자는 천지
의 실정에 밝고 도와 덕의 이치에 통달하며 감각이 해와 달처럼 빛나고
정신은 만물에 두루 통하며 거동은 음양으로 조절하며 감정은 사시와
조화를 이룬다.[19](『회남자』「본경훈」에서도 비슷한 내용이 등장한다.)

태일太一은 천지를 낳고 천지는 음양을 낳는데 음양은 변화하여 하나는
위로 올라가고 하나는 아래로 내려가며 결국에는 하나로 합쳐지며 모습을
드러낸다. 혼연히 어우러지며 떨어졌다가 다시 합쳐지고 합쳐졌다가 다시
떨어진다. 이것이 바로 하늘의 일정한 이치이다.…… 만물의 탄생은 태일이
만들고 음양이 변화를 일으키는 것이다.…… 도라는 것은 보려고 해도
보이지 않고 들으려고 해도 들리지 않으니 어떤 형상을 그릴 수 없다.
만약 누군가 보이지 않음을 보고 들리지 않음을 들으며 무형의 형체를
알 수 있다면 대략 도를 안다고 할 수 있다. 도는 지극히 정미하여 형체를
이루지 않고 이름을 부를 수도 없으나, 굳이 그것의 이름을 붙이자면

---

18) 郭店楚簡, 『太一生水』, "大一生水, 水反輔大一, 是以成天; 天反輔大一, 是以成地. 天地複相輔
也, 是以成神明; 神明複相輔也, 是以成陰陽; 陰陽複相輔也, 是以成四時.……四時者, 陰陽之所
生; 陰陽者, 神明之所生也; 神明者, 天地之所生也; 天地者, 大一之所生也. 是故大一藏于水, 行于
時, 周而或(始, 以已爲)萬物母."

19) 『文子』, 「下德」, "帝者體太一, 王者法陰陽, 霸者則四時, 君者用六律. 體太一者, 明于天地之情,
通于道德之論, 聰明照于日月, 精神通于萬物, 動靜調于陰陽, 喜怒和于四時."

태일이라고 할 수 있다.[20]

따라서 성인의 덕은 마치 태양이 막 떠오르듯 빛나며 천지사방 어느 하나 미치지 않는 곳이 없이 두루 비춘다. 덕은 태양의 빛이 만물을 비추듯이 만물을 변화시키는데, 이루지 못하는 일이 없다. 성인의 정신은 태일太一에 부합하니 꺾임 없이 생겨나고 그 뜻은 막힘이 없다. 성인의 정기는 귀신과 통하니 심오하고 현묘하여 그 형체를 파악할 수 없다.[21]

천지가 혼연일체로서 본래 그대로의 전체를 이루며 아직 만물이 생겨나지 않은 상태를 일러 태일太一이라고 한다. 만물은 모두 한 가지에서 나왔으나 각기 다른 형태를 이루니, 새가 있고 물고기가 있고 짐승이 있다. 이를 일러 만물로 분화되는 과정이라고 한다. 그 후에는 각각의 종류에 따라 사물이 분화하고, 각각의 사물에 따라 집단이 나누어지는데, 이들이 살아가는 방식은 모두 다르나 형체를 지니고 태어난다는 점에서는 공통점이 있다. 각각의 종과 사물 간에는 서로 차이가 있어 통하지 않으니, 결국은 하나같이 다른 만물로 분화되어 다시 원래의 혼연일체의 상태로 돌아갈 수 없다. 따라서 만물이 살아 움직이면 생명이라고 부르는데 죽음을 맞이하면 생명이 다했다고 부른다. 일단 하나의 형체를 띤 사물을 이룬 이상, 사물을 있게 하는 조물자일 수 없다. 사물을 있게 하는 조물자는 마치 만물 속에서 사라진 듯 머무른다. 태초의 시대를 생각해 보면, 인간은 무의 상태에서 생겨나 유의 상태에서 형체를 얻었으며, 형체가 있고 난 뒤에는 하나의 사물로 고정되었다. 마치 아직 어떤 형체를 지니지 않은 듯이 처음 태어난 혼연의 상태로 돌아갈 수 있는 자를 진인이라고 부르며, 진인은 애초에 태일과 분리되지 않았다.[22]

---

20) 『呂氏春秋』,「太樂」, "太一出兩儀, 兩儀出陰陽. 陰陽變化, 一上一下, 合而成章. 渾渾沌沌, 離則複合, 合則復離, 是謂天常.……萬物所出, 造于太一, 化于陰陽.……道也者, 視之不見, 聽之不聞, 不可爲狀. 有知不見之見, 不聞之聞, 無狀之狀者, 則幾于知之矣. 道也者, 至精也, 不可爲形, 不可爲名, 強爲之(名), 謂之太一."

21) 『呂氏春秋』,「勿躬」, "是故聖王之德, 融乎若日之始出, 極燭六合, 而無所窮屈; 昭乎若日之光, 變化萬物而無所不行. 神合乎太一, 生無所屈, 而意不可障; 精通乎鬼神, 深微玄妙, 而莫見其形."

22) 『淮南子』,「詮言訓」, "洞同天地, 渾沌爲樸, 未造而成物, 謂之太一. 同出于一, 所爲各異, 有鳥, 有魚, 有獸, 謂之方物. 方以類別, 物以群分, 性命不同, 皆形于有. 隔而不通, 分而爲萬物, 莫能及宗. 故動而謂之生, 死而謂之窮. 皆爲物矣, 非不物而物物者也, 物物者亡乎萬物之中. 稽古太初,

위 인용문을 통해 보면, 황로학은 태일太一 개념을 사용하여 우주론을 건립하는 한편, 도道가 물物의 본원임을 설명하고자 한다. 이와 동시에, 황로학의 우주론은 극대(至大)와 극소(至小)라는 정형화된 도식에 빠져들지 않는 모습을 보여 준다. 예를 들어, 『여씨춘추』 「태락」에서는 '지극히 정미하여 형체가 없다'는 의미를 취하여 도道가 곧 태일太一이라는 사상을 충실히 논증하였는데, 이 점은 황로의 철학 이론이 이루어 낸 일종의 혁신으로서 황로학의 독창적인 공헌이라 할 수 있다.23)

한편 『할관자』에 기록된 태일泰一사상은 특별히 주목할 필요가 있다. 이는 태일泰一이 태일太一을 대신하는 말로 사용되었기 때문이기도 하지만, 더 중요한 것은 그 속에 우주론, 정치철학, 심성론 등 여러 가지 복잡한 내용이 서로 융합되어 있기 때문이다. 다음의 내용을 살펴보자.

태일泰一은 천하 공통의 제도를 지키고 태홍泰鴻의 원기를 조절하며 신명의 위치를 바로잡는 자로서 구황의 보조를 받으며 생명의 자연스러운 이치를 탐구한다. (泰一은) 구황에게 알려주기를, 인위의 속박에서 벗어나고 천지를 생기게 한 근원을 얻고 항상된 도의 이치를 얻어 성인에 이르러야 한다고 하였다. 성인의 도는 신명과 서로 합치되며 이러한 도를 자신의 덕으로 삼는다. 따라서 이를 도의 덕, 즉 도덕道德이라고 한다. (泰一은) 태초의 시절을 궁구하여 만물의 공통된 근원을 얻었다. 구황이 비록 다른 제도를 펼쳤으나 정사를 펼칠 때는 태일을 따르지 않은 자가 없었으니, (이러한 도를 일러) 태일이라 하는 것이다.24)

人生于無, 形于有, 有形而制于物. 能反其所生, 若未有形, 謂之眞人. 眞人者, 未始分(物)于太一者也."

23) 『禮記』 「禮運」에서도 "예는 반드시 大一을 근본으로 두어야 한다. (大一은) 나누어져 천지가 되며 음양으로 전환되며 사시로 변화되고 귀신으로 나타난다"라고 하였다. 즉 太一 관념이 유학에도 영향을 주었음을 알 수 있다.

24) 『鶡冠子』, 「泰鴻」, "泰一者, 執大同之制, 調泰鴻之氣, 正神明之位者也. 故九皇受傅, 以索其然之所生. 傅謂之得天之解, 傅謂之得天地之所始, 傅謂之道得道之常, 傅謂之聖人. 聖人之道與神明相得, 故曰道德. 郊始窮初, 得齊之所出. 九皇殊制, 而政莫不效焉, 故曰泰一."

안으로는 태홍泰鴻 안의 일을 논하고 밖으로는 신명을 관찰하며 가운데로
는 태일泰一의 도 위에 법도를 세워 이로써 사물을 헤아린다. 하늘은 구홍으
로 구분되고 땅에는 구주가 있다. 태일의 도는 구황의 스승이며, 구황은
태일의 도를 향해 태초의 말미에 어떻게 일이 이루어지는지, 드러나지
않는 명리 밖의 일 등에 관해 가르침을 청한다.[25]

위 인용문을 살펴보면, 태일太一 개념 속에 여러 가지 복잡한 의미와
동기가 서로 뒤섞여 다양한 층차에 걸쳐 있음을 확인할 수 있다. 잘 알려진
바와 같이, 진한시기에는 태일신 숭배가 유행하였다. 이때의 태일太一은
북두성[26]을 가리키는 명칭으로서 철학적 맥락 속에 등장하는 태일太一과
완선히 같은 것은 아니다. 하지만 둘 간에 어떤 미묘한 관계가 있는가는
여전히 탐구할 가치가 있는 문제다. 즉 황로학 사조와 태일 숭배는 상호작용
을 거치며 동일한 방향으로 발전해 갔으며, 이는 추후 더 자세한 검토를
요한다.

2. 집일執一: 정치철학 맥락에서의 논의

황로학의 집일執一사상 역시 상당히 복잡하다. 이는 우선 천하통일이라
는 현실적 희망을 포함하고, "성인은 일을 지켜 이를 천하의 법도로 삼는
다"[27]는 철학적 의미를 나타내며, 동시에 "권력을 하나로 집중하여 잃지
않아야 한다"(執一而不失)는 군주 통치의 핵심적 요구(법치, 집권, 독단 등)를
담고 있다. 게다가 부분적으로는 '일을 지켜 고요함을 유지하고'(抱一守靜),

---

25) 『鶡冠子』, 「泰錄」, "入論泰鴻之內, 出觀神明之外, 定制泰一之衷, 以爲物稽. 天有九鴻, 地有九
州, 泰一之道, 九皇之傅, 請成于泰始之末, 見不詳事于名理之外."
26) 錢寶琮, 「太一考」, 『燕京學報』 1932년 제12기(『錢寶琮科學史論文選集』에 수록, 북경: 과학
출판사, 1983); 李零, 「太一崇拜的考古研究」, 『中國方術續考』(북경: 동방출판사, 2001), 273
쪽; 王煜, 「漢代太一信仰的圖像考古」, 『中國社會科學』 2014년 제3기 등을 참조할 것.
27) 『老子』 제22장, "聖人抱一爲天下式."

'형체와 정신을 안정시킨다(定其形神)는 양생론 및 심성론의 의미도 지닌다.

앞에서 인용한 『할관자』 두 단락에서 우리는 이미 태일太一의 정치철학적 의미를 확인할 수 있었다. 사실 이러한 정치철학적 취지의 연원은 상당히 오래되었다고 할 수 있는데, 대표적으로 『노자』에서 "성인은 일을 지켜 이를 천하의 법도로 삼는다"라고 한 것이 좋은 사례이다. 이 구절에서 우리는 두 가지 사실을 확인할 수 있다. 첫 번째는 이 단락이 노자의 정치철학을 표현하고 있다는 것이고, 두 번째는 이 구절에 등장하는 포일抱一 개념과 제10장 '형체와 정신을 하나로 껴안는다'(載營魄抱一)는 구절에 등장하는 포일抱一 개념은 그 함의가 서로 다르다는 것이다. 사실 황로학의 여러 문헌 속에 자주 등장하는 포일 개념은 그 정치철학적 의미가 매우 명확하다.

> 일一은 그것의 칭호이고 허공은 그것의 거처이고 무위는 그것의 본질이고 조화는 그것의 작용이다.⋯⋯ 도를 지키고 도량을 장악하면 천하를 하나로 만들 수 있다.[28]

> 일一을 지킬 수 있으면 어떠한 일도 그르치지 않지만, 만약 일一을 지키지 못하면 모든 일을 그르치게 된다. 만약 일一을 지키고 싶다면 고개를 들어 그것을 바라보고 고개를 숙여 그것을 살피되 멀리서 법도를 구하지 말고 자신으로부터 헤아리면 된다. 일一을 얻어 도모하면 천하를 아울러 취할 수 있고, 일一을 얻어 생각하면 천하를 아울러 다스릴 수 있으니, 일一을 지켜 천지의 기준으로 삼아야 한다. 따라서 일一은 맛을 보면 맛이 있고 냄새를 맡으면 냄새가 있고 두드리면 소리가 있고 가까이하면 볼 수 있고 만지면 만질 수 있으나, 억지로 움켜쥐고자 하면 실패하고 깨부수면 여위고 훔치고자 하면 소멸한다. 따라서 이를 지니기 위해서는 마음을 하나로 단정히 하는 것으로 시작해야 한다.[29]

---

28) 馬王堆 帛書 『道原』, "一者其號也, 虛其舍也, 無爲其素也, 和其用也⋯⋯抱道執度, 天下可一也."

29) 『凡物流形』, "能執一, 則百物不失; 如不能執一, 則百物具失. 如欲執一, 仰而視之, 俯而察之, 毋遠求度, 于身稽之. 得一(而圖)之, 如並天下而擔之; 得一而思之, 若並天下而治之. 守一以爲天地稽. 是故一, 咀之有味, 嗅(之有臭), 鼓之有聲, 近之可見, 操之可操, 握之則失, 敗之則槁, 賊之則滅. 執此言, 起于一端."

오직 한 가지 말로써 끝없는 힘을 지니고 오직 한 가지 말로써 사람들을 얻고 오직 한 가지 말로써 만백성을 이롭게 하고 오직 한 가지 말로써 천지의 법도를 삼는다. 이 한 가지는 손에 넣으면 한 줌이 채 되지 않지만, 널리 퍼뜨리면 세상에 이를 담아낼 것이 없으니, 이를 크게 사용하면 천하를 알게 되고, 작게 사용하면 한 나라를 다스릴 수 있다.[30]

모든 것을 사물에 맡겨 두고 그 변화를 관장할 수 있는 것을 신령하다고 하고, 모든 것을 일에 맡겨 두고 그 변화를 관장할 수 있는 것을 지혜롭다고 한다. 사물이 변화하되 자신의 기는 바뀌지 않고, 일이 변화하되 자신의 지혜는 바뀌지 않는 것은 오직 일一을 지키는 군자만이 가능하다. 일一을 지켜 잃어버리지 않으면 만물에 군림할 수 있다. 만물을 부리면서 만물에 의해 지배당하지 않는 것은 바로 일一의 이치를 얻었기 때문이다.[31]

널리 구하여 선택하면서도 어지러워지지 않고 쉽게 변화시키면서도 번거로워지지 않는 것은 오직 일一을 지키는 군자만이 가능하다. 일一을 지켜 잃어버리지 않으면 만물에 군림할 수 있다. 이러한 자는 해와 달과 같이 빛나고 천지와 같은 이치를 따른다. 이처럼 성인은 일을 판단하면서도 일에 의해 간섭받지 않는다.[32]

도는 (그것이 생성하는) 만물과 다르고, 덕은 (그것이 포함하는) 음양과는 다르고, 저울은 (그것이 헤아리는) 경중과는 다르고, 먹줄은 (그것이 교정하는) 구불구불함과는 다르고, 조율기는 (소리에 영향을 주는) 건조함 및 습함과는 다르고, 임금은 신하와는 다르다. 이 여섯 가지 상황은 모두 도에서 나온 것이다. 도는 유일무이한 것이므로 일一이라고 부른다. 따라서 현명한 군주는 도의 유일무이한 모습을 중히 여겨야 하며, 군주와 신하의

---

30) 『凡物流形』, "一言而終不窮, 一言而有衆, 一言而萬民之利, 一言而爲天地稽. 握之不盈握, 敷之無所容. 大之以知天下, 小之以治邦."
글자에 대한 고증과 해석은 曹峰의 저작 『近年出土黃老思想文獻研究』(북경: 중국사회과학출판사, 2015), 326~327쪽을 참조하였다.

31) 『管子』, 「內業」, "一物能化謂之神, 一事能變謂之智. 化不易氣, 變不易智, 惟執一之君子能爲此乎! 執一不失, 能君萬物. 君子使物, 不爲物使, 得之理."

32) 『管子』, 「心術下」, "慕選而不亂, 極變而不煩, 執一之君子. 執一而不失, 能君萬物. 日月之與同光, 天地之與同理. 聖人裁物, 不爲物使."

도는 서로 다르다.33)

따라서 성인은 일一을 지킨 채 고요히 머무르며 이름이 스스로 결정되고 일이 스스로 정해지도록 한다.34)

만물은 모두 하나의 구멍으로 모인다. 모든 일의 근원은 모두 하나의 문으로 나온다. 따라서 성인은 근본을 변화시키지 않고 항상된 이치를 바꾸지 않으며 오직 하나의 법칙을 따른다.35)

(성인은) 소리 없는 것을 듣고 형체가 없는 것을 보니, 세상에 의해 얽매이지 않고 습속에 구애받지 않는다.36)

성왕은 일一을 지켜 사물의 성정을 다스린다. 일一은 지극히 귀한 것으로서 천하에 대적할 것이 없다. 성왕은 대적할 것이 없는 것에 의탁하므로 천하를 호령할 수 있다.37)

천하의 도를 세우고 일一을 지켜 그에 의탁한다. 본래의 참된 상태로 돌아가 무위를 실행하며 허정하게 아무런 구분이 없는 상태를 유지하니 아득하여 끝없이 먼 곳까지 그침이 없다. 이렇게 형체가 없는 것을 보고, 소리가 없는 것을 듣는다. 이러한 것이 바로 위대한 도의 법칙이다.38)

따라서 성왕이 일一을 지켜 잃어버리지 않으면 만물의 실정을 헤아릴 수 있고 사방의 오랑캐와 구주의 땅이 모두 복종해 올 것이다. 일一은 지극히 귀한 것으로서 천하에 대적할 것이 없다.39)

---

33) 『韓非子』, 「揚權」, "道不同于萬物, 德不同于陰陽, 衡不同于輕重, 繩不同于出入, 和不同于燥濕, 君不同于群臣. 凡此六者, 道之出也. 道無雙, 故曰一. 是故明君貴獨道之容, 君臣不同道."
34) 『韓非子』, 「揚權」, "故聖人執一以靜, 使名自命, 令事自定."
35) 『文子』, 「道原」, "萬物之總, 皆閱一孔, 百事之根, 皆出一門. 故聖人一度循軌, 不變其故, 不易其常."
36) 『文子』, 「精誠」, "(聖人)聽于無聲, 視于無形, 不拘于世, 不系于俗."
37) 『文子』, 「下德」, "故聖王執一, 以理物之情性. 夫一者至貴, 無適于天下. 聖王托于無適, 故爲天下命."
38) 『文子』, 「自然」, "立天下之道, 執一以爲保. 反本無爲, 虛靜無有, 忽恍無際, 遠無所止. 視之無形, 聽之無聲, 是謂大道之經."
39) 『淮南子』, 「齊俗訓」, "故聖王執一而勿失, 萬物之情旣矣, 四夷九州服矣. 夫一者至貴, 無適(敵)

그렇다면 황로 정치철학 맥락 속에 등장하는 집일執—은 과연 무슨 의미를 지니고 있을까? 사실 집일 개념에는 여러 가지 복잡한 함의가 혼재되어 있다. 요약하자면 이는 노장 정치철학의 도道를 이론 기초로 삼고, 황로학(도법가)과 법가에서 부단히 추구해 온 법法을 구체적 내용으로 한다. 다시 말해, 우리는 도와 법 사이의 필연적 긴장 관계 속에서 집일 개념을 분석하고 파악해야 한다.40) 이 외에도 집일에는 집권적 정치와 명군에 의한 독재정치라는 주장이 반영되어 있다. 이는 물론 전국 말기의 천하 분쟁이라는 무질서 상황을 겨냥한 것으로서, 세상의 폐단을 구제하려는 이론의 일환으로 제시된 것이다. 한편 이는 천하통일 혹은 '천하의 일원화'라는 이념을 표현하는 것이기도 하다. 어떻게 보면 이는 가장 이른 '근대화 이념'일 수도 있겠다.

정리하면, 황로 정치이론에서 말하는 일—은 불변으로서 모든 변화에 응하는 '도법道法'이며,41) 집일執—은 바로 도법을 근본 원칙으로 하는 정치이념이다. 한비자가 말한 "법을 근본으로 하고", "도를 항상의 이치로 삼는다"는 원칙이 바로 그 대표적인 사례다. 일반적으로 황로학자들은 최고 통치자인 '집일의 군자'(執—之君子)가 절대적인 정치 권위를 지니며, 그 정령 역시 한마디로 모든 것을 해결하는(—言而止/—言之解) 권위를 지닌다고 여겼다.

於天下."
40) 『윤문자』에서는 다음과 같이 말한다. "제도로 길고 짧은 것을 헤아리고 도량형으로 많고 적은 것을 거두고 저울로 경중을 다스리고 많고 계율로 맑고 탁함을 고르게 한다.…… 모든 일은 —을 근본으로 하고 모든 제도는 法을 기준으로 한다. —을 근본으로 하는 것은 바로 간략함의 극치고 法을 기준으로 하는 것은 간편함의 극치다." 정치를 간략하게 하고 습속을 따르는 것은 태공이 제나라에 봉해진 이래로 시작된 전통이다. 이는 황로학이 성장하게 된 배경 가운데 하나이기도 하다. 禮가 지닌 번잡하고 엄격한 특징과 비교할 때, '—을 근본으로 한다' 혹은 '간략함을 추구한다'는 원칙은 그야말로 쾌도난마와도 같다. 여기에서 복잡한 문제를 재단하는 '쾌도'란 바로 法이며, 황로도가에서 '일을 줄이면 공이 많아진다'고 강조하는 것 역시 이와 같은 맥락이다.
41) 예를 들어, 『할관자』에서는 다음과 같이 말한다. "하나의 도를 지켜 만물을 제어하는 것이 바로 법이다."(「도만」), "하나로 세운 법으로 업적을 이루니, 이는 도가 아닌 것이 없다. 하나의 법이 세워지면 만물은 모두 찾아와 복종한다."(「환류」)

옛날 천지가 이루어진 이후, 천지가 합당한 위치를 찾자 만물에 각기
그 이름이 생겼고 천지가 조화를 이루자 만물에 각기 그 형태가 생겼으니,
□□함으로써 하나의 이름을 지킨다. 위로는 하늘을 잇고, 아래로는 사해에
미친다. 내가 들은 천하의 성법은 절대 번잡하지 않으며, 오직 한마디
말에 그친다. 각기 알맞은 이름에 따라 하나의 도로 돌아간다면 백성들이
법도를 거스르는 일이 없게 될 것이다.…… 일—이란 그 근본을 말한 것일
뿐이니, 어찌 변화된 모습이 없겠는가? □□을 잃어버린다면 일—을 지킬
수 없다. 하나의 이해로써 천지를 살피고 하나의 이치를 사해에 베푼다.
(만물의 생장과 변화는) 마치 오색실이 얽혀 있는 듯 그 실마리를 알
수 없는데, 어떻게 하면 이를 헤아릴 수 있는가? 오직 일—을 잃어버리지
않는다면 이로써 모든 생장과 변화를 총괄할 수 있으니, 단순한 이치로
많은 것을 알 수 있는 법이다. 사해를 두루 살피고 상하를 지극히 헤아리면,
사방의 만물이 각자 그 도를 따르게 된다. 백 가지 말에는 모두 그 근본이
있기 마련이고, 천 가지 말에는 모두 그 강령이 있기 마련이며, 만 가지
말에는 모두 그 총괄이 있기 마련이다. 만물이 비록 무수히 많으나 모두
하나의 구멍에서 왔다. 그러니 만약 바른 도를 따르는 자가 아니라면
과연 누가 이 모든 것을 다스릴 수 있겠는가? 반드시 바른 도를 따르는
자라야만 바른 도를 통해 바르지 않은 것을 바로 잡을 수 있고, 일—의
이치를 파악하여 다양한 변화의 이치를 안다면 백성들에게 위해를 가하는
것을 제거하고, 백성들을 이롭게 하는 정치를 실시할 수 있다. 즉 일—을
지키고 천지를 따른다면 천지의 화복을 알 수 있게 될 것이다.[42]

성인은 한마디 말로 (도를) 이해하니, 위로는 하늘을 살피고 아래로는
땅을 살핀다.[43]

---

42) 馬王堆 帛書『十六經·成法』, "昔天地旣成, 正若有名, 合若有刑, □以守一名. 上廠之天, 下施之
四海. 吾聞天下成法, 故曰不多, 一言而止. 循名複一, 民無亂紀……一者, 道其本也, 胡爲而無
長? □□所失, 莫能守一. 一之解, 察于天地. 一之理, 施于四海. 何以知□之至, 遠近之稽? 夫唯
一不失, 一以趨化, 少以知多. 夫達望四海, 困極上下, 四向相抱, 各以其道. 夫百言有本, 千言有
要, 萬言有總. 萬物之多, 皆閱一孔. 夫非正人也, 孰能治此? 彼必正人也, 乃能操正以正奇, 握一
以知多, 除民之所害, 而持民之所宜. 總凡守一, 與天地同極, 乃可以知天地之禍福."
43) 『管子』,「心術下」, "是故聖人一言解之. 上察于天, 下察于地."

'하나의 말을 얻으면 천하가 모두 복종하고, 하나의 말이 정해지면 천하가 모두 경청한다'는 말이 바로 이를 가리킨다.…… 한마디 말로 이해하여 위로는 하늘을 살피고 아래로는 땅에 이르며 구주의 땅을 가득 채운다.44)

하나의 이치를 사해에 베풀고 하나의 이해를 천지에 실시한다.45)

더 나아가 황로학파와 법가 모두 정치적으로 군주의 집권을 중시한다. 특히 독견獨見, 독명獨明, 독단獨斷이라는 말에 이러한 동기와 희망이 잘 반영되어 있다. 예컨대 『한비자』「양권」에서는 "도는 둘이 없으니, 따라서 '일一'이라고 한다. 따라서 명군은 유일한 도의 면모를 귀하게 여기며 임금과 신하 간에 도를 달리한다"46)라고 하였다. 이처럼 황로학파는 독견지명獨見之明을 도의 진리에 대한 통찰(혹은 도를 체득한 경지)로 설명하고자 하였는데, 황로학파의 저작 속에서 이와 같은 서술을 쉽게 발견할 수 있다.

하늘의 시작을 알고 땅의 이치를 살피니, 성인은 천지의 법칙을 통괄하여 드넓은 독견을 갖추었다.47)

신자가 말했다. "홀로 보는 자를 눈 밝다고 하고, 홀로 듣는 자를 귀 밝다고 한다. 독자적인 결단을 할 수 있는 자라면 천하의 주인이 될 수 있다."48)

홀로 들을 수 있고, 홀로 볼 수 있는 밝음이 있어야만 도를 차지하여 실행할 수 있다.49)

---

44) 『管子』,「內業」, "一言得而天下服, 一言定而天下聽, 公之謂也.……一言之解, 上察於天, 下極於地, 蟠滿九州."
45) 『淮南子』,「原道訓」, "是故一之理, 施四海, 一之解, 際天地."
46) 『韓非子』,「揚權」, "道無雙, 故曰一. 是故明君貴獨道之容, 君臣不同道."
47) 馬王堆 帛書 『稱』, "知天之所始, 察地之理, 聖人彌綸天地之紀, 廣乎獨見, □□獨□□□□□□□獨在."
48) 『韓非子』,「外儲說右上」, "申子曰: '獨視者謂明, 獨聽者謂聰, 能獨斷者, 故可以爲天下主.'"
49) 『淮南子』,「氾論訓」, "必有獨聞之聰, 獨見之明, 然後能擅道而行矣."

홀로 보는 자는 남들이 볼 수 없는 것을 보는 자이고, 홀로 아는 자는 남들이 알지 못하는 것을 아는 자이다. 남들이 볼 수 없는 것을 보는 자를 밝다고 하고, 남들이 알지 못하는 것을 아는 자를 신묘하다고 한다.[50]

이처럼 황로학파에서 군도君道를 논할 때는 항상 독자적인 지위, 독자적인 지혜, 독자적인 식견 등을 강조하는 것을 알 수 있다. 『관자』에서는 "왕자王者에게는 독자적인 밝음이 있다"(『관자』, 「패언」), "일一로써 둘을 없게 하는 것을 일러 도를 안다고 말한다"(『관자』, 「백심」)라고 하였다. 즉 군주의 독자적인 지위, 독자적인 지혜, 독자적인 식견 등은 성인聖人으로 비유하자면, '도를 체득한 경지'의 다른 한 표현이다. 황로학 문헌의 설명에 따르면 군주와 성인의 독자적인 지혜, 독자적인 식견은 무형無形과 무성無聲 속의 심오함을 통찰해 낼 수 있으므로, 천지의 정미함에 통달하고, 신명의 덕에 통할 수 있다는 것이다.

오직 성인만이 형체 없는 것을 관찰하고 소리 없는 것을 들으며 허무 속의 실질을 알 수 있으니, 대허의 경지에 이를 수 있다. 따라서 성인은 천지의 정미한 것에 통달할 수 있다. 서로 어떠한 틈도 없이 완전히 통하여 하나가 되니, 교만함이 없이 두루 조화를 이룬다.…… 밝은 자만이 지극한 것까지 살필 수 있어 남들이 알지 못하는 것을 알고 남들이 얻지 못하는 것까지 얻게 된다.[51]

세상의 사람들이 전념해야 하는 것은 바로 마음을 하나로 만드는 일이다. 욕심을 없애면 마음이 통하게 되고, 마음이 통하면 고요해지고, 고요해지면 마음이 하나가 된다. 마음이 하나가 되면 독자적으로 설 수 있게 된다. 독자적인 위치에서 만물을 밝게 볼 수 있으며, 만물을 밝게 볼 수 있으면

---

50) 『淮南子』, 「兵略訓」, "獨見者, 見人所不見也; 獨知者, 知人所不知也. 見人所不見, 謂之明; 知人所不知, 謂之神."
51) 馬王堆 帛書 『道原』, "故唯聖人能察無形, 能聽無聲, 知虛之實, 後能大虛, 乃通天地之精, 通同而無間, 周襲而不盈……明者固能察極, 知人之所不能知, 服人之所不能得."

신묘한 능력을 갖추게 된다.[52]

신묘함으로써 사람들이 보지 못하는 것을 보고 사람들이 듣지 못하는 것을 들으니, 이렇게 하면 이루지 못하는 것이 없다.[53]

천하의 도를 세우고 일一을 지켜 보좌로 삼는다. 본래의 상태를 회복하여 무위를 실천하고 욕심이 없이 허정함을 유지하며 끝도 없는 아득한 모습으로 그침 없이 두루 먼 곳까지 이르며 형체가 없는 것을 보고 소리 없는 것을 듣는다. 이것이 바로 위대한 도의 방식이다.[54]

고요하면 평온해지고, 평온하면 편안해지고, 편안하면 본래의 모습으로 돌아오고, 본래의 모습으로 돌아오면 정미해지고, 정미하면 신묘해진다. 신묘함의 극치에 이르면 식견에 어떤 의혹도 없다. 제왕帝王이란 바로 이러한 도를 지키는 자이다.[55]

위 인용문을 통해 보면, 황로학파가 칭송한 명군明君, 성왕聖王이 바로 그들이 꿈꾸던 체도자體道者 혹은 득도자得道者였다. 이는 물론 이상에 지나지 않지만, 그 속에 담긴 의도와 동기만은 곰곰이 따져 볼 가치가 있다. 황로학 체계 내에서 도법道法이 정치이론의 가장 고차원적 범주로 등장하는 것을 어떻게 우연으로 볼 수 있겠는가? 한편, 도법 이념이 명군明君과 성왕聖王이라는 모습으로 육화되어 나타나는 것 역시 황로학 정치이론의 특징을 잘 보여 주는 사례다. 황로학에서 말하는 '주술主術'이란 통제와 제어의 기술(治之術/禦蕃之術, 『관자』, 「목민」)이기도 하지만, 다른 한편으로 이는 도덕지의道德之意를 현실 속에 관철시킨 결과이기도 하다. 다음의 내용을 살펴보자.

---

52) 『管子』, 「心術上」, "世人之所職者, 精也. 去欲則宣, 宣則靜矣. 靜則精, 精則獨立矣. 獨則明, 明則神矣."
53) 『淮南子』, 「精神訓」, "神則以視無不見, 以聽無不聞也. 以爲無不成也."
54) 『文子』, 「自然」, "立天下之道, 執一以爲保. 反本無爲, 虛靜無有, 忽恍無際, 遠無所止. 視之無形, 聽之無聲, 是謂大道之經."
55) 馬王堆 帛書 『經法·論』, "靜則平, 平則寧, 寧則素, 素則精, 精則神. 至神之極, 見知不惑. 帝王者, 執此道也."

146   도가의 정치철학

정신은 육합에 두루 통하고 덕은 사해의 밖까지 비추며 그 뜻은 영원히 퇴색하지 않고 명예는 그침 없이 이어진다. 이를 일러 심원한 골짜기의 성질을 본받았다고 하니, 이름하여 무유無有라 한다.[56]

남에게 관직을 주나 스스로는 관직에 머무르지 않고, 남에게 일을 시키나 스스로는 일을 맡지 않는다. 그 누구와도 비견되지 않고 오직 홀로 서 있는 것이 바로 군주의 지위이다. 선왕이 천하에 재임할 때, 백성들은 그의 덕을 신명에 견주었다.[57]

천하귀일天下歸一의 이상을 이루어 낼 수 있는 제왕帝王과 명군明君을 도道의 화신이라고 한다면, 이들은 당연히 세상과 만물 속에서 도를 실현할 수 있는 특징 혹은 권능(일종의 '카리스마'라고 이해할 수 있을 것이다.)을 지니고 있을 것이다. 예를 들면, 도道가 천지를 포괄하고, 일一과 정精이 천지 사이를 운행하면서 만물을 뒤덮고 떠받친다는 도론道論 서술은 '널리 하늘 아래 왕의 땅이 아닌 곳이 없다'(『시경』, 「소아」)는 전통적 관념에 대한 투사이다. 마왕퇴 백서 『경법·육분』에서는 "천하에 군림하는 자는 현덕을 지녔으니, 홀로 □□□를 알아 천하에 군림하지만, 정작 천하의 사람들은 왜 그러한지를 알지 못한다"[58]라고 하였다. 이는 황로 정치철학이 도론을 통해 특유의 '왕권 이론'을 서술했음을 보여 준다. 다른 예를 들면, 황로학이 내세우는 명군明君, 명왕明王, 성인聖人은 "마치 그림자처럼 형체를 숨기고 신하들을 편애 없이 대하고"[59], "무위의 태도로 세상의 일을 처리하며, 무언으로 하는 가르침을 행한다"[60]. 이는 마치 (형태가 없어) 보고자 해도 볼 수

---

56) 『呂氏春秋』, 「審分覽」, "神通乎六合, 德耀乎海外, 意觀乎無窮, 譽流乎無止, 此之謂定性于大湫, 命之曰無有."
57) 『管子』, 「君臣上」, "是以官人不官, 事人不事, 獨立而無稽者, 人主之位也. 先王之在天下也, 民比之神明之德."
58) 馬王堆 帛書 『經法·六分』, "王天下者有玄德, 有□□獨知□□□□王天下而天下莫知其所以……唯王者能兼覆載天下, 物曲成焉."
59) 『鄧析子』, 「无厚」, "藏形匿影, 群下無私."
60) 『노자』 제2장, "處無爲之事, 行不言之教"

없고, (소리가 없어) 듣고자 해도 들을 수 없고, (조짐이 없어) 잡으려고 해도 잡을 수 없는 도道의 모습과 같다.61) 여기에서 주의할 점은 법가는 이를 근거로 정치상의 독단(즉 전제 집권)을 논증하는 한편, 더 나아가 아랫사람을 통제하는 술법을 퍼뜨리고자 했다는 것이다. 예를 들어 이사는 다음과 같이 말했다. "명군은 독자적으로 결단하여 권세를 신하가 지니게 하지 않는다. 그렇게 한 뒤에야 인의의 길을 끊고 세객들의 입을 막고 열사의 행위를 어렵게 만들 수 있다. 눈과 귀를 막고 오직 마음속으로 생각에 따라 결단해야 밖으로는 인의 열사들의 행동에 동요되지 않고, 안으로는 간언과 논쟁의 논리에 마음을 빼앗기지 않는다."62)

3. 포일抱一: 양생론과 심성론이 결합된 논의

황로학 저작에서 등장하는 일一 개념은 다층적 시각과 다원화된 사고, 다양한 방향성을 동시에 보여 준다. 이는 각종 차원의 이론 맥락 속에서 광범위하게 전개되는데, 우주론, 정치철학(윤리학을 포함), 심성론은 물론이고 심지어는 양생론에까지 걸쳐 있다. 그런데 더욱 중요한 것은 이러한 다양한

---

61) 張舜徽는 동중서가 황로학의 정수를 깊이 체득하였다고 지적한 바 있다. 동중서는 다음과 같이 말했다. "하늘은 높은 위치에 있으나 아래로 각종 현상을 베푼다. 하늘은 형체를 감추고 있으면서도 그 빛은 밝게 보인다. 하늘은 높은 위치에 있으므로 존귀하고, 아래로 베풀어 주므로 어질고, 형체를 감추고 있으므로 신묘하고, 빛을 비추므로 밝다."(『春秋繁露』, 「離合根」), "자고로 군주는 신묘함을 귀하게 여겨야 한다. 신묘하다는 것은 보이지 않고 들리지 않음을 의미한다. 따라서 (군주는) 보고자 해도 그 형체를 볼 수 없고, 듣고자 해도 그 소리를 들을 수 없어야 한다."(『春秋繁露』, 「立元神」), "군주는 무위의 태도를 지니며 무언의 가르침을 행해야 한다. 소리가 없이 적막하고 형체가 없이 고요함을 유지해야 한다. 一을 지키고 어떠한 단서도 내보이지 않는 것이 나라를 다스리는 원천이다."(『春秋繁露』, 「保位權」) 이러한 내용들이 모두 동중서가 황로학을 받아들였음을 보여 준다.(자세한 내용은 張舜徽, 『周秦道論發微』, 북경: 중화서국, 1982, 75쪽 참조)

62) 『史記』, 「李斯列傳」, "明君獨斷, 故權不在臣也. 然後能滅仁義之塗, 掩馳說之口, 困烈士之行. 塞聰掩明, 內獨視聽, 故外不可傾以仁義烈士之行, 而內不可奪以諫說忿爭之辯."

이론적 측면이 서로 얽히고 교차하여 굉장히 복잡한 사상적 맥락을 형성하고 있다는 점이다. 계속해서 양생론과 심성론적 맥락이 서로 맞물려 있는 포일抱— 혹은 단일搏—·개념을 중심으로 논의를 진행해 보도록 하겠다. 노자는 다음과 같이 말한다.

형체와 정신을 하나(—)로 껴안아서 떨어지지 않게 할 수 있는가? 정기에 집중하여 부드러운 태도로써 마치 갓난아이처럼 할 수 있는가? 마음을 깨끗하게 비워 현묘한 거울처럼 만들고 어떤 티끌도 없게 할 수 있는가? 백성들을 아끼고 나라를 다스림에 마치 무지한 듯한 태도로 할 수 있는가? 천문이 열리고 닫힐 때 소극적인 자세로 고요한 태도를 유지할 수 있는가? 사방으로 모든 것을 통찰하되 인위적이지 않은 방식으로 할 수 있는가?[63]

포일抱—은 형체와 정신 간의 결합이라는 사상을 나타낸다. 위원魏源은 포일을 '형체와 정신이 서로 의탁하는 것'[64]이라고 이해하였는데, 상당히 통찰력이 있다. 이러한 견해는 사마담이 『논육가요지』에서 (도가를 두고) '정신과 형체를 안정시킨다'로 설명한 것과 흡사하다. 한편 『장자』는 앞서 인용한 『노자』 제10장의 내용을 '양생의 근본 원칙'(衛生之經)이라 칭하며, 이에 관해 자세히 설명하였다.

양생의 근본 원칙(衛生之經)은 다음과 같다. 형체와 정신을 하나(—)로 껴안아서 떨어지지 않게 할 수 있는가? 이를 잃어버리지 않을 수 있는가? 점을

---

63) 『노자』 제10장, "載營魄抱一, 能無離乎? 專氣致柔, 能嬰兒乎? 滌除玄鑒, 能無疵乎? 愛民治國, 能無知乎? 天門開闔, 能爲雌乎? 明白四達, 能無爲乎?"

64) 魏源의 『노자본의』에서는 抱—을 혼백이 서로 지키고 형체와 정신이 서로 의탁하는 것이라고 해석하였다. 그는 다음과 같이 말한다. "마음 가운데 정미하고 맑은 것을 일러 혼백이라고 한다. 이는 본래 두 가지가 아니지만, 혼은 움직이고 백은 고요하다는 상태의 차이만이 있을 뿐이다. 그런데 만약 마음이 외물에 의해 흔들리게 되면, 혼과 백은 두 가지로 분리되어 정신은 있어야 하는 위치를 벗어나고 혈기는 수고롭게 된다. 오직 이들을 하나로 품어 형체와 정신이 서로 의탁하고 혼백이 올바른 상태를 벗어나지 않게 해야 혼은 백이고 백은 혼인 본연의 일체를 회복할 수 있다." 위원은 나아가 '하나로 하다'(專)라는 말을 '순일한 기의 상태를 유지한다'는 의미로 해석했다.

치지 않고도 미리 길흉을 알 수 있는가? 멈출 줄 아는가? 끝마칠 줄 아는가? 외부에서 구하지 않고 내면으로부터 추구할 줄 아는가?[65]

『장자』는 기본적으로 '정신의 소요'라는 의미로 '양생의 근본 원칙'(衛生之經)을 해석한다. 나아가 이를 '신체는 마치 마른나무와 같으며 마음은 불이 꺼진 재와 같다'(身若槁木之枝而心若死灰), '의지를 어지럽게 만드는 것을 제거하고, 마음을 속박하는 것을 풀어헤친다'(徹志之勃, 解心之謬) 등의 심성론적 문제로 귀결시키고, 계속해서 '자신이 알지 못하는 것에서 그칠 줄 안다'(知止乎其所不知)(이상 「경상초」)라는 인식론 문제로 확장해 나갔다. 『관자』 4편(「내업」과 「심술하」) 및 마왕퇴 황로 백서(『십육경』) 속에서도 이와 같은 담론이 이어지고 있음을 발견할 수 있다.

기를 하나로 뭉쳐서 신명과 같이 만들면 만물을 온전히 마음속에 갖출 수 있게 된다. 그러니 뭉칠 수 있는가? 하나로 만들 수 있는가? 점을 치지 않고도 미리 길흉을 알 수 있는가? 멈출 줄 아는가? 끝마칠 줄 아는가? 외부에서 구하지 않고 내면으로부터 추구할 줄 아는가? 생각하고, 생각하고 또 생각하라! 생각하여 통하지 않으면 귀신이 이를 통하게 해 줄 것이다. 사실 이는 귀신의 힘이 아니라 정기의 지극한 작용일 뿐이다.[66]

뜻을 모으고 마음을 하나로 만들고 눈과 귀를 단정하게 하면 먼 곳의 일을 직접 보는 것과 같이 알게 될 것이다. 전념할 수 있는가? 하나로 만들 수 있는가? 점을 치지 않고도 미리 길흉을 알 수 있는가? 멈출 줄 아는가? 끝마칠 줄 아는가? 남에게 묻지 말고 자신에게서 스스로 구할 수 있는가? 따라서 말하기를 "생각하고, 생각하라! 생각하여 얻지 못하면 귀신이 이를 가르쳐 줄 것이다. 사실 이는 귀신의 힘이 아니라 정기의

---

65) 『莊子』, 「庚桑楚」, "衛生之經, 能抱一乎? 能勿失乎? 能無蔔筮而知吉凶乎? 能止乎? 能已乎? 能舍諸人而求諸己乎?"
66) 『管子』, 「內業」, "搏氣如神, 萬物備存. 能搏乎? 能一乎? 能無蔔筮而知吉凶乎? 能止乎? 能已乎? 能勿求諸人而得之己乎? 思之, 思之, 又重思之. 思之而不通, 鬼神將通之, 非鬼神之力也, 精氣之極也."

지극한 작용일 뿐이다'라고 하였다.[67]

하나로 만들 수 있는가? 멈출 줄 아는가? 자신의 사사로움을 버릴 수
있는가? 자신의 내면을 살펴 타고난 천리를 귀하게 여길 수(尊理) 있는가?[68]

여기에서 반복적으로 언급되는 '하나로 만들 수 있는가?'라는 말은 간단
히 말해 마음속의 뜻을 하나로 모은다는 말로, '신명에 통한다'(通于神明)는
말과 같다. 한편 '생각하고, 생각하라'라는 말은 지성을 사용하라는 것으로,
이른바 "사색이 지혜를 낳는다"[69]는 말과 같은 맥락이다. 하지만, 생각(思)과
지성(知. 지혜[智]를 포함) 그리고 마음(心)이란 항상 사물에 구애받고 사물에
가로막히기 마련이다. 즉 '생각하여 통하지 않는'(思之而不通) 곤경스러운
상황에 처할 수밖에 없다. '생각'(思), '모색'(謀), '고찰'(察), '지혜'(智) 등으로
대표되는 지성적 사유는 형이상의 도道를 파악할 수 없기 때문이다. 한편,
위에서 인용한 『십육경』말미의 '존리尊理'라는 두 글자는 특히 주목할
필요가 있다. 황로와 법가에서는 모두 리理를 통해 천도天道와 인도人道
속의 질서秩序를 논한 만큼, 리理 관념은 천도로부터 인사人事를 연역해
내는 과정에서 중요한 관건이 된다고 할 수 있다. 따라서 '존리' 두 글자의
출현은 상당히 중요한 의미를 지닌다. 이는 바로 심술心術이 주술主術과
연결되고, 심성론이 정치철학에 연결되는 단서 혹은 맹아를 의미한다.[70]

---

67) 『管子』,「心術下」, "專于意, 一于心, 耳目端, 知遠之證. 能專乎? 能一乎? 能毋蔔筮而知凶吉乎?
能止乎? 能已乎? 能毋問于人而自得之于已乎? 故曰: 思之, 思之, 思之不得, 鬼神敎之, 非鬼神之
力也, 其精氣之極也."
68) 馬王堆 帛書 『十六經』, "能一乎? 能止乎? 能毋有己, 能自擇而尊理乎?"
69) 『管子』,「內業」, "思索生知."
70) 『관자』 가운데 상술한 표현형식과 유사한 단락 다수에서 主術과 心術 간의 관계를 논한
부분을 발견할 수 있다. 예를 들면, "법도를 세우고 정령을 시행하여 백성이 믿고 따르
도록 할 수 있는가? 중용을 지키고 공경한 태도를 지녀 자신의 덕을 나날이 새롭게
할 수 있는가? 정세를 안정시켜 신중한 태도를 유지할 수 있는가? 사사로움을 없애고
공정함을 세워 현인을 등용할 수 있는가? 정사를 펼치고 백성을 다스리면서 남을 먼저
생각하고 자신을 뒤로 할 수 있는가? 백성으로부터 믿음을 얻는 것, 이를 기강을 바르
게 한다고 말한다. 자신의 덕을 나날이 새롭게 하는 것, 이것을 바른 이치를 행한다고

더 중요한 것은, 단일博一, 포일抱一 개념이 인식론-양생론-심성론이라는 복잡한 이론적 맥락에 다양하게 걸쳐 출현한다는 점이다. 왜냐하면 이들 개념은 어떤 신비적 체험이나 실천적 지혜를 가리키고 있기 때문이다. 이에 관해서는 『장자』 속의 황로편에서 비교적 상세한 설명이 등장한다. 예를 들면, 다음과 같다.

움직일 때는 하늘이 운행하는 듯이 하고 멈추어 있을 때는 땅과 같이 고요하게 하면 마음이 하나로 안정되니 천하를 다스릴 수 있다. 형체를 병들게 하지 않고 정신을 피로하지 않게 하면 마음이 하나로 안정되니 만물이 복종한다. 이 말은 허정한 상태를 천지에 미치게 하면 만물에 통달할 수 있다는 뜻으로 이것이 바로 하늘의 즐거움(天樂)이다. 하늘의 즐거움이란 바로 성인의 마음 상태를 나타내며 성인은 이러한 마음으로 천하를 기른다.71)

황제黃帝가 천하를 다스렸을 때는 백성들의 마음을 순일하게 만들었다. 당시에는 누군가가 죽었을 때 그의 친족들이 그를 위해 곡을 하지 않아도 아무도 이를 비난하는 일이 없었다. 요가 천하를 다스렸을 때는 백성들이 친애를 느끼도록 하였다. 당시에는 누군가가 자신과 가까운 사람을 가깝게 대하고자 예절을 줄여도 아무도 이를 비난하지 않았다. 순이 천하를 다스렸을 때는 백성들이 마음속으로 서로 경쟁하도록 만들었다……. 이에 천하가 두려움에 떨었으니, 유가와 묵가 등의 가르침이 일어나게 되었다.72)

꾸미지 않은 순수한 도란 오직 정신을 지키는 것에 다름 아니다. 정신을

말한다. 신중한 태도를 유지하고 명분을 바로잡으면 거짓되고 간교한 일들은 자연스럽게 그치게 될 것이다"(「正」), "그 누가 법 없음을 법으로 삼고, 시작 없음을 시작으로 삼고, 끝이 없음을 끝으로 삼고, 약하지 않음을 약함으로 삼을 수 있는가?…… 누가 스스로 자신을 잊을 수 있는가?", "규정을 세우고 준칙을 정해 정확성을 보장할 수 있는가? 정사를 행하고 도를 실천하여 백성들을 잘 다스릴 수 있는가?"(「白心」) 등이 있다.
71) 『莊子』, 「天道」, "其動也天, 其靜也地, 一心定而王天下; 其魄不崇, 其魂不疲, 一心定而萬服物. 言以虛靜推于天地, 通于萬物, 此之謂天樂. 天樂者, 聖人之心, 以畜天下也."
72) 『莊子』, 「天運」, "黃帝之治天下, 使民心一. 民有其親死不哭, 而民不非也. 堯之治天下, 使民心親, 民有爲其親殺其殺, 而民不非也. 舜之治天下, 使民心竟,……是以天下大駭, 儒墨皆起."

잘 보존하여 잃어버리지 않는다면 정신을 하나로 응집시킬 수 있다. 정신이 하나로 응집되면 어디에도 정통하니 하늘의 이치에도 부합할 수 있다.[73]

형체를 단정하게 하고 시각을 한곳에 집중하면 하늘의 조화로운 기가 이르게 될 것이다. 지모를 거두어들이고 생각을 한곳에 집중하면 정신이 모여들게 될 것이다.[74]

이러한 구절을 보면, 정치철학, 양생론 그리고 심성론이 서로 뒤섞여 일체를 이루고 있음을 알 수 있다. 또한, 『장자』에서는 다음과 같이 말한다.

천지를 관장하고 만물을 품에 담는다. 육신을 잠시 머무르는 거처로 삼고 눈과 귀의 감각을 일시적인 흔적으로 여기며 지각을 통해 얻어낸 지식을 하나로 꿰뚫어 보니, 어찌 그 마음이 죽을 수 있겠는가?[75]

그런데 여기에서 '천지를 관장하고 만물을 품에 담는다'(官天地, 府萬物)는 말은 무슨 의미일까? 곽상은 이를 '묘연히 일체를 체득한다'라고 풀이하였는데, 이는 더할 나위 없이 정확한 설명이다. '체體'라는 말은 당연히 도를 체득한다는 의미이며, 일종의 체험적 깨달음을 가리킨다. 즉 '육신을 잠시 머무르는 거처로 삼고 눈과 귀의 감각을 일시적인 흔적으로 여기는'(直寓六骸, 象[似]耳目) 정신적 체험을 말하는 것이다. 그렇다면 '일지지소지一知之所知'라는 구절은 어떻게 해석해야 하는가? 이에 대해서는 주석들의 해석이 서로 분분하나, 필자는 '일지一知'의 '일一'을 동사로 이해한다. 즉 이 구절은 지식(知, 감각지각으로부터 생겨나는 지식)에서 기인하는 혼란함을 꿰뚫어 본다는 뜻으로, 신명이 찾아와 머무르는(神明來舍) 정신적 상태에서는 사물의 표상을 꿰뚫어 볼 수 있고, 도와 통하여 하나가 되는(道通爲一) 밝은 경지를 통찰할 수

73) 『莊子』, 「刻意」, "純素之道, 唯神是守; 守而勿失, 與神爲一; 一之精通, 合于天倫."
74) 『莊子』, 「知北游」, "若正汝形, 一汝視, 天和將至; 攝汝知, 一汝度, 神將來舍."
75) 『莊子』, 「德充符」, "官天地, 府萬物, 直寓六骸, 象耳目, 一知之所知, 而心未嘗死乎!"

있음을 뜻한다. 이는 우선 '지식'(知)을 '일지一知'(즉 神明에 의해 가능한 지혜[智]를 의미)로 승격하고자 하는 것이면서, 이를 통해 '만물을 하나로 여기는' 형이상적 진리를 통찰하려는 것이다. 「인간세」편에 등장하는 '뜻을 하나로 모은다'(若一志)라는 구절이 바로 이에 해당한다. 한편 『노자』에서도 "하늘은 일을 얻어 맑고, 땅은 일을 얻어 평안하고, 신령은 일을 얻어 영험하고, 골짜기는 일을 얻어 충만하고, 만물은 일을 얻어 생겨나고, 제후는 일을 얻어 천하를 안정시킨다"(제39장)라고 하였다. 이 구절에서 등장하는 일一 개념 역시 다차원적이고 다층적인 함의를 지니고 있음을 알 수 있다. 즉 일一 개념은 천도天道와 인도人道를 관통하였으니, 우주론적 의미를 풍부하게 담고 있으며, 강렬한 정치 철학적 동기를 내포하고, 양생론과 심성론으로 발전해 나갈 가능성을 함축하고 있다고 하겠다. 이러한 다원적 사고와 다차원적 발전 방향은 실로 선명한 특색이 아닐 수 없다.

4. 천하귀일天下歸一: 시대정신, 그리고 현실적 요구

제자백가는 세상의 병폐를 구제하는 것을 당면 과제로 삼았다. '주나라 덕의 쇠퇴', '왕도의 몰락', '예악의 붕괴'라는 표현이 그러한 시대의 위기를 잘 보여 주고 있다. 기존의 제도를 따라야 하는가 아니면 대혁명을 일으키는가 하는 문제 앞에 당시의 시대는 크나큰 고민에 빠지게 되었다. '예악의 붕괴'라는 말은 정치사회질서의 와해를 형용하며, '주나라 덕의 쇠퇴', '왕도의 몰락'은 '천하의 분열'이라는 말과 사실상 동의어이다. 한편 사상의 측면으로 보면, 『장자』「천하」편에서 묘사한 '고대의 도술이 천하 사람들에 의해 갈라지고'(古之道術爲天下裂), '도와 덕이 통일되지 않은'(道德不一) 상황은 사상적 혼란과 정신문화의 착란이라는 병적 상태를 나타낸다. 이러한 비통한 상황과 마주하여 공자는 극기복례克己復禮를 통해 천하가 인仁에 귀의해야 한다(『논어』,「안연」)고 주장하였다. 이는 도덕적 가치판단인 동시에 그의 정치적 희망이기도 하다. 맹자 또한 천하가 어떻게 하면 안정될 수 있는가 하는 질문을 받고는 천하통일이라는 강렬한 바람을 내비쳤는데, 누가 천하 통일을 이룰 수 있는가 하는 뒤이은 질문에는 '살육을 일삼지 않는 자만이 통일을 이룰 수 있다[76]고 강조하였다.[77] 만약 유가가 내세웠던 천하귀일天 下歸一이 '천하가 인에 귀의하는 것'(天下歸仁)을 의미하는 것이라고 본다면, 황로학이 추구하였던 천하귀일은 도와 법 사이의 사상적 긴장 속에서 건립된 사유라고 보아야 할 것이다. 이 점은 앞에서 이미 분석한 바 있다.

사상 형식 혹은 이론 형식의 일종으로서 황로학은 전국시대 중후기 이래, 분쟁을 종식하고 천하귀일을 이루어 내고자 했던 정치적 소망을 나타내는 한편, 화이(夷夏) 간의 문화 및 종족 갈등을 초월하여 민족 융합으로 나가고자 했던 사회적 희망을 반영하고 있었다. '예악의 붕괴'와 '왕도의 몰락'으로 대표되는 정치 구조 해체 및 사회질서 상실의 상황은 춘추전국시 대 수백 년에 걸친 비극적 과정 가운데 광범위하면서도 무자비한 양상으로 진행되었다. 이러한 상황 속에서 '주나라의 덕이 쇠퇴하고', '왕도가 미약해 지는 것은 돌이킬 수도, 피할 수도 없는 현실이었다. 여러 강국의 제후들은 너나 할 것 없이 왕을 참칭했고, 경쟁적으로 변법을 시행하여 부국강병을 꾀했다. 거시적으로 보면, 춘추전국시대에 발생했던 여러 가지 사회정치적 변동은 직간접적으로 모두 천하귀일天下歸一이라는 정치적 소망을 실현해 나간 것이라고 할 수 있다.

새로운 제도의 설립과 출현은 '예악의 붕괴'와 '왕도의 쇠락'을 설명하는 또 다른 표현이기도 하다. 이러한 특징은 춘추 중후기에 시작된 변법운동에 서 집중적으로 나타난다. 이와 동시에, 전국시대에 발생했던 전무후무한 대규모 합병 전쟁은 정치적 팽창, 민족 융합 그리고 문화적 통일이라는 경향을 급격히 촉진하였다. '황제黃帝'라는 개념은 어떤 의미에서 보면 이러

---

76) 『孟子』, 「梁惠王上」, "不嗜殺人者能一之."
77) 맹자는 執一(의 도)을 언급하면서 이를 비판하였고, 執中(의 도)을 추앙하였다.(『孟子』, 「盡心上」)

한 정치적 요구를 상징하는 기호인 만큼, 그 배후에는 매우 복잡한 인문적 동기가 함축되어 있다고 할 수 있다. 사마천은 다음과 같이 말한다. "『상서』에 서는 (더는 오제를 전부 서술하지 않고) 요 이후부터의 사실만을 기록하였 다. 백가의 학자들이 황제黃帝에 관해 말하기도 하였으나, 그 글이 조잡하여 본보기로 삼을 만하지 못하니, 평범한 선비들은 그에 대해 제대로 설명하지 못했다."78) 여기에서 '백가의 학자들이 황제黃帝에 관해 말했다'는 것은 제자백가 문헌에서 황제黃帝에 관한 내용을 어떻게 기록하였는지를 드러내 준다. 즉, 이러한 기록79)들은 '춘추'(역사)가 아니라 '말' 즉 '제자백가의 말'(철학)이라는 것이다.80) 그런데 역사서 속에 출현하는 황제黃帝는 상고시 대 전설의 잔흔에 지나지 않았고,81) 유가의 종사인 공맹과 유가에서 전하는 『춘추』(『춘추공양전』·『춘추곡량전』)는 아예 황제黃帝에 관해 언급하지 않았다. 대신 황제黃帝의 고사를 선전하는 데 몰두한 것은 도가, 법가, 음양가 등이었 다.82) 한편, 『장자』에 등장하는 황제黃帝의 형상은 다소 복잡한 내적 모순을 보이나, 전체적으로 보면, 황제黃帝는 무위로써 나라를 다스리는 정치 이념을 비유하고, 상고시대의 황금기였던 지덕지세至德之世는 유가가 신봉한 요순

---

78) 『史記』, 「五帝本紀」, "然『尙書』獨載堯以來, 而百家言黃帝, 其文不雅馴, 薦紳先生難言之."
79) 吳光에 따르면, "전국시대부터 위진시기에 이르기까지, 문헌에서 黃帝의 일을 기록한 경우는 수없이 많다. 『藝文類聚』 제11권, 『太平御覽』 제79권 및 청대 마수가 지은 『繹史』 제5권 등에 이를 상세히 집록하고 있다"고 한다.(吳光, 『黃老之學通論』, 항주: 절강인민 출판사, 1985, 116쪽 각주)
80) 그렇다고 해서 역사서 속에 黃帝에 관한 기록이 등장하지 않는 것은 아니다. 실제로 『좌씨춘추』와 『국어』 모두 黃帝의 전설을 기록하고 있고, 유가에서 전하는 「五帝德」, 「帝系姓」 2편의 글에서도 역시 黃帝가 등장한다. 그렇다면 사마천은 왜 "어떤 유학자들 은 이를 전하지 않기도 했다"고 한 것인가? 顧頡剛은 이를 두고 「五帝德」, 「帝系姓」 2편 과 『史記』 「五帝本紀」의 기록 "모두 신화 속에서 추려 낸 것"이기 때문이라 설명하였다. 자세한 내용은 그의 『史林雜識初編』(북경: 중화서국, 1963, 176쪽)을 참조할 것.
81) 예를 들면, 『좌전』 희공 25년, 『좌전』 소공 17년, 『국어』 「魯語上」, 『국어』 「晉語四」, 『逸 周書』 「嘗麥解」 등이 있다.
82) 吳光에 따르면, "전국 중기 이후, 제자백가 대부분이 黃帝를 이야기했다. 『장자』, 『할관 자』, 『여씨춘추』 등의 도가, 『서』, 『한비자』 등의 법가, 『시자』, 『순자』 등의 유가, 『손자』, 『울요자』 등의 법가, 추연 등의 음양가에서 모두 일정 부분 黃帝가 나라를 다스린 일 혹은 黃帝가 군사를 이끌고 정벌을 나선 일을 기록하고 있다"고 한다.(吳光, 『黃老之學通 論』, 116쪽)

시대를 능가하는 등, 일관된 논조를 읽어 낼 수 있다.『상군서』,『한비자』에 나오는 황제黃帝 역시 이와 같은 모습이다.[83] 일찍이 사마천은 추연을 평가하면서 "말이 황당하고 이치에 맞지 않으며", "(그의 학설은) 오늘날에서부터 황제黃帝의 시대에 걸쳐 있으며, 더욱 거슬러 올라가 천지가 생겨나지 않았던 때에까지 이른다. 참으로 알쏭달쏭하여 그 근원을 따질 수 없다"[84]라고 하였다. 그런데 '제자백가의 말들이 황당하고 이치에 맞지 않는 듯 보여도 그 속에는 분명 깊은 의미가 담겨 있다. 예를 들어, 황제黃帝는 화하華夏 민족의 시조인 동시에, '공통의 조상'(共祖)으로 그려진다. 그 항렬을 따지자면, 심지어 요, 순, 우, 탕보다 앞서며, 전통적으로 말하는 제왕의 계통(정치)과 씨족 계보(민족)의 출발점이라고 할 수 있다. 이렇게 본다면, 황제黃帝라는 정치적 정당성과 그가 지닌 호소력에 의지하려는 것 역시 어쩌면 당연한 일이 아닐 수 없다. 다시 한 가지 예를 들면, '황제黃帝라는 이름, 즉 '제帝'라는 말은 특히 그 의미를 헤아려 보아야 하는데, 구제강(顧頡剛)의 설에 따르면, 과거에는 '제帝'와 '천天'이 호문互文[85]으로 사용되기도 하였다. "그렇다면 왜 인간인 왕을 '제帝'라고 한 것일까?「곡례」에서는 다음과 같이 말한다. '천하를 통치하는 자를 천자라고 하고,…… 천자가 돌아가시면 '천왕이 붕어(崩)했다'고 말한다.…… 천자의 패위를 종묘에 모시고 그 위에는 '○○제'(시호)라고 적는다.[86] 왕을 제帝로 칭한 것은 신하가 승하한 군주를 극진히 높이고자 했던 것이다. 왕을 천天에 필적하는 존재로 승격하고자 하였으나, '왕이라는 명칭으로는 그 뜻을 표현하기 부족하였으므로 제帝라는 호칭을 사용했던 것이다. 은상의 왕들 가운데 제갑帝甲, 제을帝乙, 제신帝辛 등이 있었던 것은 마치 송나라의 신종神宗이나 청나라의 성조聖祖가 있었던 것과 같은 이치로 볼 수 있다. 신종과 성조가 실제로 신神이나 성聖이 아니듯이

---

83) 예를 들면,『상군서』의「경법」·「화책」,『한비자』의「양권」 등.
84)『史記』,「孟子荀卿列傳」, "語閎大不經", "先序今以上至黃帝,……推而遠之, 至天地未生, 窈冥不可考而原也."
85) 역자 주: 앞뒤의 구절이 합쳐서 완전한 의미를 이루는 중국 고대의 수사법.
86)『禮記』,「曲禮」, "君天下曰天子,……崩曰天王崩,……措之廟立之主曰帝."

제갑, 제을, 제신 등 역시 실제로 제帝[87]인 것은 아니다. 전국시대 일곱 개 나라가 스스로 왕을 칭하였을 때, 왕이라는 말로는 천하에 위엄을 떨칠 수 없다고 여겨 제帝라는 호칭을 사용하려는 움직임이 일어났었다."[88] 이것이 바로 전국 말엽, 왕(왕도를 의미하는 왕이 아니라 군주로서의 왕)이라는 호칭이 제帝로 승격된 까닭이다. 은작산 한묘 죽간본 『손자병법』에서는 황제黃帝를 중앙의 제(中央之帝)라고 칭하면서, 그가 "사제四帝를 물리쳐 천하를 모두 소유하였으나", "천하 사방에서 모두 그를 따랐다"고 하였다. '황제黃帝'라는 기호에는 '사방'(四面)이라는 이미지가 내포되어 있었다는 말이 된다. 춘추전국시대의 제후들은 하나같이 왕호를 참칭하기 바빴으니, 천하를 합병하고 중국을 통일하려는 사들이 어찌 황제黃帝라는 호칭을 버릴 수 있었겠는가? 이 점은 매우 중요하다. 유가 문헌에 나오는 요순이 정치적 미덕과 정치적 합리성(예를 들면, 仁義, 禪讓 등)을 나타내는 하나의 '기호'라는 점은 누구나 알고 있는 사실이다. 그렇다면 이와 마찬가지로 노장도가와 황로학파 속의 황제黃帝는 현덕玄德의 화신으로 볼 수 있을까? 이에 관해, 다시 한 번 사례를 들어보도록 하자. 『진후인자대陳侯因齊敦』에서는 '전씨가 제나라를 취한 일'을 비호하기 위해 황제黃帝를 치켜세운 바 있다.

> (진나라 제후 因資가 말했다.) "선왕인 효무환공께서는 참으로 공경스럽구나! 선왕께서 원대한 계획을 이루시었고, 과인은 그저 멀리는 고조 황제黃帝로부터 가깝게는 환공과 문공으로 이어지는 선왕의 광명대통을 이어받을 뿐이니, 천하의 제후들에게 조문을 받으며 그 덕을 함께 널리 밝히는 바이다.[89]

---

87) 역자 주: 帝의 원의에는 오늘날의 '신'의 의미가 있다. 앞의 각주85)에서도 다루었듯, '天帝', '上帝' 등이 그 용례이다.

88) 顧頡剛, 『史林雜識初編』, 176~177쪽.

89) "陳侯因齊曰: 皇考孝武桓公恭哉, 大謨克成, 其唯因齊, 揚皇考昭統, 高祖黃帝, 邇嗣桓文, 朝問諸侯, 合揚厥德." 이는 郭沫若의 『十批判書·稷下黃老學派批判』의 번역문을 따른 것으로 "이 가운데 고문자나 가차자는 지금의 문자로 고쳤다."(『郭沫若全集―歷史編』 제2권, 북경: 인민출판사, 1982, 155쪽)

염제炎帝와 황제黃帝가 서로 공존하지 못하고 끊임없이 대립했다고 말하는 일반적인 전설과 달리, 『월절서』에서는 "염제가 황제에게 천하를 물려주었다"[90]고 기록한다. 구제강(顧頡剛)은 이를 두고 다음과 같이 추측했다. "이는 강제姜齊가 전제田齊로 교체되던 시기에 나온 것으로 보이며", "정벌이라는 형식이 아니라 선양의 형식을 사용한 것은 마치 전제가 강제를 이은 것과 유사한 것으로 보인다."[91] 이는 황로학자가 직하학궁에 집중적으로 포진해 있었던 원인을 어느 정도 설명해 주기도 한다. 정치적 의도란 어디까지나 사상의 전환을 가져오는 중요한 동력 가운데 하나가 되기 때문이다. 나아가 궈모뤄(郭沫若)는 "황제黃帝는 본래 상제上帝 혹은 황제皇帝가 변화한 것"이라고 설명하기도 하였다.[92] 민족 융합이라는 관점에서 보면, 요, 순, 우는 은나라의 시조인 설契, 주나라의 시조인 직稷에 비해 필연적으로 더욱 넓은 통합력과 호소력을 지닌다. 설契과 직稷은 제하諸夏 민족의 선조에 지나지 않지만, 요, 순, 우는 사이四夷와 제하 민족 공동의 문화 정체성을 상징하는 기호이기 때문이다. 이렇게 본다면, 황제黃帝(및 炎帝)가 포괄하는 범위는 더욱 넓을 수밖에 없다. 『사기』「흉노열전」, 『한서』「동이열전」, 『한서』「서남이열전」, 『화양국지』 등과 같은 이데올로기적 역사 서술을 예로 살펴보아도, 화하(중국)로부터 멀리 떨어진 변경의 이민족들은 항상 자신을 '염황의 계승자'(炎黃之嗣), '요순의 후예'(堯舜之後) 등으로 칭하면서, 화하로 진출해 '중국'의 범위에 들어가고자 하였다. 『관자』의 표현을 빌리자면, 황제黃帝는 "천하를 하나로 빚어내고자 하였다."[93] 따라서 '황제黃帝'라는 기호는 지역과 민족의 울타리를 넘어 서로 으르렁거리기 바쁜 여러 종족을 하나로 결집하고 각기 다른 문화 전통을 하나로 뭉쳐 낼 수 있었으며, 나아가 공통의 정치, 문화 그리고 정신적 신념을 하나로 이을 수 있었으니,

---

90) 『越絶書』, 「計倪內經」, "炎帝有天下, 以傳黃帝."
91) 顧頡剛, 『史林雜識初編』(北京: 中華書局, 1963), 180쪽.
92) 郭沫若, 『郭沫若全集―歷史編』 제2권, 155쪽.
93) 『管子』, 「地數」, "欲陶天下而以爲一家."

이른바 '대통일'의 정치적 요구를 반영하였다고 하겠다.94) 황로학에서는 '일―', '항恒'(혹은 常) 등의 관념을 매우 중시하는데, 이 역시 '천하귀일', '대통일'과 같은 정치적 열망의 추상적인 표현방식 혹은 철학적 표현방식으로 볼 수 있을 것이다.

종합하면, 황로 문헌에 등장하는 일―의 함의는 매우 복잡하고 다양하며, 여러 가지 측면으로 전개될 가능성을 함축하고 있었다. 이는 결코 간과할 수 없는 중요한 특징으로, 바로 이와 같은 복잡한 맥락을 정리하고 분석하는 과정을 통해 황로 정치철학의 특징은 더욱 분명히 드러날 수 있다. 다시 말해, 집일執― 개념과 그에 관한 이론이 황로 정치철학의 한 가지 기본적인 원칙이라고 한다면, 이는 대일太―(泰―), 포일抱―, 천하귀일天下歸― 등의 담본과 필연적으로 결부되어 있을 것이므로 이를 단독으로 발췌해 내는 것은 불가능하다.

나아가 황로 이론 맥락 속의 집일과 포일은 불가분의 관계를 맺고 있기도 하지만, 이와 동시에 일정한 긴장 관계를 형성하기도 한다. 한편, 태일太― 혹은 태일泰―의 경우, 앞서 분석한 것과 같이 집일과 포일, 두 측면의 의미를 어렴풋하게나마 동시에 포함하고 있다. 이러한 점을 보면, 황로학의 정치철학과 심성론은 항상 하나로 얽혀 있으며, 상호 포섭의 관계를 맺고 있음을 알 수 있다. 그렇다면 왜 황로학자들은 정치철학과 심성론을 하나로 융합하여 논의하였을까? 이를 단지 그들의 사고가 명료하지 않아 생긴 착오로 보아야 할까, 아니면 어떤 특정한 이론 동기를 가지고 이들을 하나로 통섭하고자 했던 것으로 이해해야 할까? 필자는 후자의 설명이 더 합리적이며, 더 고찰의 가치가 있다고 본다. 실제로 정치철학과 심성론 간의 융합은 도가(노장과 황로를 포괄)사상의 중요한 특징으로서, 도가 정치철학의 독특한 이론구조를 그대로 드러내 준다. 현덕玄德, 무명無名,

---

94) 실제로 치우가 황제에게 복속하였다는 역사서 속의 전설이나 은작산 『손자병법』「黃帝伐赤帝」의 기록 등은 모두 黃帝가 백전무패, 천하귀일 등을 상징하는 기호였음을 잘 말해 준다.

무위無爲, 자연自然 등의 개념을 빌려 전개되는 노자 정치철학 속에는 심성론적 배경이 이미 깊숙이 내포되어 있다.[95] 또한 장자가 즐겨 논하는 혼돈渾沌과 그가 칭송하는 지덕지세至德之世, 건덕지국建德之國 등의 이념은 대부분 정치철학과 심성론의 두 측면에서 모두 분석이 가능하다.[96] 『관자』4편, 마왕퇴 황로 백서와 같은 본격적인 황로 문헌은 두말할 필요도 없다. 아래의 사례를 살펴보자.

형체와 정신을 하나(一)로 껴안아서 떨어지지 않게 할 수 있는가? 정기에 집중하여 부드러운 태도로써 마치 갓난아이처럼 할 수 있는가? 마음을 깨끗하게 비워 현묘한 거울처럼 만들고 어떤 티끌도 없게 할 수 있는가? 백성들을 아끼고 나라를 다스림에 마치 무지한 듯한 태도로 할 수 있는가? 천문이 열리고 닫힐 때 소극적인 자세로 고요한 태도를 유지할 수 있는가? 사방으로 모든 것을 통찰하되 인위적이지 않은 방식으로 할 수 있는가? 생기게 하고 길러 준다. 생기게 하면서도 소유하지 않고, 행하면서도 자랑하지 않고, 자라게 하지만 지배하지 않으니, 이를 현덕이라 한다.[97]

양생의 근본 원칙(衛生之經)은 다음과 같다. 형체와 정신을 하나(一)로 껴안아서 떨어지지 않게 할 수 있는가? 이를 잃어버리지 않을 수 있는가? 점을 치지 않고도 미리 길흉을 알 수 있는가? 멈출 줄 아는가? 끝마칠 줄 아는가? 외부에서 구하지 않고 내면으로부터 추구할 줄 아는가? 그 어떤 속박도 없이 초연할 수 있는가? 아무것도 모르는 듯이 순진무구할 수 있는가? 갓난아이와 같이 할 수 있는가? 갓난아이는 온종일 울어대는데도 목이 상하지 않는다. 기가 조화롭고 순박한 상태를 유지하기 때문이다. 갓난아이는 온종일 손을 꼭 쥐고 있어도 구부러지지 않는다. 이는 본성을 지키고 있기 때문이다. 갓난아이는 온종일 눈을 뜨고 있으면서도 눈을 이리저리 굴리지 않는다. 마음이 밖으로 치닫지 않기 때문이다. 아이가 움직일 때는

---

95) 鄭開, 「玄德論: 老子政治哲學和倫理學的解讀」, 『商丘師範學院學報』 2013년 제1기.
96) 鄭開, 「莊子渾沌話語: 政治隱喩與哲學敍事」, 『道家文化研究』 제29집 (북경: 삼련서점, 2015).
97) 『老子』 제10장, "載營魄抱一, 能無離乎? 專氣致柔, 能嬰兒乎? 滌除玄覽, 能無疵乎? 愛民治國, 能無知乎? 天門開闔, 能爲雌乎? 明白四達, 能無爲乎? 生之, 畜之, 生而不有, 爲而不恃, 長而不宰, 是謂玄德."

자유롭기 그지없고, 편안히 멈추어 있을 때는 그 어떤 근심 걱정도 없으니, 사물이 그러한 대로 함께 흘러 다닌다. 이것이 바로 양생의 근본 원칙(衛生之經)이다.…… 지인至人은 땅에서 먹을 것을 구하고 하늘과 함께 즐거워한다. 다른 사람과 사물에 의해 이익을 받거나 해를 입지 않으며, 서로 얽매이지 않는다. 기이한 일을 세우지 않고 계책을 도모하지 않고 세속의 일에 힘을 쓰지 않으며 어느 것에도 속박되지 않은 채 순진무구한 모습으로 오갈 뿐이다. 이것이 바로 양생의 근본 원칙(衛生之經)이다.…… 갓난아이와 같이 할 수 있는가? 갓난아이의 거동은 무엇을 하려는 의식도 없고, 갓난아이의 행동은 어디로 갈지도 모른 채 자유롭다. 신체는 마치 마른나무와 같으며 마음은 불이 꺼진 재와 같다. 이렇게 하면 화도 이르지 않고 복도 찾아오지 않는다. (자연의) 화복조차 없는데 어떻게 인간에 의한 화를 당하겠는가?[98]

기를 하나로 뭉쳐서 신명과 같이 만들면 만물을 온전히 마음속에 갖출 수 있게 된다. 그러니 뭉칠 수 있는가? 하나로 만들 수 있는가? 점을 치지 않고도 미리 길흉을 알 수 있는가? 멈출 줄 아는가? 끝마칠 줄 아는가? 외부에서 구하지 않고 내면으로부터 추구할 줄 아는가? 생각하고, 생각하고 또 생각하라! 생각하여 통하지 않으면 귀신이 이를 통하게 해 줄 것이다. 사실 이는 귀신의 힘이 아니라 정기의 지극한 작용일 뿐이다.[99]

뜻을 모으고 마음을 하나로 만들고 눈과 귀를 단정하게 하면 먼 곳의 일을 직접 보는 것과 같이 알게 될 것이다. 전념할 수 있는가? 하나로 만들 수 있는가? 점을 치지 않고도 미리 길흉을 알 수 있는가? 멈출 줄 아는가? 끝마칠 줄 아는가? 남에게 묻지 말고 자신에게서 스스로 구할

---

98)『莊子』,「庚桑楚」, "衛生之經, 能抱一乎? 能勿失乎? 能無蔔筮而知吉凶乎? 能止乎? 能已乎? 能舍諸人而求諸己乎? 能翛然乎? 能侗然乎? 能兒子乎? 兒子終日嗥而嗌不嗄, 和之至也; 終日握而手不掜, 共其德也; 終日視而目不瞚, 偏不在外也. 行不知所之, 居不知所爲, 與物委蛇, 而同其波, 是衛生之經已.……夫至人者, 相與交食乎地而交樂乎天, 不以人物利害相攖, 不相與爲怪, 不相與爲謀, 不相與爲事, 翛然而往, 侗然而來, 是謂衛生之經已.……能兒子乎? 兒子動不知所爲, 行不知所之, 身若槁木之枝而心若死灰. 若是者, 禍亦不至, 福亦不來. 禍福無有, 惡有人災也!"
99)『管子』,「內業」, "摶氣如神, 萬物備存. 能摶乎? 能一乎? 能無蔔筮而知吉凶乎? 能止乎? 能已乎? 能勿求諸人而得之己乎? 思之, 思之, 又重思之. 思之而不通, 鬼神將通之, 非鬼神之力也, 精氣之極也."

수 있는가? 따라서 말하기를 "생각하고, 생각하라! 생각하여 얻지 못하면 귀신이 이를 가르쳐 줄 것이다. 사실 이는 귀신의 힘이 아니라 정기의 지극한 작용일 뿐이다"라고 하였다.[100]

하나로 만들 수 있는가? 멈출 줄 아는가? 자신의 사사로움을 버릴 수 있는가? 자신의 내면을 살펴 타고난 천리를 귀하게 여길 수(尊理) 있는가?[101]

이러한 구절을 보면, 『장자』, 『관자』 4편과 마왕퇴 황로 백서 모두 『노자』 를 수정하여 발전시킨 결과물이라는 것을 쉽게 확인할 수 있다. 그런데 왜 『장자』는 『노자』 제10장의 주제를 '양생의 근본 원칙'(衛生之經)이라고 요약하고, 여기에 『노자』 제55장의 일부 내용까지 덧붙인 것일까? 사실 장자가 여기에서 말한 '양생'(衛生)은 결코 표면 그대로의 의미로만 이해해서 는 안 된다. 즉 '생生'의 함의에는 '생리生理'나 '생명生命'이라는 뜻 외에도, 더 심오한 '성性' 혹은 '성명性命'의 의미가 담겨 있기 때문이다. 마치 「양생주」 라는 편명 속의 '생生'자를 '성性'으로 이해해야 하는 것과 같은 이치이다. 그리고 더욱 중요한 것은 「경상초」편에서 『노자』 제10장을 논할 때, 본래의 정치철학적 의미 외에 심성론적 의미를 더욱 강화해서 설명하였다는 점이 다. 이러한 방식으로 『관자』 4편과 마왕퇴 황로 백서를 분석하면 더욱 깊은 이해에 도달할 수 있다. 『관자』 「심술」, 「내업」편에는 상대적으로 양생론과 심성론적 요소가 부각되고 있다면, 황로 백서 『십육경』은 정치 철학적 면모를 더욱 명확히 드러낸다고 하겠다. 이처럼 심성론은 황로 정치철학 이론구조를 이루는 유기체의 한 부분으로서 필수 불가결한 요소 다. 그러므로 정치철학과 심성론의 간의 상호 관련성이라는 각도에서 도가 정치철학을 분석하고 파악해 가는 것은 지극히 당연한 일이다.

---

100) 『管子』, 「心術下」, "專于意, 一于心, 耳目端, 知遠之證. 能專乎? 能一乎? 能毋蔔筮而知凶吉乎? 能止乎? 能已乎? 能毋問于人而自得之于己乎? 故曰: 思之, 思之, 思之不得, 鬼神教之, 非鬼神之 力也, 其精氣之極也."
101) 馬王堆 帛書 『十六經』, "能一乎? 能止乎? 能毋有己, 能自擇而尊理乎?"

도가 정치철학의 상대역이라고 할 수 있는 유가 정치철학 역시 심성론적 차원을 포함하고 있다. 전국 중기 이래, 유가의 학자들은 정치철학과 심성론을 결합하는 것에 특히 고심하여, 이러한 이론적 취지를 부단히 강조해 나갔다. 예를 들어, 유가에서 말하는 중中의 의미는 특히 복잡하면서도 심오하다. 중용지도中庸之道란 단지 세속에 영향을 미치는 윤리 교훈에 그치는 것이 아니라 심오한 철학적 사유 방법이자 정치철학 원칙이면서, 동시에 정신적 경지가 구현이기도 하다. 아래에서는 우선 집중執中 개념과 그 이론을 구체적으로 논의해 보도록 하자.

『상서』「대우모」에서는 '백성들이 올바른 길을 가도록 돕는다'(民協于中)라고 하였고, 또 '인심은 위험하고 도심은 정미하니, 도의 성미함 한 가지를 지켜야 한다. 그렇게 한다면 중도를 착실하게 지킬 수 있다'(人心惟危, 道心惟微, 惟精惟一, 允執厥中)라고 하였다. 우선 앞 구절에서의 '중中'은 전통적으로 '대중지도大中之道', 즉 최고의 정치 원칙으로 이해되었다. 뒤 구절의 내용은 요순으로부터 계승된 열여섯 자로 이루어진 심법, 이른바 십육자심전十六字心傳으로 유가가 금과옥조로 여기는 비결이다. 한편 『일주서』에서도 여러 차례 중中을 언급하였는데, 이들 모두 강한 정치적 함의를 지니고 있다. 『논어』역시 "중도를 착실하게 지킨다"[102]는 말을 인용하였다. 황간皇侃은 소에서 이 구절을 두고 "집執은 지킨다는 뜻이고, 중中은 중정지도를 말한다"라고 풀이하였다. 『역전』에서 중정지도中正之道와 시중時中의 의미를 풀이한 부분에서도 강한 정치철학적 함의를 쉽게 발견할 수 있다. 청화간淸華簡 『보훈』에서는 '구중求中'과 '득중得中'(2회)이라는 말이 출현하는데, 이는 중도中道 관념이 확실히 초기 유가에서 매우 중요한 정치철학 이념이었음을 보여 주는 사례다. 그런데 한 가지, 『중용』 첫 장에서 중中과 화和 개념을 풀이한 부분만은 한번 찬찬히 고찰해 볼 필요가 있다.

---

102) 『論語』, 「堯曰」, "允執其中."

희노애락이 아직 드러나지 않은 상태를 일러 중中이라 하고, 드러난 뒤 절도에 들어맞은 상태를 화和라고 한다. 중中은 천하의 위대한 근본이고, 화和는 천하에 두루 통하는 도이다.[103)

이처럼 『중용』에서는 새로운 해석의 방향성을 열어 주었으며, 이는 후일 정주리학에 의해 계승되었다. 『사서장구집주』에서는 정자의 말을 다음과 같이 인용하고 있다. "치우치지 않는 것을 중中이라고 하고, 바뀌지 않는 것을 용庸이라고 한다. 중中은 천하의 바른 도이고, 용庸은 천하의 정해진 이치이다."[104) 사실 정이程頤의 원래의 말은 이러하다. "중中은 바로 치우치지 않은 것이니, 치우쳤다면 중中이 아니다. 용庸은 바로 일정한 것이다. 즉 중中은 완벽한 중절의 상태이고 용庸은 정해진 이치이다."[105) 주희는 이에 대해 "중中이란 꼭 알맞은 도리이다"(中, 只是個恰好底道理)라고 설명하였다. 이러한 해석에는 이미 윤리학(정치철학을 포함)과 심성론의 이중적 의미가 중첩되어 있다. 이렇게 본다면, 유가철학의 중中 개념 속에도 도가와 마찬가지로 심성론과 정치철학이라는 두 측면이 모두 갖추어져 있었음을 알 수 있다. 이들은 각각 내성內聖과 외왕外王이라는 두 측면을 대표하는데, 사실 내성외왕을 하나로 관통시키는 것은 유가사상이 절실하게 추구하였던 목표였다. 『맹자』에서는 다음과 같이 말한다.

양주는 자기 자신만을 위하자는 학설을 주장해서 자신의 털 한 오라기를 뽑아서 천하를 이롭게 한다고 해도 하지 않았다. 묵적은 모든 사람을 평등하게 사랑하자는 겸애를 주장해서 정수리의 머리털이 다 빠지고 발뒤꿈치가 닳는다 해도 천하를 이롭게 하는 일이라면 그것을 했다. 자막子莫은 그 중간쯤을 선택(執中)했다. 중간이 양주와 묵적보다는 올바른 도리에

---

103) 『中庸』 제1장, "喜怒哀樂之未發謂之中; 發而皆中節謂之和. 中也者, 天下之大本也; 和也者, 天下之達道也."
104) 不偏之謂中, 不易之謂庸. 中者, 天下之正道, 庸者, 天下之定理.
105) "中者, 只是不偏, 偏則不是中. 庸只是常. 猶言中者是大中也, 庸者是定理也." 程顥·程頤, 王孝魚 點校, 『二程集』(북경: 중화서국, 2004), 160쪽.

가깝기는 하다. 하지만 딱 중간만 고집하고 상황에 맞게 헤아리지 않는다면, 이는 한 측면에만 집착하는 것과 같다. 하나의 경직된 기준에만 집착하는 것을 싫어하는 이유는 이것이 도를 해치기 때문이다. 이렇게 할 경우 오직 하나의 경직된 기준을 내세워 다른 수많은 일들을 망치게 된다.[106]

이론적으로 말하면, 양주와 묵적에 대한 맹자의 비판은 그들이 한 극단에 치우쳐 있어 중도를 잃었음을 비판한 것이다. 서간의 『중론』에서는 공자가 말한 인仁과 맹자가 말한 집중執中을 서로 연결하는 한편, 권형權衡이라는 개념을 빌려 맹자의 집중을 한층 더 깊이 해석하기도 하였다.

혹자가 물었다. "그렇다면 공자께서 말씀하신 '지智'에도 이르지 못했는데 어찌 인仁이라 하겠는가?'라는 말은 그만큼 인仁을 높인 것입니까? 왜 이렇게 말씀하신 것입니까?"
대답했다. "인仁은 물론 위대하다. 하지만 이는 공자께서 다소 감정적으로 말씀한 것일 뿐, 지智를 낮추고자 한 말이 아니다. 이는 마치 사람들이 대화를 나누며 '너는 아직 지혜도 갖추지 못했는데 어떻게 인을 행할 수 있겠는가?'라고 말하는 것과 같은 이치다. 옛날 주나라 무왕이 서거하였을 때, 성왕의 나이가 어려 주공이 섭정을 하였다. 이때 관숙선과 채숙도가 은나라의 유민들을 이끌고 반란을 일으켰으니 주공이 이들을 섬멸하였다. 이처럼 어린 성왕은 실정에 어두워 주공이 이를 우려하고 걱정하였다. 이에 하늘은 비바람과 우레를 내려 주공의 덕을 밝게 드러냈고 그 후에야 성왕은 깨어날 수 있었다. 혈육에 대한 성왕의 인정이 두텁지 않았다기보다는 총명지재가 부족하여 반란자를 도운 것이니, 하마터면 주공의 공적을 지우고, 선대 문왕과 무왕의 기업을 무너뜨릴 뻔하였다. 한편, 소공은 주공이 다시금 섭정을 행하는 것을 보고 주공의 탐욕을 의심하였다. 이에 주공이 그에게 『군석君奭』을 지어 자신의 결백함을 보여 주자 소공은 그제서야 안심하였다. 이처럼 성인의 자질을 품고 있던 소공조차도 이러할 수밖에 없었다. 그러니 평범한 선비들이 만약 한 가지 품행을 잃게 되면

---

106) 『孟子』, 「盡心上」, "楊子取爲我, 拔一毛而利天下, 不爲也. 墨子兼愛, 摩頂放踵利天下, 爲之. 子莫執中, 執中爲近之. 執中無權, 猶執一也. 所惡執一者, 爲其賊道也, 擧一而廢百也."

그 지혜와 지모가 더욱 좁아져 행실이 참으로 두렵게 되고 만다. 공자께서
말씀하시길, '그와 같은 업적은 세울 수 있어도 그처럼 융통성 있게 행동할
수 있는 것은 아니다'라고 하였고, 맹자께서 말씀하시길, '자막은 중간만을
고집하면서 상황에 맞게 헤아리지 않았으니 한 측면에만 집착한 것과
같다'라고 하였다. 공자와 맹자야말로 권변의 참된 지혜에 도달한 사람이
다. 일찍이 은나라에 세 명의 인자들이 있었다. 미자의 절개는 바위와
같이 흔들림이 없었고, 기자는 나라의 혼란 속에서도 그 의지를 바르게
지킬 수 있었으며, 비간은 충언을 고하다 심장이 쪼개졌다. 군자로 치면
미자가 가장 훌륭하고, 기자가 그다음이며, 비간은 가장 아래다. 따라서
『춘추』에서도 공경대부들이 피살당한 일을 두고 지혜롭게 화를 피해가지
못했다고 조소한 바 있다. 또한, 서언왕은 인의를 닦을 줄은 알았으나
무력을 사용할 줄은 몰랐으니 결국 나라가 망하고 말았다. 노나라 은공은
사양할 줄 아는 마음을 지녔으나 언변으로 꾸밀 줄을 몰랐으니 결국
주살당하고 말았다. 송나라 양공은 절개를 지켰으나 권변을 몰랐으니
결국 갇히는 신세가 되고 말았다. 진晉나라 백종은 직언을 잘했으나 적절한
때를 알지 못했으니 결국 몸을 해치고 말았다. 숙손표는 선을 행하기를
좋아하였으나 사람을 선별할 줄 몰랐으니 결국 화를 입어 굶어 죽었다.
이들은 모두 선을 행하였으나 지혜가 부족했던 자들이다."[107]

이를 통해 보면, 집중執中이란 원칙성과 융통성 간의 통일로서, 일촉즉발
의 균형감을 의미한다. 이는 단지 이성적 지식에 머무르는 것이 아니라
실천적 지혜에 속한다. 송대 유학에서는 이 점을 깊이 체득하고 있었다.

---

107) 『中論』, 「智行」, "或曰: '然則仲尼曰: '未知, 焉得仁, 乃高仁耶? 何謂也?' 對曰: '仁固大也, 然則
仲尼此亦有所激然, 非專小智之謂也. 若有人相語曰: '彼尙無有一智也, 安得乃知爲仁乎?' 昔武王
崩, 成王幼, 周公居攝, 管蔡啓殷畔亂, 周公誅之, 成王不達, 周公恐之, 天乃雷電風雨以彰周公之
德, 然後成王寤. 成王非不仁厚于骨肉也, 徒以不聰叡之故, 助畔亂之人, 幾喪周公之功, 而隆文武
之業, 召公見周公之旣反政, 而猶不知, 疑其貪位. 周公爲之作『君奭』, 然後悅. 夫以召公懷聖之
資, 而猶若此乎! 末業之士, 苟失一行, 而智略褊短, 亦可誚矣! 仲尼曰: '可與立, 未可與權.' 孟軻
曰: '子莫執中, 執中無權, 猶執一也.' 仲尼孟軻可謂達于權智之實者也. 殷有三仁: 微子介于石,
不終日; 箕子內難而能正其志; 比幹諫而剖心. 君子以微子爲上, 箕子次之, 比幹爲下. 故『春秋』大
夫見殺, 皆譏其不能以智自免也. 且徐偃王知修仁義而不知用武, 終以亡國; 魯隱公懷仁讓心而不知
佞僞, 終以致殺; 宋襄公守節而不知權, 終以見執; 晉伯宗好直而不知時變, 終以隕身; 叔孫豹好善
而不知擇人, 終以凶餓. 此皆踣善而少智之謂也.'"

소옹은 "한대 유가들은 경經에 반하더라도 도道에 합치되는 것을 권도權라고 여겼으니, 한 측면만을 취했다고 볼 수 있다. 이른바 저울權이란 사물의 경중을 따지는 것이다. 성인이 권도權를 행하는 것은 일의 경중을 헤아려 행하는 것으로 마땅한 바를 취하려는 것일 뿐이다. 따라서 중도에 집착해서 권변을 사용하지 않는다면 이는 도리어 치우침이 된다"108)라고 하였고, 정이 역시 "중도에 집착해서執中 변화에 통하지 않으면 이는 한 측면에만 집착하는 것과 다름이 없다"109)라고 한 바 있다.

여기에서 말하는 집일執一의 정확한 함의는 한 점에 집중하여 극단까지 밀고 나간다는 것이므로 사실 황로 정치철학의 집일과는 전혀 부합하지 않는다. 그런데 여기에서 맹자는 집일과 집중執中을 나란히 언급하면서, 집중이 '한 측면에 집착하는'執一 것으로 전락해서는 안 된다고 하였다. 이는 사실 '수사적 기교'를 통해 당시 유행하던 집일을 비꼰 것으로 볼 수 있으니, 맹자가 어찌 이런 좋은 기회를 놓칠 수 있었겠는가? 어찌 되었든, 일一과 중中, 집일과 집중은 도가와 유가 정치철학 모두의 특징과 취지를 어느 정도 담아낼 수 있다.

사실 우리의 결론은 매우 명확하다. 도가 정치철학과 심성론은 서로 안팎으로 밀접한 관계를 맺으며 상호작용을 이룬다. 어떤 의미에서 도가 심성론은 정치철학에 내재해 있으며, 심지어 정치철학의 심부 구조를 이루고 있다고도 말할 수 있다. 유가 정치철학 역시 마찬가지다. 레오 슈트라우스가 열렬히 찬양했던 고대 그리스 정치철학 이론은 바로 '덕성德性이란 무엇인가?'라는 질문으로부터 시작한다. 표면적으로만 놓고 보면, 사실 이 문제는 유가와 도가의 이론 취지와 별반 다르지 않다. 그러나 플라톤과 아리스토텔레스, 홉스와 로크 그 누구도 중국철학만큼 특색 있고 선명한 심성론적 의미를 지니지는 못했다. 바로 심성론이 유가와 도가의 인성론을 심화하고,

---

108) 『송원학안』, 권9에서 인용. "漢儒以反經合道爲權, 得一端者也. 權所以平物之輕重. 聖人行權, 酌其輕重而行之, 合其宜而已. 故執中無權者, 猶爲偏也."
109) 『송원학안』, 권15에서 인용. "執中而不通變, 與執一無異."

그들의 덕 이론을 풍부하게 만들어 주었던 것이다. 참으로 의미심장하지 않은가? 지금 어떤 사람들을 '정치유학'을 내세우고 어떤 사람들은 '심성유학'을 자임한다. 그런데 이 둘을 서로 분리하고서도 유가철학을 자처하는 것이 과연 타당한 일일까? 만일 우리가 고대 중국의 정치철학을 더욱 건설적으로 탐구하고자 한다면 반드시 그 속에 내포된 심성론과 직면해야만 할 것이다.

제4장

도법지간: 황로 정치철학의 사상 공간

　졸고『덕례지간—제자백가 이전 시기의 사상사』에서 밝힌 바 있듯, 선진 시대의 사상문화사를 둘러보면, 춘추전국시대에 전반적이면서도 불가역한 구조적 변동이 일어났음을 발견할 수 있다. 이는 사상문화의 일대 패러다임 적 전환(paradigm swift)이라 할 수 있는데, 그 특징을 가장 잘 나타내 주는 것이 바로 '덕–례 체계'에서 '도–법 체계'로의 혁신과 변혁일 것이다. 정치권력의 구조 측면에서 보면, 이 시기에는 종법적 정치 구조의 붕괴와 왕도王道의 몰락이라는 정치적 무질서 상황이 서로 밀접한 관계를 맺으며 진행되었고, 천하귀일天下歸一에 대한 기대와 희망은 군현제가 봉건제를 대체하는 원동력으로 작용했다. 이는 결국 '사해 안에 군현이 설치되어 하나의 법령으로 통일된'(『사기』, 「시황본기」) 새로운 형태의 국가로 이어지게 되었다. 한편, 사회 구조의 측면에서 보면, 존덕尊德과 상현尙賢 사이의 충돌과 긴장 관계는 존존尊尊, 귀귀貴貴, 친친親親 등의 원칙을 특징으로 하는 세습사 회 전통을 크게 변화시켰다. 특히 춘추전국시대의 사회 변동은 대단히 격렬하게 진행되었는데, '덕–례 체계'로 규정되는 기존의 사회관계가 와해 하면서 신분사회는 점차 물러나게 되었고, 성취 지위(achieved status)가 귀속 지위(ascribed status)를 대체하고 계약 관계가 가족 관계를 대체하는 등, 반전통 의 추세가 날로 뚜렷해지게 되었다.[1] 사상사의 각도에서 분석하면, 이른바 '도道의 돌파'는 철학의 시대가 도래했음을 말해 주는 동시에, '덕의 시대'가 저물어 감을 의미하였다. '왕관의 권위가 무너져' '재야의 선비들이 정사를 논의하던' 당시의 현상은 '예악이 붕괴하고' '고대의 도술이 천하 사람들에

---

1) 許倬雲,『中國古代社會的特質』(북경: 신성출판사, 2006), 169·184쪽.

의해 분열된' 냉혹한 현실적 위기를 잘 나타내 준다. 춘추전국의 교체기를 지나온 이후, 유가에서는 인례仁禮, 덕정德政, 인정仁政 등을 중시하기 시작했다. 그들은 이를 근거로 서주 이래의 '덕-례 체계'를 계속해서 유지하고자 하였으며, 이론적 상상력과 기억의 재구성을 통해 덕-례 체계 및 그 가치를 역사상의 황금기로 설정하였다. 반면 도가와 법가 및 이 둘을 연결하는 황로학파(도법가라고도 칭함)는 이와는 다른 길을 걸으며 새로운 사유 방식을 개척하였다. 이들은 아슬아슬하게 명맥을 이어 가던 기존의 덕-례 체계를 철저하게 밀어낸 뒤 폐허 속에서 새로운 질서를 세우고자 하였다. 그들이 제시한 도道와 법法은 질서 재건의 키워드였고, 동시에 그들이 세운 도-법 체계의 기초가 되었다.2) 정리하면, 덕-례 체계에서 도-법 체례로의 이행이 야말로 가장 중요하게 탐구되어야 하는 문제라 하겠다.

도법道法이라는 용어와 도道와 법法 개념을 사용하는 정치철학 담론은 (이론성이 짙은 『한비자』의 일부 편을 포함하여) 대부분 황로 저작 속에 나타난다. 사실 『노자』와 『장자』에서는 도와 법 간의 관계를 논하는 데 특별히 뜻을 두지 않았다. 노자가 말한 법은 사실 법령을 지칭하는 것일 뿐, 도덕지의道德之意에 포함된 것이 아니었다.3) 『장자』 「천도」편에서는 "예의와 법도, 도량과 계수로써 사물의 실질과 명칭을 따지고 헤아리는 것은 통치의 말단이다"4)라고 하였다. 특별히 법을 중시하지 않은 데다가 법의 정신을 추구하고자 하지도 않았으니, 도를 빌려 법적 합리성을 부여하는 것은 더욱 요원한 일이었다. 이에 반해 황로문헌 속의 도법 담론은 법을 특별히 중시하며 법의 정신을 발굴해 내고자 했던 황로학자들의 사상 동기를 잘 보여 준다. 예를 들면 다음과 같다.

---

2) 鄭開, 『德禮之間』(북경: 삼련서점, 2009), 392~399쪽.
3) 예를 들면 다음과 같다. "법령이 늘어날수록 도적은 많아진다."(『老子』第57章, "法令滋彰, 盜賊多有."
4) 『莊子』, 「天道」, "禮法度數, 形名比詳, 治之末也."

백성을 다스리고 재물을 생산하여 얻어지는 복은 윗사람에게 돌아간다. 따라서 명군은 도법道法을 중시하고 나라를 가벼이 여기는 것이다. 한 나라를 다스리는 군주의 도는 군주의 다스림 그 자체에 있고, 천하를 다스리는 왕의 도는 왕의 다스림 그 자체에 있다. 크게는 천하의 왕이 되고, 작게는 한 나라의 군주가 되는 것은 바로 도가 그곳에서 작용했기 때문이다.[5]

도에서 법이 나온다. 법은 먹줄을 당겨 득실을 판별함으로써 옳고 그름을 판단하는 것이다.[6]

법은 제도에서 나오고, 제도는 통치에서 나온다. 통치와 제도는 모두 도道에 속한다. 만물은 통치와 제도를 통해서만 안정된다.[7]

하늘의 도는 형체가 없이 텅 비어 있다. 텅 비어 있으니 꺾이지 않고, 형체가 없으니 거슬리는 것이 없다. 거슬리는 것이 없으니 만물에 두루 통하면서도 변화되지 않는다. 덕은 도의 거처이니, 만물은 덕을 얻어 생겨나고 지혜는 덕을 얻어 도의 정수를 인식한다. 따라서 덕德이란 곧 얻음(得)을 말한다. 얻는다는 것은 구체적으로 말해 얻어서 그렇게 된다는 뜻이다. 무위를 도라고 부르고 그것이 구현된 것을 덕이라고 부른다. 따라서 도와 덕은 사실 차이가 없으니, 이들을 구별하지 않고 논하기도 하는 것이다. 굳이 이 둘 간의 차이가 있다면 바로 구현의 여부에 있을 것이다. 의義는 각자 마땅하게 처신하는 것을 말하고, 예禮는 사람들의 실정에 근거한다. 의義라는 이치에 따라 제도와 규범을 만든다. 따라서 예禮는 이치(理)가 있음을 말한다. 리理라는 것은 본분을 밝혀 각기 마땅한 바, 즉 의義의 뜻을 밝힌 것이다. 따라서 예禮는 의에서 나오고, 의義는 리理에서 나오며, 리理는 도를 따른다. 법은 다른 것들을 같게 만드는 것이며, 그렇게 하지 않으면 안 되는 경우에 사용한다. 따라서 금지하고 죽여서 그릇된 것들을 하나로 만든다. 따라서 모든 일은 법으로 감독하고, 법은 권형(權)에서

---

5) 『管子』, 「君臣上」, "民治財育, 其福歸于上, 是以知明君之重道法而輕其國也. 故君一國者, 其道君之也. 王天下者, 其道王之也. 大王天下, 小君一國, 其道臨之也."
6) 馬王堆 帛書 『經法·道法』, "道生法. 法者, 引得失以繩, 而明曲直者也."
7) 『管子』, 「樞言」, "法出于禮, 禮出于治, 治禮, 道也, 萬物待治禮而後定."

나오고, 권형은 도에서 나온다.[8]

성인은 일을 판단하면서도 일에 의해 간섭받지 않는다.…… 관부에서
실시하는 제도라는 이기는 도道가 아니다.[9]

법률제도는 반드시 도법을 따라야 하고, 정령은 반드시 공정해야 하고,
상벌은 반드시 진실되고 단호해야 한다. 이것이 바로 백성들을 바로잡는
기강이다.[10]

실제로 황로 정치철학은 사상 공간은 도와 법 사이의 사상 공간 속에서
전개되었다. 예를 들어, 황로 정치철학에서 집일執一 개념을 중시한 것은
잘 알려진 사실이다. 그렇다면 집일이란 무엇일까? 집일이 출현하고 있는
맥락을 살펴보면, 집도執道라는 의미로도 사용되고, 집법執法이라는 의미로
도 사용되는 것을 발견할 수 있다. 즉, 일一은 도道와 법法이라는 이중적
내포를 동시에 지닌다는 것이다. 중요한 것은 이 두 가지 차원의 의미가
상호 결합하여 서로를 촉진하면서 새로운 정치 사유의 공간을 형성해
냈다는 점이다. 그 새로운 사유 공간의 경계에 도와 법이라는 두 개의
노선이 맞물려 있다. 다시 말해, '도법지간道法之間' 혹은 덕－례 체계로부터
이행해 온 도－법 체계가 바로 황로 정치철학의 상상력이 펼쳐지는 사상
공간이다.

---

8) 『管子』, 「心術上」, "天之道, 虛其無形. 虛則不屈, 無形則無所位趃, 無所位趃, 故遍流萬物而不
變. 德者道之舍, 物得以生. 生知得以職道之精. 故德者, 得也. 得也者, 其謂所得以然也. 以無爲
之謂道, 舍之之謂德. 故道之與德無間. 故言之者不別也. 間之理者, 謂其所以舍也. 義者, 謂各處
其宜也. 禮者, 因人之情, 緣義之理, 而爲之節文者也. 故禮者, 謂有理也. 理也者, 明分以諭義之
意也. 故禮出乎義, 義出乎理, 理因乎宜者也. 法者, 所以同出, 不得不然者也. 故殺僇禁誅以一之
也. 故事督乎法, 法出乎權, 權出乎道."
9) 『管子』, 「心術下」, "聖人裁物, 不爲物使.……凡在有司執制者之利, 非道也."
10) 『管子』, 「法法」, "憲律制度必法道, 號令必著明, 賞罰必信密, 此正民之經也."

1. 예와 법

간단히 말해, 서주시기 예약禮樂의 제정을 통해 정립된 덕-례 체계는 덕德과 형刑이라는 두 가지 측면을 포함하고 있었다. 전통적인 설명 방식에 따르면, 고대의 법은 형刑에서 유래하며, 심지어 형刑과 거의 같은 의미로 사용되기도 하였다. 즉 형刑은 법의 한 가지 중요하고도 주요한 구성 성분인 것이다.[11] 현대 중국이 제정한 『형법』 역시 다른 법전에 비해 바로 이러한 법률 전통을 구현해 내는 것을 우선시하였다. 초기 문헌에 등장하는 형刑은 그 기원이 대단히 유구하다. 『상서』(「요전」, 「여형」)에는 '오형五刑'이라는 명칭이 등장하며, 『좌전』(소공 6년)에 '구형九刑'이라는 말이 최초로 등장하였다. 『일주서』 「상맥」편에서도 고대의 형刑을 언급한 바 있다.[12] '덕으로 백성들을 교화할 것'(以德化民), '형벌을 신중하게 사용할 것'(愼用刑罰)이라는 원칙을 서주시기 덕정德政의 상반되면서도 상통하는 두 측면이라고 본다면,[13] 이들은 모두 예禮에 포함되며, 예禮에 내재해 있었다. 즉, 법이 홀로 생겨나지 않았다고 가정한다면, 이는 형刑에서 유래하고 예禮가 탈바꿈하여 이루어진 것이라 볼 수 있다.

춘추 말기 정鄭나라의 자산子産은 『형서刑書』를 새긴 솥을 주조하였다. 이는 성문법의 효시로 불리며, 후대 법전의 기초를 정립하였다. 이전의 사법 권력은 모두 귀족들의 농단(소위 '일에 따라 상의하여 결정하는 전통'[議事以制])으로부터 나왔으므로, 이중 잣대는 마치 당연한 일처럼 여겨졌다. 이른바

---

11) 杜預雲, "刑은 바로 法이다."(『左傳』 襄公 2年, "刑善也夫" 구절에 대한 『集解』의 해석)
12) 鄭開, 『德禮之間』, 163~180쪽.
13) 『尙書』 「康誥」에서는 "덕을 드러내고 형벌을 신중하게 사용하기를 바란다"라고 하였고, 『左傳』 成公 2年에서는 "덕을 드러내고 형벌을 신중하게 사용하는 것이 바로 문왕이 주왕을 세운 방법이다"라고 하였다. 이처럼 '덕을 드러내고 형벌을 신중하게 사용한다'는 원칙은 상당한 영향력을 지니고 있었다. 심지어 이러한 표현도 가능하다. "덕례는 정치 교화의 근본이고, 형벌은 정치 교화의 도구다." 혹은 "윤리적 교화와 법적 제재는 예로부터 사회 통치를 실행하는 두 가지 기본 수단이었다."(周斌, "'德禮這政教之本, 刑罰爲政教之用"的歷史分析」, 『齊魯學刊』 2012년 제4기)

'형벌은 대부에게 적용되지 않고 예법은 서인에게 미치지 않는다'는 말이
당시의 상황을 잘 대변해 준다. 『좌전』 소공 6년에 따르면, 자산은 "『형서』를
새긴 솥을 주조하였다." 이에 진晉나라의 숙향은 자산에게 책을 선물로
보냈는데, 문왕의 덕을 모범으로 삼아 예禮와 의義로 나라를 다스릴 것을
권면한 것이다. 다시 말해, 그는 자산의 『형서』가 예禮를 벗어난 요소를
포함하고 있어 '덕을 드러내고 형벌을 신중하게 사용하며', '덕을 공경하여
백성들을 편안하게 한다'는 전통적 정치이념에서 이탈하였음을 간파한
것이다. 그런데 중요한 것은 자산이 창안한 형刑 속에 법法으로 나아가고자
하는 잠재적이지만 강렬한 동력이 숨겨져 있었다는 점이다. 즉, 법은 예禮와
형刑의 범위를 뛰어넘어 이에 맞서는 이질적인 힘으로 발전해 나갈 필연적
운명을 안고 있었다. 이러한 이유로 한나라 시기의 지식인들은 법을 형刑에
국한된 것으로 애써 치부하면서 이를 형刑의 잔여물이라 해석하거나 법이
결국은 다시 형刑으로 귀결되고 말 것이라 여기기도 했다. 물론 이러한
사고는 지나치게 단편적인 것으로, 재고되어야만 한다.14)

그런데 만약 법의 연원을 찾고 더 나아가 '법의 제도적 발전' 혹은
'법 정신의 고양' 등의 문제를 유의미하게 다루기 위해서는, 논의의 범위를
문헌과 같은 언어적 증거로만 협소하게 한정하거나, "법의 출현을 덕과
예와 형刑이 발전되고 분화된 결과"15)로만 이해해서는 안 된다. 대신 시야를

---

14) 閻步克는 刑과 법이 완전히 같은 개념이 아니라고 지적한다. 그에 따르면, "예와 법 간
의 구별은 단지 刑의 유무에만 있지 않다. 형정과 형서 『법경』 등의 출현은 법률의 공개
화, 정식화, 보편화 현상을 의미하며, 나아가 더욱 순수하면서도 직접적으로 부국강병
에 도움을 주는 정치 규범을 의미한다. 이들은 바로 민간의 습속, 도덕, 종교, 예악,
전례, 정치제도 등이 혼재된 예를 뚫고 출현한 것이다."(『士大夫政治演生史稿』, 북경대
학출판사, 1996, 171쪽)
15) 자세한 내용은 졸고 『德禮之間』, 179쪽을 참조할 것. 그러나 필자는 이 책에서 제시한
견해가 흠잡을 데 없이 완벽하다고는 절대 생각하지 않는다. 오히려 법은 형에서 유래
했고, 심지어 결국은 다시 형으로 귀결되고 말 것이라는 진부한 생각을 타파해야 한다
고 주장한다. 이러한 진부한 주장 속에는 양한시기의 유학자들이 법가와 그들이 대표
하는 법의 정신을 사악한 것으로 여기고자 하는 전통적인 관념 혹은 이데올로기가 포
함되어 있기 때문이다.

좀 더 확장하여, 춘추시기에 거대한 규모로 일어났던 변법운동, 그리고 시대의 변천과 정치의 전변이라는 거대한 역사의 흐름 속에서 그 답을 찾아야 한다.

춘추 말엽 각국에서 개혁을 이끌었던 선구자들은 일찍부터 종법 정치의 고질적인 폐단을 깨닫고 있었다. 이들은 시대의 흐름과 현실적 수요에 발맞추어 변법과 제도 개혁에 착수하였으며, 예의와 풍속의 변혁 및 새로운 제도의 건립을 추진하였다. 이것이 바로 변법운동이 도처에서 발발했던 원인이었다. 춘추전국시대의 변혁과 변법운동을 개괄하여 살펴보면, 토지제도(전통적 정전제의 타파)의 개혁, 형刑과 법法의 단행을 통한 권력의 강화, 정령의 통일 등이 그 주를 이루고 있다. 한마디로 말해, 기존의 '덕 – 례 체계'를 조정하여 변화된 현실적 요구에 발맞추고자 한 것이다. 위둔캉(余敦康)이 지적했듯, 춘추시대에 발생한 여러 차례의 '변법'운동은 사회정치의 여러 방면16)을 깊이 변화시켰다.

기원전 685년부터 제나라 관중이 농병제(군제)17) 및 상지쇠정(토지제)18) 등 새로운 제도를 실시함.

기원전 645년, 진晉나라에서 원전제19)와 주병제20)를 실시함.

기원전 594년, 노나라에서 초세무21)를 실시함.

---

16) 余敦康, 「春秋思想史論」, 『新哲學』 제1집. 사실 이러한 개혁은 토지제도와 군제, 법률 등의 방면에서 주로 나타나면서 전국시기 변법운동의 서막을 열었다.
17) 역자 주: 평상시에는 내정에 힘쓰면서 동시에 군비를 갖추는 농병 일원화 제도.("作內政而寓軍令")
18) 역자 주: 소유한 토지에 따라 세금을 달리 부과하는 제도.
19) 역자 주: 기존의 토지 소유제를 재편하여 공유지를 군중에게 증여하는 제도.
20) 역자 주: 진나라 각 주에서 자체적으로 군대를 편성하도록 한 제도.
21) 노나라의 初稅畝란 『공양전』에서 말한 "履畝而稅"를 가리키며, 선공 15년 가을에 실시되었다. 이에 관해 더 확실한 설명은 『논어』 「안연」 편에 기록된 '십분의 이'라는 설명이다. 이는 기존의 徹法이 규정한 '십분의 일'의 세율을 위반한 것으로, 『좌전』에서는 이를 두고 "예에 맞지 않는다"라고 평했다. 『공양전』에서도 "십분의 일을 징수하는 과거

기원전 548년, 초나라에서 토지제와 군제의 개혁을 실시함.

기원전 543~536년, 정나라 자산이 봉혁封洫22)제도와 구부丘賦23)제도를 실시하고 『형서』24)를 제작함.

기원전 513년, 기원전 493년 진晉나라의 조간자가 형정을 주조하고, 작록제도를 개혁함.

관중은 진정한 의미에서 변법을 추진했던 최초의 인물로 볼 수 있다. 관중이 남긴 말을 모아서 정리해 둔 책이 바로 『관자』이다. 위둔캉(余敦康)에 따르면, 『관자』는 전국시대 때 관중의 사상을 계승하고 발전하여 이루어진 관중학파의 저작이다. 관중학파는 전통적 종법제도를 지양하고 예치와 법치를 유기적으로 결합한 봉건제도를 고안하여 유가와 법가의 중간자적 위치에 처했다.25) 『관자』「추언」에서는 "법은 예에서 나오고, 예는 명名에서 나온다"26)라고 하였는데, 이 단락은 예禮, 법法, 명名 간의 관계를 설명하면서

의 제도"와 부합하지 않는다고 여겼다. 『좌전』애공 11년에서는 다음과 같이 기록한다. "계손이 田賦제도를 실시하고자 재유를 시켜 공자에게 문의하였다. 공자는 '잘 모르겠다'라고 대답했다. 재유가 재차 삼차 여쭙자 공자는 그제야 입을 열어 '선생께서는 나라의 원로이니 본인의 뜻대로 하면 될 터인데, 왜 직접 의견을 말하지 않으시는 건가?'라고 말하고는 직접적인 대답을 회피했다. 그러고 나서 공자는 재유에게 넌지시 이렇게 말했다. '군자가 정사를 펼칠 때는 예에 따라 헤아리되 최대한 넉넉하고 두텁게 베풀고 적절한 방법을 찾아 행하면서 최대한 가볍게 거두어들이면 될 일이다. 내가 보기에 이렇게 하면 충분하다. 그런데 만약 예에 따라 헤아리지 않고 욕심을 그칠 줄 모른다면, 田賦를 실시하여 토지에 따라 세금을 징수한다고 하더라도 여전히 부족할 것이다. 계손선생께서는 법에 맞게 처리하고자 하는데, 이미 주공의 전장이 있으니 그대로 따르면 될 터인데 왜 또 이렇게 의견을 구하신단 말인가?'"(『左傳』, 哀公 11~12년. 자세한 내용은 『公羊傳』, 『國語』「魯語下」, 『春秋會要』 등을 참조할 것)
22) 역자 주: 토지 구역을 재정비한 뒤, 이를 재분배한 제도.
23) 역자 주: 군용품을 징발하는 제도.
24) 고대의 형서에는 주공의 제도와 예법을 다룬 『九刑』(자세한 내용은 『좌전』문공 18년을 참조할 것), 자산이 지은 『刑書』, 진나라에서 주조한 『刑鼎』, 초나라에서 추진했던 『楚仆之法』, 진나라 대부가 창안한 『郭偃之法』 등이 있으며, 이들은 모두 법가사상의 선구 역할을 하였다. 자세한 내용은 『春秋會要』, 170~171쪽을 참조할 것.
25) 余敦康, 「論管仲學派」, 『中國哲學』 제2집(북경: 삼련서점, 1980).
26) '名'은 원래 '治'로 되어 있었으나, 何如璋의 설에 따라 고쳤다.

관중학파의 사상적 특징을 충실히 드러내고 있다. 이에 관하여 옌부커(閻步克)는 "'법이 예에서 나왔다'라고 하면서 따로 법이라는 개념을 사용한 것은 전통의 탯줄을 끊어버린다는 뜻이 있다"[27]라고 날카롭게 지적하기도 하였다.

자산子産은 기원전 543년에서 기원전 536년까지 봉혁제도, 구부제도, 『형서』의 주조 등 세 가지 항목의 개혁 조치를 잇달아 시행하였다. 이는 각각 토지, 병역, 법률(정치)과 관련된 제도[28]로서, 안으로는 공족을 통제하

---

27) 閻步克, 『士大夫政治演生史稿』(北京大學出版社, 1996), 168쪽.
28) 자산이 추진한 封洫은 사실 토지제도를 개혁하는 것이었다. 그 주된 내용은 도랑을 파고 논밭을 재편하며, 토지의 사유를 승인함으로써 소유한 토지에 따라 세금을 징수하는 것이며, 이는 토지의 정기 분배를 실시했던 정전제를 폐지하는 것이기도 하다. 한편 봉혁제로의 개혁은 부친의 뜻을 계승하는 것이기도 했다. 그의 부친인 子國(즉 公子發)은 숙부인 子駟가 시행한 田洫의 개혁 당시 죽음을 당했다. 이러한 개혁은 필연적으로 귀족 집단(공족)의 기득권을 침범하는 일이었기 때문이다. 이것만 봐도 이들이 얼마나 큰 담력과 패기를 지녔는지를 알 수 있다. 사서에서는 다음과 같이 기록하고 있다. "자산이 도읍과 향촌을 서로 구분하고 상하에 따라 각각의 직책을 부여하며 토지 간에 도랑을 파 경계를 구분하고 오두막과 경작지의 대오를 갖추게 하였다. 경대부 중에서 충직하고 검소한 자들을 골라 가까이 두었으며, 교만하고 사치스러운 자들을 몰아냈다."(『좌전』, 양공 30년) 이 개혁은 저항에 부딪혔으나, 일정한 성과를 거두기도 하였다. 새로운 토지제를 실시한 이듬해, 민가에서는 이를 규탄하는 노래가 울려 퍼졌다. "내 옷을 가지고 의복세를 물리고, 내 땅을 가지고 토지세를 물리네. 누군가 자산을 죽인다면 내가 그를 돕겠네." 그런데 삼 년이 지나자 이런 노래가 들리기 시작했다. "집안에 자제가 있으면 자산이 가르치고, 집안에 전답이 있으면 자신이 이를 불려 주네. 자산이 세상을 떠나면 누가 그를 대신할 수 있겠는가?' 이미 사람들은 자산을 자신을 보살펴 주는 부모처럼 여기고 있었다. 이처럼 사람들의 마음이 극적으로 뒤바뀌게 된 과정을 보면, 자산이 실시했던 개혁과 신법의 정당성과 최종 목적은 어디까지나 이익 관계를 조정하여 더욱 합리적으로 경제적, 정치적 이익을 분배하려는 것이었음을 알 수 있다. 즉 전통제도를 얼마나 본받았는가는 이미 고려의 대상이 아니었다. 기원전 538년 자산은 봉혁제도와 세트를 이루는 丘賦 정책을 추진하였다. 여기에서 말하는 '구부'란, "노나라 성공 원년의 丘甲제도를 가리키는 것으로 보인다. 이는 丘라는 단위의 촌락별로 함께 군용품을 헌납하는 방식을 말한다."(楊伯峻, 『春秋左傳註』) 이러한 개혁 정책을 공포하였을 때도 마찬가지로 상당한 반발이 일었다. 당시 백성들 사이에서는 이러한 말이 유행했다. "그의 아비가 길가에서 죽음을 맞이했는데도 자신은 독침을 바짝 세우고 나라에 명령을 내리니, 나라가 장차 어찌 되려고 하는가?' 하지만 자산은 이에 아랑곳하지 않고 이렇게 말했다. "사직을 이롭게 하는 일이라면 생사는 고려의 대상이 아니다." 또 '예와 의를 벗어나지 않았다면 왜 남의 말을 두려워하는가?'라는 『시경』의 구절을 읊으며 자신의 뜻을 표했다.(『좌전』, 소공 4년) 기원전 536년에 이르러, 자산은 상술한 제도를 토대로 새롭게 제정한 형법을 공포했다. 사서에서는 이를 "정나라 사람이 형서를 주조했다"라고 칭했다. (『좌전』, 소공 6년) 이는 법과 법 정신의

고 밖으로는 다른 강대국들을 억제하기 위한 목적을 지니고 있었다. 사실
자산 본인 또한 전통의 덕례德禮를 중시하기는 했으나, 사방에 위기가 도사리
고 있던 당시의 정치 현실은 무엇보다 우선적으로 고려되어야 하는 시급한
문제였다. 이것만 보아도, 이미 덕－례 체계로는 정상적인 정치질서를
유지하기 힘든 상황이었음을 알 수 있다. 이 외에도 『형서』의 주조를 둘러싸
고 벌어진 논쟁 역시 살펴볼 가치가 있다. 물론 지금에 와서 '정나라 사람들이
『형서』을 지었다'라고 한 사서의 기록을 더 자세히 고증할 방법은 없다.[29]
하지만 그 속에는 분명 법(법률)에 관한 내용이나 요소가 포함되어 있어
날로 공고화되던 예禮를 어느 정도는 타파할 수 있었을 것이다. 바꾸어
말해, '『형서』의 주조'가 지니는 주된 의의는 바로 법의 요소를 기존의
예법 제도 속으로 도입하였다는 데에 있다. 『형서』는 당시 사회의 각 계층의
이익을 조정하는 문제와 직면하지 않을 수 없었으므로 기득권 집단의
정치, 사회, 문화적 특권과 저촉되어 상류층 귀족들의 반대를 불러일으킬
수밖에 없었다. 숙향이 자산에게 책을 보내며 타이르고 설득하려고 했던
것 역시 바로 그러한 배경 때문이었을 것이다.

> 과거 선왕들은 형법을 제정해 두지 않고, 일에 따라 판단하여 형벌을
> 결정하였다. 이는 백성들이 다투는 마음을 가질까 두려워했기 때문이다.
> 그래도 여전히 범죄를 막지 못하자, 도의로써 모범을 보이고 정령을 통해
> 단속하고 예에 따라 행동하고 믿음을 보이고 인으로 봉양하였다.……
> 이렇게 함으로써 백성들을 임용하여 부리면서도 환란이 일어나게 하지
> 않을 수 있었다. 만약 백성들이 법의 존재를 알면 윗사람에게 불손하게
> 되며, 사람들은 모두 법을 근거로 하여 다투는 마음을 가지게 된다. 따라서

성장을 촉진하였고, '일에 따라 상의하여 결정하던' 법률 농단의 전통을 고쳤으며, 법전
을 대중들에게 공개했다는 중대한 의미를 지닌다.(瞿同祖, 『中國社會與中國法律』, 305·
197쪽) 따라서 梁啓超는 이를 최초의 성문법 공포로서 중대한 의미를 지닌다고 평하기
도 하였다.(梁啓超, 『先秦政治思想史』, 북경: 동방출판사, 1996, 61쪽)
29) 『刑書』, "大致是鼓勵開墾荒地, 新開墾的荒地私有, 不準他人任意侵占, 國家的軍賦, 按丘按畝向
土地私有者徵收等."(周干, 『子産』, 北京: 中華書局, 1983, 18쪽)

요행으로 성공을 이루었다고 결국은 백성들을 다스릴 수 없다.30)

숙향이 말한 선왕의 제도란 종법정치 구조를 골자로 한다. 이는 서주시기 이래 소리 높여 주창해 온 덕정德政으로, 공자가 추종한 '덕에 의한 정치', 맹자가 표방한 '인정仁政'이 바로 이에 해당한다. 정치 측면에서 보면, 춘추시대의 패업 및 춘추 말엽의 정치 개혁은 정치 모델 및 그에 수반되는 사상 전통의 분화를 촉진하였다. 하지만 유가의 입장에서 이는 덕정德政이라는 정통에 대한 이탈에 지나지 않았다. 이처럼 왕-패, 문-무, 나아가 제나라-노나라 (전통) 간의 대립은 당시 정치 전통 내부의 모순과 긴장을 더없이 잘 보여 주는 현상이었다.31) 공자는 당시의 각종 정치 이념과 그 특징을 개괄하면서 각각의 도덕적 의미와 그 결과를 이렇게 예언하기도 하였다. 즉 "백성들을 정령(政)으로써 인도하고 형벌(刑)로써 다스리면, 백성들은 형벌을 면하고도 부끄러워함이 없다. 반면 덕으로써 인도하고 예로써 다스리면, 백성들은 부끄러움을 알고 잘못을 바로잡게 된다."32) 춘추 말기 이후 정치원칙이 덕德과 예禮, 형刑과 정政이라는 두 가지 큰 체계로 분화되었다고 할 때, 이들은 사실 내적 불일치를 의미한다. 형刑이란 서주시기 확립된 덕德의 정치 원칙 속에 필연적으로 포함될 수밖에 없기 때문이다. 즉 덕德과 예禮는 본래부터 형刑(法, 兵)을 포함하고 있다는 것이다. 이러한 의미에서 자산이 주조한『형서』역시 덕德의 연장으로 볼 수 있다. 하지만 숙향은 이를 두고 "하나라 때 정란이 발생하자『우형』을 지었고, 상나라 때 정란이

---

30)『左傳』, 昭公 6年, "昔先王議事以制, 不爲刑辟, 懼民之有爭心也. 猶不可禁禦, 是故閑之以義, 糾之以政, 行之以禮, 守之以信, 奉之以仁,……民于是乎可任使也, 而不生禍亂, 民知有辟, 則不忌于上, 並有爭心, 以征于書, 而徼幸以成之, 弗可爲矣."

31) 공자는 다음과 같이 말했다. "제나라가 변화하면 노나라의 수준에 이를 수 있고, 노나라가 변화하면 도의 경지에 이를 수 있다."(『論語』,『雍也』) 楊樹達의『논어소증』이 진한 시기 저작인『설원』,『회남자』등을 인용한 것은 춘추 말기의 정치 전통이 이미 왕-패, 문-무 그리고 '친친'을 숭상한 노나라 정치 전통과 '현현'을 숭상한 제나라 정치 전통으로 분화하였음을 잘 설명해 준다.

32)『論語』,「爲政」, "道之以政, 齊之以刑, 民免而無恥; 道之以德, 齊之以禮, 民恥且格."

발생하자 『탕형』을 지었고, 주나라 때 정란이 발생하자 『구형』을 지었다. 이 세 가지 법은 모두 말세에 생겨났다"33)라고 비판하였는데, 이러한 비판은 사실과 부합하지도 않을뿐더러 별다른 논리도 갖추지 못했다. 결국 이 둘의 차이는 숙향이 전통 예법제도를 유지하고 보호하려고 했던 반면, 자산은 세상을 구제하려 했다는 것에 있다. 법률제도 측면에서 말하자면, 이러한 형법의 공포는 일관된 원칙이 없이 일에 따라 상의를 거쳐 결정하던 과거 귀족 전제정치에 대한 도전일 뿐만 아니라, 필연적으로 이를 와해시킬 운명이기도 했다. 이는 기존의 방식을 끝내고 법규의 조례로써 죄와 형벌을 판단하고자 했던 새로운 시도였다.34) 법 정신은 투명성, 공정성이라는 기본적 요구를 내포한다. 그런 의미에서 자산의 이러한 시도는 새로운 풍조를 이끈 선구자적 역할을 담당했다고 볼 수 있다.35)

그 뒤 진晉나라에서도 형정刑鼎을 주조36)하여 공개적으로 법전을 반포하였다. 이는 자산을 비판한 숙향을 보란 듯이 비웃는 일종의 반향이었다. 한비자는 각주구검과 수주대토의 고사로 구태의연함에 얽매여 변화를 두려워하는 당시의 현실을 묘사하였는데, 이는 더없이 적절한 표현이었다. 『좌전』 소공 29년에서는 다음과 같이 기록한다.

---

33) 『左傳』, 昭公 6年, "夏有亂政, 而作『禹刑』; 商有亂政, 而作『湯刑』; 周有亂政, 而作『九刑』. 三辟之興, 皆叔世也."

34) 瞿同祖, 『中國法律與中國社會』(북경: 중화서국, 1981), 305쪽.

35) 마인(H. Maine)에 따르면, 동서양의 법률은 모두 폐쇄 시기를 경험했다. 이 시기, 법조문과 재판 및 소송의 핵심 원리는 소수 특권 계급(예를 들면, 귀족)에 의해 독점되었다.(『古代法』, 북경: 상무인서관, 1996, 7~9쪽) 瞿同祖는 중국 역시 이러한 폐쇄 시기를 경험했다고 주장한다. 숙향이 말한 '형법을 제정하지 않고 일에 따라 상의하여 결정한다'는 원칙이 바로 이러한 폐쇄성(비공개성)을 암시한다. 顔師古는 『한서』「형법지」의 주석에서 다음과 같이 설명한다. "요순은 상형으로 형벌을 대신했고, 오형의 죄를 범한 자들을 유배했다. 『주례』는 삼전과 오형으로 나라의 죄를 다스리되, 법 조항을 미리 세워 두지는 않았는데 이를 누설하여 사람들에게 알려지는 일이 없도록 했다."(瞿同祖, 『中國法律與中國社會』, 213쪽)

36) 『좌전』 소공 29년에는 진나라의 조앙과 순인이 '범선자의 『형서』를 솥에 새긴' 사실이 기록되어 있다.

진나라의 조양과 순인이 군대를 이끌고 여수의 연안에서 축성하였다. 이때 백성들에게 총 사백팔십 근의 쇠를 징수하여 형정을 주조하고는 범선자의 『형서』를 솥에 새겨 넣었다.[37]

그러나 공자는 이를 엄중히 비판하였다.

진나라는 법도를 잃었으니 결국 망하고 말겠구나! 진나라는 당숙唐叔으로 부터 전해 내려온 법도를 지켜 백성들의 준칙으로 삼아야 한다. 경대부들이 각자 지위에 따라 이를 지켜 나가면 백성들은 귀인들을 존경할 것이고, 그렇게 되면 귀인들은 자신들의 가업을 지킬 수 있게 된다. 귀천의 구별이 흐트러지지 않는 것이 바로 법도이다. 따라서 문공은 관직의 서열과 질서를 관장하는 직책을 세우고 피려의 법을 만들어 결국 맹주가 되었다. 그런데 지금 이 법령을 폐하고 형정을 만들어 온 백성들이 모두 형정의 조문을 볼 수 있게 만들었으니, 무엇으로 귀인들을 존경하겠는가? 귀인들을 존경 하지 않는데 귀인들이 어떻게 가업을 지킬 수 있겠는가? 귀천의 질서가 없는데 어떻게 나라를 다스릴 수 있겠는가? 게다가 범선자의 형법은 오랑 캐를 검열할 당시에 제정한 것이니, 이는 진나라를 어지럽힐 제도이다. 어찌 이를 법으로 삼는단 말인가?[38]

공영달의 『춘추좌전정의』에서 인용한 복건의 주석에서는 이렇게 설명 한다. "자산이 『형서』를 주조하니 숙향이 이를 꾸짖었고, 조앙이 형정을 주조하니 공자가 이를 비방하였다. 이는 형벌의 경중을 백성들이 알게 해서는 안 된다는 뜻이다." 공자와 숙향의 논조는 판에 박힌 듯 일치하고 있다. 이들은 모두 선왕의 구제도를 수호하는 것을 자신의 임무로 삼아 개혁과 변법을 강하게 반대하였다. 공자가 제시한 정명正名의 근본 취지는

---

37) 『左傳』, 昭公 29年, "晉趙鞅荀寅帥師城汝濱, 遂賦晉國一鼓鐵, 以鑄刑鼎, 著范宣子所爲刑書焉."
38) 『左傳』, 昭公 29年, "晉其亡乎! 失其度矣. 夫晉國將守唐叔之所受法度, 以經緯其民, 卿大夫以序 守之, 民是以能尊其貴, 貴是以能守其業. 貴賤不愆, 所謂度也. 文公是以作執秩之官, 爲被廬之法, 以爲盟主. 今棄是度也, 而爲刑鼎, 民在鼎矣, 何以尊貴? 貴何業之守? 貴賤無序, 何以爲國? 且夫 宣子之刑, 夷之蒐也, 晉國之亂制也, 若之何以爲法?"

바로 주례周禮를 회복하는 것이었다. 그는 주례에 부합하지 않는 개혁에 반대하는 동시에, 이를 타파하려는 움직임에 강하게 분개하였다. 이처럼 공자와 유가의 제자들은 대부분 보수적인 태도를 보였는데, 정치적으로 말하자면, 유가는 문화 보수주의라고 표현하는 것이 적절할 것이다. 이들은 모두 주나라의 문화를 숭상하는 입장에 서서 왕도를 추존하고 패도에 반대하였다. 춘추시대 인물에 대한 『논어』의 평가, 특히 당시의 풍운아였던 관중과 자산에 대한 평가는 찬반이 다소 일치하지 않는 모습이 있으나, 맹자는 "오패는 삼왕의 죄인들이다"[39]라고 직설적으로 이야기했고, 순자 역시 "공자의 문하에서는 심지어 오척동자조차 오패를 논하는 것을 부끄럽게 생각했다"[40]라고 일갈하였다. 이처럼 왕도와 패도는 물과 불처럼 서로 섞일 수 없는 것이었다.

그러나 흘러가는 물줄기를 어찌 막을 수 있겠는가? 춘추전국시대의 역사적 경험이 말해 주듯, 변법은 국가 사직의 존망과 직결되는 문제였다. 변법을 이루어 낸 자들은 부강해졌고 그렇지 못한 자들은 쇠약해졌으며, 변법을 이루어 낸 자들은 살아남았고 그렇지 못한 자들은 멸망하고 말았다. 예를 들어, 전국 초기의 위魏 문후는 이회李悝를 기용, '토지 이용을 극대화하려는'(盡地力之教) 변법 정책을 시행하면서 위나라를 부국강병으로 이끌고 타국을 공략하였다. 이회의 저작 『법경』 6편은 위로는 형정刑鼎의 정신을 잇고, 아래로는 상앙과 한비를 있게 하였으니, 진한시기 제도의 기초 가운데 하나로 작용했다.[41] 그를 계승한 자 가운데는 대표적으로 오기와 상앙이 있다. 오기가 초나라에서 실시했던 변법의 성패 또한 곧바로 국가의 성쇠와

---

39) 『孟子』, 「告子下」, "五霸者, 三王之罪人也."
40) 『荀子』, 「仲尼」, "仲尼之門, 五尺之竪子言羞稱乎五伯."
41) 『晉書』 「刑法志」에서는 다음과 같이 기록한다. "형법의 조문은 위문후의 스승인 이회가 틀을 세웠다. 그는 『법경』을 편찬하였는데,…… 단지 여섯 편만을 저술했으나, 모두 죄명에 관한 법령을 다루었다. 상군이 이를 배워 秦나라를 보좌하였다." 후에 '한나라는 진나라의 제도를 따랐다', '후대가 모두 진나라의 제도를 따랐다'라는 말이 생겨났는데, 바로 이렇게 형성된 제도가 후대에 계속 영향을 미쳤음을 말한 것이다.

직결되었다. 한비자는 이를 두고 "초나라는 오기의 말을 듣지 않아 혼란을 맞이했고, 진나라는 상군을 따랐기에 부강해질 수 있었다"[42]라고 평하기도 하였다. 오랜 역사에 걸쳐 보았을 때, 중국의 변방에 위치하다시피 했던 진秦나라가 육국을 병합하고 동주와 서주를 집어삼킬 수 있었던 이유는 역시 상앙의 변법이 관건이 되었다고 할 수 있다. 상앙의 변법은 진나라의 종법적 정치체제를 근본적으로 개혁하였다. 구체적으로 보면, 상앙은 20등급의 작위 체계와 군현제를 시행하였고, 공이 있는 신하에게만 봉분을 허가하였으며, '군주의 아우와 자식을 왕으로 세우지 않고'(不立子弟爲王), '이들이 필부로 살아가게끔'(子弟爲匹夫) 하는 원칙을 세웠다.[43] 또한 상앙은 법제를 시행하고 도량형을 통일하였으며 농경과 전쟁의 일치를 장려하여 농업을 중시하고 상업을 억제하는 한편, 『시경』과 『서경』을 불태우고 법령을 내세웠다.[44] 사실을 놓고 보면, 실제로 새로운 역사를 창조한 것은 춘추전국 이래의 변법운동이었지, 정치 보수주의나 문화 보수주의가 아니었다. 우리가 춘추전국시대를 '고금의 일대 변혁의 장'(왕부지, 『독통감론』)이라고 평가한다고 했을 때, 법의 출현과 성장, 법의 제도화 및 법 정신의 고양을 통해 새로운 역사가 창조하고 새로운 풍조가 개창될 수 있었음은 결코 부정할 수 없을 것이다.

이상의 분석과 고찰이 말해 주듯, 법의 출현과 성장, 법의 제도화 및 법 정신의 고양이라는 역사적 흐름은 변법운동을 통해 점차 무르익으며 부단한 성장을 이룩하였다. 바꾸어 말해, 법은 변화를 거쳐 출현한 것으로, 주례周禮를 새롭게 고친 것이 법 혹은 변법의 가장 근본적인 특징이다. 따라서 『관자』 「추언」편의 "법은 예에서 나왔다"라는 구절 역시 바로 이러한 각도에서 이해해야 하며, 상앙이 말한 "변법으로 다스린다"는 말 또한

---

42) 『韓非子』, 「問田」, "楚不用吳起而削亂, 秦行商君而富强."
43) 『史記』, 「李斯列傳」, "不立子弟爲王.", 『史記』, 「秦始皇本紀」, "子弟爲匹夫."
44) 『韓非子』, 「和氏」, "燔『詩』『書』而明法令." 이와 관련된 자세한 논의는 張純·王曉波, 『韓非思想的歷史研究』(북경: 중화서국, 1986), 제1장, 1~28쪽을 참조할 것.

"예를 고쳐 백성을 교화한다"(『상군서』, 「경법」) 혹은 "습속을 헤아려 법으로 삼는다"(『상군서』, 「일언」)라는 의미로 이해할 수 있다.

(상앙이 말했다.) 평범한 사람들은 원래 있던 습속에 안주하기 마련이고, 배우는 자들은 들은 바에 갇혀 있기 마련입니다. 이 둘은 관직에 있으면서 옛날의 법도를 지키는 일을 맡아 할 수 있을 따름이니, 이들과는 옛날의 법도 이외의 일을 함께 논의할 수 없습니다. 삼대의 왕조는 서로 다른 도를 따랐으면서 모두 천하를 다스릴 수 있었고, 오패는 서로 다른 법을 따랐으면서 패자가 될 수 있었습니다. 지혜로운 자는 법도를 새로이 만들지만, 어리석은 자는 그에 제약당합니다. 현명한 자는 예를 고쳐 쓰지만, 무능한 자는 예에 구속됩니다. 예에 구속받는 자들과는 함께 일을 논의할 수 없고, 법에 제약당하는 자들과는 함께 정치를 논의할 수 없습니다.[45]

(상앙이 말했다.) 이전 왕조들의 통치 방식이 각기 다른데, 어떤 왕조의 옛 법을 따라야 한단 말입니까? 이전 제왕들은 서로 답습하지 않았는데, 어떤 제왕들의 예를 따라야 한단 말입니까? 복희와 신농은 교화만을 실시하였지 사람들을 주살하지는 않았습니다. 황제黃帝와 요순은 사람들을 주살하기는 했어도 감정에 따라 처리하지 않았습니다. 문왕과 무왕은 각자 그 시대의 형세에 맞게 법을 세우고, 상황에 따라 예를 제정하였습니다. 이에 예와 법은 형세에 따라 제정되었고 제도와 정령은 상황에 따라 적절하게 시행되었으며 갑옷과 병기는 모두 갖추어져 편리하게 사용할 수 있었습니다. 그래서 소신이 '치세의 도는 하나가 아니며, 국가를 편하게 만들기 위해서 반드시 옛날의 도를 따를 필요가 없다고 한 것입니다. 따라서 상나라 탕왕과 주나라 문왕이 천하에 군림할 수 있었던 것은 옛날의 도를 따랐기 때문이 아니고, 하나라와 은나라가 멸망했던 것 또한 옛날의 예를 바꾸었기 때문이 아닙니다.[46]

---

45) 『新序』, 「善謀」, "子常人安于所習, 學者溺于所聞, 此兩者所以居官而守法也, 非所與論于典法之 外也. 三代不同道而王, 五霸不同法而霸. 知者作法, 而愚者制焉; 賢者更禮, 不肖者拘焉. 拘禮之 人, 不足與言事; 制法之人, 不足與論治."

46) 『新序』, 「善謀」, "前世不同教, 何古之法? 帝王者不相複, 何禮之循? 伏犧神農, 教而不誅; 黃帝堯 舜, 誅而不怒; 及至文武, 各當其時而立法, 因事而制禮. 禮法兩定, 制令各宜, 甲兵器備, 各便其 用. 臣故曰: 治世不一道, 便國不必古. 故湯武之王也不循古, 殷夏之滅也不易禮."

위 인용문을 보면, 상앙이 말한 예禮와 법法은 이미 서로 다른 특징을 나타내고 있음을 알 수 있다. 이들은 심지어 각기 왕도와 패도에 대응하는 의미를 함축하고 있는데, 이 점은 주의 깊게 살펴보아야 한다. 『회남자』에서는 "진晉나라 옛 예가 사라지지 않은 채 한韓나라의 신법이 새롭게 출현함으로써 '형명법술'에 관한 문헌들이 출현하게 되었다"47)고 설명하였다. 그런데 필자는 고대 시기의 '법' 개념은 그 함의가 매우 광범위하고 명료하지 않았다는 점을 강조하고 싶다. 이는 대략 법령, 법 제도 등을 지칭했는데, 한비자 이전의 법은 우리가 지금 말하는 법(law)으로 이해할 수 없었다. 사실 한비가 순자를 계승하여 논했던 법 역시 '법도法度'라는 의미에 그쳤으니, 여전히 예에 종속되어 있었다.48) 맹자의 경우는 더욱 그러하다. 『관자』(그속의 황로편을 제외)에서 말하는 법 역시 주로 주례周禮를 새롭게 고쳐 만든 법을 의미하였으므로, 사실상 주례를 재조정하여 보완한 결과로 보아야 한다. 하지만 '법의 정신'과 '예의 정신'은 확연히 다르며, 예와 법 사이의 이질성은 이들이 결국 다른 길로 향하도록 인도하였다. 한비자의 논의에서도 이러한 점이 잘 드러난다. 정리하자면, 법은 예가 탈바꿈하여 생겨난 것인 동시에, 예를 전복시킬 잠재성을 내포하고 있었다.

사상사 측면으로 접근하면 좀 더 깊은 분석이 가능하다. 덕-례 체계의 역사적 운명을 고려한다면, 우리는 다음과 같은 결론에 도달할 수 있다. 즉, 제도적 측면과 관계된 예禮가 더 이상 생명력을 지니지 못한다면, 내면화된 가치 및 정신적 동력과 관련된 덕德 또한 지속되기 힘들며, 덕-례의 사상 공간 역시 그에 따라 축소되고 말 것이다. 이처럼 법이 제도화되고

---

47) 『淮南子』, 「要略」, "申子者, 朝昭厘之佐, 韓晉別國也. 地墽民險, 而介於大國之間, 晉國之故禮未滅, 韓國之新法重出, 先君之令未收, 後君之令又下, 新故相反, 前後相繆, 百官背亂, 不知所用. 故刑名之書生焉."
48) 순자는 '예를 높이고 법을 중시할 것'(隆禮重法)을 주장하였다. 하지만 이는 본질적으로 말해, '예의 범주 안에 법의 요소를 도입하는 것'(援法入禮)으로서, 예와 법을 조화시키려는 것이었다. 그는 '예를 주로 하고 법으로 보조할 것'(禮主法輔)을 주장하기도 하였다. 자세한 내용은 陸建華, 「荀子禮法關系論」, 『安徽大學學報』 2003년 제27권 제2기를 참조할 것.

법 정신이 고양됨에 따라 예악 문명 및 제도의 사상 공간은 상당 부분 축소되기에 이르렀다. 예를 들어, 조나라 무령왕은 '오랑캐의 습속을 따라 백성을 교화한 바 있는데'[49], 그의 이 같은 정치적, 사회적 행동은 이미 전통적 의미의 덕-례의 사상 공간을 훌쩍 벗어나 있었다. 한 가지 주목할 점은, 그가 한편에서는 "두꺼운 갑옷과 기다린 무기를 가지고는 험난한 지형을 넘을 수 없고, 인의와 도덕을 가지고는 오랑캐를 굴복시킬 수 없다"[50]라고 말하면서, 다른 한편으로는 "재위를 계승함에 선조의 공덕을 잊지 않는 것이 군왕의 도리이고, 왕에게 헌신하여 왕의 밝은 덕을 드러내는 데 힘쓰는 것이 신하의 본분이다"[51], "지극한 덕에 이르고자 하는 자는 세속의 의견에 부합하고자 하지 않고, 큰 공을 이루고자 하는 자는 대중들과 함께 일을 도모하지 않는다"[52]라고 말했다는 것이다.[53] 즉, 무령왕은 덕을 중시하였을 뿐만 아니라 공功 또한 추구하였다. 이러한 사상에 따르면, 제도적 조치는 적절한 때에 따라 그 방법을 변화시켜 나가야지, 과거의 예禮에만 얽매여 있어서는 안 된다. 이른바 '일이 생겨나면 공이 이루어지게 된다. 일이 이루어지고 공이 세워진 후에 비로소 덕이 드러내게 된다[54]'는 것이다.

여기에서 강조하는 공은 명백히 덕의 관념과 의미를 확장한 것이다.

---

49) 『戰國策』, 「趙策二」, "胡服騎射以教百姓."
50) 『戰國策』, 「趙策二」, "今重甲修兵不可以踰險, 仁義道德不可以來朝."
51) 『戰國策』, 「趙策二」, "嗣立不忘先德, 君之道也; 錯質務明主之長, 臣之論(倫)也."
52) 『戰國策』, 「趙策二」, "論(倫)至德者不和于俗, 成大功者不謀于衆."
53) 사실 이 구절들은 『商君書』「更法」에 기록된 '곽언의 법'을 인용한 것이다. 『상군서』 「경법」에서는 다음과 같이 적고 있다. "곽언의 법에서는 다음과 같이 말했다. '지극한 덕에 이르고자 하는 자는 세속의 의견에 부합하고자 하지 않고, 큰 공을 이루고자 하는 자는 대중들과 함께 일을 도모하지 않는다.' 법은 백성을 아끼기 위한 것이고, 예는 일을 편하게 하기 위한 것이다. 따라서 성인이 만약 나라를 강하게 만들 수 있다면 굳이 옛날의 법도를 따를 필요도 없고, 백성을 이롭게 만들 수 있다면 굳이 옛날의 예를 따를 필요가 없다." 위에서 언급한 법의 정신은 전통적 의미의 덕-례와 같지 않고, 새로운 발전의 방향을 보여 준다. 이에 관한 자세한 내용은 졸고 「玄德論: 老子政治哲學和倫理學的解讀與闡釋」, 『商丘師範學院學報』 2013년 제1기를 참조할 것.
54) 『戰國策』, 「趙策二」, "事有所出, 功有所止, 事成功立, 然後德可見也."

푸산(傅山)은 "여기에서 '덕'이라는 글자를 사용한 것은 어색해 보이지만 실은 적절하다"55)라고 설명하였다. 확실히 '덕'이라는 글자가 여기에서 출현하는 것은 의미상 어색하다. 그런데 이러한 '어색해 보이면서도 실은 적절한' 덕의 용법은 어쩌면 예법의 개혁이라는 사상사적으로 거대한 변동을 반영하고 있는 것은 아닐까? 흥미로운 점은 조나라 무령왕의 변법이 지덕至德을 사상 기초로 삼고 있다는 것이다. 그가 말한 지덕은 법이라는 개념을 포괄할 뿐만 아니라, 법의 내적 정신 및 그 동력으로도 볼 수 있다. 그런데 이러한 사고방식은 과거 진 문공의 시기부터 이미 형성되고 있었던 것으로 보인다. 무령왕이 언급했던 몇 가지 구절들은 이미 '곽언의 법'으로 불리고 있었기 때문이다. 지덕이란 최고 경지의 덕을 의미하므로 일반적인 의미의 덕과는 다르다. 따라서 변법의 담론 속에 이 개념이 등장했다는 것은 상당한 함의를 지닌다. 즉 법의 출현과 성장, 법의 제도화 및 법 정신의 고양이라는 현상은 사상 공간의 확장을 강력히 촉진하였으며, '덕-례지간'이라는 구태의연한 형식으로는 '법 제도와 법 정신'이라는 새 생명을 담아낼 수 없음을 의미한다.

관중과 상앙의 학설은 춘추전국 이래로 큰 붐을 일으켰던 변법운동을 역사적 배경으로 한다. 법을 중심으로 한 제도의 창안은 정치 및 사회의 여러 이론 문제를 사고하는 현실적 기초를 정립한 한편, 그 자체로 시대정신을 나타내는 풍향계의 역할을 담당하기도 하였다. 이 점은 의심의 여지가 없다. 법이 주례周禮의 경장으로부터 첫걸음을 뗀 만큼, 예禮를 새롭게 고쳐 만든 산물로 볼 수 있지만, 법의 정신만은 '덕-례'와는 확연히 구분된다. 사상사 각도에서 분석하자면, 법의 출현과 성장, 법의 제도화 및 법 정신의 고양은 필연적으로 더 깊고 추상적이고 이론화된 사상 기초를 요구하게 된다. 춘추전국시대의 사상 문화계, 특히 철학적 돌파가 이루어진 이후의

---

55) 傅山, 『霜紅龕集』(太原: 山西人民出版社, 1985), 卷十八, "德字古文迂用. 『國策』趙武靈王胡服篇: '事成功立, 然后德可見也. 此處用一德字, 似迂然不迂' 『漢古文苑』蔡中郎『協和婚賦』: '惟休和之盛代, 男女德乎年齒.' 又迂得妙."

사상계를 돌이켜 보면, 과연 그 무엇이 구시대의 제도를 타파하고 대혁명을 일으킨 법에 필적할 만한 '영웅'적 존재일 수 있겠는가? 다른 것은 있을 수 없다. 오직 도道만이 가능할 것이다!

2. 도와 법

사상사 맥락 속에서 도와 법의 만남은 당연하게도 우연적인 해후가 아니었다. 그렇다면 이를 어떻게 보아야 할까?

철학의 시대에 진입한 이후에도 덕−례 개념을 중심으로 선립된 사상계는 완전히 폐허로 전락하지는 않았다. 오히려 제자백가는 서로 다른 경로로 분화와 발전을 거듭하며 한층 다원화된 사상세계를 창조했고, 이를 과거의 사상세계(덕−례 체계) 위에 쌓아 올렸다. 예를 들면, 공자가 확립한 인仁과 예禮라는 두 개의 축은 이른바 '인의에 뜻을 두는' 유가사상 전통을 열었다. 사실 이는 '덕−례'라는 사상 논리를 따라 창조적 변화를 전개한 결과라고 할 수 있다. 그렇다면 도가는 어떨까? 도가는 바로 도덕지의道德之意를 통해 이러한 이런 창조적 변화를 완성하였으며, 도와 법을 상호 결합하여 이론 기초로 삼았다. 도라는 개념은 이른바 '철학적 돌파'의 중요한 척도가 된다. 도라는 개념이 이론상 최상의 범주로 부상하면서 덕은 이전과 같은 가장 심원하고 가장 핵심적인 사상 범주라는 사상사적 지위를 지닐 수 없게 되었다. 특히 도가 이론 구조 내에서 이 점은 더없이 명백하다. 앞에서도 언급했듯, 변법운동이 근거로 삼은 지덕至德은 도가철학 속에서 계속 이어지면서 새로운 함의를 부여받고 결국 현덕玄德의 다른 한 표현으로 자리 잡았다.56) 이는 상당히 의미심장한 일이 아닐 수 없다.

제자철학은 제자백가 이전 시기의 사상사의 환골탈태를 통해 탄생했다.

---

56) 鄭開, 「玄德論: 老子政治哲學和倫理學的解讀與闡釋」, 『商丘師範學院學報』 2013년 제1기.

이러한 과정에서 제자백가 이전 시기의 사상적 공간은 제자철학이 보여주는 더욱 복잡하고 심오한 새로운 차원의 사상 공간으로 확장되었다. 그 속에는 여러 가지 담론이 말 그대로 얽히고설켜 존재한다. 이를 요약하면, 도 개념은 덕이 지녔던 지배적 지위를 초월하였고, 법이라는 제도 조치와 그 정신 가치는 예禮를 겨냥하여 더욱 혁명적으로 변화되었다. 바로 이러한 것들이 주요한 사상사적 초점이다. 이렇게 본다면, '도법지간'의 사상 공간은 더없이 중요한 연구 가치를 지닌다.

(1) 우선 한 가지를 언급하자면, 사상사적 의미를 지닌 도법道法이라는 용어는 대체로 황로학 저작에서만 등장한다. 더 정확하게 말하자면, 황로 정치철학 담론 속에서 출현한다. 예를 들면, 다음과 같다.

> 따라서 천자는 좋은 일을 하면 그 선덕을 하늘에게 돌리고, 제후는 좋은 일을 하면 그 복을 천자에게 돌리고, 대부는 좋은 일을 하면 공을 군주에게 헌납하고, 백성들은 좋은 일을 하면 부친의 덕으로 여기고 복을 웃어른에게 돌려야 한다. 이것이 도법道法이 생겨나는 근원이니, 다스림의 근본이 된다.[57]

> 도는 인간의 타고난 본성에서 나오는 것이지, 인간이 만들어 내는 것이 아니다. 성왕과 명군은 도를 잘 이해하고 잘 설명한다. 따라서 백성을 다스림에 일정한 도가 있고, 재물을 생산하는 데 일정한 법칙이 있다. 도는 만물의 요체이기도 하다. 군주가 이 요체를 가지고 때를 기다리면 아래에 간악하고 거짓된 마음을 갖는 자가 있어서 군주를 죽이려 해도 감히 죽이지 못한다. 도는 허정한 상태에 놓여 있으니 이를 행하려는 군주가 있으면 막힘없이 통하지만, 없으면 막혀서 통하지 않는다. 도가 없으면 백성들을 다스릴 수 없고, 도가 없으면 재물을 생산할 수 없다. 백성을 다스리고 재물을 생산하여 얻어지는 복은 윗사람에게 돌아간다. 따라서 명군은 도법을 중시하고 나라를 가벼이 여기는 것이다. 한 나라를

---

57) 『管子』, 「君臣上」, "是故天子有善, 讓德于天. 諸侯有善, 慶之于天子. 大夫有善, 納之于君. 民有善, 本于父. 慶之于長老. 此道法之所從來, 是治本也."

다스리는 군주의 도는 군주의 다스림 그 자체에 있고, 천하를 다스리는
왕의 도는 왕의 다스림 그 자체에 있다. 크게는 천하의 왕이 되고 작게는
한 나라의 군주가 되는 것은 바로 도가 그곳에서 작용했기 때문이다.
따라서 하고자 하는 것을 백성에게 이루어 낼 수 있고, 싫어하는 것을
백성에게서 제거해 낼 수 있다. 하고자 하는 것을 백성에게 이루어 내니
현명한 인재들이 뒤따르게 되고, 싫어하는 것을 백성에게서 제거해 내니
간악하고 거짓을 일삼는 자가 발각된다. 이는 마치 야장이 쇠를 제어하고,
도공이 진흙을 제어하는 것과 같은 이치다.58)

성군은 법을 명확히 밝혀 굳게 지킬 수 있도록 한다. 여러 신하들은 마음을
합하여 마치 수레바퀴가 바퀴통에 모이는 것처럼 군주를 섬기고, 백성들은
서로 화복하여 정령을 듣고 도법道法에 따라 일을 행한다. 따라서 말하기를
"법을 만드는 자가 있고, 법을 집행하는 자가 있고, 법에 따라 행하는
사람이 있다"라고 말한다. 법을 만드는 자는 군주이고, 법을 집행하는
자는 신하이며, 법에 따라 행하는 자는 백성이다. 군신, 상하, 귀천에 관계없
이 모두가 법을 따르는 것을 두고 크게 다스려졌다고 말한다.59)

옛날 치국의 요체를 온전하게 터득했던 자는 천지를 살피고 강과 바다를
관찰하고 산골짜기의 형세에 따랐으며, 해와 달이 비추는 대로 계절이
흘러가는 대로 구름이 드리우고 바람이 부는 그대로 하였다. 지모로 마음을
고생스럽게 하지 않았고, 사심으로서 자신을 고생스럽게 하지 않았다.
국가의 치란을 법술에 맡기고 시비의 판단을 상벌에 맡기고 일의 경중은
권형의 기준에 맡겼다. 천리를 어기지 않고 사람들의 성정을 상하게 하지
않았으며, 털을 불어 작은 흠집을 찾아내고자 하지 않고 더러운 것을

---

58) 『管子』, 「君臣上」, "道者, 誠人之姓也, 非在人也. 而聖王明君, 善知而道之者也. 是故治民有常
道, 而生財有常法. 道也者, 萬物之要也. 爲人君者, 執要而待之, 則下雖有奸僞之心, 不敢殺也.
夫道者虛設, 其人在則通, 其人亡則塞者也. 非茲是, 無以理人, 非茲是, 無以生財. 民治財育, 其
福歸于上, 是以知明君之重道法而輕其國也. 故君一國者, 其道君之也. 王天下者, 其道王之也. 大
王天下, 小君一國, 其道臨之也. 是以其所欲者, 能得諸民, 其所惡者, 能除諸民. 所欲者能得諸民,
故賢材遂. 所惡者能除諸民, 故奸僞省. 如治之于金, 陶之于埴, 制在工也."
59) 『管子』, 「任法」, "聖君亦明其法而固守之, 群臣修通輻湊, 以事其主, 百姓輯睦聽令, 道法以從其
事. 故曰: 有生法, 有守法, 有法于法. 夫生法者君也, 守法者臣也, 法于法者民也, 君臣上下貴賤
皆從法, 此謂爲大治."

씻어 은밀한 것까지 살피려 하지 않았다. 정해진 틀 밖으로 끌어내거나 안으로 밀어 넣고자 하지 않았으며, 법 이상으로 엄격하게 다루거나 법 이하로 가볍게 다루지 않았다. 정해진 이치를 지키고 자연에 따랐다. 화와 복이란 도법道法에서 생겨나는 것이지 좋아하고 미워하는 감정에서 나와서는 안 된다. 영예와 치욕의 책임은 자신에게 있지 다른 사람에게 있지 않다. 따라서 지극히 안정된 시대에는 법이 마치 아침이슬처럼 순결하여 제멋대로 실행되는 일이 없었으니 사람들의 마음에 맺힌 원한이 없고 입에서 불평하는 말이 나오지 않았다. 따라서 수레와 말이 먼 길을 달려 피폐해지거나 깃대가 큰 늪 속에 빠져 헤매는 일이 없었고, 백성들이 전쟁에서 생명을 잃거나 용사들이 깃발 아래 목숨을 잃는 일이 없었으니, 호걸이 서책에 이름을 적어두는 일이 없었고 기물에 공을 새기는 일이 없었고 국가의 기록란이 텅 비어 있었다. 따라서 말하기를 "이득은 간략한 것보다 더 길게 유지되는 것이 없고, 복은 평안한 것보다 더 오래가는 것이 없다"라고 하였다.[60]

선왕은 도를 원칙으로 삼고 법을 근본으로 삼는다. 근본인 법을 잘 다스리는 자는 명성이 높아지고 이를 어지럽히는 자는 명성이 끊긴다. 지혜나 재능이 총명하고 뛰어난 사람들은 스스로 생각하여 근거가 있으면 행동하고 근거가 없으면 멈춘다. 따라서 이러한 자는 도를 스스로 실행할 수는 있으나 남에게 전해줄 수는 없다. 그래서 도법에 따르면 모두 온전하게 행할 수 있으나, 지혜와 재능에 따르면 실패하는 경우가 많다. 저울을 매달아 평형을 알고, 규구를 설치하여 둥긂을 알게 하는 것이 모두가 온전하게 행할 수 있는 방법이다. 현명한 군주는 백성이 도를 몸에 걸치게 하므로 손쉽게 공을 이룰 수 있다. 규칙을 버린 채 기교에만 의지하고, 법을 버린 채 지모에만 의지하는 것은 혼란을 부르는 방법이다. 혼란한 군주는 백성들이 지모와 기교를 몸에 걸치도록 하므로 고생만 할 뿐

---

60) 『韓非子』, 「大體」, "古之全大體者, 望天地, 觀江海, 因山谷, 日月所照, 四時所行, 雲布風動, 不以智累心, 不以私累己. 寄治亂于法術, 托是非于賞罰, 屬輕重于權衡. 不逆天理, 不傷情性, 不吹毛而求小疵, 不洗垢而察難知, 不引繩之外, 不推繩之內, 不急法之外, 不緩法之內. 守成理, 因自然. 禍福生乎道法, 而不出乎愛惡. 榮辱之責在乎己, 而不在乎人. 故至安之世, 法如朝露, 純樸不散, 心無結怨, 口無煩言. 故車馬不疲弊于遠路, 旌旗不亂于大澤, 萬民不失命于寇戎, 雄駿不創壽于旗幢, 豪傑不著名于圖書, 不錄功于盤盂, 記年之牒空虛. 故曰: 利莫長于簡, 福莫久于安." 이 단락은 『愼子』의 소실문으로 보인다.

공을 이루지 못한다.[61]

후직, 고요, 이윤, 주공단, 태공망, 관중, 습붕, 백리해, 건숙, 구범, 조쇠, 범려, 대부종, 봉동, 화등, 이 열다섯 인물은 신하로서 아침 일찍 일어나고 밤늦게 잠자리에 들었으며 자신을 낮춘 채 마음을 비우고 공경스러운 태도로 형벌을 공명정대하게 시행하고 맡은 직분에 힘쓰며 군주를 섬겼다. 이들은 좋은 의견을 진언하고 도법道法에 통달하였으면서도 스스로 이를 자랑하지 않았고 성공하여 업적을 세우더라도 자신의 공을 내세우지 않았다. 나라의 이익을 위해 자기 가문의 손해를 감수하였으며 군주의 안녕을 위해 자신의 한 몸을 다 바쳤다. 이처럼 군주를 마치 하늘이나 태산과 같이 높이면서 마치 구렁텅이처럼 자신을 낮추었다. 군주의 명성이 나라 안에 널리 드날리면 설령 자신은 구렁텅이와 같이 낮은 위치에 처하는 것도 서슴지 않았다. 이와 같은 신하는 설령 혼탁한 군주를 맞이한다 해도 오히려 공을 이룰 수 있으니, 총명한 군주를 만나면 어떻겠는가? 이러한 자를 가히 패왕의 보좌라 할 수 있다.[62]

법령을 세우는 것은 사사로움을 폐하기 위해서이다. 법령이 시행되면 사도는 폐기된다. 사사로움은 반드시 법을 어지럽히게 된다. 그런데 어떤 선비는 두 가지 마음을 품고 사사로운 학문을 배워 산림에 은거한 채 심모원려를 일삼는다. 이에 크게는 세상을 비난하고 작게는 사람들을 현혹하니, 군주는 이를 금하지 않고 오히려 명예를 드높이고 실질적으로 도움까지 주고 있다. 따라서 이들은 공이 없어도 이름을 드날리고 애쓰지 않아도 부유해지는 것이다. 상황이 이런 식이니, 선비들이 왜 다들 법령을 비방하고 세상에 반하는 바를 찾으려 하지 않겠는가? 윗사람을 어지럽히고

61) 『韓非子』, 「飾邪」, "故先王以道爲常, 以法爲本, 本治者名尊, 本亂者名絶. 凡智能明通, 有以則行, 無以則止. 故智能單道, 不可傳于人. 而道法萬全, 智能多失. 夫懸衡而知平, 設規而知圓, 萬全之道也. 明主使民飾于道之故, 故佚而則功. 釋規而任巧, 釋法而任智, 惑亂之道也. 亂主使民飾于智, 不知道之故, 故勞而無功."

62) 『韓非子』, 「說疑」, "若夫後稷 · 皐陶 · 伊尹 · 周公旦 · 太公望 · 管仲 · 隰朋 · 百裏奚 · 蹇叔 · 舅犯 · 趙衰 · 範蠡 · 大夫種 · 逢同 · 華登, 此十五人者爲其臣也, 皆夙興夜寐, 卑身賤體, 竦心白意, 明刑辟治官職以事其君, 進善言 · 通道法而不敢矜其善, 有成功立事而不敢伐其勞. 不難破家以便國, 殺身以安主. 以其主爲高天泰山之尊, 而以其身爲壑谷釜洧之卑, 主有明名廣譽于國, 而身不難受壑谷釜洧之卑. 如此臣者, 雖當昏亂之主尙可致功, 況于顯明之主乎? 此謂霸王之佐也."

세상에 반하는 자들은 항상 두 가지 마음을 품고 사사로운 학문을 하는 이러한 자들이다. 따라서 『본언』에서 말하기를 "법으로 다스려지고 사사로움으로 혼란해진다. 법이 바로 서면 사사로움이 일어날 수 없다"라고 하였다. 따라서 사사로움을 따르면 혼란해지고 법을 따르면 다스려질 수 있다. 군주에게 도가 없으면 지자가 사사로운 말을 사용하고, 현자는 사사로운 뜻을 품게 된다. 군주가 사사롭게 은혜를 베풀면 아랫사람은 사사로운 욕심을 가지며 성인과 지자들이 무리를 이루어 거짓된 말을 꾸며내 사람들을 선동하고 불법적인 수단으로 군주를 대한다. 그런데도 군주는 이를 금하지 않고 오히려 존중하니, 이는 아랫사람에게 윗사람의 말을 듣지 말고 법을 따르지 말라고 가르치는 것이나 다름이 없다. 상황이 이러하니, 현자들은 명성을 드날리며 높은 지위에 있게 되고 간사한 자들은 상을 타며 부유해지게 된다. 현자들이 명성을 드날리며 높은 지위에 있고 간사한 자들이 상을 타서 부유해지면 결국 윗사람이 아랫사람을 이기지 못하는 꼴을 초래하고 만다.[63]

언어학 규칙의 측면에서 보든 사상사적 측면에서 보든, 도법道法이라는 합성어의 출현 혹은 도道와 법法이라는 두 개의 낱말이 도법으로 결합된 현상은 절대 우연으로 치부할 수 없다. 이는 도道와 법法의 두 가지 사유 방식이 서로 치열하게 대화하고 교류하여 결합된 결과로서, 두 가지 사상이 서로 부딪히는 과정에서 태어난 산물인 동시에 이상과 현실 사이의 관계를 이론적으로 제시해 주는 것이다. 위 인용문 중에서 『관자』가 황로사상의 집체라는 것은 의심의 여지가 없다. 그런데 문제는 『한비자』가 과연 황로 정치철학의 범위에 속하는가 하는 것이다. 앞에서 인용한 몇 가지 단락의 내용과 『한비자』의 다른 몇 편을 종합하여 분석과 비교를 진행해 보면,

---

63) 『韓非子』, 「詭使」, "夫立法令者以廢私也, 法令行而私道廢矣. 私者所以亂法也. 而士有二心私學岩居窴處托伏深慮, 大者非世, 細者惑下; 上不禁, 又從而尊之, 以名化之以實, 是無功而顯, 無勞而富也. 如此, 則士之有二心私學者, 焉得無深慮勉知詐與誹謗法令以求索, 與世相反者也. 凡亂上反世者, 常士有二心私學者也. 故『本言』曰: '所以治者法也, 所以亂者私也. 法立, 則莫得爲私矣.' 故曰: 道私者亂, 道法者治. 上無其道, 則智者有私詞, 賢者有私意. 上有私惠, 下有私欲, 聖智成群, 造言作辭, 以非法措于上. 上不禁塞, 又從而尊之, 是教下不聽上不從法也. 是以賢者顯名而居, 奸人賴賞而富. 賢者顯名而居, 奸人賴賞而富, 是以上不勝下也."

한비 정치철학사상의 연원과 기초 역시 황로라고 볼 수 있다. 진풍陳澧은 "한비가 '인', '의', '예' 세 가지 개념을 해설한 내용은 온전히 유가에 속하는 것으로 더없이 심오하다"라고 말했는데, 천치유(陳奇猷)는 이 의견에 반박하였다. 그에 따르면, "한비자의 사상은 분명 사마천이 말한 대로 황로에 근본을 두었다. 그는 노자의 소국과민이라는 이상향에 근거하여 법치가 실현된 자신만의 이상사회의 이념을 도출하는 등, 노자를 빌려 자신의 법치 이론을 펼쳤다."64) 하지만 인상만으로 결론을 도출하기보다는 문헌(text)을 통한 맥락(context)적 이해에 도달해야만 비로소 심층적 분석이 가능할 것이다. 한비에 관한 사마천의 설명을 다시 한 번 살펴보자. 그에 따르면, "(한비는) 형명법술의 학문을 좋아하며 그 근본은 황로로 귀결된다.……그는 기준과 척도를 가져와 실제의 사정을 판단하고 시비를 밝혔다. 은혜를 베풀지 말고 법을 엄격하게 적용해야 한다고 여겼으니, 그의 사상은 모두 도덕지의에 근거를 두고 있다."65) 이러한 설명을 보면, 한비자 법리학法理學의 기초는 어디까지나 도덕지의道德之意에 있었음을 알 수 있다.66) 『한비자』 가운데 이론성이 강한 「해로」, 「유로」, 「양권」, 「주도」, 「대체」 등의 여러 편67)은 모두 선명한 황로학적 색채를 띠고 있다. 따라서 한비자 이론 사고의 가장 중요한 사상 자원은 바로 도가철학 특히 황로 정치철학에 있었으며, 이는 한비자의 정치사상에 이론적 깊이를 제공해 주었다고 할 수 있다.68)

---

64) 陳奇猷, 『韓非子新校註』(상해: 상해고적출판사, 2000), 머리말, 1~2쪽; 『晚翠園論學雜著』(상해고적출판사, 2008), 69~77쪽.

65) 『史記』, 「老子韓非列傳」, "喜刑名法術之學, 而其歸本于黃老.……韓子引繩墨, 切事情, 明是非, 其極慘礉少恩, 皆原于道德之意."

66) 양웅은 『한비자』와 『장자』에 상당한 불만을 품고 있었는데, 그는 장자와 신불해, 한비가 '성인의 말씀을 어겼다'고 보았다. 이러한 평가는 한편으로 사마천의 설명을 인증하는 셈이다. 사마천은 한비의 '형명지술'이 '도덕지의'에 근거를 둔다고 했는데, 형명과 도법 등의 이론은 모두 노장으로부터 기원한 것이기 때문이다.

67) 胡適, 容肇祖 등은 이들 여러 편이 한비의 작품이 아니라고 여겼으나, 근거가 부족하여 이미 陳奇猷, 張純, 王曉波 등에 의해 반박되었다. 자세한 내용은 張純 · 王曉波, 『韓非子思想的歷史硏究』(북경: 중화서국, 1986), 34~35쪽을 참조할 것.

68) 金鵬程(Paul Goldin), 尤銳(Yuri Pines) 등은 한비자의 정치사상은 어떤 이론을 세웠다기보다 주로 군주 통치의 실질 문제에 치중해 있다고 보았다. 이 문제는 깊이 따져 볼

이 외에 문헌학과 언어학에 관한 몇 가지 간단한 문제를 논의해 보도록 하자. 앞에서 인용한『한비자』「대체」편의 글은 아마도 신자(신도)의 소실문으로 보이는데, 만약 이것이 사실이라면, 현재 전해지는『한비자』는 직하 학자들의 글까지도 포함하고 있다는 말이 된다. 실제로 직하도가(특히 신자)의 사상적 특징은 '도법지간道法之間'이라 할 수 있는데, 심지어 이들은 도법가道法家 혹은 법도가法道家로 불리기도 한다.[69]『관자』「군신상」에서는 "도는 인간의 본성을 다하는 것이다"라고 하였고,『한비자』「궤사」에 나오는 도법道法은 바로 '법을 도로 삼는다'(즉, 법을 기본 원칙으로 확립하다.)라는 뜻으로 이해할 수 있다. 이러한 몇 가지 세부 사항을 가지고 '도와 법 사이'의 관계를 토론해 보도록 하자. 황로 정치철학이 '법'을 최상위의 원칙으로 확립하고자 했다면, 그를 위한 이론 기초로 가장 먼저 떠올릴 수 있는 선택사항은 분명 도가의 도론道論(도가철학의 핵심 이론)이었을 것이다. 도 개념 및 도 이론이야말로 '철학의 시대'에 탄생한 가장 심오하고 특색 있으며 매력적인 사상적 창조물이기 때문이다. 철학의 성찰을 통해 담금질해 낸, 가장 항구적인 성질을 지닌 도라야만 끝없이 변화를 이어 나가는 법에 견고한 이론 기초를 부여해 줄 수 있다. 다른 한편으로, '도와 법 사이'의 충돌과 화합은 강렬한 사상적 충격파를 일으켜 정치철학의 사유 공간을 확장해 줄 수 있다. 이것이 바로 황로 정치철학이 '도와 법 사이'를 관통하고자 매진했던 이유라고 할 수 있다.

한비자는 "법령을 세우는 것은 사사로움을 폐하기 위해서이다. 법령이 시행되면 사도는 폐기된다. 사사로움은 반드시 법을 어지럽히게 된다"[70]라고 강조하였고,『회남자』「수무훈」에서도 "사사로운 뜻을 공정한 도에

가치가 있다. 사실 Yuri Pines 역시 한비자의 정치이론과 전국 중기 황로 문헌의 내용이 완벽히 일치한다는 점은 인정하고 있다. 자세한 내용은 尤銳,『展望永恒帝國: 戰國時代的 中國政治思想』(상해: 상해고적출판사, 2013), 123·130쪽을 참조할 것.

69) 王叔岷,『先秦道法思想講稿』(북경: 중화서국, 2007); 盧國龍,『道教哲學』(북경: 화하출판사, 1997), 39쪽.

70)『韓非子』,「詭使」, "夫立法令者以廢私也, 法令行而私道廢矣. 私者所以亂法也."

개입시킬 수 없고 탐욕에 의해 올바른 법칙을 왜곡할 수 없다"[71]라고 하였다. 이처럼 황로학파와 법가는 이구동성으로 '공公'을 귀하게 여기고 '사私'를 제거해야 한다고 주장한다.[72] 물론 이러한 주장은 예악문명 혹은 덕-례 체계의 결함을 겨냥하여 제기된 것이다. 법은 예와 비교할 때, 더 공개적이고, 공평하고, 공정하다는 특징을 지니는데, 특히 그 정치상의 공공성과 법률상의 공식성이 두드러진다. 왕부지는 군현제가 기존의 봉건제를 대체한 것은 내적 필연성에 의한 것으로서 공과 사 간의 구별이 바로 이 문제를 판단하는 척도가 된다고 지적하였다.(『독통감론』, 권1) 실제로 법률상의 공공성과 객관성은 바로 황로학이 내세우는 도법道法 통치의 직접적인 근거이기도 하다. 이른바 "공공성이란 보편적 이해관계와 그에 동반되는 정의 및 공정함에 관한 특성으로, 이는 '공공영역'(publication)이나 '공적 문제'(public affairs)와 얽혀 그 속에서 모습을 드러낸다."[73]

사실 이 문제는 좀 더 세밀하고 깊이 살펴볼 필요가 있다. 우선 『회남자』의 한 단락을 인용하여 논의를 이어 나가도록 하겠다.

성인은 예악을 제정하지만 예악에 의해 제약을 받지는 않는다. 나라를 다스리는 데는 일정한 이치가 있으니 백성을 이롭게 하는 것을 근본으로 삼아야 한다. 정령을 내려 백성들을 교화하는 데는 일정한 법칙이 있어야

---

71) 『淮南子』, 「脩務訓」, "私志不得入公道, 嗜欲不得枉正術."
72) 『鄧析子』, 「轉辭」, "目貴明, 耳貴聰, 心貴公. 以天下之目視, 則無不見; 以天下之耳聽, 則無不聞; 以天下之智慮, 則無不知. 得此三術, 則存於不爲也."; 『愼子』, 「威德」, "法製禮籍, 所以立公義也. 凡立公, 所以棄私也."; 『荀子』, 「君道」, "公道達而私門塞矣, 公義明而私事息矣."(按『韓詩外傳』卷六略同,『君道』亦包含明顯的「黃老意」); 『呂氏春秋』, 「貴公」, "昔先聖王之治天下也, 必先公, 公則天下平矣.……天下非一人之天下也, 天下之天下也. 陰陽之和, 不長一類; 甘露時雨, 不私一物, 萬民之主, 不阿一人. 伯禽將行, 請所以治魯, 周公曰: '利而勿利也.' 荊人有遺弓者, 而不肯索, 曰: '荊人遺之, 荊人得之, 又何索焉?' 孔子聞之曰: '去其荊而可矣.' 老聃聞之曰: '去其人而可矣.' 故老聃則至公矣. 天地大矣, 生而弗子, 成而弗有, 萬物皆被其澤得其利, 而莫知其所由始, 此三皇五帝之德也."; 『韓非子』, 「飾邪」, "明主之道, 必明於公私之分, 明法製, 去私恩."; 『韓非子』, 「有度」, "能去私曲就公法者, 民安而國治; 能去私行行公法者, 則兵強而敵弱."; 『韓非子』, 「詭使」, "立法令者, 以廢私也. 法令行而私道廢矣. 私者, 所以亂法也."
73) 王中江, 「黃老學的法哲學原理, 公共性和法律共同體理想─爲什麼是「道」和「法」的統治」, 『簡帛文明與古代思想世界』(북경대학출판사, 2011), 455~456쪽.

하니 무엇보다 명령이 잘 수행되는 것을 우선으로 삼아야 한다. 백성에게 이로울 수 있다면 반드시 옛것만을 본받을 필요가 없고, 명령을 잘 수행할 수 있다면 반드시 옛것만을 따를 필요가 없다. 하나라와 상나라가 몰락한 것을 보면, 법을 바꾸어서 망한 것이 아니며, 삼대 왕조가 흥기한 것을 보면, 전대의 제도를 답습해서 왕조를 세운 것이 아니다. 따라서 성인의 법은 시대와 함께 변하고 성인의 예는 세상의 습속과 더불어 바뀐다. 의복과 도구는 편리함에 따라 알맞게 사용하고, 법령과 제도는 사정에 알맞게 시행한다. 따라서 옛것을 바꾸었다고 해서 반드시 나쁘다고 할 수 없고, 현재의 습속을 따른다고 해서 반드시 좋다고 할 수 없다. 온갖 물줄기가 각기 다른 원천에서 나오지만 결국 모두 바다로 흘러드는 것처럼, 제자백가들의 주장이 서로 다르지만 결국은 세상을 다스리는 목적으로 귀결된다. 왕도에 결함이 생기자 『시경』이 지어졌고 주나라 왕실이 쇠퇴하고 예와 의가 무너지자 『춘추』가 지어졌다. 『시경』과 『춘추』가 비록 '학문의 꽃'이라고 하나 결국 모두 세상이 쇠퇴함으로써 만들어진 것이다. 그러니 유가에서 이를 따라 세상을 가르치고 인도한다고 하더라도 어찌 삼대 왕조만큼 흥성할 수 있겠는가? 『시경』과 『춘추』를 옛날의 도라고 하여 귀하게 여기지만, 『시경』과 『춘추』가 지어지기 이전의 시대도 있었다. 도의 결함이 생긴 것보다 도가 온전한 것이 더 나을 수밖에 없다. 마찬가지로 선왕 남긴 『시경』과 『서경』을 통째로 외우는 것보다는 직접 그 말을 듣는 것이 낫고, 말을 듣는 것보다는 그러한 말의 이치를 직접 깨우치는 것이 낫다. 그 이치를 깨달은 사람들은 말로는 그것을 설명할 수 없다.[74]

황로학자들은 시대에 따른 변화를 강조하면서, '법은 시대와 함께 변하고 예는 세상의 습속과 더불어 바뀌어야 한다'(法與時變, 禮與俗化)는 이치를 분명히 밝혔다. 그런데 여기에는 변화하여 흘러가는 우주의 과정과 흥망성쇠가

---

74) 『淮南子』, 「氾論訓」, "故聖人制禮樂, 而不制于禮樂. 治國有常, 而利民爲本; 政教有經, 而令行爲上. 苟利于民, 不必法古; 苟周于事, 不必循舊. 夫夏商之衰也, 不變法而亡; 三代之起也, 不相襲而王. 故聖人法與時變, 禮與俗化, 衣服器械, 各便其用; 法度制令, 各因其宜. 故變古未必非, 而循俗未足多也. 百川異源, 而皆歸于海; 百家殊業, 而皆務于治. 王道缺而『詩』作, 周室廢, 禮義壞, 而『春秋』作. 『詩』『春秋』, 學之美者也, 皆衰世之造也, 儒者循之, 以教導于世, 豈若三代之盛哉! 以『詩』『春秋』爲古之道而貴之, 又有未作『詩』『春秋』之時. 夫道其缺也, 不若道其全也. 誦先王之『詩』『書』, 不若聞得其言; 聞得其言, 不若得其所以言. 得其所以言者, 言弗能言也."

이어지는 역사적 경험을 어떻게 한층 더 깊이 인식할 수 있을까 하는 문제가 자연스럽게 뒤따른다. 과연 우주의 거대한 변화와 인류의 장엄한 역사는 그저 카오스적인 무질서 속에서 우연히 마주친 단편적인 결과일 뿐일까? 만약 그렇지 않다면, 법이 법일 수 있는 근거는 무엇인가? 이와 관련하여 앞에서 인용한 「범론훈」의 '성인은 예악을 제정하지만 예악에 의해 제약을 받지는 않는다'라는 구절을 주목할 필요가 있다. 이 구절은 장자가 말한 '사물을 사물로 만드는 것은 사물이 아니다'(物物者非物)라는 구절을 응용하여 말한 것으로 보인다.75) 이러한 논리를 빌려 말하자면, 법이 법일 수 있는 근거 또한 법(구체적인 어떤 법)이 아니다. 『회남자』에서는 이렇게 말한다.

예와 의는 오제와 삼왕이 사용하던 법도와 풍속으로 한 시대의 흔적에 지나지 않는다. 비유하자면, (제사에 사용하는) 짚으로 만든 강아지와 흙으로 만든 용과 같다. 이러한 것을 만들고 나면, 청색과 황색의 옷을 입히고 곱게 수놓은 명주 비단으로 감싸 붉은 실로 얽어맨다. 제관들은 검은 제사복을 입고 대부들은 면류관을 쓰고 이들을 맞이하고 배웅한다. 하지만 제사가 끝나 이들의 용도가 끝나면 단지 흙덩어리나 풀 뭉치에 지나지 않게 되니 누가 이것을 귀하게 여기겠는가? 따라서 순임금의 시대에 유묘족이 복종하지 않자 순임금은 군사를 멈추고 내정을 닦으면서 방패와 도끼를 춤을 추는 데 사용하였다. 우임금의 시대에 큰 비가 내리자

---

75) 『회남자』는 '사물을 사물로 만드는 것은 사물이 아니다'라는 논리 구조를 즐겨 사용하는데, 그중에는 형이상학적 측면의 논의도 있고, 정치철학 혹은 법철학 측면의 논의도 있다. 전자의 사례는 다음과 같다. "각각의 종류에 따라 사물이 분화하고, 각각의 사물에 따라 집단이 나누어지는데, 이들이 살아가는 방식은 모두 다르나 형체를 지니고 태어난다는 점에서는 공통점이 있다. 각각의 종과 사물 간에는 서로 차이가 있어 통하지 않으니, 결국은 하나같이 다른 만물로 분화되어 다시 원래의 혼연일체의 상태로 돌아갈 수 없다. 따라서 만물이 살아 움직이면 생명이라고 부르는데 죽음을 맞이하면 생명이 다했다고 부른다. 일단 하나의 형체를 띤 사물을 이룬 이상, 사물을 있게 하는 조물자일 수 없다. 사물을 있게 하는 조물자는 마치 만물 속에서 사라진 듯 머무른다."(「詮言訓」) 한편, 후자의 사례는 다음과 같다. "형체가 있는 것을 통제하지만 정작 자신은 형체가 없으니, 공을 이룰 수 있다. 만물을 있게 하지만 정작 자신은 어떤 사물로 구체화되지 않았으니, 항상 승리하며 지는 일이 없다."(「兵略訓」)

우임금은 백성들에게 흙을 쌓고 땔감을 비축하게 하고는 큰 언덕을 올라 머무르게 하였다. 무왕이 주왕을 정벌할 때는 서거한 지 얼마 되지 않은 부왕의 시체를 수레에 싣고 정벌을 다녔으니, 주왕을 정벌하고 나서도 천하가 안정되지 않았다. 이에 무왕이 삼년상을 실시하게 된 것이다. 우임 금이 홍수의 재난을 당했을 때는 제방을 쌓는 일에 힘썼으므로 아침에 죽으면 저녁에 장례를 치렀다. 이는 모두 성인들이 때에 따라 적절하게 변화하고 형세를 파악하여 알맞게 일을 처리한 사례이다. 그런데 지금은 방패와 도끼를 갈고 닦는 데 열중하면서 괭이나 삽을 잡는 것을 비웃고, 삼년상만 알고 당일 상을 그르다고 한다. 이는 소의 입장에서 말을 그르다 고 하고, '차' 음을 가지고 '우' 음을 비웃는 꼴이다. 이러한 태도로 변화에 대응하는 것은 현의 한 가지 줄만 뜯으면서 변화무쌍한 극하의 음악을 연주하려는 것과 같은 이치다. 한 가지 시대에 맞게 변화하고서 모든 시대의 변화에 대응하고자 하는 것은 비유하자면 마치 겨울에 삼베옷을 입고 여름에 가죽옷을 입는 것과 같다. 하나의 과녁으로는 백 발의 화살을 받을 수 없고 한 벌의 옷으로는 한 해를 다 지낼 수 없다. 과녁은 높고 낮은 것에 모두 응할 수 있어야 하고 옷은 추위와 더위에 모두 적합해야 한다. 따라서 세상이 달라지면 일을 처리하는 방식도 변해야 하고, 시간이 흐르면 습속도 바뀌어야 한다. 따라서 성인은 세상의 상황을 고려해서 법을 세우고 시대에 맞추어 일을 실행한다. 상고시대에 태산에서 봉의 제사를 지내고, 양보에서 선의 제사를 지낸 선왕들의 숫자가 칠십여 명이나 되었지만, 그 법도는 모두 달랐다. 이들이 서로 다른 것에 힘썼기 때문이 아니라 시대와 세상이 달랐기 때문이다. 따라서 이미 만들어진 법을 따르지 말고 법이 이루어지는 근거를 본받아야 한다. 법이 이루어지는 근거는 시대의 변화에 따라 이동한다.[76]

---

76) 『淮南子』, 「齊俗訓」, "所謂禮義者, 五帝三王之法籍風俗, 一世之迹也. 譬若芻狗土龍之始成, 文以青黃, 絹以綺繡, 纏以朱絲, 尸祝袀袨, 大夫端冕, 以送迎之. 及其已用之後, 則壤土草薊而已, 夫有孰貴之! 故當舜之時, 有苗不服, 于是舜修政偃兵, 執干戚而舞之. 禹之時, 天下大雨, 禹令民聚土積薪, 擇丘陵而處之. 武王伐紂, 載尸而行, 海內未定, 故不爲三年之喪始. 禹遭洪水之患, 陂塘之事, 故朝死而暮葬. 此皆聖人之所以應時耦變, 見形而施宜者也. 今之修干戚而笑鐶插, 知三年非一日, 是從牛非馬, 以征笑羽也. 以此應化, 無以異乎彈一弦而會棘下. 夫以一世之變, 欲以耦化應時, 譬猶冬被葛而夏被裘. 夫一儀不可以百發, 一衣不可以出歲. 儀必應乎高下, 衣必適乎寒暑. 是故世異則事變, 時移則俗易. 故聖人論世而立法, 隨時而擧事. 尙古之王, 封于泰山, 禪于梁父, 七十余聖, 法度不同, 非務相反也, 時世異也. 是故不法其已成之法, 而法其所以爲法. 所以爲法者,

이 구절 역시 '남겨진 흔적과 흔적을 남기는 것'(迹與所以迹), '사물과 사물을 사물이게끔 하는 것'(物物者非物)을 구분하는 장자 도론道論적 사고방식의 전형적인 사례이다. 이러한 논리대로 생각해 보면, '법이 이루어지게 하는 것'(所以爲法者)은 추상적이며 무형의 성질을 지녔으므로, 이미 유형으로 이루어진 모든 법은 '법이 이루어지게 하는 것'일 수 없다. 또한 이는 '시대의 변화에 따라 이동하는 것'(與化推移)으로 다시 말해, 시간 속에 있으면서도 시간 밖에 머무를 수 있다. 이러한 특징을 지닌 존재는 오직 도가철학의 도道만이 가능할 것이다. 그렇지 않은가?

(2) 만약 황로학 문헌을 상세하게 살펴본다면, 다음과 같은 사실을 쉽게 발견할 수 있다. 즉 초기 황로학 문헌에서는 수로 '예법禮法'이라는 맥락에서 법을 논했다. 이처럼 '도와 법 사이'의 관계는 한순간에 이루어진 것이 아니라 긴 사상적 과정을 거쳐 발전하고 확립되었다. 그렇다면 『관자』의 초기 편―「목민」, 「오보」편 등을 중심으로 논의를 이어 나가도록 하자.

> 자고로 영토를 지니고 백성을 다스리는 군주는 사계절에 따라 농사가 잘 이루어지도록 힘써야 하고, 곡식 창고가 가득하도록 살펴야 한다. 나라의 재물이 많으면 먼 곳에 있는 자들까지 찾아오고 땅이 모두 개간되면 백성이 머물러 산다. 창고가 가득 차면 사람들이 예절을 알고 입을 옷과 먹을 양식이 충족되면 사람들이 영욕을 알게 된다. 윗사람이 법도에 복종하면 육친의 사이가 견고해지고 네 가지 강령을 널리 베풀면 군주의 명령이 잘 행해지게 된다. 그러므로 형벌을 줄이는 관건은 사치를 금하는 것이고 나라를 지키는 법칙은 네 가지 강령을 잘 지키는 것이고 백성들을 따르게 하는 원칙은 귀신을 높이고 산천의 신에게 제사를 지내며 종묘와 조상을 공경한 태도로 대하는 것이다. 하늘의 때에 소홀하면 재물이 생기지 않고 땅의 형세에 소홀하면 곡식 창고가 채워지지 않으며 들판을 개간하지 않으면 백성들은 나태해진다. 윗사람이 절제 없이 재물을 사용하면 백성은 난동을 일으키고 사치를 금하지 않으면 백성들은 문란해진다. 이 두 가지의

與化推移者也."

근원을 막지 못하면 죄를 범하는 자가 많아서 형벌이 난무하게 된다. 귀신을 높이지 않으면 어리석은 백성들이 깨닫지 못하고 산천의 신에게 제사를 지내지 않으면 군주의 위엄과 명령이 퍼지지 않는다. 종묘에 불경하면 백성은 이를 본받고 조상에게 불손하면 효도와 우애가 갖추어지지 않는다. 네 가지 강령이 베풀어지지 않으면 나라는 곧 멸망하고 만다.[77]

나라에는 네 가지 강령이 있다. 한 가지가 끊어지면 나라가 기울고 두 가지가 끊어지면 나라가 위태로워지고 세 가지가 끊어지면 나라가 뒤집히고 네 가지가 끊어지면 나라가 멸망한다. 기울어진 것은 바로잡을 수 있고 위태로운 것은 안정시킬 수 있고 뒤집힌 것은 일으킬 수 있지만, 멸망한 것은 다시 되돌릴 수 없다. 이 네 가지 강령이란 무엇인가? 첫 번째가 예禮, 두 번째가 의義, 세 번째가 염廉, 네 번째가 치恥다. '예'란 절도를 넘지 않는 것을 말하고, '의'란 멋대로 나아가지 않는 것을 말하고, '염'이란 잘못을 가리지 않는 것을 말하고, '치'란 그릇된 것을 따르지 않는 것을 말한다. 절도를 넘지 않으면 윗사람의 자리가 안정되고 멋대로 나아가지 않으면 백성들에게 교활함과 거짓됨이 없고, 잘못을 가리지 않으면 행실이 저절로 온전해지고, 그릇된 것을 따르지 않으면 사악한 일이 일어나지 않는다.[78]

덕德에는 여섯 가지 흥성함(六興)이 있고, 의義에는 일곱 가지 본체(七體)가 있고, 예禮에는 여덟 가지 법칙(八經), 법法에는 다섯 가지 임무(五務)가 있고 권權에는 세 가지 법도(三度)가 있다. 덕의 여섯 가지 흥성함(六興)이란 무엇인가? 첫째는 밭을 개간하고 집을 짓고 싹을 심고 선비들을 권면하고

77) 『管子』, 「牧民」, "凡有地牧民者, 務在四時, 守在倉廩. 國多財, 則遠者來; 地辟舉, 則民留處; 倉廩實, 則知禮節; 衣食足, 則知榮辱; 上服度, 則六親固; 四維張, 則君令行. 故省刑之要, 在禁文巧; 守國之度, 在飾四維; 順民之經, 在明鬼神, 祇山川, 敬宗廟, 恭祖舊. 不務天時, 則財不生; 不務地利, 則倉廩不盈; 野蕪曠, 則民乃菅; 上無量, 則民乃妄. 文巧不禁, 則民乃淫; 不璋兩原, 則刑乃繁; 不明鬼神, 則陋民不悟; 不祇山川, 則威令不聞; 不敬宗廟, 則民乃上校; 不恭祖舊, 則孝悌不備; 四維不張, 國乃滅亡."

78) 『管子』, 「牧民」, "國有四維, 一維絶則傾, 二維絶則危, 三維絶則覆, 四維絶則滅. 傾可正也, 危可安也, 覆可起也, 滅不可複錯也. 何謂四維? 一曰禮, 二曰義, 三曰廉, 四曰恥. 禮不踰節, 義不自進, 廉不蔽惡, 恥不從枉. 故不踰節, 則上位安; 不自進, 則民無巧詐; 不蔽惡, 則行自全; 不從枉, 則邪事不生."

경작을 권장하고 담장과 지붕을 수리하는 일로, 이를 일러 백성들의 삶을 풍요롭게 한다고 말한다. 둘째는 잠재된 자원을 개발하고 막힌 물류를 소통하게 하고 도로를 닦고 관문과 시장을 편리하게 하고 맞이하고 보내는 일을 신중하게 하는 것으로, 이를 일러 사람들에게 재물을 보내 준다고 말한다. 셋째는 고인 물을 흐르게 하고 도랑을 퍼내고 소용돌이 지는 웅덩이를 파내고 진흙이 막힌 곳을 청소하고 막힌 길을 뚫고 나루와 다리를 튼튼하게 만드는 것으로, 이를 일러 사람들에게 편리함을 제공한다고 말한다. 넷째는 세금을 적게 하고 부역을 가볍게 하고 형벌을 느슨하게 하고 죄를 사면하고 작은 과실을 용서하는 것으로, 이를 일러 정치를 관대하게 한다고 말한다. 다섯째는 어른을 봉양하고 어린이와 고아를 아끼며 홀아비와 과부를 긍휼히 여기고 병든 자를 보살피고 재난이나 상을 당한 자들을 위로하는 것으로, 이를 일러 위급한 일을 구제한다고 말한다. 여섯째는 추위에 떠는 자에게 옷을 주고 굶주리고 목마른 자에게 먹을 것을 주고 가난한 자를 구제하고 피로한 자를 회복시키고 거덜 난 자를 도와주는 것으로, 이를 일러 빈곤함을 구제한다고 말한다. 이 여섯 가지는 바로 덕을 일으키는 일들이다. 이 여섯 가지가 베풀어지면 백성들이 바라는 것을 얻지 못하는 일이 없다. 백성은 바라는 것을 얻어야만 윗사람의 말을 듣고, 백성들이 윗사람의 말을 들어야 정치가 잘 이루어질 수 있다. 따라서 말하기를 "덕은 일으키지 않을 수 없다"라고 한다.[79]

여기에서 언급된 '나라의 네 가지 강령'(禮, 義, 廉, 恥)은 '덕-례 체계'의 범위에 속한다고 할 수 있다. 그런데 이와 대응되는 것으로 '형벌을 줄이는 관건'이 제시되고 있는데, 정작 이에 관해서는 별다른 설명이 없이 중요하게 다루어지고 있지 않다. 바꾸어 말해, 「목민」편의 사상은 여전히 '덕례지간에 초점을 맞추고 있다는 것이다. 앞에서도 지적했듯, 최초의 법은 사실 예를

---

79) 『管子』, 「五輔」, "德有六興, 義有七體, 禮有八經, 法有五務, 權有三度. 所謂六興者何? 曰: 辟田疇, 利壇宅, 修樹蓺, 勸士民, 勉稼穡, 修牆屋, 此謂厚其生. 發伏利, 輸墆積, 修道途, 便關市, 愼將宿, 此謂輸之以財. 導水潦, 利陂溝, 決潘渚, 潰泥滯, 通郁閉, 愼津梁, 此謂遺之以利. 薄征斂, 輕征賦, 弛刑罰, 赦罪戾, 宥小過, 此謂寬其政. 養長老, 慈幼孤, 恤鰥寡, 問疾病, 弔禍喪, 此謂匡其急. 衣凍寒, 食饑渴, 匡貧窶, 振罷露, 資乏絶, 此謂振其窮. 凡此六者, 德之興也. 六者旣布, 則民之所欲, 無不得矣. 夫民必得其所欲, 然後聽上, 聽上然後政可善爲也. 故曰: 德不可不興也."

새롭게 고친 것으로서, 객관적인 현실에 맞도록 예를 재조정한 것이다. 따라서 최초의 법은 모습만 달리하였을 뿐, 여전히 예에 종속되어 있었다. '예와 법 사이'를 연결하던 탯줄이 완전히 단절되지 않았던 것이다. 「오보」편에서는 법의 지위가 다소 승격된 모습이 보이기도 하나, 여전히 '덕-례'의 범위를 넘어서지는 못했다. 「오보」편의 중심사상 가운데 하나는 바로 '명왕이 힘쓰는 일'(明王之務)과 '패왕이 힘쓰는 일'(霸王之事)을 서로 절충하는 것인데, 이들은 전국 중기 이래로 점차 성숙해 나간 황로의 제도帝道와는 뚜렷하게 구분된다.80) 한편 『노자』 제38장에서는 도道, 덕德, 인仁, 의義, 예禮 등을 나란히 언급한 바 있다. 이들은 모두 사상계에서 핵심적 위치에 있는 개념들이지만, 여기에 법은 포함되어 있지 않았으니 법의 낮은 지위를 짐작할 수 있을 것이다. 정리하면, 초기 황로 저작 속에서 이른바 '예법'은 서로 단절되지 않은 채 계속 그 관계를 이어 나갔으며, 여전히 '덕-례 체계'에 종속되어 있었다. 이 점은 매우 명확한 것으로서 어쩌면 역사적으로 합당한 것이기도 했다.

그러나 「목민」편 끝부분과 「형세」편(사마천이 보았던 것에 따르면 「산목」편에 해당), 「추언」편, 「주합」편 등에는 도가사상이 더욱 스며든 모습이 보인다. 사상사란 이처럼 고요한 가운데 변화의 씨앗이 싹트기 마련이다. 다음의 단락을 살펴보자.

> 이른바 인仁·의義·예禮·악樂이란 모두 법에서 나온다. 법은 선왕이 백성들의 행동을 통일되게 만든 방법이었다. 『주서』에서는 다음과 같이 말한다. "나라의 법에 서로 일치하지 않는 조문이 있으면 군주는 상서롭지 못하다. 백성들이 법을 따르지 않으면 상서롭지 못하다. 나라에서 이미 세워진 법을 자주 바꾸어서 백성들을 다스리면 상서롭지 못하다. 신하들이 예와 의로써 백성들을 교화하지 않으면 상서롭지 못하다. 관리들이 법을 벗어나 정사를 처리하면 상서롭지 못하다." 따라서 이렇게 말한다. "법은 일정하게

---

80) 鄭開, 「黃老的帝道: 王霸之外的新思維」, 『道家文化硏究』 제30집(북경: 중화서국, 2016).

지속되지 않으면 안 된다. 이는 나라의 존망과 치란의 근원으로서 성군은 바로 이를 천하를 다스리는 대원칙으로 삼는다. 이는 임금이건 신하건 윗사람이건 아랫사람이건 모두 지켜야 한다." 또한 이렇게 말한다. "옛 법에 따라 나라가 다스려졌을 때는 세상에 아첨하여 벼슬을 청탁하는 사람이 없었고 변설과 학문에 능한 선비가 없었고 괴상한 복장을 한 사람이 없었고 기이한 행동을 하는 사람이 없었으니, 모두 법의 울타리 안에서 군주를 섬겼다." 따라서 명군에게는 변치 않는 두 가지가 있다. 하나는 법을 밝혀서 이를 굳게 지키도록 하는 것이고, 다른 하나는 백성들이 사사로운 행동을 하지 못하도록 단속하는 것이다. 이 두 가지는 군주가 항상 지켜야 하는 것들이다. 법이란 군주가 백성들을 하나로 만들어 부릴 수 있게 하는 방법이고, 사사로움이란 아랫사람이 법을 어기고 군주를 어지럽히는 근원이다. 따라서 성군은 원칙을 세우고 법을 제정하여 이를 굳게 지키도록 한다. 그렇게 하면 능력 있는 인재, 법을 연구하는 선비, 박학다식한 자들이 나라를 어지럽히지 못하고, 권력이 있고 재산이 많으며 세력이 있는 자들이 자리를 넘볼 수 없으며, 신임을 받고 총애를 받는 자들이 배반할 수 없고, 진기하고 괴상한 물건이 세상을 현혹시킬 수 없고, 모든 일이 법의 범위를 벗어나 움직일 수 없다. 따라서 법이란 천하의 지극한 도이자, 성군이 절실하게 사용해야 하는 것이다.[81]

위 단락에서는 법의 중요성에 관해 논하면서 판단 기준으로서의 법이 지녀야 하는 일관성에 관해 설명하였다. 여기에서 등장하는 법은 '덕과 예'(구체적으로 말하자면, 仁義禮樂)에 예속되어 있다는 전통적 인식을 뒤집고 있어 중요하게 다룰 필요가 있다. 그런데 「법법」편에서는 "법률제도는 반드시 도법을 따라야 하고, 정령은 반드시 공정해야 하고, 상벌은 반드시

---

81) 『管子』, 「任法」, "所謂仁義禮樂者, 皆出于法, 此先聖之所以一民者也. 周書曰: 國法法不一則有國者不祥, 民不道法則不祥, 國更立法以典民則不祥, 群臣不用禮義教訓則不祥, 百官服事者離法而治則不祥. 故曰: 法者, 不可恒也. 存亡治亂之所從出也, 聖君所以爲天下大儀也, 君臣上下貴賤皆發焉. 故曰: 法古之法也. 世無請謁任擧之人, 無閒識博學辯說之士, 無偉服, 無奇行, 皆囊于法以事其主. 故明王之所恒者二: 一曰明法而固守之, 二曰禁民私而收使之, 此二者, 主之所恒也. 夫法者, 上之所以一民使下也, 私者, 下之所以侵法亂主也. 故聖君置儀設法而固守之, 然故謀att習士, 聞識博學之人不可亂也, 衆强富貴私勇者不能侵也, 信近親愛者不能離也, 珍怪奇物不能惑也, 萬物百事非在法之中者不能動也. 故法者天下之至道也, 聖君之實用也."

진실되고 단호해야 한다. 이것이 바로 백성들을 바로잡는 기강이다"라고 하였다. 여기에서는 정령과 상벌을 비롯한 '법률제도'가 근거로 삼는 최고 원칙으로서 도를 제시하였다. 즉 '도와 법의 사이에서' 정치이론을 논의했던 단서를 확인할 수 있다. 이 외에도 법에 관한 더욱 발전되고 변화된 논의는 황로 문헌에서 광범위하게 나타난다. 그중 대표적인 예가 바로 전국시대 중기의 직하도가의 논의이다.

몸에서 마음은 군주의 지위에 해당하고 몸의 아홉 구멍이 지닌 각각의 기능은 각각의 관직이 지닌 직무에 해당한다. 만약 마음이 도에 처하면 아홉 구멍이 리理에 따르게 되지만, 욕심이 충만하면 눈이 색을 제대로 보지 못하고 귀가 소리를 제대로 듣지 못한다. 따라서 말하기를, "윗사람이 그 도를 떠나면 아랫사람이 자신의 일을 놓게 된다"라고 하였다. 말을 대신해서 달리지 말고 말이 스스로 힘을 다하도록 하고, 새를 대신해서 날지 말고 새가 스스로 날갯짓하도록 해야 한다. 사물에 앞서 움직이지 말고 우선 그 규칙을 잘 관찰해야 한다. 함부로 움직이면 본래의 위치를 잃게 되며 고요히 있으면 저절로 그 규칙을 얻을 수 있다. 도는 멀리 있지 않지만 이르기 어렵고 사람들과 함께 함께 있으나 체득하기 어렵다. 마음의 욕심을 비우면 신神이 들어와 거처하고, 깨끗하지 못한 마음을 정결하게 하면 신神이 계속 머무르게 된다. 사람들은 누구나 지혜로워지기를 바라지만 지혜로워지는 방법을 찾지 못한다. 지혜여, 지혜여! 지혜만 있다면 사해의 밖에 던져 놓아도 빼앗길 염려가 없지만, 정작 구하는 자들은 지혜가 어디 있는지 알지 못한다. 제대로 된 사람은 굳이 지혜를 (다른 곳에서) 찾으려고 하지 않으므로 허무의 상태에 처할 수 있다. 텅 비어 형체가 없는 것을 도라고 하고, 만물을 화육하는 것을 덕이라고 한다. 군신, 부자, 사람들 간의 일을 의義라 하고, 오르고 내림, 읍揖과 양讓, 귀천의 차등, 친소의 관계를 예禮라고 한다. 복잡하고 간단한 일, 크고 작은 일을 모두 하나의 규범으로 통일시키고, 죽이고 베고 금하는 일을 법이라고 한다. 위대한 도를 편안히 따를 수는 있으나 이를 말로 표현할 수는 없다. 도를 체득한 자의 말은 치우치지 않고 입에서 나오지 않으며 그 형색을 확인할 수 없는데, 사해 안의 그 누가 그 법칙을 이해할 수 있겠는가?[82]

하늘의 도는 형체가 없이 텅 비어 있다. 텅 비어 있으니 꺾이지 않고,
형체가 없으니 거슬리는 것이 없다. 거슬리는 것이 없으니 만물에 두루
통하면서도 변화되지 않는다. 덕은 도의 거처이니, 만물은 덕을 얻어 생겨
나고 지혜는 덕을 얻어 도의 정수를 인식한다. 따라서 덕德이란 곧 얻음(得)
을 말한다. 얻는다는 것은 구체적으로 말해 얻어서 그렇게 된다는 뜻이다.
무위를 도라고 부르고 그것이 구현된 것을 덕이라고 부른다. 따라서 도와
덕은 사실 차이가 없으니, 이들을 구별하지 않고 논하기도 하는 것이다.
굳이 이 둘 간의 차이가 있다면 바로 구현의 여부에 있을 것이다. 의義는
각자 마땅하게 처신하는 것을 말하고, 예禮는 사람들의 실정에 근거한다.
의義라는 이치에 따라 제도와 규범을 만든다. 따라서 예禮는 이치(理)가
있음을 말한다. 리理라는 것은 본분을 밝혀 각기 마땅한 바, 즉 의義의
뜻을 밝힌 것이다. 따라서 예禮는 의에서 나오고, 의義는 리理에서 나오며,
리理는 도를 따른다. 법은 다른 것들을 같게 만드는 것이며, 그렇게 하지
않으면 안 되는 경우에 사용한다. 따라서 금지하고 죽여서 그릇된 것들을
하나로 만든다. 따라서 모든 일은 법으로 감독하고, 법은 권형(權)에서
나오고, 권형은 도에서 나온다.[83]

다섯 가지 형벌을 집행할 때는 각자 그 죄명에 합당해야 한다. 죄인들이
원망을 갖지 않고 선량한 사람들이 겁먹고 놀라지 않게 하는 것을 형刑이라

---

82) 『管子』, 「心術上」, "心之在體, 君之位也. 九竅之有職, 官之分也. 心處其道, 九竅循理. 嗜欲充益,
目不見色, 耳不聞聲. 故曰: 上離其道, 下失其事. 毋代馬走, 使盡其力. 毋代鳥飛, 使弊其羽翼. 毋
先物動, 以觀其則. 動則失位, 靜乃自得. 道不遠而難極也, 與人並處而難得也. 虛其欲, 神將入舍.
掃除不潔, 神乃留處. 人皆欲智, 而莫索其所以智乎. 智乎智乎, 投之海外無自奪, 求之者不得處之
者, 夫正人無求之也, 故能虛無. 虛無無形謂之道. 化育萬物謂之德. 君臣父子人間之事謂之義. 登
降揖讓, 貴賤有等, 親疏之體, 謂之禮. 簡物小未一道, 殺僇禁誅謂之法. 大道可安而不可說, 直人
之言, 不義不顧. 不出于口, 不見于色, 四海之人, 又孰知其則."
83) 『管子』, 「心術上」, "天之道, 虛其無形. 虛則不屈, 無形則無所位赸, 無所位赸, 故遍流萬物而不
變. 德者道之舍, 物得以生. 生知得以職道之精. 故德者, 得也. 得也者, 其謂所得以然也. 以無爲
之謂道, 舍之之謂德. 故道之與德無間. 故言之者不別也. 間之理者, 謂其所以舍也. 義者, 謂各處
其宜也. 禮者, 因人之情, 緣義之理, 而爲之節文者也. 故禮者, 謂有理也. 理也者, 明分以諭義之
意也. 故禮出乎義, 義出乎理, 理因乎宜者也. 法者, 所以同出, 不得不然者也. 故殺僇禁誅以一之
也. 故事督乎法, 法出乎權, 權出乎道."

한다. 바르게 하고 복종하게 하고 통제하고 가지런하게 하며 명령을 엄정하게 하여 백성들이 이를 따르게 하는 것을 정政이라 한다. 마치 사계절이 어긋나지 않듯 마치 별들이 변하지 않듯 마치 낮과 밤이 일정하게 번갈아 찾아오듯 마치 음과 양이 일정하게 바뀌듯 마치 해와 달이 밝게 비추듯 하는 것을 법이라 한다. 아끼고 낳고 기르고 이루어 주며, 백성들을 이롭게 하면서도 스스로 덕이 있다고 여기지 않으니 천하가 모두 가까워지고자 하는 것을 덕이라 한다. 덕도 없고 원한도 없으며 좋아하는 것도 없고 미워하는 것도 없으며 만물이 모두 으뜸으로 숭상하고 음양이 하나로 받드는 것을 도라 한다. 형刑으로써 판단하고 정政으로써 명령하고 법으로서 금지하고 덕으로써 기르고 도로써 밝힌다. 형刑으로써 판단하여 백성들의 목숨을 상하게 하지 않아야 한다. 명령을 통해 백성들의 욕심을 끊어 그들이 사악한 길로 가지 않게 해야 한다. 법으로써 금지하여 백성들의 의지를 바로잡아 그들이 요행을 바라지 않도록 해야 한다. 덕으로써 악한 습성을 교화하여 본인 스스로 시작해가도록 해야 한다. 도로써 밝혀 그 본성을 잘 관찰하여 그들의 이치를 따라야 한다. 형刑을 실현하면 백성들은 마음을 쓰면서 행동을 조심하고, 정政을 실현하면 백성들은 성심성의껏 이에 복종하고, 덕을 실현하면 백성들은 고요하고 평화로워지고, 도를 실현하면 백성들은 서로 다투지 않고 친근하게 된다. 죄인이 죄명에 합당한 것을 형刑이라 하고, 때에 합당하게 명령을 내리는 것을 정政이라 하고, 논리에 합당하여 고칠 수 없는 것을 법이라 하고, 사사로운 마음이 없이 백성들을 아끼는 것을 덕이라 하고, 백성의 마음이 향하는 바에 들어맞는 것을 도라고 한다. 법도를 세우고 정령을 시행하여 백성이 믿고 따르도록 할 수 있는가? 중용을 지키고 공경한 태도를 지녀 자신의 덕을 나날이 새롭게 할 수 있는가? 정세를 안정시켜 신중한 태도를 유지할 수 있는가? 사사로움을 없애고 공정함을 세워 현인을 등용할 수 있는가? 정사를 펼치고 백성을 다스리면서 남을 먼저 생각하고 자신을 뒤로 할 수 있는가? 백성으로부터 믿음을 얻는 것, 이를 기강을 바르게 한다고 말한다. 자신의 덕을 나날이 새롭게 하는 것, 이것을 바른 이치를 행한다고 말한다. 신중한 태도를 유지하고 명분을 바로잡으면 거짓되고 간교한 일들은 자연스럽게 그치게 될 것이다. 사람들을 선발하면서 사사로움을 없이 한다면 신하들의 덕이 마치 도와 같다고 칭찬받게 된다. 자신을 뒤로하고 공공의 일을 우선시하면 천자를 보좌할 수 있다.[84]

고대 삼왕과 오패의 덕은 천지와 서로 함께하고 귀신과 서로 통하며 만물에 두루 미치니 드넓게 도움을 받는다. 옛날에는 장인들이 다른 일을 겸하지 않았고, 선비들이 다른 관직을 겸하지 않았다. 장인들이 다른 일을 겸하지 않았으니 일이 적었고, 일이 적었으니 쉽게 일을 해낼 수 있었다. 선비들이 다른 관직을 겸하지 않았으니 직무가 적었고, 직무가 적었으니 쉽게 직무를 해낼 수 있었다. 따라서 선비들의 직위가 대대로 전해질 수 있었고, 장인들의 직업은 오래도록 변치 않을 수 있었다. 장인들의 자제들은 배우지 않아도 아비의 일을 할 수 있었는데, 이는 손재주를 타고났기 때문이 아니라 아비의 일을 늘 보아 왔기 때문이었다. 그런데 지금은 국가에 일정한 도가 없고 관리들에게는 일정한 법도가 없으니, 국가는 날로 그릇되어 가고 있다. 이러한 상황이니 설령 교화가 이루어진다고 한들 관리가 부족하고, 관리가 부족하면 치국의 도리가 결핍된다. 치국의 도리가 결핍되면 결국 현명하고 지혜로운 자의 출현을 그리워하게 된다. 현명하고 지혜로운 자를 그리워하는 현상이 생기면 결국에는 국가의 정치가 한 사람 마음대로 좌지우지되는 지경에 이르고 만다. 옛날 천자를 옹립하고 그를 높였던 것은 천자 한 사람의 이익을 위해서가 아니었다. 천하에 존귀한 일인자가 존재하지 않으면 국가의 법령이 통행되지 않는다. 법령이 통행되도록 하는 것은 천하를 다스리기 위함이다. 따라서 천자를 세우는 것 역시 천하를 다스리기 위해서이지 천자를 위해 천하를 세운 것이 아니다. 마찬가지로 한 나라의 군주를 세운 것은 나라를 위해서이지 군주를 위해 나라를 세운 것이 아니다. 관직의 우두머리를 세운 것은 관직이 더 잘 수행되도록 하기 위해서이지 관직의 우두머리를 위해 관직이 세워진 것이 아니다. 법이 완벽한 제도라고 할 수는 없으나 역시 법이 없는 것보다는 나으니, 법으로 사람들의 마음을 하나로 만들 수 있다.

---

84) 『管子』, 「正」, "制斷五刑, 各當其名. 罪人不怨, 善人不驚, 曰刑. 正之服之勝之飾之, 必嚴其令, 而民則之, 曰政. 如四時之不貸, 如星辰之不變, 如宵如晝, 如陰如陽, 如日月之明, 曰法. 愛之生之養之成之, 利民不德, 天下親之, 曰德. 無德無怨, 無好無惡, 萬物崇一, 陰陽同度, 曰道. 刑以弊之, 政以命之, 法以遏之, 德以養之, 道以明之. 刑以弊之, 毋失民命. 令之以終其欲, 明之毋徑. 遏之以絶其志意, 毋使民幸. 養之以化其惡, 必自身始. 明之以察其生, 必修其理. 致刑, 其民庸心以藏. 致政, 其民服信以聽. 致德, 其民和平以靜. 致道, 其民付而不爭. 罪人當名曰刑, 出令時當曰政, 當故不改曰法, 愛民無私曰德, 會民所聚曰道. 立常行政, 能服信乎? 中和愼敬, 能日新乎? 正衡一靜, 能守愼乎? 廢私立公, 能擧人乎? 臨政官民, 能後其身乎? 能服信政, 此謂正紀. 能服日新, 此謂行理. 守愼正名, 僞詐自止. 擧人無私, 臣德咸道. 能後其身, 上佐天子."

추첨을 통해 재물을 분배하고 추첨을 통해 말을 분배하는 것은 이것이 가장 균등한 방법이기 때문이 아니다. (이러한 방법을 통하면) 좋은 물건을 나누어 줄 때 누구에게 사적으로 은혜를 베풀지를 알 수 없게 된다. 반대로 나쁜 물건을 나누어 줄 때 누구에게 사적으로 원한을 베풀지를 알 수 없게 된다. 이렇게 함으로써 사람들의 각종 바람을 애초에 차단한다. 따라서 거북의 등껍질로 점을 치면 공정한 의식을 확립할 수 있고, 저울로 물건을 재면 공정한 기준을 세울 수 있고, 서약을 통해 약조를 맺으면 공정한 신용을 세울 수 있고, 도량을 통해 사물을 헤아리면 공정한 심사 기준을 세울 수 있고, 법제와 예법을 사용하면 공정한 도의를 세울 수 있다. 공정함을 세운다는 것은 사사로움을 폐기하는 것이다. 명군은 논공 행상을 할 때 반드시 지혜에 따르고 상을 정하고 재물을 나눌 때 반드시 법에 따르고 덕정을 행할 때 반드시 예에 따른다.[85]

인仁·의義·예禮·악樂·명名·법法·형刑·상賞, 이 여덟 가지는 오제와 삼왕이 세상을 다스리던 방식이었다. 인仁으로써 인도하고, 의義로써 적합하게 하고, 예禮로써 행동하게 하고, 악樂으로써 조화롭게 하고, 명名으로써 바로잡고, 법法으로써 가지런히 하고, 형刑으로써 두려워하게 하고, 상賞으로써 권면하였다. 인仁은 만물에 넓게 실시될 수 있으나 마찬가지로 편애의 마음을 일으킬 수 있다. 의義는 절도에 맞는 행위를 확립할 수 있으나 가식과 허구를 일으킬 수 있다. 예禮는 행동을 공손하고 신중하게 만들 수 있으나 게으름을 생기게 할 수 있다. 악樂은 감정과 뜻을 조화롭게 만들 수 있으나 음란함과 방탕함을 일으킬 수 있다. 명名은 존비의 관계를 바로잡을 수 있으나 교만함 혹은 찬탈하려는 마음을 일으킬 수 있다.

---

85) 『慎子』, 「威德」, "夫三王五伯之德, 参于天地, 通于鬼神, 周于生物者, 其得助博也. 古者工不兼事, 士不兼官. 工不兼事則事省, 事省則易勝; 士不兼官則職寡, 職寡則易守. 故士位可世, 工事可常. 百工之子, 不學而能者, 非生巧也, 言有常事也. 今也國無常道, 官無常法, 是以國家日繆. 教雖成, 官不足; 官不足, 則道理闇; 道理闇, 則慕賢智; 慕賢智, 則國家之政要在一人之心矣. 古者立天子而貴之者, 非以利一人也. 曰: 天下無一貴, 則理無由通, 通理以爲天下也. 故立天子以爲天下, 非立天下以爲天子也; 立國君以爲國, 非立國以爲君也; 立官長以爲官, 非立官以爲長也. 法雖不善, 猶愈于無法, 所以一人心也. 夫投鉤以分財, 投策以分馬, 非鈞策爲均也. 使得美者, 不知所以德; 使得惡者, 不知所以怨, 此所以塞願望也. 故蓍龜, 所以立公識也; 權衡, 所以立公正也; 書契, 所以立公信也; 度量, 所以立公審也; 法制禮籍, 所以立公義也. 凡立公, 所以棄私也. 明君動事分功必由慧, 定賞分財必由法, 行德制中必由禮."

법法은 서로 각기 다른 것을 하나로 가지런하게 만들 수 있으나 명名의 구분을 어그러뜨릴 수 있다. 형刑은 복종하지 않는 자들을 두려워하게 만들 수 있으나 업신여기거나 모욕하는 마음을 일으킬 수 있다. 상賞은 충성스럽고 능력 있는 자들을 권면할 수 있으나 속되고 다투려는 마음을 일으킬 수 있다. 이 여덟 가지 방법은 사람들에게 숨길 수 없이 늘 세상 속에 존재해 온 것이다. 요임금이나 탕왕과 같은 성군의 시대에는 드러나고 걸왕이나 주왕과 같은 폭군의 시대에는 사라지는 것이 아니다. 이러한 방법의 도리를 제대로 사용하면 천하가 잘 다스려지지만 그렇지 못하면 천하가 어지러워진다. 이것 말고는 천지를 통괄하고 만물을 부리는 그 어떤 요령이든 치국의 도리 외의 어떤 방법이든, 모두 백성에게 필요치 않으므로 성인은 이러한 것들을 치워 두고 논하지 않는다.86)

『관자』 4편이 누구의 손에서 나왔고, 어떤 과정을 거쳐 지금의 형태에 이르게 되었는지는 여전히 알 수 없는 문제다. 하지만 『관자』 4편을 송견, 윤문, 전병, 신도 등 그 누구의 저작으로 보든, 그 핵심에 도가(노장)철학이 있다는 기본적 경향은 어렵지 않게 확인할 수 있다. 예컨대 「심술」, 「위덕」, 「대도」와 같은 편은 상당히 풍부한 내용을 담고 있는데, 그중에서도 도가사상적 요소는 매우 두드러진다. 문제는 이러한 요소들이 이론의 틀을 세우는 데에 실제로 역할을 하였는가 하는 것이다. 이론 구조의 측면에서 보자면, 황로 문헌은 예禮, 인仁, 의義, 법法, 리理, 명名, 형刑 등의 사상사적 키워드를 하나의 체계적인 구조로서 조직화하였다. 특히 「심술상」편에서 예禮, 의義, 법法, 리理, 사事를 도덕지의道德之意의 이론 구조 속에 포함시켜 도덕지의를 이들 개념의 기초로 삼은 점이 눈에 띈다. 「위덕」편의 경우 분석이 난해한

---

86) 『尹文子』, 「大道下」, "仁‧義‧禮‧樂‧名‧法‧刑‧賞, 凡此八者, 五帝三王治世之術也. 故仁以道之, 義以宜之, 禮以行之, 樂以和之, 名以正之, 法以齊之, 刑以威之, 賞以勸之. 故仁者, 所以博施于物, 亦所以生偏私; 義者, 所以立節行, 亦所以成華僞; 禮者, 所以行恭謹, 亦所以生惰慢; 樂者, 所以和晴志, 亦所以生淫放; 名者, 所以正尊卑, 亦所以生矜篡; 法者, 所以齊衆異, 亦所以乖名分; 刑者, 所以威不服, 亦所以生陵暴; 賞者, 所以勸忠能, 亦所以生鄙爭. 凡此八術, 無隱于人, 而常存于世, 非自顯于堯湯之時, 非自逃于桀紂之朝. 用得其道則天下治, 失其道則天下亂. 過此而往, 雖彌綸天地, 籠絡萬品, 治道之外, 非群生所餐挹, 聖人錯而不言也."

면이 있다. 이 편에서는 법의 중요성과 그 공리적 특징을 특히 강조하면서 '상을 정하고 재물을 나눌 때는 반드시 법에 따르고 덕정을 행할 때는 반드시 예에 따른다'라고 설명하였다. 그런데 법의 진정한 지위는 이러한 내용만으로는 파악될 수 없고, 첫머리에 나오는 '고대 삼왕과 오패의 덕은 천지와 서로 함께하고 귀신과 서로 통한다'라는 구절을 통해 확정해야 한다. 왜 그러한가? 간단히 말하면, 이 첫 구절에서 나타내고 있는 것이 바로 황로 정치철학의 핵심적인 관심사, 제도帝道이기 때문이다. 마찬가지로 「대도하」편에서도 인仁·의義·예禮·악樂·명名·법法·형刑·상賞의 여덟 가지를 오제와 삼왕이 세상을 다스리던 방식이라 통칭한 바 있다. 즉 제도帝道를 정치철학 이론을 사유하기 위한 전제로 삼았던 것이다. 이 외에도 위의 자료들은 법法과 리理를 중시하는 경향을 분명히 드러내고 있는데, 이러한 경향은 '도와 법 사이'에서 진행되는 정치철학의 사고를 더욱 복잡하고 깊이 있게 만들어 '법法-리理' 이론에 한층 활력을 불어넣어 주었다.

그런데 흥미로운 것은 직하도가(황로학파)의 정치철학 사유와 『장자』 황로편 가운데 하나인 「천도」편의 내용이 완벽히 일치한다는 점이다. 「천도」편 첫머리에서는 다음과 같이 요점을 밝히고 있다. "천도天道의 운행은 멈추는 법이 없으니 만물이 그로부터 생겨난다. 제도帝道의 운행은 멈추는 법이 없으니 천하가 그에게로 귀의한다. 성도聖道의 운행은 멈추는 법이 없으니 온 천하가 그에게 복종한다."[87] 계속해서 다음과 같이 말한다.

제왕의 덕은 천지를 근본으로 삼고 도와 덕을 중심으로 여기며 무위를 원칙으로 삼는다. 무위無爲로써 다스리면 천하를 얼마든지 사용해도 차고 넘치지만, 유위有爲로써 다스리면 천하에 의해 사용되는 것조차 부족해진다. 따라서 옛날의 존귀한 자들은 무위를 귀하게 여겼다. 윗사람이 무위를 실천하고 아랫사람도 무위를 실천하면 윗사람과 아랫사람의 덕이 같게

---

87) 『莊子』, 「天道」, "天道運而無所積, 故萬物成; 帝道運而無所積, 故天下歸; 聖道運而無所積, 故海內服."

된다. 아랫사람의 덕이 윗사람의 덕과 같아지면 아랫사람은 신하에 머물러 있지 않게 된다. 반대로 윗사람이 유위를 실천하고 아랫사람도 유위를 실천하면 윗사람과 아랫사람의 도가 같게 된다. 윗사람의 도가 아랫사람의 도와 같아지면 윗사람은 군주의 자리에 있을 수 없다. 따라서 윗사람은 반드시 무위의 방식으로 천하를 사용해야 하고 아랫사람은 반드시 유위의 방식으로 천하를 위해 사용되어야 한다. 이는 결코 바뀌어서는 안 되는 도이다. 따라서 옛날의 천하를 다스렸던 왕들은 천지를 포용할 만큼 지혜가 뛰어났어도 스스로 판단하지 않았고, 만물을 두루 보살필 만큼 말솜씨가 뛰어났어도 스스로 의견을 설파하지 않았으며, 세상 구석구석에 힘이 미치지 않는 곳이 없지만 스스로 나서지 않았다. 하늘이 낳지 않아도 만물은 스스로 생겨나고, 땅이 길러 주지 않아도 만물은 스스로 자라는 법이다. 이처럼 제왕이 무위를 실천해도 세상은 저절로 공을 이룬다. 따라서 '하늘보다 신령한 것이 없고 땅보다 풍성한 것이 없으며 제왕보다 위대한 것이 없다'고 말하며, 또한 '제왕의 덕은 천지와 부합한다'라고 말한다. 이처럼 천지에 따라 만물을 움직이게 하는 것이 사람들을 다스리는 법칙이다. 근본적인 것은 위에 있어야 하고, 말단은 아래에 있어야 한다. 중요한 일은 임금이 맡아야 하고, 나머지 세세한 것은 신하가 맡아야 한다. 군대를 움직이고 병사를 다루는 것은 덕의 말단이다. 상벌을 따지는 것은 백성을 교화하는 일의 말단이다. 예절과 제도를 세우고 일이 돌아가는 상황을 파악하는 것은 통치의 말단이다. 종과 북소리, 화려한 장식과 춤사위 이런 것들은 음악의 말단이다. 장례식에서 곡과 읍을 하며 상복을 갖추어 입는 것은 슬픈 감정의 말단이다.

…… 옛날 도를 밝게 깨달은 자는 먼저 하늘의 이치(天)를 분명히 하고, 도道와 덕德을 밝혔다. 도와 덕을 밝히자 인仁과 의義와 같은 윤리법칙이 뒤를 따랐다. 인과 의가 분명해진 후에 각자의 직분(職守)을 따졌다. 각자의 직분이 분명해진 후에 형세(形)와 명분(名)을 밝혔다. 형세와 명분이 분명해진 후, 그에 따라서 적합한 인물을 임명(因任)했다. 적합한 인물을 임명한 후에 관리와 감독(原省)을 철저히 했다. 관리와 감독이 철저해진 이후에 옳고 그름에 관한 판단을 내렸다. 옳고 그름에 관한 판단을 내린 이후에 상벌을 시행했다. 상벌의 시행이 제대로 시행된 이후에 어리석은 자와 지혜로운 자, 귀한 자와 천한 자, 어진 자와 못난 자가 각자의 재능과 능력에 따라 나뉘어 올바른 자리에 있을 수 있게 되었다. 이러한 방법으로

윗사람을 섬기고 아랫사람을 부양하고 사물을 다스리고 몸을 수양하면 헛된 지모를 쓸 일이 사라지고 하늘의 이치에 맞게 돌아갈 수 있다. 이러한 상태를 태평한 상태라고 하니 지극히 이상적인 통치의 모습이다. 옛날 책에서도 "형세와 명분이 있다"라고 했듯이 형세와 명분은 옛날 사람들도 중요하게 생각하였다. 하지만 이를 앞세우지는 않았다. 옛날 위대한 도를 말했던 사람들은 다섯 번째 단계(五變)에서야 형세와 명분을 들었고, 아홉 번째 단계(九變)에서야 상벌을 논하였다. 그런데 다짜고짜 형세와 명분을 말한다면 근본 절차를 모르는 것이고, 다짜고짜 상벌을 말한다면 올바른 다스림을 알지 못하는 것이다. 그런데 이러한 절차를 뒤집거나 어긴 채 논하는 자가 있다면 이는 남에게 다스림을 받을 수 있을 뿐이니, 어찌 남을 다스릴 수 있겠는가? 이러한 자들은 정치의 수단은 알고 있으나, 정치의 진정한 도를 이해한다고 볼 수는 없다. 이런 사람은 세상에서 사용될 수는 있겠지만 천하를 움직일 수는 없다. 이런 사람들을 가리켜 말만 앞세우는 자(辯士), 한 가지에 치우친 자(一曲之人)라고 한다. 예의 규범 과 셈법을 정하고 형세와 명분을 조사하는 일은 옛사람들도 했지만, 이는 아랫사람이 윗사람을 섬길 때 했던 일이지, 윗사람이 아랫사람을 다스릴 때 했던 일이 아니다.[88]

이 단락은 황로 정치철학의 기본적인 문제를 대부분 포함하고 있어

---

88) 『莊子』, 「天道」, "夫帝王之德, 以天地爲宗, 以道德爲主, 以無爲爲常. 無爲也, 則用天下而有餘; 有爲也, 則爲天下用而不足. 故古之人貴夫無爲也. 上無爲也, 下亦無爲也, 是下與上同德, 下與上 同德則不臣; 下有爲也, 上亦有爲也, 是上與下同道, 上與下同道則不主. 上必無爲而用天下, 下必 有爲爲天下用, 此不易之道也. 故古之王天下者, 知雖落天地, 不自慮也; 辯雖雕萬物, 不自說也; 能雖窮海內, 不自爲也. 天不産而萬物化, 地不長而萬物育, 帝王無爲而天下功. 故曰: 莫神于天, 莫富于地, 莫大于帝王. 故曰: 帝王之德配天地. 此乘天地, 馳萬物, 而用人群之道也. 本在于上, 末在于下; 要在于主, 詳在于臣. 三軍五兵之運, 德之末也; 賞罰利害, 五刑之辟, 教之末也; 禮法度 數, 形名比詳, 治之末也; 鍾鼓之音, 羽旄之容, 樂之末也; 哭泣衰絰, 隆殺之服, 哀之末也.……是 故古之明大道者, 先明天, 而道德次之; 道德已明, 而仁義次之; 仁義已明, 而分守次之; 分守已明, 而形名次之, 形名已明, 而因任次之; 因任已明, 而原省次之; 原省已明, 而是非次之; 是非已明, 而 賞罰次之. 賞罰已明, 而愚知處宜, 貴賤履位, 仁賢不肖襲情, 必分其能, 必由其名. 以此事上, 以 此畜下, 以此治物, 以此修身, 知謀不用, 必歸其天, 此之謂太平, 治之至也. 故書曰: '有形有名.' 形名者, 古人有之, 而非所以先也. 古之語大道者, 五變而形名可擧, 九變而賞罰可言也. 驟而語形 名, 不知其本也; 驟而語賞罰, 不知其始也. 倒道而言, 迕道而說者, 人之所治也, 安能治人! 驟而 語形名賞罰, 此有知治之具, 非知治之道; 可用于天下, 不足以用天下. 此之謂辯士, 一曲之人也. 禮法數度, 形名比詳, 古人有之, 此下之所以事上, 非上之所以畜下也."

사실상 황로 정치철학을 총괄한 내용으로 볼 수 있다.(이 점에 관해서는 뒤에서 다시 분석을 이어 나가도록 한다.) 게다가 "무위無爲로써 다스리면 천하를 얼마든지 사용해도 차고 넘치지만, 유위有爲로써 다스리면 천하에 의해 사용되는 것조차 부족해진다"라는 구절은『노자』를 창조적으로 발전시킨 것이 아닌가? 예를 들면,『노자』에서는 "하늘의 도는 마치 활을 당기는 것과 같다. 활시위가 너무 높으면 낮추고 너무 낮으면 올리듯이, 하늘의 도는 남으면 덜고 부족하면 보충한다. 남는 것을 덜어 부족한 것을 보충하는 것이 하늘의 도라면 인간의 도는 그렇지 않다. 인간의 도는 부족한 것에서 덜어내 남는 것을 봉양한다"[89]라고 한 바 있다. 이 둘을 서로 비교해 보면, 「천도」편은『노자』를 단순히 해석한 것이 아니라,『노자』를 창조적으로 변화시킨 것임을 알 수 있다. 이론 구조 측면에서 볼 때, '도덕지의'는 인의예법仁義禮法의 기초로서 그에 비해 가치적 우월성을 지닌다. 다르게 표현하자면, 황로 정치철학의 핵심은 '도덕지의'이고, 인의仁義, 분수分守, 형명形名, 인임因任, 원성原省, 시비是非, 상벌賞罰 등은 모두 외적인 것 혹은 부수적인 것으로서 '도덕지의'의 토대 위에서 전개된 것으로 볼 수 있다.[90] 이 점은 황로 정치철

---

89)『老子』제77장, "天之道, 其猶張弓歟? 高者抑之, 下者舉之; 有余者損之, 不足者補之. 天之道, 損有余而補不足. 人之道則不然, 損不足而奉有余."
90)『관자』에 「구변」편이 포함되어 있기는 하나, 짧은 단락의 내용만이 남아 있는 데다, 심지어 그 내용마저 제목과 일치하지 않는다. 따라서 이 편의 원래 내용이『장자』「천도」편에서 다룬 '九變'과 관련이 있는지는 자료의 부족으로 인해 파악할 방법이 없다. 그러나『관자』「유관」편에서 '九擧'를 언급하였다. "道로써 (백성을) 인도하고, 은혜(惠)로써 따르게 하고, 仁으로써 친하게 하고, 義로써 기르고, 德으로써 대하고, 믿음(信)으로 교제하고, 禮로써 접대하고, 樂으로써 화목하게 하고, 일(事)로써 판단하고, 말로써(言) 고찰하고, 힘(力)으로써 분발시키고, 정성(誠)으로써 설복시킨다. 이렇게 한 가지 조치를 실행하고 나면 상하가 모두 좋은 결과를 맺고, 두 번째 조치를 실행한 뒤에는 따르지 않는 백성이 없고, 세 번째 조치를 실행한 뒤에는 토지가 개관되어 곡식이 풍성히 맺히고, 네 번째 조치를 실행한 뒤에는 양식이 풍부하여 농민들의 근심 걱정이 사라지고, 다섯 번째 조치를 실행한 뒤에는 부역이 줄어들어도 나라의 곳간이 넘쳐나고, 여섯 번째 조치를 실행한 뒤에는 군주가 일의 변화를 미리 알 수 있게 되고, 일곱 번째 조치를 실행한 뒤에는 조정 안팎의 일이 모두 군주에 의해 좌우되고, 여덟 번째 조치를 실행한 뒤에는 승리의 국면이 이루어져 나라의 위엄이 서고, 아홉 번째 조치를 실행한 뒤에는 제업(帝事)이 틀을 갖추게 된다. 아홉 가지의 폭넓고 중대한 근본 원칙이 있으니, 이는 군주가 지켜야 한다." 이를 살펴보면, 九擧가 바로 九變과 가깝다는 것을 쉽게

학을 이해하고 파악하는 데 핵심이 되는 부분이다. 한편, 한비자의 법리法理 사상 역시 사상적 계보와 내용상의 실질(특히 정치철학의 각도)을 고려하면, 황로의 범주에 속한다고 할 수 있다. 그는 다음과 같이 말한다.

> 선왕은 도를 원칙으로 삼고 법을 근본으로 삼는다. 근본인 법을 잘 다스리
> 는 자는 명성이 높아지고 이를 어지럽히는 자는 명성이 끊긴다. 지혜나
> 재능이 총명하고 뛰어난 사람들은 스스로 생각하여 근거가 있으면 행동하
> 고 근거가 없으면 멈춘다. 따라서 이러한 자는 도를 스스로 실행할 수는
> 있으나 남에게 전해 줄 수는 없다. 그래서 도법道法에 따르면 모두 온전하게
> 행할 수 있으나, 지혜와 재능에 따르면 실패하는 경우가 많다. 저울을
> 매달아 평형을 알고, 규구를 설치하여 둥긂을 알게 하는 것이 모두가
> 온전하게 행할 수 있는 방법이다. 현명한 군주는 백성이 도를 몸에 걸치게
> 하므로 손쉽게 공을 이룰 수 있다. 규칙을 버린 채 기교에만 의지하고,
> 법을 버린 채 지모에만 의지하는 것은 혼란을 부르는 방법이다. 혼란한
> 군주는 백성들이 지모와 기교를 몸에 걸치도록 하므로 고생만 할 뿐
> 공을 이루지 못한다.[91]

위 단락을 통해 보면, 한비자의 법리학은 '도를 원칙으로 삼는다'는 측면과 '법을 근본으로 삼는다'는 측면을 동시에 포함하고 있으며, 이 둘은 서로 연관되어 있어 어느 한쪽으로 치우칠 수 없다. 이는 바로 법가사상 가운데 가장 심오한 부분이기도 하다. '도-법'에 기초하여 건립된 한비자의 이론 구조는 황로 정치철학의 '도덕지의-인의예법'이라는 이론 구조를 한층 더 제련하여 명료화한 결과이며, 따라서 그의 사상은 이른바 황로 정치철학의 간소화 버전으로도 볼 수 있다. 이렇게 볼 때, '도와 법 사이'로의

발견할 수 있다. 이 외에도 『손자병법』에 「구변」편이 있고 『할관자』에 '九道'라는 말이
등장하며 『제논어』에도 '九變'에 관한 장이 등장한다.

91) 『韓非子』, 「飾邪」, "故先王以道爲常, 以法爲本. 本治者名尊, 本亂者名絶. 凡智能明通, 有以則
行, 無以則止. 故智能單道, 不可傳于人. 而道法萬全, 智能多失. 夫懸衡而知平, 設規而知圓, 萬
全之道也. 明主使民飾于道之故, 故佚而有功. 釋規而任巧, 釋法而任智, 惑亂之道也. 亂主使民飾
于智, 不知道之故, 故勞而無功."

사상사적 발전과 그들 간의 긴장 관계는 황로 정치철학 사유의 가장 중요한 이론 주제를 이루었으며, 황로 정치철학을 규정하는 가장 명료한 사상적 울타리를 형성하였다.

(3) 이상의 정리와 분석을 통해 우리는 황로 정치철학이 전개되어 간 맥락과 이론 구조를 더욱 깊이 이해할 수 있었다. 이른바 '예법지간'에서 '도법지간'으로의 전환은 사상사 공간이 확장되어 가는 과정 속의 대세적 흐름이었다고 할 수 있다. 이러한 특징은 도가, 황로(도법가), 법가 사상의 계보와 그 발전 맥락을 통해 보면 더욱 분명하게 드러난다. 노자가 정립한 '도덕지의'의 이론 체계 속에서 법法과 형刑은 그다지 특별한 지위를 지니지 못했는데, 초기 변법운동의 이론 기초였던 법法과 형刑은 여전히 '덕례지간' 에 갇혀 있었다. 하지만 황로 정치철학의 주류 사상은 법法의 의미를 강조하 는 쪽으로 방향을 전환하며, 법法과 도道와 덕德을 서로 연관시키고자 부단히 노력하는 한편, 법 및 법과 관련된 개념들을 '도덕지의' 속에 포함하거나 그 하위에 놓아두고자 하였다. 이는 모두 법리法理사상에 견고한 이론적 토대를 부여하기 위함이었다. '도를 원칙으로 삼고 법을 근본으로 삼는다'는 한비의 명제에는 '도와 법 사이'의 긴장이 잘 드러나며, '도에서 법이 나온다' (道生法)는 황로 정치철학 명제의 영향 또한 충실히 반영되어 있다. 여기에서 '도에서 법이 나온다'라는 명제는 도와 법의 관계를 사고한 황로 정치철학의 이론적 결론이라 볼 수 있다.

도에서 법이 나온다. 법은 먹줄을 당겨 득실을 판단하고 일의 곡직을 밝히는 것이다.[92]

현賢에서 성聖이 나오고 성에서 도道가 나오고 도에서 법法이 나오고 법에서 신神이 나오고 신에서 명明이 나온다. 신명이란 정치의 근본이며, 말단은 그 근본을 얻어 서로를 보좌한다.[93]

---

92) 馬王堆 帛書『經法·道法』, "道生法. 法者, 引得失以繩, 而明曲直者也."

대다수 황로 문헌과 같이 『할관자』 「병정」의 내용도 이해하기가 쉽지 않다.[94] 이 단락의 함의를 더 잘 파악하기 위해서는 우선 몇 가지 문제를 해명할 필요가 있다. 첫째, 이 단락 속에 등장하는 신명神明은 대체 무엇을 가리키는가? 왜 신명이 정치의 근본(원문의 正은 政으로 읽어야 하며, 末 역시 本으로 의심된다.)이 되는가? 이 문제에 관해서는 사실 『할관자』 내부에 한 가지 단서가 존재한다. 『할관자』 「태홍」편에서는 다음과 같이 말한다. "성인의 도는 신명을 서로 갖추고 있다. 따라서 도덕이라고 한다."[95] 이른바 신명이란 특수한 지적 능력을 가리키는 것으로, 예를 들면 '도의 진리'에 대한 통찰, 신하들을 넘어서는 성왕의 독자적 지혜와 견해, 사물을 넘어서 도에 이르는 정신 경지 등이 모두 이에 해당한다. 이를 종합해 보면, 도의 통찰이나 도의 현현은 신명을 통하지 않을 수 없음을 확인할 수 있다. 심지어 어떤 의미에서는 신명이 도道의 또 다른 표현으로 사용되기도 한다.[96] 마왕퇴 백서 『도원』, 『회남자』 「원도훈」, 『할관자』 「도만」 등에서도 이러한 특징을 쉽게 확인할 수 있다. 둘째, '도에서 법이 나온다'(이하 '道生法'으로 칭함)는 명제의 도道를 어떻게 이해해야 하는가? 다시 말하면, 이를 '도덕지의道德之意'의 도 개념으로 이해할 수 있느냐는 것이다. 문맥 속에서 이를 고찰해 보면, 사실 여기에 등장하는 도는 일상적 의미의 '원칙', '법칙'의 의미로 쉽게 확정할 수 있다. 그런데 강조하고 싶은 것은, '도생법' 명제의 함의가 『할관자』와 『경법』에서 서로 다르게 해석된다는 점이다. 전자에서는 이 명제가 주로 법과 일상적 의미의 '원칙', '법칙' 간의 연관성을 나타내는

---

93) 『鶡冠子』, 「兵政」, "賢生聖, 聖生道, 道生法, 法生神, 神生明. 神明者, 正(政)之末(本)也, 末受之本, 是故相保."
94) 『관자』의 「병법」, 『회남자』의 「병략훈」, 『할관자』의 「병정」 모두 兵에 관해 논한 이론성이 짙은 장이다. 이들의 내용과 성질을 고찰해 보면, 도가와 병가 사상을 결합한 경향이 두드러지며 이른바 '道와 兵 사이'에서 논의가 이루어지는 것을 확인할 수 있다. 만약 이 문헌들을 황로학의 범주에 포함시켜 생각한다면 황로학에 대한 우리의 이해를 더욱 심화시킬 수 있을 것이다.
95) 『鶡冠子』, 「泰鴻」, "聖人之道與神明相得, 故曰道德."
96) 鄭開, 『道家形而上學研究』(增訂版, 북경: 중국인민대학출판사, 2018), 192~193쪽.

데 반해, 후자에서는 주로 법과 추상개념인 도 간의 내적 연관성을 설명하였다. 이렇게 본다면, 백서 『경법』의 '도생법' 명제는 특히 중요한 것을 알 수 있다. 바이시(白奚)에 따르면, "'도생법' 명제는 황로학 사고의 기본적 방향성을 확립한 것으로 볼 수 있다. 이 명제에서는 최초로 도와 법을 하나로 통합하였는데, 법은 도에서 파생된 것으로서 도라는 우주의 근본 원칙이 사회 영역에 실현되고 구현된 결과라는 도와 법 간의 기본적 관계를 명확하게 드러냈다."[97] 더 자세히 말하자면, 이 명제는 '철학돌파'에 의해 창조된 가장 중요하고도 수준 높은 이론, 즉 '도 이론'과 춘추전국시대의 시대정신을 가장 드라마틱하게 보여 주는 변법운동 및 그 정신을 가장 간단명료한 형식으로 연결하였다. 그런데 이들의 결합은 단지 기계적인 접합이 아니라, 화학적 화합으로 이루어져 있다. 한편, '도생법' 명제의 '생生'을 단순히 파생, 발생, 생산 등의 의미로 해석하는 것 역시 미흡한 부분이 있다. 사상사적 맥락에서 보면, '생生'이란 혈연관계를 의미하기 때문이다.[98] 따라서 '도생법'은 '도와 법 사이'에 내재적이고 필연적이며 불가분의 관계가 있음을 나타내는 것으로 이해해야 한다.

그런데 차오펑(曹峰)의 말처럼, '도에서 법이 나왔다'는 말은 "법이 도에 의거하여 근거와 권위를 획득했음을 나타낸다. 하지만 『황제사경』(마왕퇴 백서 황로 고일서)에서는 도에서 법이 어떻게 나왔는가 하는 것에 대해서는 거의 논하지 않았고, 주로 도道와 명明의 관계에 논의하였다."[99] 따라서 우리는 한 걸음 더 나아가 황로 정치철학 담론 속의 '명名 – 리理' 문제를 논의해 볼 필요가 있다.

---

97) 白奚, 『稷下學研究』(북경: 삼련서점, 1998), 120쪽.
98) 鄭開, 『道家形而上學研究』(增訂版, 북경: 중국인민대학출판사, 2018), 68쪽, 주석1.
99) 曹峰, 『近年出土黃老思想文獻研究』(북경: 중국사회과학출판사, 2015), 440쪽.

3. 명名과 리理

도가의 무명無名이나 유가의 정명正名 모두 깊은 정치적 의미를 내포하고 있음은 자명한 사실이다. 차오펑(曹峰)은 선진시대 사상 사료 속에 풍부하게 나타나는 명名은 대개 정치사상과 관계되어 있으며, 특히 명名과 법法 간의 내재 관계에 관해 주목해야 한다고 지적하였다.[100] 필자 역시 기본적으로 이러한 의견에 깊이 동의하며, 더 나아가 초기 정치사상사 맥락 속의 명名은 주로 예禮 혹은 법法에 대응되며, '예와 법 사이'의 긴장과 모순과 서로 긴밀히 얽혀 있었음을 지적하고 싶다. 이른바 '명名'의 정치철학 담론은 예의禮義에서 법리法理로의 이행 과정을 거치며 서서히 형성되었다고 하겠다. 정리하면, 명名은 정치사회질서의 추상적 표현으로서, 뒤늦게 탄생한 법法과 일찍부터 출현한 예禮를 동시에 포함하고 있다.

한비자는 법가의 집대성자로서 『한비자』는 법가에 속한다. 하지만 정치철학 측면에서 분석하자면, 한비의 정치철학 및 『한비자』의 일부 내용은 황로 정치철학에 포함시켜야 한다. 한비자의 정치이론이 정치철학으로 불릴 수 있는 것은 바로 심도 있는 '법리지학法理之學'을 포함하고 있기 때문인데, 법리지학은 사실 '명리지학名理之學'과도 불가분의 관계에 있다. 첸지보(錢基博)의 『독「장자·천하편」소기』에 따르면, 직하도가(황로)의 사상적 특징은 "도덕을 형명으로 만든 것"으로, "신불해와 한비자가 도와 덕을 자주 언급한 것 역시 바로 이러한 이유에서였다."[101] 이처럼 도덕지의道德之意와 형명법술刑名法術의 결합은 황로학 이론의 중요한 특색 가운데 하나였다. 그런데 만약 '도와 법 사이'의 사상 공간에 대해 한층 더 깊이 탐구하고자 한다면, 명名과 리理라는 두 개의 핵심 개념을 통해 접근하지 않을 수 없다. '명을 따르고 리를 헤아리는'(循名究理. 마왕퇴 황로 백서 『경법』에 나오는 말) 것

---

100) 曹峰, 『中國古代「名」的政治思想研究』(상해: 상해고적출판사, 2017), 2~3쪽.
101) 張豐乾 編, 『莊子天下篇註疏四種』(북경: 화하출판사, 2009), 119쪽.

역시 황로 정치철학의 중요한 특색 가운데 하나이기 때문이다. 계속해서 명名과 리理라는 두 개의 문제에 대해서 각각 논의를 진행해 보도록 하자.

(1) 『노자』에는 '리理'라는 글자가 출현하지 않는다. 다시 말해, 노자는 근본적으로 리理에 관해 논하지 않았다. 이는 '도덕지의道德之意'의 이론 체계에 리理의 위치가 존재하지 않았음을 의미한다. 한편 『장자』가 말한 리理는 주로 물리物理, 즉 사물의 이치, 규율, 규칙 등을 가리킨다. 예를 들어 「양생주」편에 나오는 천리天理는 사물이 지니는 이치나 조리를 가리키는 것으로, 자연주의적인 설명 방식에 해당한다. 중국 고대 문헌에서는 천문과 지리를 나란히 언급하는 경우가 많았는데, 도가에서는 바로 그러한 이론 언어를 사용해서 리理를 표現하였다. 예를 들어, 『문자』 「상덕」편에서는 "하늘의 도를 문文이라고 하고, 땅의 도를 리理라고 한다"[102]라고 하였는데, 이 구절의 '천문天文'과 '지리地理'는 모두 도에 속한 것이다. 종합하면, 노장철학 속에서 리理의 지위는 그다지 두드러지지 않으며, 심지어 리理가 과연 철학 개념인지부터 하나의 문제가 된다. 이와 비교하면, 황로 문헌 속의 리理는 더욱 중요하게 다루어진다. 『장자』 「선성」편에서는 "도는 리이다"[103]라고 정의하고 있는데, 이 편은 일반적으로 황로학자의 손에서 나온 것으로 여겨진다. 『장자』 「천하」편에서는 "신도는 지모와 기교를 포기하고 자신의 견해를 버렸으니, 부득이한 바에 따르고자 한 것이다. 그는 또한 사물을 그대로 따르는 것을 그의 도리道理로 삼았다"[104]라고 하였다. 이 구절은 현재 전해지는 『신자』와 상호 검증이 가능하므로,[105] '도리'라는 말 혹은 개념이 출현한 비교적 이른 사례로 볼 수 있다.

이처럼 도리라는 복합어는 『관자』, 『문자』, 『회남자』 등의 황로 문헌에 더 많이 등장한다. 이러한 현상은 주의 깊게 살펴볼 가치가 있다. 왜 황로학은

---

102) 『文子』, 「上德」, "天道爲文, 地道爲理."
103) 『莊子』, 「繕性」, "道, 理也."
104) 『莊子』, 「天下」, "愼到棄知去己, 而緣不得已, 泠汰于物以爲道理."
105) 『愼子』, 「威德」, "官不足, 則道理匱; 道理匱, 則慕賢智; 慕賢智, 則國家之政要在一人之心矣. 古者立天子而貴之者, 非以利一人也. 曰: 天下無一貴, 則理無由通, 通理以爲天下也."

리理를 통해 도道에 대해 진일보한 해석을 시도하였는가? 단순히 '도의 진리'가 현묘하고 심원하여 쉽게 파악할 수 없기 때문인가? 노장도가의 입장에서 분석하면, 도道는 매우 복잡하여 규명하기 어려운 것으로 언어와 개념을 통해 표현되고 파악될 수 없으며, 따라서 도道를 체계화하고 질서화하는 것은 불가능하다. '혼돈과 질서 사이'의 사상적 긴장이라는 각도에서 '도와 법 사이'의 연결 관계를 분석해 보면, 무명無名에서 유명有名으로, 혼돈에서 질서로 이행되는 두 가지 경로를 쉽게 발견할 수 있다. 황로 정치철학 사유의 주요 문제 중 하나로서, 도 개념과 그 이론을 근거로 하여 어떻게 법의 합리성을 설명하고, 정치 질서의 심층적 이유를 논증할 것인가 하는 문제가 있다. 이와 관련하여 『윤문자』에는 상당히 흥미로운 대목이 등장한다.

전병이 책을 읽으며 말했다. "요임금의 시대는 참으로 태평한 시대였구나."
송견이 말했다. "성인이 나라를 다스리면 그러한 경지에 이를 수 있는 것입니까?"
팽몽이 옆에서 끼어들며 답했다. "성법으로 나라를 다스려서 그러한 경지에 이른 것이지 성인이 다스렸기 때문이 아닙니다."
송견이 말했다. "성인과 성법은 무엇이 다르단 말입니까?"
팽몽이 말했다. "선생은 명칭을 지나치게 혼동하시는군요. 성인은 자신의 의견을 따르지만, 성법은 리理를 따릅니다. 비록 리理가 자신에게서 도출되는 것이기는 하나, 반대로 자신의 의견은 리理를 따라 나오는 것이 아닙니다. 그런데 자신으로부터 리理가 도출된다고 해서, 리理가 곧 자신의 의견인 것은 아닙니다. 따라서 성인의 다스림은 독단적으로 다스리는 것에 지나지 않지만, 성법으로 다스리면 다스리지 못하는 것이 없습니다. 이것이 바로 만세를 이롭게 하는 성법이니, 성인만이 이를 갖출 수 있습니다."
송견이 팽몽의 말을 듣고 여전히 의문이 남아 전병에게 질문을 하였는데, 전병에 그에게 답했다. "팽몽의 말이 맞습니다."[106]

---

106) 『尹文子』, 「大道下」, "田子讀書, 曰: '堯時太平.' 宋子曰: '聖人之治以致此乎?' 彭蒙在側, 越次答曰: '聖法之治以至此, 非聖人之治也.' 宋子曰: '聖人與聖法何以異?' 彭蒙曰: '子之亂名甚矣. 聖人者, 自己出也; 聖法者, 自理出也. 理出于己, 己非理也; 己能出理, 理非己也. 故聖人之治, 獨治者也; 聖法之治, 則無不治矣. 此萬世之利, 唯聖人能該之.' 宋子猶惑, 質于田子, 田子曰: '蒙之言然'"

황로 정치철학은 '리에 따라 움직인다'(循理而動)는 명제에 특히 주목하였으며, 리理는 사물의 법칙, 인륜 질서와 같은 다층적 함의를 동시에 갖추고 있었다. 앞에서 인용한 『한비자』「대체」편에 "화와 복이란 도법道法에서 생겨나는 것이지 좋아하고 미워하는 감정에서 나와서는 안 된다"라는 구절이 있고, 그 바로 앞에 "법 이상으로 엄격하게 다루거나 법 이하로 가볍게 다루지 않았으며 정해진 이치(成理)를 지키고 자연에 따랐다"라는 구절이 있다. 리理에 뚜렷한 정치질서의 의미가 담겨 있음을 확인할 수 있다. 이와 관련된 몇 가지 자료를 더 살펴보자.

상하의 관계를 구별하고 군신의 직분을 바로잡는 것을 리理라고 한다. 리理에 따라 이를 잃지 않는 것을 도道라고 한다. 도와 덕이 정해지면 백성들에게는 일정한 궤도가 생기게 된다.[107]

예禮는 사람들의 실정에 근거한다. 의義라는 이치에 따라 제도와 규범을 만든다. 따라서 예禮는 이치(理)가 있음을 말한다. 리理라는 것은 본분을 밝혀 각기 마땅한 바, 즉 의義의 뜻을 밝힌 것이다. 따라서 예禮는 의에서 나오고, 의義는 리理에서 나오며, 리理는 도를 따른다. 법은 다른 것들을 같게 만드는 것이며, 그렇게 하지 않으면 안 되는 경우에 사용한다.[108]

도道는 천지를 낳고 덕은 현인을 낳는다. 도는 덕을 낳고 덕은 정치를 낳고 정치는 업적을 낳는다. 따라서 성왕의 다스림은 극에 달하면 다시 처음으로 돌아오고 끝이 나면 새롭게 시작하였다. 봄에 덕을 베풀기 시작하여 여름에 이를 증가시켰고, 가을부터 형벌을 시행하여 겨울까지 계속하였다. 이처럼 형벌과 덕정이 서로 어긋나지 않으면 사시가 마치 하나로 이어진다. 반대로 형벌과 덕정이 서로 어긋나면 시간이 역행하니, 일이 이루어지지 않고 반드시 큰 재앙이 생기게 된다. 나라에는 매월 세 가지의 정사가 있는데 왕의 일은 반드시 리理에 따라야만 오래토록 이어지게

---

107) 『管子』, 「君臣上」, "是故別交正分之謂理, 順理而不失之謂道, 道德定而民有軌矣."
108) 『管子』, 「心術上」, "禮者, 因人之情, 緣義之理, 而爲之節文者也. 故禮者, 謂有理也. 理也者, 明分以諭義之意也. 故禮出乎義, 義出乎理, 理因乎宜者也. 法者, 所以同出, 不得不然者也."

된다. 때에 어긋나면 죽음을 맞이하고 리理를 잃으면 멸망하게 된다.109)

맑은 정신에서 마음이 나오고 마음에서 법규가 나오고 법규에서 곱자가 나오고 곱자에서 네모가 나오고 네모에서 바름이 나오고 바름에서 역법이 나오고 역법에서 사시가 나오고 사시에서 만물이 나온다. 성인은 이러한 이치에 따라 나라를 다스리니(理) 도가 두루 미치게 된다.110)

도道를 가지고 다스리면(理) 법이 적더라도 다스리기에 충분하다. 하지만 도道가 없이 다스리면(理) 법이 많더라도 혼란을 일으키기에 충분하다.111)

나라가 존속될 수 있는 것은 도道를 얻었기 때문이고, 나라가 망하는 것은 리理가 막혔기 때문이다.112)

성인은 무無로 유有에 대응하니, 반드시 그 리理를 헤아릴 수 있고, 허虛로 실實을 받아들이니 반드시 그 세세한 부분까지 살펴낼 수 있다.113)

인용한 『관자』의 몇 개 단락은 정치철학적 담론으로 볼 수 있는데, 여기에 등장하는 리理는 정치질서를 가리키는 것으로 이해되며, 당연히 자연질서와 인륜질서라는 의미 또한 포함하고 있다. 한편 리理는 여기에서 동사로도 쓰이고 있는데, 이 경우 '체계화하다', '질서화하다'라는 의미로 해석이 가능하다.(예를 들면, 「경중기」, 「사시」편) 또한 『문자』 인용문에는 명사로 쓰인 리理와 동사로 쓰인 리理가 동시에 등장하며, 도리道理라는 복합어로 사용되기도 하는데, 이들 모두는 정치윤리질서를 가리킨다.114) 한편 인용한

109) 『管子』, 「四時」, "道生天地, 德出賢人. 道生德, 德生正, 正生事. 是以聖王治天下, 窮則反, 終則始. 德始于春, 長于夏. 刑始于秋, 流于冬. 刑德不失, 四時如一. 刑德離鄕, 時乃逆行. 作事不成, 必有大殃. 月有三政, 王事必理, 以爲久長. 不中者死, 失理者亡."
110) 『管子』, 「輕重己」, "淸神生心, 心生規, 規生矩, 矩生方, 方生正, 正生曆, 曆生四時, 四時生萬物, 聖人因而理之, 道遍矣."
111) 『文子』, 「上仁」, "故有道以理之, 法雖少, 足以治; 無道以理之, 法雖衆, 足以亂."
112) 『文子』, 「上仁」, "國之所以存者, 得道也, 所以亡者, 理塞也."
113) 『淮南子』, 「精神訓」, "是故聖人以無應有, 必究其理; 以虛受實, 必窮其節."
114) 道理라는 말은 『한비자』 「난세」 등에 나타나며, 『회남자』에도 여러 차례 등장한다.

『회남자』「정신훈」에서는 리理가 무에서 유로 나아가는 과정 사이에 위치하며, 법法은 허虛가 실實로 이어지는 과정 사이에 위치한다는 것을 말했다. 정리하면, 리理는 유-무와 허-실 사이를 이어 주는 매개체의 역할을 한다. 따라서 추상적이고 현묘한 '도덕지의'를 윤리정치질서로 전환한다고 하였을 때, 그러한 질서의 지침이 되는 원칙으로서 리理 외에 다른 어떤 것이 가능하겠는가?

한비자는 '도와 리 간의 관계'에 대해 가장 특색 있는 설명을 내놓은 바 있다. 물론 그의 설명이 무에서 유를 창조한 것은 아니며, 황로 정치철학의 풍부한 논의가 그 사상의 직접적이면서도 중요한 자원이 되었다. 한번 비교해 보도록 하자.

> 하늘의 도를 따르고 실제 형세의 리理로 돌아가서 여러 가지 관찰과 점검을 계속하여 끝나면 새롭게 시작한다. 마음을 비워 고요해진 다음에는 더 이상 자신의 견해를 내세우지 않게 된다. 군주의 우환은 반드시 어떤 한 편의 의견에 동조함으로 인해 생겨난다. 진정성 있는 태도를 취하되 한 편의 의견에 동조하지 않는다면, 만민이 하나로 복종할 것이다. 도는 광대하면서도 형체가 없다. 덕은 리理를 품고 있으면서도 모든 것에 두루 이를 수 있다. 뭇 생명은 자연스럽게 도와 덕을 받아들이기 마련으로 모두 흥성하게 일어나니, 이들처럼 고요한 상태를 유지할 수는 없다. 도는 만사만물 아래 보편적으로 존재하며 각기 사물을 헤아려 그에 따라 알맞은 명칭을 부여하니, 사물은 각자 때에 맞게 태어나고 죽음을 맞이한다. 명칭을 고찰해 보면 모든 사물이 이를 달리하지만 사실 실정은 모두 하나로 통한다. 따라서 이렇게 말한다. 도는 (그것이 생성하는) 만물과 다르고, 덕은 (그것이 포함하는) 음양과는 다르고, 저울은 (그것이 헤아리는) 경중과는 다르고, 먹줄은 (그것이 교정하는) 구불구불함과는 다르고, 조율기는 (소리에 영향을 주는) 건조함 및 습함과는 다르고, 임금은 신하와는 다르다. 이 여섯 가지 상황은 모두 도에서 나온 것이다. 도는 유일무이한 것이므로 일一이라고 부른다. 따라서 현명한 군주는 도의 유일무이한 모습을 중히 여겨야 하며, 군주와 신하의 도는 서로 다르다. 신하가 자신의 명분을

내세워 군주에게 호소하면 군주는 그 명분을 장악하여 다루고 신하는 그 형세를 본받는다. 서로 간의 형세와 명분이 일치하면 상하가 조화를 이루게 된다.115)

도리道理에 따라 일을 처리하는 사람은 이루지 못할 것이 없다. 이루지 못하는 것이 없는 자는 크게는 천자의 존엄을 이룰 수 있고 작게는 재상이나 장군의 작록을 손에 넣을 수 있다. 하지만 도리를 버리고 경거망동하는 자는 천자나 제후의 존엄을 지녔든, 의돈猗頓, 도주陶朱, 복축蔔祝과 같은 부를 지녔든 결국 백성들을 잃고 재물을 잃어버리게 된다. 사람들이 도리를 버리고 경거망동하는 까닭은 얼마나 화복이 뒤바뀌는 도가 얼마나 방대하고 깊은지를 알지 못하기 때문이다. 따라서 『노자』에서 이렇게 말한 것이다. "누가 그 지극한 곳까지 알 수 있겠는가?"116)

지금 사람들이 성공을 원하나 오히려 실패하고 마는 까닭은 바로 도리道理를 알지 못하면서 이를 물어서 알려고 하지 않고, 지혜롭고 능력 있는 자들의 말을 들으려고 하지 않기 때문이다. 보통 사람들이 지혜롭고 능력 있는 자들의 말을 들으려고 하지 않으니, 성인이 억지로 이들의 실패를 지적하면 그들의 원망을 사고 만다. 보통 사람들은 수가 많고 성인의 수는 적으니, 적은 것이 많은 것을 당해 내지 못하는 것은 정해진 이치다. 지금 행동을 취하여 천하 사람들과 대적하는 것은 자신을 보전하고 오래도록 살아남는 방법이 아니다. 따라서 절도에 따라 행동하면서 세상에 참여해야 한다. 따라서 『노자』에서 이렇게 말한 것이다. "자신을 바르게 하면서도 남을 해치지 않고, 자신을 깨끗하게 하면서도 남에게 상처를 입히지 않고,

---

115) 『韓非子』, 「揚權」, "因天之道, 反形之理, 督參鞠之, 終則有始. 虛以靜後, 未嘗用己. 凡上之患, 必同其端. 信而勿同, 萬民一從. 夫道者, 弘大而無形; 德者, 核理而普至. 至于群生, 斟酌用之, 萬物皆盛, 而不與其寧. 道者, 下周于事, 因稽而命, 與時生死. 參名異事, 通一同情. 故曰道不同 于萬物, 德不同于陰陽, 衡不同于輕重, 繩不同于出入, 和不同于燥濕, 君不同于群臣. 凡此六者, 道之出也. 道無雙, 故曰一. 是故明君貴獨道之容. 君臣不同道, 下以名禱, 君操其名, 臣效其形, 形名參同, 上下和調也."

116) 『韓非子』, 「解老」, "夫緣道理以從事者, 無不能成. 無不能成者, 大能成天子之勢尊, 而小易得卿相 將軍之賞祿. 夫棄道理而忘舉動者, 雖上有天子諸侯之勢尊, 而下有猗頓陶朱蔔祝之富, 猶失其民 人而亡其財資也. 衆人之輕棄道理而易忘舉動者, 不知其禍福之深大而道闊遠若是也. 故諭人曰: '孰 知其極.'"

정직하게 하면서도 제멋대로 하지 않고, 영광을 누리면서도 자랑하지 않는다."117)

보통 사람들은 정신이 부산하다. 정신이 부산하면 낭비가 많다. 낭비가 많은 것을 사치라고 한다. 성인은 정신이 고요하다. 정신이 고요하면 낭비가 적다. 낭비가 적은 것을 아낀다고 한다. 아끼는 것은 하나의 술법으로서 도리道理에서 나온다. 따라서 아낄 수 있다는 것은 도道에 따르고 리理에 복종한다는 것을 의미한다. 보통 사람들은 환난을 만나고 재앙을 당해도 여전히 물러설 줄을 모르고 도리에 따르지 않는다. 반면 성인은 환난이나 재앙의 형세가 나타나지 않았는데도 허무의 자세로 도리에 따른다. 이를 '일찍부터 따른다'고 말한다. 따라서 『노자』에서 이렇게 말한 것이다. "성인은 (정신의 사용을) 아끼기 때문에 일찍부터 도에 따른다."118)

도란 만물이 그러할 수 있는 근거이자, 모든 리理가 모인 근원이다. 리理는 각각의 사물을 이루는 결이다. 도는 만물이 이루어지게 하는 것이니, "道도는 질서를 부여하는(理) 것이다"라고 하였다. 만물에는 각자의 리理가 있어 서로 침범할 수 없다. 만물에 각자의 리理가 있어 서로 침범할 수 없으므로 리理는 각각의 사물을 결정한다. 만물은 각기 다른 리理를 지니고 있다. 만물은 각기 리理를 달리하고 도는 이러한 만물 각각의 리理를 통괄하기 때문에 변하지 않을 수 없다. 도는 변하지 않을 수 없으므로 일정한 방식이 없다. 일정한 방식이 없으므로 죽고 사는 기氣가 도에서 나오고 모든 지혜를 도에서 퍼내고 모든 일의 흥망이 도에서 결정된다. 하늘은 도를 얻어 높고, 땅은 도를 얻어 만물을 품고, 북두칠성은 도를 얻어 위세를 떨치고, 해와 달은 도를 얻어 빛을 일정하게 유지하고, 오행은 도를 얻어 일정하게 자리를 지키고, 별들은 도를 얻어 일정하게 운행하고, 사시는 도를 얻어 기의 변화를 다스리고, 헌원씨는 도를 얻어 사방에 군림하였고,

---

117) 『韓非子』, 「解老」, "今衆人之所以欲成功而反爲敗者, 生于不知道理而不肯問知而聽能. 衆人不肯問知聽能, 而聖人強以其禍敗適之, 則怨. 衆人多而聖人寡, 寡之不勝衆, 數也. 今擧動而與天下之爲讎, 非全身長生之道也, 是以行軌節而舉之也. 故曰: '方而不割, 廉而不列, 直而不肆, 光而不耀.'"
118) 『韓非子』, 「解老」, "衆人之用神也躁, 躁則多費, 多費之謂侈. 聖人之用神也靜, 靜則少費, 少費之謂嗇. 嗇之謂術也生于道理. 夫能嗇也, 是從于道而服于理者也. 衆人離于患, 陷于禍, 猶未知退, 而不服從道理. 聖人雖未見禍患之形, 虛無服從於道理, 以稱蚤服. 故曰: '夫謂嗇, 是以蚤服.'"

적송씨는 도를 얻어 천지와 수명을 함께했고, 성인은 도를 얻어 문물제도를 이루었다. 도는 요순과 함께하여 지혜로 나타났고, 접여와 함께하여 분방함으로 나타났고 걸왕, 주왕과 함께하여 멸망으로 나타났고, 탕왕, 무왕과 함께하여 번창함으로 나타났다. 도는 가까이 있다고 하기에는 사방 끝에서 노닐고 멀리 있다고 하기에는 항상 자신의 곁에 있다. 어둡다고 하기에는 빛이 찬란하고 밝다고 하기에는 어두컴컴하다. 그러면서도 그 공은 천지를 이루고 천둥과 번개의 조화를 만들어 내니, 우주 안의 모든 사물이 도에 의지하여 이루어진다. 도의 실정을 살펴보자면, 아무런 제약도 받지 않고 형체도 없으며 유연하게 때를 따르며 리理와 서로 대응한다. 만물은 도를 얻어 죽고 도를 얻어 생긴다. 모든 일은 도를 얻어 실패하고 도를 얻어 성공한다. 도는 비유하자면 마치 물과 같으니, 물에 빠진 사람은 물을 너무 많이 마셔서 죽음에 이르고, 목이 마른 사람은 물을 적당히 마셔 살아나게 된다. 또한 도는 칼이나 창에 비유할 수 있다. 어리석은 사람이 칼과 창을 들고 분을 풀면 화를 낳게 되지만, 성인이 칼과 창으로 포악한 자를 베면 복을 이루게 되는 것과 같은 이치다. 따라서 도를 얻어 죽고 도를 얻어 살고 도를 얻어 실패하고 도를 얻어 성공한다는 것이다.[119]

리理란 네모나고 둥근 것, 짧고 긴 것, 굵고 가는 것, 단단하고 약한 것 등의 구분을 말한다. 따라서 리理가 정해진 이후에 도道를 얻을 수 있으니, 정해진 리理에 존망, 생사, 성쇠 등이 있게 된다. 사물이 한번 살아났다가 한번 멸망하거나, 갑자기 죽다가 갑자기 살아나거나, 처음에 흥했다가 나중에 쇠퇴하는 것은 항구적(常)이라고 할 수 없다. 오직 천지가 갈라지면서 그것과 함께 생겨나고, 천지가 소멸할 때까지 죽지도 않고 쇠퇴하지도

---

119) 『韓非子』, 「解老」, "道者, 萬物之所然也, 萬理之所稽也. 理者, 成物之文也. 道者, 萬物之所以成也. 故曰: '道, 理之者也.' 物有理不可以相薄, 物有理不可以相薄故理之爲物之制. 萬物各異理, 萬物各異理而道盡稽萬物之理, 故不得不化; 不得不化, 故無常操; 無常操, 是以死生氣稟焉, 萬智甚酌焉, 萬事廢興焉. 天得之以高, 地得之以藏, 維斗得之以成其威, 日月得之以恒其光, 五常得之以常其位, 列星得之以端其行, 四時得之以禦其變氣, 軒轅得之以擅四方, 赤松得之與天地統, 聖人得之以成文章. 道與堯舜俱智, 與接輿俱狂, 與桀紂俱滅, 與湯武俱昌. 以爲近乎, 遊于四極; 以爲遠乎, 常在吾側; 以爲暗乎, 其光昭昭; 以爲明乎, 其物冥冥. 而功成天地, 和化雷霆, 宇內之物, 恃之以成. 凡道之情, 不制于形, 柔弱隨時, 與理相應. 萬物得之以死, 得之以生; 萬事得之以敗, 得之以成. 道譬諸若水, 溺者多飮之卽死, 渴者適飮之卽生. 譬之若劍戟, 愚人以行忿則禍生, 聖人以誅暴則福成. 故得之以死, 得之以生, 得之以敗, 得之以成."

않는 것을 일러 항구적(常)이라고 한다. 항구적이라는 것은 변하는 바도 없고 일정한 리理도 없다. 일정한 리理가 없으므로 일정한 장소에 있지 않고, 따라서 말로 표현할 수 없다. 성인은 그 항구적인 법칙의 현묘하고 허무한 바를 관조하고 그 두루 운행하는 작용을 따르는데, 굳이 이름을 붙여 도라고 한 뒤에야 이를 논할 수 있게 된다. 따라서 『노자』에서 이렇게 말한 것이다. "말할 수 있는 도는 항구적인 도가 아니다."120)

형체가 있는 사물을 쉽게 재단할 수 있고 쉽게 나눌 수 있다. 어째서 그러한가? 형체가 있으면 짧거나 긴 성질이 있고, 짧거나 긴 성질이 있으면 작거나 큰 성질이 있고, 작거나 큰 성질이 있으면 네모나거나 둥근 성질이 있고, 네모나거나 둥근 성질이 있으면 단단하거나 약한 성질이 있고, 단단하거나 약한 성질이 있으면 가볍거나 무거운 성질이 있고, 가볍거나 무거운 성질이 있으면 희거나 검은 성질이 있다. 짧거나 긴 건, 크거나 작은 것, 네모나거나 둥근 것, 단단하거나 약한 것, 가볍거나 무거운 것, 희거나 검은 것 등의 성질을 일러 리理라고 한다.121)

한비 법리法理사상의 기초는 바로 '도리道理'에 있다고 할 수 있다. 이론 측면에서 분석하면, 도리는 도덕지의道德之意가 탈바꿈하여 나온 것이다.(예를 들어, 「양권」) 한비가 『노자』에 대한 해석을 통해 자신의 정치철학 이론을 전개한 것은 주지의 사실이며, 「해로」, 「유로」 두 편이 이를 잘 보여 준다. 이는 마치 『장자』 황로편에서 여러 고사들을 인용하여 이론을 전개한 것과 비슷한 맥락이다.(「재유」편에서 특히 두드러진다.) 「해로」편에 나오는 '도는 질서를 부여하는 것이다'(道, 理之者也)라는 말 앞에는 '고왈故曰' 두 글자가 나오는데, 이는 이 말의 출처가 있음을 설명한다. 혹시 『장자』 외편 「선성」편

---

120) 『韓非子』, 「解老」, "凡理者, 方圓短長麤靡堅脆之分也. 故理定而後可得道也. 故定理有存亡, 有死生, 有盛衰. 夫物之一存一亡, 乍死乍生, 初盛而後衰者, 不可謂常. 唯夫與天地之剖判也具生, 至天地之消散也不死不衰者謂常. 而常者, 無攸易, 無定理, 無定理非在于常所, 是以不可道也. 聖人觀其玄虛, 用其周行, 强字之曰道, 然而可論, 故曰: '道之可道, 非常道也.'"
121) 『韓非子』, 「解老」, "凡物之有形者易裁也, 易割也. 何以論之? 有形則有短長, 有短長則有小大, 有小大則有方圓, 有方圓則有堅脆, 有堅脆則有輕重, 有輕重則有白黑. 短長大小方圓堅脆輕重白黑之謂理."

의 '도는 리이다'(道, 理也)라는 말이 그 출처는 아닐까?

한비는 '리理란 네모나고 둥근 것, 짧고 긴 것, 굵고 가는 것, 단단하고 약한 것 등의 구분을 말한다', '짧거나 긴 건, 크거나 작은 것, 네모나거나 둥근 것, 단단하거나 약한 것, 가볍거나 무거운 것, 희거나 검은 것 등의 성질을 일러 리理라고 한다'라고 직접적으로 리理를 설명하였다. 그는 주로 사물의 이치(物理)라는 측면에서 논의를 전개하였는데, 장자가 처음 리理를 언급했을 때도 하늘의 이치(자연의 이치)나 만물의 이치라는 맥락이 포함되어 있었다. 그런데 사상적으로 더욱 중요한 발전은 바로 한비자가 '도道와 물物의 사이'에 리理라는 개념을 끼워 넣은 것이었다. 예를 들면, '도란 만물이 그러할 수 있는 근거이자, 모든 리理가 모인 근원이다. 리理는 각각의 사물을 이루는 결이다. 도는 만물이 이루어지게 하는 것이다.……… 만물은 각기 다른 리理를 지니고 있다. 만물은 각기 리理를 달리하고 도는 이러한 만물 각각의 리理를 통괄한다'라는 설명이 그것이다. 도가(노장)철학 이론의 출발점 중 하나가 바로 '도 - 물 관계'이다. 기존의 연구를 빌려 말하자면, 노장은 다차원적인 사고의 방향성을 드러내면서, '도 - 물 관계'와 '도덕지의 道德之意' 간의 내적 관계를 심화하고자 하였다.[122] 도는 분명 '만물이 그러하도록 하는 것'이자 '만물을 이루게 하는 것', '만물이 따르는 것'으로 이해할 수 있지만, 사실 이를 바탕으로 만물의 구체적인 성질과 법칙을 논의하는 것은 쉽지 않다. 이것이 바로 한비자가 '도道 - 리理' 관계에 대해 사고했었던 문제의식일 것이다. 한비자는 우선 '도道는 모든 리理의 통괄'이라고 설명하면서 리理가 도道라는 원칙에 의해 지배된다는 것을 명확히 밝히는 한편, '만물은 각기 다른 리理를 지닌다'고 설명하였다. 즉 구체 사물이 지닌 구체적 법칙의 특수성을 강조한 것이다. 중요한 것은, 리理는 조리, 규율, 준칙 등에 해당하는 고대 그리스의 로고스(logos)와 유사한 개념으로서 사회 정치질서를 설명하기에 더욱 적합하고 법法의 특성 및 '법 정신'에 더욱

---

122) 鄭開, 「試論老莊哲學中的「德」」, 『湖南大學學報』 2016년 제4기.

잘 부합한다는 점이다. 이렇게 보면, 리理가 황로(한비를 포함하는) 정치철학 담론에서 핵심 개념이 되었다는 점은 전혀 이상하지 않으며, 심지어 이론상 필연적인 결과였다고도 볼 수 있다.

(2)『장자』「천하」에서 언급한 직하선생, 그중에서 전병과 신도의 사상적 경향은 '도가와 법가 사이'에 위치하며, 송견과 윤문의 사상적 경향은 '도가와 묵가의 사이'에 위치하는 것으로 여겨진다. 그런데 통행본『윤문자』를 고찰해 보면, 사실 윤문자의 사상적 경향은 '명가와 법가 사이'에 있었다고 해야 한다.[123]

> 명名에는 세 가지 종류가 있고, 법에는 네 가지 형태가 있다. (세 가지 종류의 명 가운데) 첫 번째는 사물을 지칭하는 명이다. 네모남과 둥금, 백과 흑이 그것이다. 두 번째는 찬양이나 비방을 나타내는 명이다. 선악, 귀천이 그것이다. 세 번째는 묘사하고 형용하는 명이다. 현명함, 어리석음, 사랑함, 증오함이 그것이다. (네 가지 형태의 법 가운데) 첫 번째는 변하지 않는 법이다. 군신 관계와 상하 관계가 그것이다. 두 번째는 민간의 습속을 교화하는 법이다. 훌륭한 성품과 비루함, 습속의 같고 다름을 다룬다. 세 번째는 백성들을 다스리는 법이다. 상과 벌이 그것이다. 네 번째는 기준을 재는 법이다. 법규와 도량형이 그것이다.[124]

---

123) 錢基博는 송견과 윤문이 "묵자의 지류 혹은 후학"이었다고 하였고, 高亨은 전병과 신도가 법가에 속한다고 하였다. 馬叙倫은 통행본『신자』 "다섯 편의 요지를 유가와 법가가 섞인 것으로 개괄하는 것은 진실이 아니며" "주로 도와 덕의 의미를 많이 담고 있다"라고 하였다. 자세한 내용은 張豐乾 編,『〈莊子天下篇〉註疏四種』(북경: 화하출판사, 2009), 114·199·280~281쪽을 참조할 것. 필자는 직하선생의 학파 귀속 문제에 대한 錢基博와 高亨의 판단이 지나치게 단순하다는 점을 지적하고 싶다. 이 문제에 관해서는 馬叙倫이 더욱 진보된 인식을 지니고 있었는데, 그는 황로 '도덕지의'의 복잡성을 대략적으로 꿰뚫어 보았다. 현대 학자들 사이에서 宋銒과 尹文이 '도가와 묵가 사이'에 속하고, 田駢과 愼到가 '도가와 법가 사이'에 속한다는 견해는 이미 분명한 사실이다. 이에 관한 자세한 내용은 張秉楠,『稷下鉤沈』(상해: 상해고적출판사, 1991), 33·100·104쪽; 金德建,『先秦諸子雜考』(정주: 중주서화사, 1982), 135쪽을 참조할 것.

124)『尹文子』, 「大道上」, "名有三科, 法有四呈. 一曰命物之名, 方圓白黑是也; 二曰毀譽之名, 善惡貴賤是也; 三曰況謂之名, 賢愚愛憎是也. 一曰不變之法, 君臣上下是也; 二曰齊俗之法, 能鄙同異是也; 三曰治衆之法, 慶賞刑罰是也; 四曰平准之法, 律度權量是也."

명名이란 존비의 관계를 바로잡는 것이나, 이에 따라 교만함과 불손함이 생겨나기도 한다. 법法이란 사람들의 서로 다른 측면을 통일하는 것이나, 이에 따라 명의 구분이 어그러지는 결과를 낳기도 한다. 형刑이란 복종하지 않는 자들을 위협하는 것이나, 이에 따라 가혹함과 포악함이 생겨나기도 한다. 상賞이란 충성스러운 자와 능력 있는 자들을 권면하는 것이나, 이에 따라 속됨과 다툼이 생겨나기도 한다.[125]

노자가 말했다. "정규적인 방식을 사용하여 나라를 다스리고 기묘한 방식을 사용하여 군사를 운용하고 무위의 방식으로 천하를 다스린다." 정상적인 방식이란 명名과 법法을 가리킨다. 명과 법으로 나라를 다스리면 만물이 어지러워지지 않는다. 기묘한 방식이란 계책과 술수를 가리킨다. 계책과 술수로 군사를 운용하면 만물이 대적할 수 없다. 명, 법, 계책, 술수를 잘 사용하면 잔인하고 포악한 성정을 바로잡고 억누를 수 있으니, 자신이 무사할 수 있다. 자신이 무사하면 천하를 얻게 될 것이다.[126]

『윤문자』는 명名, 법法, 형刑, 상賞 등이 서로 밀접하게 관련된다는 점을 분명하게 인식하였다. 이들은 모두 정치질서와 윤리규범을 사고하는 하나의 키워드였는데, 그중에서도 명名과 법法의 간의 관계는 특히 중요하다. 이른바 정치(政)란 명名과 법法에 의지하지 않을 수 없으니, 이는 치국의 수단이면서 동시에 정치질서와 사회질서에 관한 추상적 표현이기도 하였다. 이전의 덕례德禮가 정치질서 및 사회질서에 관한 추상적 표현이었던 것과 같은 맥락이다.

명名이 황로 정치철학의 핵심 개념이라는 점은 매우 명확하다. 차오펑(曹峰)은 황로사상의 구조 속에서 명名이 지닌 중요성을 강조한 바 있다. 그는 황로가 명가로부터 받은 영향을 특히 중시해야 한다고 지적하였는데, 도道-

---

125) 『尹文子』, 「大道下」, "名者, 所以正尊卑, 亦所以生矜篡; 法者, 所以齊衆異, 亦所以乖名分; 刑者, 所以威不服, 亦所以生陵暴; 賞者, 所以勸忠能, 亦所以生鄙爭."
126) 『尹文子』, 「大道下」, "老子曰: '以政治國, 以奇用兵, 以無事取天下.' 政者, 名法是也. 以名法治國, 萬物所不能亂. 奇者, 權術是也. 以權術用兵, 萬物所不能敵. 凡能用名法權術, 而矯抑殘暴之情, 則己無事焉. 己無事, 則得天下矣."

명名-법法 간의 관계를 탐구함으로써 도道-법法이라는 이원 구조의 관계를 더욱 깊이 이해할 수 있다고 하였다. 그에 따르면, 마왕퇴 백서 『경법』의 첫 구절, 즉 '도에서 법이 나온다'는 명제가 '도와 법 사이'의 관계를 다룬 것을 제외하면, 그 외의 부분에서는 주로 "명과 법, 즉 군주가 어떻게 명과 법을 파악할 것인가 하는 문제에 초점을 두었다. 도에서 법으로 나아가기 위해서는 사실 명이라는 매개체를 떠날 수 없다. 따라서 명에 대해 깊고 전면적인 파악이 선행되어야 우리는 진정으로 도와 법의 관계를 이해할 수 있다."127)

제자백가시대의 철학자들이 즐겨 논의했던 명名은 그 함의가 매우 풍부하며, 그 속에는 강한 정치적 힘의가 녹아 있다. 예를 들면, 공자는 정명正名을 주장했다. 이때의 명名은 사실 예禮의 추상적 형식의 다름 아니다. 반면 노자는 무명無名을 주장하였는데, 이는 현실을 겨냥하여 매우 강렬한 비판의식을 드러낸 것으로 볼 수 있다. 심지어 공손룡자의 명변名辯사상조차 그 속에 정치적 의도를 완전히 배제했다고 보기는 힘들다. 한편, 황로와 법가 문헌 속의 명名은 질서, 준칙, 규범, 제도 조치 등의 함의를 나타내는 경우가 많은데, 적지 않은 사료에서 명名을 황제黃帝가 만들어 낸 것이라 포장하기도 한다.128) 한편, 동중서의 '심찰명호深察名號' 이론은 그의 정치철학의 이론기초 가운데 하나이다. 아리스토텔레스 『수사학』에서도 비슷한 내용이 풍부하게 등장하는데 이 역시 정치와 윤리 등의 측면을 포함하고 있으며, 근래의 지식사회학에서 그 양분을 적지 않게 받아들이기도 하였다. 이 외에 홉스의 정치철학은 특히 명名 혹은 '수사(speech)적 기교'를 강조하였는데, 이는 논리경험주의적 방식으로 명名의 의의를 설명한 것으로 이해할 수 있다.129)

---

127) 曹峰, 『近年出土黃老思想文獻硏究』(북경: 중국사회과학출판사, 2015), 410~412 · 415쪽.
128) 예를 들어, 『史記』 「五帝本紀」에서는 黃帝를 두고 "어렸으나 언변에 능했다"라고 하였고, 『國語』 「魯語上」에서는 "黃帝는 만물의 명칭을 부여할 수 있었다"라고 하였고, 『禮記』 「祭法」에서는 "黃帝는 만물의 이름을 바로잡았다"라고 하였고, 『白虎通德論』 「號」에서는 "黃帝는 제도를 처음 만들었다"라고 하였고, 『白虎通』 「崩薨」 황간 주에서는 "黃帝가 예의 명칭을 지었다"(『禮記正義』에서 인용)라고 하였다.

홉스는 명名 혹은 수사(speech)는 오직 인간만의 발명품으로서, 이것의 탄생 이후부터 인간과 동물이 구분되기 시작했다고 보았다. 자연 상태와 정치사회를 구분하기 시작한 모습을 확인할 수 있다. 어찌 되었든, 도가의 철인들은 아주 이른 시기부터 명名이 가진 역량과 그 의미를 통찰하였다. 노자 이래, 도가는 명名과 무명無名, 혹은 '시제유명始制有名'과 '복반무명複返無名' 간의 긴장 속에서 정치철학 문제를 사고하였다.130) 사실 정치철학 담론 속의 명名은 흔히 말하는 '명실 관계' 속의 명名(혹은 더 정확히 말하자면 언어학과 인식론 측면에서의 名)과 같이 소극적이고 피동적인 개념이 아니다. 정치철학 담론 속에 등장하는 명名에는 어떤 건설적인 힘과 능력이 존재한다.131) 마왕퇴 황로 백서 『십육경』에서 반복적으로 강조하는 '명名을 바로잡아 형벌을 시행한다'라는 원칙에서 이러한 점이 잘 드러난다. 『윤문자』에서도 구체적으로 이를 설명하였다.

> 위대한 도는 형체가 없다. 형체가 있는 사물에는 모두 명칭(名)이 있다. 명칭이란 형체를 바로잡는 근거이다. 명칭에 근거하여 형체를 바로잡으면 명칭에는 오차가 있을 수 없다. 따라서 공자가 "반드시 명칭을 바로잡아야 한다! 명칭이 바르지 않으면 말이 올바르지 않게 된다"라고 한 것이다. 위대한 도는 칭할 수가 없지만, 만물은 반드시 그에 맞는 명칭이 있다. 칭할 수 없는 것에서 만물이 생겨나면 자연히 각기 네모나고 둥근 등의 형체를 지니게 된다. 네모나고 둥근 등의 형체로부터 명칭이 생겨나면 모든 명칭은 그것이 지칭하는 바를 지니게 되는 것이다. 명칭이란 형체를 부르는 것이고, 형체란 명칭에 대응되는 것이다. 그러나 형체가 오직 명칭을 바로잡기 위해서 존재하는 것은 아니고, 명칭 역시 오직 형체를 바로잡기 위해서 존재하는 것이 아니다. 형체와 명칭은 결국 구별되는 것이니 함부로 혼동해서는 안 되지만, 그렇다고 서로 없어서도 안 된다. 명칭이

---

129) Thomas Hobbes, Leviathan(Edited, with introduction and notes, by Edwin Curley, Indianapolis/ Cambridge: Hackett Publishing Company, Inc.), pp.12~21.

130) 鄭開, 「始製有名與道隱無名—道家名學研究新論」, 『學燈』 제2집(홍콩침회대학출판사, 2017).

131) 鄭開, 「道家名學鉤沈」, 『哲學門』 제11집(북경대학출판사, 2005).

없으므로 위대한 도에는 대응되는 바가 없고, 명칭이 있으므로 명칭으로서 형체를 바로잡는 것이다. 지금 만물이 모두 존재하고 있는 상황에서 이를 명칭으로 바로잡지 않으면 어지러워진다. 만물의 명칭이 세워져 있는 상황에서 그에 대응되는 형체가 없다면 오차가 발생한다. 따라서 형체와 명칭은 반드시 올바르게 검증되어야 한다.132)

위의 두 단락은 주의 깊게 살펴볼 가치가 있다. '명칭이란 형체를 부르는 것이다', '명칭이 있으므로 명칭으로서 형체를 바로잡는다'라는 구절에서는 모두 명名이 수행하는 사회정치 구조의 건립 작용을 강조하고 있다. 이러한 점을 파악하였다면, 다음에 이어지는 '만물이 모두 존재하고 있는 상황에서 이를 명칭으로 바로잡지 않으면 어지러워진다. 만물의 명칭이 세워져 있는 상황에서 그에 대응되는 형체가 없다면 오차가 발생한다. 따라서 형체와 명칭은 반드시 올바르게 검증되어야 한다'라는 구절은 비교적 쉽게 이해할 수 있다. 이 외에도 '위대한 도는 형체가 없다. 형체가 있는 사물에는 모두 명칭(名)이 있다'라는 구절을 주목할 필요가 있는데, 이는 전형적인 노장철학의 명제에 해당한다. 그런데 이어지는 '위대한 도는 칭할 수가 없지만, 만물은 반드시 그에 맞는 명칭이 있다'라는 구절에서는 새로운 의미가 발생하고 있다. 이 새로운 의미가 바로 '황로의黃老意'라고 할 수 있을 것이며, 이는 명名을 중시한다는 특징을 지닌다. 상대적으로 황로 정치철학에서는 무명無名을 그렇게까지 강조하지 않았으며, 명名에서 출발하여 직접 정치철학 문제를 논의하는 방식을 심화시켜 나갔다. 이 문제를 좀 더 깊이 논의하기 위해 『문자』에서 두 개의 자료를 살펴보도록 하겠다. 『문자』에서는 주석의 방식으로 '도덕지의道德之意'를 심도 있게 해석하고 있다.

---

132) 『尹文子』, 「大道上」, "大道無形, 稱器有名. 名也者, 正形者也. 形正由名, 則名不可差. 故仲尼云: '必也正名乎! 名不正, 則言不順也.' 大道不稱, 衆有必名. 生于不稱, 則群形自得其方圓. 名生于方圓, 則衆名得其所稱也. ……名者, 名形者也; 形者, 應名者也. 然形非正名也, 名非正形也, 則形之與名居然別矣, 不可相亂, 亦不可相無. 無名, 故大道無稱; 有名, 故名以正形. 今萬物具存, 不以名正之, 則亂; 萬名具列, 不以形應之, 則乖. 故形名者, 不可不正也."

도와 덕은 공명의 근본으로서 백성들이 마음에 품어야 하는 바이다. 백성들이 도와 덕을 마음에 품으면 공명을 세울 수 있다. 옛날 정치를 잘했던 군주들은 강과 바다를 본받았다. 강과 바다는 무위함으로써 그 드넓음을 이루었고 아래에 처함으로써 그 광활함을 이루었다. 따라서 오랫동안 유지되면서 천하의 계곡으로서 그 덕이 넉넉할 수 있었다. 무위하였으므로 모든 하천의 물을 받아들일 수 있었고, 요구하지 않았으므로 오히려 얻을 수 있었고, 특별한 방향으로 나가지 않았으므로 어디에도 이를 수 있었다. 이렇게 하여 천하를 모두 취하면서도 무사할 수 있었다. 스스로 귀하다고 여기지 않았으므로 부유해졌고, 스스로 보려고 하지 않았으므로 밝았고, 스스로 자랑하지 않았으므로 오래도록 이어졌고, 아무것도 소유하지 않는 땅에 거처하였으므로 천하의 왕이 될 수 있었다. 남과 다투지 않았으므로 누구도 그와 다툴 수 없었고, 궁극적으로 위대해지려는 목적을 지니지 않았으므로 그 위대함을 이룰 수 있었다. 이처럼 강과 바다는 도에 가까웠으니 오래도록 유지되면서 천지와 서로 보좌할 수 있었다. 왕공이 도를 닦으면 공을 이루어도 소유하지 않고자 한다. 소유하지 않고자 하면 군건해지고, 군건해지면 남에게 횡포를 부리지 않는다. 도가 깊어지면 덕도 깊어지고, 덕이 깊어지면 공명은 저절로 뒤따르게 된다. 이것을 일러 현덕이라고 한다. 사물과 함께 본래의 상태로 돌아가는 경지란 참으로 심원하지 않은가![133]

노자가 말했다. 제자帝者에게는 명칭이 있으나 그 자세한 실정을 알 수는 없다. 제자帝者는 덕을 귀하게 여기고 왕자王者는 의義를 숭상하고 패자霸者는 리理에 통달한다. 성인의 도는 사물에 대해 어떠한 마음도 지니지 않는다. 하지만 도가 편협해지면 지모를 따르게 되고 덕이 빈약해지면 형벌을 따르게 되고 총명함이 천박해지면 관찰에 의지하게 된다. 지모를 따르면 중심이 어지러워지고 형벌을 따르면 상하가 서로 원망하게 되고

---

133) 『文子』, 「自然」, "道德者, 則功名之本也, 民之所懷也, 民懷之則功名立. 古之善爲君者法江海, 江海無爲以成其大, 宽下以成其廣, 故能長久, 爲天下溪谷, 其德乃足. 無爲故能取百川, 不求故能得, 不行故能至, 是以取天下而無事. 不自貴故富, 不自見故明, 不自矜故長, 處不有之地, 故爲天下王, 不爭故莫能與之爭, 終不爲人故能成其大, 江海近于道, 故能長久, 與天地相保. 王公修道, 則功成不有. 不有卽強固, 強固而不以暴人. 道深卽德深, 德深卽功名遂成. 此謂玄德, 深矣遠矣, 其與物反矣."

관찰에 의지하면 아랫사람에게 선을 강요하여 윗사람을 섬기게 하니 결국 눈과 귀가 가려지게 된다. 따라서 성인은 천지를 따라 변화하니 그 덕이 하늘이 만물을 뒤덮고 땅이 만물을 떠받치는 것과 같다. 또한 성인은 알맞은 시기에 따라 백성들을 인도하니 백성들을 두텁게 봉양할 수 있다. 백성들을 두텁게 봉양할 수 있으면 백성들이 잘 다스려진다. 따라서 설사 어떤 신성한 존재가 있다고 하더라도 어떻게 그를 대체할 수 있겠는가. 마음의 지모를 없애고 형벌을 줄여서 청정한 상태로 돌아간다면 모든 것은 저절로 바르게 된다. 군주의 도는 마치 시체가 되는 것으로 이해할 수 있다. 그저 준엄하게 침묵하며 모습을 드러나지 않으면 천하가 고루 그 복을 받게 되니, 한 사람이 그 복을 입는 일이 없고 만인이 두루 그 복을 입게 된다. 따라서 지나치게 은혜롭게 하거나 지나치게 포악하게 하면 도를 거스르게 된다. 은혜를 베풀 때 업적이 없는데도 무겁게 상을 내리고 공로가 없는데도 높은 지위를 내리면 정작 직위에 있는 자들은 관직을 소홀히 하고 유랑하는 자들만 몰려들게 된다. 반대로 지나치게 포악하게 하여 죄가 없는데도 사람들을 함부로 죽이면 도를 행하는 자들이 형벌을 당하게 되니, 수신과 선행을 권면할 수 없어 결국 악행을 저지르는 자들이 쉽게 윗사람을 침범하게 된다. 따라서 지나치게 은혜롭게 하면 간사함을 낳고, 지나치게 포악하게 하면 혼란을 낳게 된다. 간사함과 혼란한 습속은 바로 망국의 풍조이다. 따라서 나라에 베어야 하는 자가 있더라도 군주는 분노를 나타내서는 안 되고, 조정에 상을 내려야 하는 자가 있더라도 군주는 기뻐해서는 안 된다. (그렇게 하면) 죽임을 당하는 자가 군주를 원망하지 않으니 죄에 마땅한 벌을 받은 것일 뿐이다. 상을 받는 자는 윗사람의 덕으로 여기면서 아첨하지 않으니 이는 지은 공에 맞게 보상을 받은 것일 뿐이다. 백성들이 상과 벌이 모두 자신에게서 나온다는 것을 알면 공적을 이루려고 노력할 것이다. 이것이 남으로부터 주어지는 것이 아니라는 것을 알기 때문에 (사람들이 아첨하지 않고 자신의 일을 하러 나가기 때문에) 조정에는 사람들의 흔적을 찾을 수 없고 논밭에는 잡초 하나 찾을 수 없다. 따라서 가장 최상은 아랫사람들이 그가 존재한다는 것만을 아는 것이다. 왕도王道를 행하는 자는 무위의 방식을 사용하며 무언의 가르침을 실행하고 청정한 태도를 지닌 채 함부로 움직이지 않는다. 오직 하나의 법도를 세워 멋대로 흔들지 않고 그저 아랫사람들이 하는 방식을 내버려 두고 그에 따르고자 한다. 그렇게 하면 고생하지 않고도 업적을 쌓고 꾀하는 일마다 실패하지 않으며 지나치는 일이 없다. 이러한 자는 말에 정해진 형식이 없고 행실에 정해진 의표가 없고 알맞은 때에 따라 나아가고 물러나며 움직임은 이치에 따르고 아름답고 추한 것에 좋고 싫음을 나타내지 않고 상벌에 감정을 섞지 않는다. 만물의 명칭은 스스로 정해지고 종류는 각기 스스로 근거하여 구분되고 일은 스스로 그러한 대로 흘러가니, 모두 자신에게서 정해지지 않음이 없다. 멋대로 쥐고 있으려 하면 떠나가고, 꾸미려고 하면 해치게 되는 법이다. 천지의 기를 혼백으로 삼아 현묘한 이치로 돌아와서 각자 알맞은 거처에 머무르면서 본래부터 지녔던 것을 잃어버리지 않는다면 위로 태일과 통하게 된다. 태일의 정미함은 하늘과 부합한다. 하늘의 도는 고요하고 잠잠하여 어떤 모습도 형체도 없다. 극에 이르지 못할 만큼 거대하고 깊이를 잴 수 없을 만큼 깊다. 늘 일정함을 유지하면서 사람들에 따라 변화하고 어떤 단서도 없이 끊임없이 모습을 바꾸니 인간의 지혜로서는 도저히 그것을 이해할 수 없다. 실로 그 변화무쌍함이 신령과 같다. 허무한 태도로 변화에 따르며 늘 뒤따라 움직이고 앞서는 법이 없다. 이러한 자는 정사를 처리할 때 마음을 비우고 자신의 뜻을 없애며 오직 청명한 태도를 유지한다. 따라서 신하들이 모여들고 군주와 함께 나아갈 수 있으며, 이러한 군주 아래에서는 어리석은 자와 지혜로운 자, 현명한 자와 불초한 자를 막론하고 누구나 자신의 능력을 다 할 수 있다. 군주는 이렇게 하여 신하들을 제어하고 신하는 이렇게 하여 군주를 섬기니, 이것으로 치국의 도가 분명해진다.[134]

---

134) 『文子』, 「自然」, "老子曰: 帝者有名, 莫知其情. 帝者貴其德, 王者尙其義, 霸者通于理. 聖人之道, 于物無有, 道挾然後任智, 德薄然後任刑, 明淺然後任察. 任智者中心亂, 任刑者上下怨, 任察者下求善以事上卽弊. 是以聖人因天地以變化, 其德乃天覆而地載, 道之以時, 其養乃厚, 厚養卽治, 雖有神聖, 夫何以易之. 去心智, 省刑罰, 反淸靜, 物將自正. 道之爲君如尸, 儼然玄默, 而天下受其福, 一人被之不褒, 萬人被之不褊, 是故重爲惠, 重爲暴, 卽道足安. 爲惠者布施也, 無功而厚賞, 無勞而高爵, 卽守職者懈于官, 而遊居者亟于進矣. 夫暴者妄誅, 無罪而死亡, 行道者而被刑, 卽修身不勸善, 而爲邪行者輕犯上矣. 故爲惠者卽生奸, 爲暴者卽生亂, 奸亂之俗, 亡國之風也. 故國有誅者而主無怨也, 朝有賞者而君無與也. 誅者不怨君, 罪之當也. 賞者不德上, 功之致也. 民知誅賞之來, 皆生于身, 故務功修業, 不受賜于人, 是以朝廷蕪而無迹, 田野辟而無穢, 故太上, 下知而有之. 王道者, 處無爲之事, 行不言之教, 淸靜而不動, 一度而不搖, 因循任下, 責成而不勞, 謀無失策, 舉無過事, 言無文章, 行無儀表, 進退應時, 動靜循理, 美醜不好憎, 賞罰不喜怒. 名各自命, 類各自以, 事由自然, 莫出于己. 若欲狹之, 乃是離之, 若欲飾之, 乃是賊之. 天氣爲魂, 地氣爲魄, 反之女妙, 各處其宅, 守之勿失, 上通太一, 太一之精, 通合于天. 天道嘿嘿, 無容無則, 大不可極, 深不可測, 常與人化, 智不能得, 輪轉無端, 化逐如神, 虛無因循, 常後而不先. 其治也, 虛心弱志, 淸明不闇, 是故群臣輻湊並進, 無愚智賢不肖, 莫不盡其能, 君得所以制臣, 臣得所以事君, 卽

『문자』의 전체적인 특징을 말하자면, 바로 여러 방면으로 도덕지의道德之意를 전개하고 확장해 나갔다는 것이다. 달리 표현하면, 도덕지의 이론 구조를 바탕으로 제도帝道를 확립하는 한편, 다양한 사상 학설을 포용하여 하나로 융합하고자 하였다. 우선 위 인용문 첫 단락의 중점은 도덕道德과 공명功名 간의 관계이며, 여기에서는 전자가 후자의 근본이라는 사실이 매우 명확하게 드러난다. 두 번째 단락에서는 여러 가지 다른 차원의 사고를 동시에 보여 주고 있다. 우선, '제자帝者에게는 명칭이 있으나 그 자세한 실정을 알 수는 없다'라는 명제는 '성인에게는 명칭이 없다'는 노장의 전통적 사상과는 다른 모습을 보여 준다. 즉 『문자』가 말한 제도의 출발점은 (無名이 아니라) 명名이라고 볼 수 있는데, 다만 제자帝者의 명名은 보통 사람들로서는 '그 자세한 실정을 알 수 없다'는 점이 독특하다.135) 이런 극히 미세한 틈바구니에서 새로운 사고의 싹이 돋아나고 있었던 것이다. 다음으로 '만물의 명칭은 스스로 정해지고 종류는 각기 스스로 근거하여 구분되고 일은 스스로 그러한 대로 흘러가니, 모두 자신에게서 정해지지 않음이 없다'라는 구절 또한 주목할 가치가 있다. 이 지점은 황로와 법가가 노장과 확연히 구분되는 분수령으로 볼 수 있다. '만물의 명칭이 스스로 정해진다'고 천명한 이상, 무명無名이라는 원칙은 사실상 있으나 마나 한 것이 된다. 「상덕」편에서도 "소리는 스스로 불리고 종류는 스스로 모이고 명칭은 스스로 정해지고 사람들은 스스로 알맞은 직책을 찾으니, 모두 자신에게서 기인하지 않음이 없다. 자신이 날카로운 칼로 남을 찌르고서 어찌 남을 원망할 수 있겠는가? 따라서 군자는 매우 신중히 사물의 미세한 부분까지 살필 수 있어야 한다"136)

治國之所以明矣."
135) 마왕퇴 백서의 내용들과도 서로 비교해 볼 수 있을 것이다. 『經法 · 名理』에서는 "어떤 것이 처음 생겨나 천지를 가득 채우고 있으나 그 형체를 보지 못한다. 이는 천지 사이 모든 것을 가득 채우고 있으나 그 명칭을 알지 못한다"라고 하였고, 『道原』에서는 "사람들이 모두 그것에 의지하고 있으나 정작 그 명칭을 알지 못하고, 사람들이 모두 그것을 사용하고 있으나 정작 그 형체를 보지 못한다"라고 하였다.
136) 『文子』, 「上德」, "聲自召也, 類自求也, 名自命也, 人自官也, 無非己者, 操銳以刺, 操刃以擊, 何怨于人, 故君子愼微."

라고 한 바 있다.

마왕퇴 백서 『경법』, 『도원』 등을 고찰해 보면, 그중 이론성이 강한 몇 가지 부분에서는 여전히 노장철학의 무명無名 개념과 그 이론을 절충하여 받아들이고 있는 것을 발견할 수 있다.

형체도 없고 명칭도 없으니 천지에 앞서 생겨났다.[137]

어떤 것도 이루어지지 않은 태초의 상태는 모든 것이 함께 어우러진 태허의 상태였다. 이때는 모든 것이 하나를 이루고 있었는데 오직 하나를 이룬 채로 머물러 있었으니, 아득하여 낮과 밤, 밝음과 어둠도 생겨나지 않았다. 이는 신묘하고 정미하여 모든 것에 가득 차 있었고 순수하고 고요하며 흐릿한 채로 머물러 있었다. 따라서 이는 다른 어떤 것으로부터 기인하지 않았는데 이때는 만물도 아직 생겨나지 않았다. 따라서 어떤 형체도 없으니 무명無名으로서 크게 하나로 통했다.…… 만물은 이를 얻어 생겨나고 만사가 이를 얻어 이루어졌다. 사람들이 모두 그것에 의지하고 있으나 정작 그 명칭을 알지 못하고, 사람들이 모두 그것을 사용하고 있으나 정작 그 형체를 보지 못했다.[138]

차오펑(曹峰)은 위의 단락 속 무명無名과 무형無形은 단지 도의 형태를 표현한 것일 뿐이고, 명名과 형形이야말로 논의의 중점이었다고 지적하였다.[139] 앞에서 인용한 첸지보(錢基博)의 말처럼 '도덕을 형명으로 삼은 것'(道德之爲刑名)이야말로 황로사상의 핵심이었다. 아래의 단락에서는 도가(노장)의 무명 이론이 황로 형명刑名 이론으로 이행되는 과정이 잘 나타난다.

도 자신은 발단이 없으나 변화와 생성의 작용은 있다. 아직 변화와 생성이

---

137) 馬王堆 帛書 『十六經 · 行守』, "無形無名, 先天地生."
138) 馬王堆 帛書 『道原』, "恒無之初, 通同太虛. 虛同爲一, 恒一而止. 濕濕夢夢, 未有明晦. 神微周盈, 精靜不熙. 故未有以, 萬物莫以. 故無有形, 大通無名.……萬物得之以生, 百事得之以成. 人皆以之, 莫知其名. 人皆用之, 莫見其形."
139) 曹峰, 『近年出土黃老思想文獻硏究』(북경: 중국사회과학출판사, 2015), 417쪽.

발생하지 않았을 때는 아무것도 존재하지 않았으나, 변화와 생성이 발생하자 자연스럽게 그에 따르게 되었다. 어떤 사물이 생겨나려고 할 때는 우선 그 형체가 먼저 생겨난다. 그 형체에 따라 사물을 사용하고, 그 명칭에 따라 그 사물을 부른다.140)

그 도를 이해하려면 반드시 마음에 아무것도 없는 허무의 상태를 유지해야 한다. 허무의 상태에서 어떠한 미세한 사물이 이루어지면 반드시 그 형체와 명칭이 있기 마련이다. 형체와 명칭이 세워지면 흑백의 구분이 있게 된다. 따라서 도를 지닌 자가 천하를 살펴볼 때는 어떤 편견도 지니지 않고 어떤 입장에도 서지 말고 어떤 인위도 버리고 어떤 사사로움도 지니지 말아야 한다. 천하의 모든 일은 스스로 형체와 명칭과 소리와 호칭 등의 성질을 지니지 않음이 없다. 따라서 형체와 명칭이 확립되고 소리와 호칭이 건립되면 만물은 올바른 것을 숨기고 이에서 벗어나는 일이 없게 된다.141)

도를 지닌 자가 천하를 살펴볼 때는 반드시 일이 생겨나고 시작된 바를 관찰하여 그 형체와 명칭을 잘 살펴야 한다. 형체와 명칭이 정해졌다면 따르고 거스르는 이치가 정해지고 생사의 구분이 있게 되며 존망과 성쇠가 제자리를 찾게 된다. 그런 뒤에 천지의 일정한 도를 살펴 화복과 생사, 존망과 성쇠의 올바른 위치를 결정하면 된다.142)

이처럼 황로와 법가는 심오하고 현묘한 노장의 무명無名 이론143)이 아닌 '명칭은 스스로 결정되고 일은 스스로 정해진다'는 형명刑名 이론에 특히 주목한다.

---

140) 馬王堆 帛書『稱』, "道無始而有應. 其未來也, 無之. 其已來, 如之. 有物將來, 其形先之. 建以其刑, 名以其名."
141) 馬王堆 帛書『經法·道法』, "見知之道, 唯虛無有. 虛無有, 秋毫成之, 必有刑名. 刑名立, 則黑白之分已. 故執道者之觀于天下也, 無執也, 無處也, 無爲也, 無私也. 是故天下有事, 無不自爲刑名聲號矣. 刑名已立, 聲號已建, 則無所逃迹匿正矣."
142) 馬王堆 帛書『經法·論約』, "故執道者之觀天下也, 必審觀事之所始起, 審其刑名. 刑名已定, 逆順有位, 死生有分, 存亡興壞有處, 然後參之于天地之恒道, 乃定禍福死生存亡興壞之所在."
143) 마왕퇴 황로 백서에서 無名은 滅名이라는 용법으로 사용되기도 한다. 이는 패가망신하여 명성이 훼손되었다는 뜻이다.

모든 일은 크건 작건 사물이 각자 그 존재의 위치를 결정한다. 거스르고 따르고 죽고 사는 변화에서도 역시 사물이 각자 그 명칭을 정한다. 명칭과 형체가 확정된 이후에 사물은 그에 따라 스스로 바로잡는다.[144]

사물은 스스로 바르게 되고 명칭은 스스로 확정되고 일은 스스로 결정된다.[145]

어떻게 하면 득실이 발생하는지를 알고자 한다면 반드시 형명을 깊이 살펴야 한다. 형세란 늘 스스로 정해지기 마련이니 자신은 고요함을 유지하면 되고, 일은 늘 스스로 진행되기 마련이니 자신은 무위하면 된다.[146]

보편의 도를 사용하려면 명칭의 확립을 우선시해야 한다. 명이 올바르면 일은 확정되지만 명이 그릇되면 일은 떠나고 만다. 따라서 성인은 일一을 지킴으로써 고요한 상태를 유지하여 명칭이 스스로 정해지고 일이 스스로 확정되도록 해야 한다. 군주가 꾸미려고 하지 않으면 아랫사람은 순수하고 올바른 상태를 유지할 수 있으니, 이에 따라 아랫사람들에게 맡겨둔 채 이들이 스스로 처리하도록 하고, 이에 따라 임무를 부여하여 이들이 스스로 완성할 수 있게 한다. 이처럼 모든 것을 올바른 위치에 두면 모든 일이 각기 알아서 돌아간다. 군주가 신하의 명분을 통해 움직이려고 하는데 만약 그 명분이 타당한지 제대로 알지 못한다면 우선 신하의 형세를 살펴본다. 명분과 형세를 상호 검증한 이후에 상벌을 시행한다. 상벌이 타당하다면 신하는 진심을 다 바치게 된다. 일은 신중하게 처리해야 하므로 반드시 하늘의 명령을 받을 때까지 기다려야 한다. 그렇게 하여 치국의 핵심을 놓치지 않는다면 성인이라 할 수 있다. 성인의 도는 지모와 계교를 없애는 것이다. 지모와 계교를 없애지 않는다면 일정한 법칙을 유지할 수 없다. 백성들이 지모와 계교를 사용하면 많은 재난을 당하게 되고 군주가 이를 사용하면 국가가 위기에 처하게 된다. 하늘의 도를 따르고 실제 형세의 리理로 돌아가서 여러 가지 관찰과 점검을 계속하여 끝나면

---

144) 馬王堆 帛書 『經法·道法』, "凡事無小大, 物自爲舍. 逆順死生, 物自爲名. 名刑已定, 物自爲正."
145) 馬王堆 帛書 『經法·論』, "物自正也, 名自命也, 事自定也."
146) 馬王堆 帛書 『十六經』, "欲知得失情, 必審名察刑. 刑恒自定, 是我愈靜. 事恒自施, 是我無爲."

새롭게 시작한다. 마음을 비워 고요해진 다음에는 더 이상 자신의 견해를 내세우지 않게 된다. 군주의 우환은 반드시 어떤 한 편의 의견에 동조함으로 인해 생겨난다. 진정성 있는 태도를 취하되 한 편의 의견에 동조하지 않는다면, 만민이 하나로 복종할 것이다. 도는 광대하면서도 형체가 없다. 덕은 리理를 품고 있으면서도 모든 것에 두루 이를 수 있다. 뭇 생명은 자연스럽게 도와 덕을 받아들이기 마련으로 모두 흥성하게 일어나니, 이들처럼 고요한 상태를 유지할 수는 없다. 도는 만사만물 아래 보편적으로 존재하며 각기 사물을 헤아려 그에 따라 알맞은 명칭을 부여하니, 사물은 각자 때에 맞게 태어나고 죽음을 맞이한다. 명칭을 고찰해 보면 모든 사물이 이를 달리하지만 사실 실정은 모두 하나로 통한다. 따라서 이렇게 말한다. 도는 (그것이 생성하는) 만물과 다르고, 덕은 (그것이 포함하는) 음양과는 다르고, 저울은 (그것이 헤아리는) 경중과는 다르고, 먹줄은 (그것이 교정하는) 구불구불함과는 다르고, 조율기는 (소리에 영향을 주는) 건조함 및 습함과는 다르고, 임금은 신하와는 다르다. 이 여섯 가지 상황은 모두 도에서 나온 것이다. 도는 유일무이한 것이므로 일一이라고 부른다. 따라서 현명한 군주는 도의 유일무이한 모습을 중히 여겨야 하며, 군주와 신하의 도는 서로 다르다. 신하가 자신의 명분을 내세워 군주에게 호소하면 군주는 그 명분을 장악하여 다루고 신하는 그 형세를 본받는다. 서로 간의 형세와 명분이 일치하면 상하가 조화를 이루게 된다.[147]

위 단락에서는 '사물이 스스로 명칭을 정한다', '명칭은 스스로 정해진다' 등의 명제가 반복적으로 등장하며 상당히 중요하게 다루어지고 있음을 알 수 있다. 더욱 중요한 사실은 이와 같은 명제가 황로 형명刑名 이론의

---

147) 『韓非子』, 「揚權」, "用一之道, 以名爲首. 名正物定, 名倚物徙. 故聖人執一以靜, 使名自命, 令事自定. 不見其采, 下故素正. 因而任之, 使自事之. 因而予之, 彼將自擧之. 正與處之, 使皆自定之. 上以名擧之, 不知其名, 復修其形. 形名參同, 用其所生. 二者誠信, 下乃貢情. 謹修所事, 待命于天. 毋失其要, 乃爲聖人. 聖人之道, 去智與巧, 智巧不去, 難以爲常. 民人用之, 其身多殃, 主上用之, 其國危亡. 因天之道, 反形之理, 督參鞠之, 終則有始. 虛以靜後, 未嘗用己. 凡上之患, 必同其端. 信而勿同, 萬民一從. 夫道者, 弘大而無形, 德者, 核理而普至. 至于群生, 斟酌用之, 萬物皆盛, 而不與其寧. 道者, 下周于事, 因稽而命, 與時生死. 參名異事, 通一同情. 故曰道不同於萬物, 德不同於陰陽, 衡不同於輕重, 繩不同於出入, 和不同於燥濕, 君不同於群臣. 凡此六者, 道之出也. 道無雙, 故曰一. 是故明君貴獨道之容. 君臣不同道, 下以名禱, 君操其名, 臣效其形, 形名參同, 上下和調也."

출발점이 된다는 점이다. 이러한 측면에서 고찰하면, 황로의 명리名理— 형명刑名 이론과 노장의 명학名學은 확연히 구분된다는 것을 알 수 있다. 노장의 명리名理 이론은 바로 '도는 드러나지 않으니 명칭이 없다(道隱無名)'는 명제에서 출발하기 때문이다. 『십육경』에서는 "일은 늘 스스로 진행되기 마련이니 자신은 무위의 태도를 유지한다"라고 하였는데, 이는 『노자』에서 말한 '도는 항상 무위하지만, 이루지 못하는 것이 없다', '내가 무위하면 백성들은 저절로 번성한다' 등의 명제와 거의 유사하며, 사실상 이 명제의 '도치문'이라 보아도 무방하다. 이처럼 황로 정치철학은 노장사상을 따르면서도 이를 창조적으로 발전시켰다. 특히 무위無爲와 자연自然이라는 두 개념 이론의 미세한 간극을 날카롭게 통찰해 냈다.[148] 분명 자연自然과 무위無爲는 서로를 포섭하고 있으면서도 완전히 같지는 않다. 황로 정치철학에서는 '성인의 무위와 백성의 자연' 혹은 '성인의 무위와 신하/백성의 유위'라는 사상을 한층 더 깊이 추진하는 한편, 인순因循이라는 개념 이론을 통해 이러한 사유 구조를 지극히 강화해 나갔다. 『한비자』「양권」편의 '성인은 일一을 지킴으로써 고요한 상태를 유지하여 명칭이 스스로 정해지고 일이 스스로 확정되도록 한다'는 말에서 '일을 지킨다(執一)'는 말은 사실 '법을 지킨다(執法)'는 것을 의미한다. 일一은 바로 보편적이고 일관적이며 권위적 성격을 지닌 법法을 지칭하는 것이다. 한편, 황로 정치철학에서는 '말을 대신하여 달리지 말고 새를 대신하여 날지 말라'[149], '순순히 따라서 사물과 함께

---

148) 『論衡』「自然」의 한 구절이 이러한 문제를 잘 설명해 주고 있다. "물었다. '인간은 천지에 의해 태어난다. 천지는 무위를 실천하는데, 인간이 천성을 부여받았으니 인간 역시 마땅히 무위를 실천해야 할 것이다. 그런데 인간은 어찌하여 유위하는가?' 답했다. '덕이 지극하고 순수한 본성을 보존한 자는 천기를 많이 부여받았으니 하늘과 같이 자연 무위를 실천할 수 있다. 하지만 부여받은 기가 박하고 적으면 도와 덕을 따르지 못하고 천지와 같이할 수 없으니 이러한 자를 불초하다고 말한다.…… 황로가 추구하는 품행은 고요하고 청정한 마음을 유지하면서 무위의 통치를 실행하는 것으로 몸가짐을 단정하게 하여 음양이 스스로 조화를 이루도록 한다. 어떤 인위에도 마음을 두지 않은 채 만물이 스스로 번성해 나가도록 하며, 어떤 작용에도 뜻을 두지 않은 채 만물이 스스로 이루어 나가도록 한다.'"

149) 『管子』,「心術上」, "無代馬走, 無代鳥飛."

변화해 나간다'150) 등의 명제를 특히 중시하였다. 이와 같은 사상은 분명 한비에게 큰 영감을 주었을 것이다. 그도 그럴 것이 한비는 '인간은 각기 자신의 이익을 추구한다'(人人自利)는 관점을 자신의 전제로 삼아 제도를 고안하고 법의 작용과 의미를 설명하고자 하였기 때문이다. 즉 한비자가 강조한 '자리自利'의 원칙은 황로 정치철학의 '자발自發', '자위自爲'에서 기원한 것임을 이해할 수 있다. 그런데 '자발自發', '자위自爲'의 원칙, 그리고 그와 관련된 '명칭은 스스로 정해진다' 혹은 '일은 스스로 결정된다' 등의 원칙은 인순因循 혹은 '무위하면서도 이루지 못하는 것이 없다'(無爲而無不爲) 등의 이론 맥락 속에서 등장한다.151) 이처럼 황로(도법가)와 법가는 서로 일치된 주장을 펼쳤는데, 이들은 합리적이면서 제대로 갖추어진 법法만 정립된다 면, 백성은 법法의 통제에 따라 움직이며 스스로 이익을 추구한다는 원칙에 따라 자생자화하므로, 성인 혹은 군주는 손쉽게 이들을 통치할 수 있다고 보았다. 이는 참으로 절묘한 부분이 아닐 수 없다. 이러한 점을 보면, 황로 정치철학의 사고는 자신만의 독특성을 지니고 있어 노장철학과는 서로 관계를 지니면서도 또한 서로 뚜렷이 구별됨을 알 수 있다. 그 주된 차이는 바로 형명刑名 이론이 바로 황로학 명리名理 학설의 핵심이라는 것이다. 황로의 명리名理 학설은 윤리 및 정치 질서 재건의 중요성과 의미, 가치를 논증하는 한편, 제왕지도帝王之道라는 정치이념과 이성적 목표를 밝히고자 하였다.

이상의 논의를 통해 보면, '도와 법의 사이'에서 전개되는 각종 논의와 탐구는 바로 황로 정치사상의 사유 공간이 생성되고 확장되어 간다는 것을 말해 준다. 이들의 생명력은 춘추전국시대를 거쳐 진한시기에 이르기 까지 비교적 오랜 시간 지속되었다. 이 기간 고대 사상계의 판도와 정치권력

---

150) 『莊子』, 「天下」, "椎拍輐斷, 與物宛轉."
151) 한 가지 지적하고 싶은 것은 황로학 역시 현능을 숭상하였지만, 유가와 묵가의 尙賢 관념과는 그 목적이 달랐다는 점이다. 황로학의 상현 관념의 핵심은 바로 각기 자신의 능력을 최대한 발휘할 수 있도록 한다는 것이었다. 이는 因循과 '무위무불위' 등의 원칙 을 이론 기초로 삼고 있다.

의 구조, 사회 조직의 형식, 개체의 존재 양태 등 많은 측면에서 혁명적이고 근본적인 변화가 발생했다. 요약하면, 구시대의 체제는 일대 혁명을 만나 바람 앞의 등불과 같은 운명을 맞이하게 되었다. 당시 도가, 황로 그리고 법가는 모두 '도와 법 사이'의 이론적 창조에 초점을 맞추었는데, 이는 틀림없는 시대정신의 정수이며, 시대의 흐름에 발맞추어 변화한 전형적 사례였다. 이렇게 본다면, 유가가 '덕과 예의 사이'에 머물며 고수했던 기존의 사고방식은 필연적으로 생기를 잃고 퇴색될 운명이 아니었을까? 다시 말해, '예와 법 사이'의 갈등은 이미 막을 내렸던 것일지도 모른다. 하지만 물론 현실의 상황이 이렇게 단순하지만은 않았다. 유가는 현실 속에서 여전히 생명력을 유지하고 있었는데 장기간 지속되었던 예속禮俗사회가 바로 그 생명력의 토양이 되었다. 이러한 점을 보면, 아직도 여전히 많은 문제가 고찰의 대상으로 남아 있다.

4. 예법지쟁禮法之爭 및 기타

혼자만의 바람일지도 모르겠으나, 필자는 앞선 논의들이 황로학 연구의 시야를 확장하고, 초기 사상사(특히 제자백가 철학)의 발전 방향, 전개 맥락, 사유 특징, 이론 구조를 더 깊이 분석하고 이해하며, 고대 문명의 진전 과정을 올바르게 인식하고 파악하는 기초가 되었기를 희망한다. 이른바 '도법지간道法之間'이란 사상사의 거시적 발전 추세를 나타내는 동시에 사상 계 속에서 활발하게 진행된 사상 공간의 확장이라는 현상을 잘 반영하고 있다. 이러한 측면에서, 황로 정치철학이 거시적인 역사 창조 과정에 참여하여 사상 문화의 신세계를 구축하는 데 일조한 것은 어쩌면 예정된 일이었다. 이 과정에서 도가(황로학파)는 독보적인 위치를 점하게 되었는데 이들이 한 시대를 풍미한 것은 사실이나 여전히 수많은 경쟁과 도전이 그들을 기다리고 있었다. 예를 들면, 음양가를 대표하는 추연의 오덕종시五德終始

이론은 진한시기에 크게 유행하였고, 유가는 침체를 반복하면서도 다른 한편으로 부단히 이론적 발전을 이어 나가며 문화 수호에 앞장섰다. 정리하면, 사상과 이론의 전장은 하루도 잠잠할 날이 없었다.

일반적으로는 한나라 초기에 이르러 천하의 혼란이 일단락되었다고 본다. 당시 통치자들은 도가의 청정무위淸靜無爲를 지도사상으로 삼아 부역과 세금을 줄이고 형벌을 간략히 함으로써 백성들과 함께 안식하고자 하였다. 이에 문경지치의 태평성대가 시작되어 한 왕조 400년의 기틀이 세워질 수 있었다. 이 시기에는 황로학의 영향력 또한 최고 수준에 이르렀다. 하지만 한무제가 '백가의 사상을 폐지하고 유가만을 존숭한다'는 원칙을 천명한 이래 유학이 다시금 부흥하며 잃어버린 지위를 되찾게 되었고, 이에 황로 역시 크게 서리를 맞고 대문화 전통(즉 관방의 이데올로기 영역)에서 소문화 전통(즉 저변의 민간사상문화)으로 쇠퇴하게 되었다. 그런데 그 이면의 내적 원인에 대해서는 한번 주의 깊게 살펴볼 필요가 있다. 황로의 쇠퇴를 단순히 동중서의 개인적인 역량이나 한무제의 개인적 선호로만 귀결시킬 수는 없는 노릇인데, 그렇다고 해서 황로학 이론 자체에 결함이 있었다거나 황로학자의 부덕과 무능의 소치라고 결론짓기에도 무리가 있다. 사상사 시각에서 고찰하면, 유가와 도가의 흥망성쇠는 결코 엎치락뒤치락 순환을 반복하던 관계가 아니었다. 이를 제대로 이해하기 위해서는 '예와 법 사이'의 복잡한 상호작용, 도덕道德과 인의仁義 사이의 충돌과 융합, 그리고 중앙집권과 향촌 자치(종족 조직), 정치질서와 문화권력, 정통과 도통, 천하와 국가 사이의 모순과 긴장 등의 복합적인 구조를 모두 고려해 보아야 한다. 이러한 것들이 모두 '덕례지간'과 '도법지간'이라는 사상 공간을 사고하는 이면의 복잡한 배경들이기 때문이다. 그렇다면 우선 '예법지간'에 초점을 맞추어서 논의를 진행해 보도록 하자.

(1) 진秦이 2대 만에 멸망에 이르게 된 것은 한대 지식인들에게는 더없이 중요한 역사적 교훈이 되었다. 그들 대부분은 진나라 멸망의 원인을 찾고자 하는 강한 문제의식을 지니고 있었는데, 유가의 지식인들은 주로 폭정을

그 원인으로 보았다. 이른바 '번잡하고 가혹한 형벌과 관리들의 혹정으로 천하가 괴로워했다'(가의, 『과진론』)는 말이 그러한 평가를 대변한다. 나아가 그들은 진나라 문화를 비판적으로 회고하면서 그 역사를 평가절하하였는데, 이는 상앙의 변법으로 거듭난 법法을 형刑으로 단순화하고 다시금 예禮로 회귀하려는 데에 그 목적이 있었다. 즉 덕과 예를 높이고, 형벌을 낮추는 것이 한대 유가 지식인들의 일치된 신념이었다고 하겠다. 이들은 진나라의 정치를 제자리로 되돌려 유가의 전통적인 덕정을 복위하고자 노력했다. 물론 역사를 거스르려는 이러한 사상적 반동은 역효과만 초래하게 될 것이라는 비난을 피하기 힘들었다. 한비자는 유가가 문文으로 법法을 어지럽힌다고 여긴 반면, 한대의 유가는 덕과 예를 높이고 형벌을 낮추고자 하였으니, 사실 이들 모두는 법의 정신과 예의 정신이 마치 물과 불처럼 이질적이어서 끝내 섞일 수 없을 운명임을 간파하고 있었다. 이렇게 본다면, 오랫동안 이어졌던 '예와 법의 전쟁'은 진한 제국의 수립으로 인해 결말을 내린 것이 아니라, 이른바 '역대의 왕조들이 모두 진나라의 제도를 따랐다'는 역사적 사실에 따라 "국가와 사회 간의 지리멸렬한 접전"[152]으로 형태를 달리하며 이어졌음을 알 수 있다. 유가 지식인(황로사상을 받아들인 유학자들을 포함)들은 모두 과거 황금시대, 즉 삼대로 회귀하고자 하면서 당시의 고유한 '덕례'의 가치를 한껏 장려하였다.

(성인은) 덕과 예를 높이고 형벌을 낮춘다.[153]

성스럽고 밝은 제왕들은 모두 덕화를 돈독히 하고 형벌을 가볍게 했다.[154]

군주의 다스림은 도를 따르는 것보다 위대한 것이 없고 덕을 사용하는 것보다 성대한 것이 없고 교화를 사용하는 것보다 아름다운 것이 없고

---

152) 許倬雲, 『中國社會的特質』(북경: 신성출판사, 1994), 145~150쪽.
153) 『潛夫論』, 「德化」, "(聖人)尊德禮而卑刑罰."
154) 『潛夫論』, 「德化」, "聖帝明王皆敦德化而薄威刑."

감화를 사용하는 것보다 신묘한 것이 없다.[155]

'덕과 예를 높이고, 형벌을 낮춘다'는 사상은 공자의 덕정德政, 맹자의 인정仁政에서 유래한 것으로, 유가 정치철학이 지닌 보편적이고 기본적인 인식이었다. 이는 『논어』 「위정」편의 "백성들을 정령으로써 인도하고 형벌로써 다스리면 백성들은 형벌을 면하고도 부끄러워함이 없다. 반면 덕으로써 인도하고 예로써 다스리면 백성들은 부끄러움을 알고 잘못을 바로잡게 된다"라는 구절을 전거로 삼는다. 진한 이래의 유가들은 나아가 덕법德法, 인의법仁義法의 의미로 덕정德政과 인정仁政을 해석하기도 하였다. 다음을 살펴보자.

민자건이 비 지역의 재상으로 부임하게 되어 공자에게 정치에 관해 문의하였다. 그러자 공자가 대답했다. "덕과 법으로 하면 된다. 덕법이란 백성을 통솔하는 수단으로 마치 말에게 물리는 재갈과 같다. 임금은 말을 모는 사람에 비유할 수 있고 관리는 말에게 씌우는 고삐에 비유할 수 있고 형벌은 채찍에 비유할 수 있다. 임금이 정치를 할 때는 이 고삐와 채찍만 지니고 있으면 된다."
민자건이 말했다. "고대에는 어떻게 정치를 펼쳤는지 여쭙고자 합니다."
공자가 말했다. "고대의 천자는 내사의 직책을 두어 자신의 두 손으로 삼았다. 비유하자면 덕법은 재갈에 해당하고 백관은 고삐에 해당하고 형벌은 채찍에 해당하고 백성들은 말에 해당한다. 따라서 수백 년 동안 천하를 다스리면서도 천하를 잃어버리지 않았다. 말을 잘 다스리는 자는 재갈을 바르게 물리고 고삐와 채찍을 가지런히 하며 말의 힘을 고르게 유지하고 말의 마음을 온화하게 만든다. 따라서 굳이 입으로 소리를 내지 않아도 말은 고삐를 조정하는 대로 따라 움직였고, 말에게 굳이 채찍질하지 않아도 말이 천 리를 갔다. 마찬가지로 백성들을 잘 다스리는 자는 덕법을 하나로 통일하고 백관들의 위치를 올바르게 하여 백성들의 역량을 고르게 조절하고 백성들의 마음을 온화하게 다스렸다. 이렇게 하면 명령을 여러

---

155) 『潛夫論』, 「德化」, "人君之治, 莫大于道, 莫盛于德, 莫美于教, 莫神于化."

번 내리지 않아도 백성들이 잘 따르고 형벌을 사용하지 않아도 천하가 잘 다스려진다. 따라서 천지도 그를 덕이 있다고 여기고 백성들은 모두 기꺼이 그를 따랐다. 천지가 그를 덕이 있다고 여기고 백성들이 기꺼이 그를 따랐던 까닭은 바로 그의 정령이 모두 아름다웠기 때문으로 백성들은 모두 입을 모아 그를 칭송했다. 지금 사람들은 삼왕오제의 성대함이 비할 바 없이 대단하다고 말하고 그들의 위엄과 밝은 보살핌은 여전히 이어지고 있다. 이는 왜 그러한 것일까? 바로 그들의 법이 빈틈없이 훌륭했고 덕이 두터웠기 때문이다. 따라서 그들의 덕정을 떠올리면 자연히 그들의 인품을 칭찬하게 되고 밤낮으로 그들을 위해 축복할 수밖에 없는 것이다. 이러한 소리가 하늘에 닿아 상제가 이를 듣게 되면 기특하게 여겨 오래도록 나라가 이어지고 풍년이 들도록 은혜를 베풀어 줄 것이다. 반대로 백성들을 잘 다스리지 못하는 자는 덕법을 버리고 오직 형벌만을 사용하니, 말을 모는 것에 비유하면 재갈과 고삐를 버리고 채찍질만 일삼는 꼴이니 말이 다스려지지 않는 것이 당연하지 않겠는가? 재갈과 고삐가 없이 채찍질만 사용하면 말은 반드시 상하고 수레는 반드시 부서지고 만다. 마찬가지로 덕법이 없이 형벌만을 사용하면 백성들은 도망가고 나라는 반드시 망하게 될 것이다. 나라를 다스림에 덕법을 사용하지 않으면 백성들을 수양할 방법이 없게 된다. 백성들을 수양할 방법이 없으면 모두 길을 잃고 혼란에 빠지게 된다. 이렇게 되면 상제는 반드시 천도를 어지럽힌 것으로 여길 것이니, 천도를 어지럽힌 자에게는 반드시 잔혹한 형벌이 내려지게 된다. 상하가 서로 아첨만 일삼고 진실로 충정을 아는 자가 없어진 것 모두 도가 사라졌기 때문이다. 지금 사람들이 악한 자에 대해서 말할 때는 반드시 걸왕과 주왕을 언급하는데, 이는 왜 그러한 것일까? 이들의 법이 나라를 다스릴 수 없고 덕이 두텁지 않았기 때문이다. 백성들은 그들의 잔학함을 미워하여 탄식하지 않는 자가 없었으니 밤낮으로 이들을 저주하였다. 백성들의 목소리가 하늘에 닿아 상제가 이를 듣고는 죄를 면할 수 없다고 여겼으니 재앙을 내려 이들을 벌하려 했다. 이에 온갖 재난이 일어나 결국 왕조가 멸망하고 말했다. 따라서 덕법은 백성들을 다스리는 근본이라 하였다. 고대에 백성들을 다스리는 자들은 육관을 두어 나라를 통치하였다. 총재家宰의 관직으로 도를 이루고 사도司徒의 관직으로 덕을 이루고 종백宗伯의 관직으로 인仁을 이루고 사마司馬의 관직으로 성聖을 이루고 사구司寇의 관직으로 의義를 이루고 사공司空의 관직으로 예禮를 이루었다. 이처럼 육관을 마치 재갈을 다루듯 수중에 쥐었고, 마치 고삐를 씌우듯 따로 사회司會의 직책을 두어 인仁을 고르게 하였다. 따라서 네 필의 말을 모는 자는 여섯 개의 줄을 쥐고 천하를 다스리는 자는 여섯 개의 관직을 세운다고 하였다. 따라서 말을 잘 모는 자는 몸을 바르게 하여 고삐와 목줄을 확실히 잡고 말의 힘을 고르게 만들며 말의 마음을 하나로 모으니, 굽은 길을 돌 때도 그가 가려고 하는 방향으로 향하게 할 수 있다. 따라서 오랜 길을 갈 수도 있고 급히 도달할 수도 있는 것이다. 이것이 성인이 천지를 다스려 인간의 일을 처리하는 법칙이다. 천자는 내사의 직책을 두 손으로 삼고 육관을 고삐로 삼았다. 그런 뒤에 삼공과 함께 육관을 통제하고 다섯 가지 교화를 균등하게 하고 다섯 가지 법을 가지런히 하였다. 이렇게 하며 모든 일이 지시하는 대로 흘러갈 수 있었다. 도를 따른다면 국가는 다스려지게 된다. 덕을 따른다면 국가는 편안해진다. 인仁을 따른다면 국가는 화목해진다. 성聖을 따른다면 국가는 평온해진다. 예禮를 따른다면 국가는 안정된다. 의義를 따른다면 국가가 정의로워진다. 이것이 바로 정치를 다스리는 방법이다. 실수와 잘못은 인지상정이니 없을 수가 없다. 잘못을 저지르고 나서 이를 고친다면 더 이상 잘못이 아니다. 따라서 관리들이 질서가 없고 직책이 불분명하고 법과 정책이 일치하지 않고 모든 일이 기강이 없는 것을 일러 혼란스럽다고 한다. 혼란이 생기면 총재를 질책해야 한다. 땅에 싹이 나지 않고 재물이 쌓이지 않고 백성들이 굶주림과 추위에 떨고 가르침이 행해지지 않고 풍속이 음란하여 백성들이 떠나가는 것을 위기라고 한다. 위기가 발생하면 사도를 질책해야 한다. 부자지간에 혈육의 정이 없고 장유의 질서가 없고 군신 상하 간에 서로 뜻이 어긋나는 것을 불화라고 한다. 불화가 생기면 종백을 질책해야 한다. 현명하고 능력 있는 자들이 관직을 잃고 공로가 있는 자들이 상과 녹을 받지 못하고 사졸들이 원한을 품고 병사들이 허약하여 쓸 수 없는 지경에 이른 것을 불평이라고 한다. 불평이 생기면 사마를 질책해야 한다. 형벌이 난폭하고 간사한 자를 막을 수 없는 지경에 이른 것을 불의라고 한다. 불의의 상황이 생기면 사구를 질책해야 한다. 도량이 정밀하지 않고 일을 처리함에 조리가 없으며 성읍이 가꾸어지지 않아 재물의 손실이 생기는 것을 빈곤이라 한다. 빈곤이 생기면 사공을 질책해야 한다. 따라서 똑같은 수레를 몰더라도 어떤 자는 천 리를 가고 어떤 자는 백 리도 가지 못하는 것은 이른바 진퇴와 완급의 조절이 다르기 때문이다.

마찬가지로 똑같이 관직과 법을 사용하여 다스리더라도 어떤 자는 평화롭고 어떤 자는 혼란스러운 것은 역시 진퇴와 완급의 조절이 다르기 때문이다. 따라서 천자는 항상 겨울의 말미에 덕을 고찰하고 법을 바르게 함으로써 치란을 살펴야 한다. 덕이 두터우면 다스려질 것이지만 덕이 빈약하면 어지러워진다. 따라서 천자가 덕을 제대로 고찰하기만 한다면 천하의 치란은 당상에 앉아서도 쉽게 알 수 있다. 덕이 두터우면 법이 제대로 다스려질 것이지만 덕이 두텁지 않으면 바로잡아야 한다. 법과 정치가 모두 덕에 들어맞으면 쇠퇴하지 않을 것이다. 따라서 천자는 초봄에 관리의 덕행과 공로를 논한다고 하였다. 덕법을 몸소 체득한 자는 덕이 있다고 하고 덕법을 실행할 수 있는 자는 덕행이 있다고 하고 덕법을 이룰 수 있는 자는 공이 있다고 하고 덕법을 다스릴 수 있는 자는 지혜롭다고 한다. 따라서 천자가 관리들을 평가하고 그들의 업적을 논하면 덕법이 행해지고 정사는 다스려지며 공은 이루어지게 된다. 겨울 말미에 법을 바로잡고 초봄에 관리를 평가하는 것이 바로 치국의 핵심이다."[156]

---

156) 『孔子家語』,「執轡」, "閔子騫爲費宰, 問政于孔子. 子曰: ‘以德以法. 夫德法者, 御民之具, 猶御馬之有銜勒也. 君者, 人也; 吏者, 轡也; 刑者, 策也. 夫人君之政, 執其轡策而已.’ 子騫曰: ‘敢問古之爲政?’ 孔子曰: ‘古者天子以內史爲左右手, 以德法爲銜勒, 以百官爲轡, 以刑罰爲策, 以萬民爲馬, 故御天下數百年而不失. 善御馬者, 正銜勒, 齊轡策, 均馬力, 和馬心, 故口無聲而馬應轡, 策不舉而極千裏; 善御民者, 壹其德法, 正其百官, 以均齊民力, 和安民心, 故令不再而民順從, 刑不用而天下治. 是以天地德之, 而兆民懷之, 夫天地之所德, 兆民之所懷, 其政美, 其民而衆稱之. 今人言五帝三王者, 其盛無偶, 威察若存, 其故何也? 其法盛, 其德厚, 故思其德, 必稱其人, 朝夕祝之, 升聞于天, 上帝俱歆, 用永厥世, 而豐其年. 不能御民者, 棄其德法, 專用刑辟, 譬猶御馬, 棄其銜勒而專用棰策, 其不制也, 可必矣. 夫無銜勒而用棰策, 馬必傷, 車必敗; 無德法而用刑, 民必流, 國必亡. 治國而無德法, 則民無修, 民無修則迷惑失道, 如此上帝必以其爲亂天道也. 苟亂天道, 則刑罰暴, 上下相诼, 莫知念忠, 俱無道故也. 今人言惡者, 必比之于桀紂, 其故何也? 其法不聽, 其德不厚, 故民惡其殘虐, 莫不籲嗟, 朝夕祝之, 升聞于天, 上帝不蠲, 降之以禍罰, 災害並生, 用殄厥世. 故曰德法者御民之本. 古之御天下者, 以六官總治焉, 冢宰之官以道, 司徒之官以成德, 宗伯之官以成仁, 司馬之官以成聖, 司寇之官以成義, 司空之官以成禮. 六官在手以爲轡, 司會均仁以爲納, 故曰御四馬者執六轡, 御天下者正六官. 是故善御馬者正身以總轡, 均馬力, 齊馬心, 回旋伸折, 唯其所之, 故可以取長道, 可赴急疾, 此聖人所以御天地與人事之法則也. 天子以內史爲左右手, 以六官爲轡, 已而與三公爲執六官, 均五教, 齊五法. 故亦唯其所引, 無不如志, 以之道則國治, 以之德則國安; 以之仁則國和, 以之聖則國平; 以之禮則國安; 以之義則國義; 此御政之術. 過失人之情, 莫不有焉, 過而改之, 是爲不過. 故官屬不理, 分職不明, 法政不一, 百事失紀曰亂, 亂則飭冢宰. 地而不殖, 財物不蕃, 萬民饑寒, 教訓不行, 風俗淫僻, 人民流散曰危, 危則飭司徒. 父子不親, 長幼失序, 君臣上下, 乖離異志曰不和, 不和則飭宗伯. 賢能而失官爵, 功勞而失賞祿, 士卒疾怨, 兵弱不用曰不平, 不平則飭司馬. 刑罰暴亂, 奸邪不勝曰不義, 不義則飭司寇. 度量不審, 舉事失理, 都鄙不修, 財物失所曰貧, 貧則飭司空. 故御者同是車馬, 或以取千裏, 或不及數

『춘추』가 다룬 것은 타인과 나의 관계이다. 타인과 나의 관계를 다루는 범주가 바로 인仁과 의義다.…… 따라서 『춘추』는 인의의 법(仁義法)을 사용한 것이다. 인仁의 법은 자신을 사랑하는 것이 아닌 타인을 사랑하려는 것이다. 의義의 법은 타인을 바로잡는 것이 아닌 자신을 바로잡으려는 것이다.157)

(성인은) 대의를 이해하므로 감동시킬 수 있다. 감동시킬 수 있으므로 변화를 일으킬 수 있다. 변화를 일으킬 수 있으므로 교화를 크게 행할 수 있다. 교화를 크게 행할 수 있으므로 법을 어기지 않게 할 수 있다. 법을 어기지 않게 할 수 있으므로 형벌을 사용할 필요가 없다. 형벌을 사용할 필요가 없으므로 요순과 같은 공덕을 이룰 수 있다. 이것이 크게 다스림을 이루는 도이다.158)

이처럼 한대 유가는 인간관계와 사회질서를 유지하는 관건이 덕법德法, 덕교德教, 인의법仁義法에 있다고 보았다. 이들은 법률의 가치가 덕화(예속의 교화)에 미치지 못한다고 여겼는데, 탕왕과 무왕이 오래도록 태평성대를 이룰 수 있었던 것도, 진나라가 한순간에 멸망해 버리고 말았던 것도 모두 덕치와 법치의 차이에서 기인한다고 보았다. 즉 유가는 극단적으로 덕치를 숭상하였으니, "덕과 예를 높이고 형벌을 낮추는 것은 유가의 일치된 신앙"159)이었다고 할 수 있다. 그런데 이러한 정치철학적 사고 역시 결국은 사상적으로 문제를 해결하고자 했던 시도였다.

百裏, 其所謂進退緩急, 異也. 夫治者同是官法, 或以致平, 或以致亂者, 亦其所以爲進退緩急異也. 古者天子常以季冬考德正法, 以觀治亂, 德盛者治也, 德薄者亂也. 故天子考德, 則天下之治亂, 可坐廟堂之上而知之, 夫德盛則法修, 德不盛則飭, 法與政咸德而不衰. 故曰王者又以孟春論之德及功. 能德法者爲有德, 能行德法者爲有行, 能成德法者爲有功, 能治德法者爲有智. 故天子論吏而德法行, 事治而功成, 夫季冬正法, 孟春論吏, 治國之要.'"

157) 『春秋繁露』, 「仁義法」, "『春秋』之所治, 人與我也. 所以治人與我者, 仁與義也.……是故『春秋』爲仁義法; 仁之法在愛人, 不在愛我; 義之法在正我, 不在正人."

158) 『春秋繁露』, 「身之養重于義」, "(聖人)見義大, 故能動, 動故能化, 化故能大行, 化大行故法不犯, 法不犯故刑不用, 刑不用則堯舜之功德. 此大治之道也."

159) 瞿同祖, 『中國法律與中國社會』, 313쪽.

인간의 지성으로는 이미 발생한 것만을 볼 수 있고 앞으로 발생할 것은 보지 못한다. 예禮는 일이 발생하기 전에 금지하는 것이고 법은 일이 발생한 후에 금지하는 것이다.160)

법령이란 악을 벌하는 것이지 선을 권면하는 것이 아니다.161)

법은 처벌할 수는 있어도 청렴하게 만들지는 못하고, 죽일 수는 있어도 어질게 만들지는 못한다.162)

고대에는 교화를 담당하는 관직을 세워 덕과 선으로 백성들을 교화시키는 데 힘썼다. 백성이 크게 교화받은 후에는 천하에 그 누구 하나도 옥에 갇히는 자가 없게 되었다.163)

이를 통해 보면, 사상적으로 문제를 해결하고 나아가 영혼 깊은 곳에서부터 인간의 근본적인 변혁을 꾀했던 것이 바로 유가가 예교禮敎·덕교德敎·문교文敎·시교詩敎 등을 추진했던 계기임을 알 수 있다. 유가는 예교의 가치 혹은 예교가 법과 형벌보다 우월한 점이 바로 "악이 자라나기 전에 씨앗을 미리 제거하고 작은 단계에서부터 공경함을 일으켜 백성들이 본인도 알아채지 못할 만큼 자연스럽게 죄를 멀리하고 선으로 나아가도록 하는 것"164)에 있다고 보았다. 『공총자』에는 공자와 문자가 형벌과 정치의 관계를 논한 내용이 등장한다.

예禮로써 백성을 다스리는 것은 고삐를 쥐고 말을 모는 것에 비유할 수

---

160) 『大戴禮記』, 「禮察」; 『漢書』, 「賈誼傳」, "凡人之智, 能見已然, 不能見將然; 夫禮者禁于將然之前, 而法者禁于已然之後."
161) 陸賈, 『新語』, "夫法令者誅惡, 非所以勸善."
162) 『鹽鐵論』, 「申韓」, "法能刑人而不能使廉, 能殺人而不能使人仁."
163) 董仲舒, 「天人三策」; 『漢書』, 「董仲舒傳」, "古者修教訓之官, 務以德善化民, 民已大化之後, 天下常亡一人之獄矣."
164) 『大戴禮記』, 「禮察」; 『禮記』, 「經解」, "絶惡於未萌, 而起敬於微眇, 使民日徙善遠罪而不自知."

있고, 형벌로써 백성을 다스리는 것은 채찍을 쥐고 말을 모는 것에 비유할
수 있다. 고삐를 쥐고 말을 이리저리 움직이게 하면 말을 잘 몰 수 있다.
하지만 고삐도 없이 채찍질만 해 대면 말은 길을 잃고 만다.165)

종합하면, 이상적 정치 및 사회에 대한 추구와 현실 비판(특히 춘추시대의
패도와 전국시대 진나라의 정치를 겨냥)이라는 이중적 목적에 기초하여 유가(공자와
맹자는 이상의 추구를 더욱 중시하였던 반면, 한대의 유가는 현실 비판에 치중했다.)에서는
덕정(예속 교화 체계)과 덕법德法을 추존하였다. 그런데 이는 도덕道德이 법률을
대체함으로써 법리사회가 태동하지 못하게 만드는 결과를 낳기도 했다.
물론 유가의 사회정치사상 역시 일정 부분 법法, 형刑 등과 같은 (덕법,
덕정에 비해) 이질적인 내용을 받아들일 수밖에 없었는데, 이러한 점은
유가사상 내부에서 인仁과 의義 간의 긴장 관계라는 형태로 드러나기도
하였다. 실제 한대 이래 유가에서는 덕화德化 정신을 본받아 살육을 일삼는
것을 탐탁지 않게 여겼고, 이에 죄인에게 사법적 책임을 묻지 않는 사례가
비일비재하게 발생했다. 그 결과 덕치주의가 인치人治주의로 흘러가는 폐단
이 발생하였으니, 이는 진지하게 돌이켜 볼 필요가 있다.166)
　(2) 황로와 법가 정치철학의 역사적 공헌을 사실에 기반하여 평가하는
일은 쉬운 일이 아니다. 관중과 상앙이 추진했던 변법운동은 '고대의 근대화'
과정을 열었고 여러 방면에서 후대 역사에 중대한 영향을 촉발하였다.
제도의 변혁, 사회적 변동, 경제적 발전은 사회정치 구조 전반에 깊은
변화를 일으켰고, 이러한 변화를 따라 이성의 각성, 사상의 해방, 이론의
창조라는 풍조가 널리 유행하게 되었다. 이를 '고대의 근대화'라 칭한 이유는
바로 황로와 법가가 법리法理사회의 건설에 힘을 쏟았기 때문이다. 예속禮俗
사회와 법리사회는 서로 확연히 구분된다. 난세 속에서 변법을 통해 건설해

165) 『孔叢子』, "以禮齊民, 譬之於禦則轡也. 以刑齊民, 譬之於禦則鞭也. 執轡于此而動于彼, 禦之良
　　也. 無轡而用策, 則馬失道矣."
166) 瞿同祖, 『中國法律與中國社會』, 313~314쪽.

낸 중앙집권적 정치제도(봉건제를 대체한 군현제)가 기존의 종법정치 구조 및 종법윤리와 어떻게 차이를 보이든, 결국 이들은 서로 어울릴 수 없는 운명 속에 놓여 있었다. 대표적으로 충忠(중앙집권정치제도 하의 윤리법칙)과 효孝(종법사회구조 하의 윤리법칙)가 바로 그러한 사례로, 이들은 서로 공존할 수 없다는 모순의 관계 속에서 장장 이천 년간 정치제도의 기틀로서 이어져 왔다. 한 가지 명확히 할 것은 종법정치 구조는 절대 완전무결한 것이 아니라는 점이다. 과거 서주시기에는 그것이 정치적으로 이성에 부합하는 원칙이면서 선진적인 정치 이념을 대표하는 체제였을 수 있으나, 묵자가 지적한 '근거 없는 부귀영화'와 오기가 지적한 '삼대에 걸친 작록의 세습'이 결코 합리적이었다고는 말할 수 없을 것이다. 게다가 '친친親親'이라는 원칙을 통해 유지되는 종법정치는 정권이 하향으로 전이되는 추세를 막을 수 없었기 때문에, 자연히 권력을 침범하는 사례 또한 늘어날 수밖에 없었다. 앞에서 이미 살펴봤듯이, 이는 춘추시대의 필연적 추세였다. 따라서 군郡과 현縣을 중심으로 하는 중앙집권체제의 정치적 합리성과 역사적 의의, 그 중요성은 유가가 폄훼한다고 해서 퇴색될 수 있는 것이 결코 아니었다.167) 또 한 가지 중요한 사실은 종법정치 구조의 해체 이후에도 종법사회 구조는 계속해서 지속되며 사회의 역량과 민간의 자원을 감당하는 일종의 '저수지'

---

167) 봉건귀족과 중앙집권에 관한 논쟁은 이후에도 종종 발생했다. 한 왕조에서는 진나라가 2대 만에 멸망한 것을 귀감으로 삼아 왕의 혈육을 대대적으로 제후에 봉했다. 그러한 회남왕이 반란을 일으킨 이후에는 부단히 이를 삭감하여 중앙의 정치권력을 유지하고자 하였다. 반면 동한의 경우 환관이 권력을 독점한 데서 나라의 혼란이 발생하였고 결국 군웅할거라는 결과를 맞이하였다. 따라서 서진에서는 다시 혈육을 제후로 봉했는데, 이후 팔왕의 난이 일어나 왕실을 전복하고 융이 중원을 침략하는 등 수백 년에 걸친 난세가 이어지게 되었다. 당나라 시기에는 분봉을 시행하지 않은 대신 절도사 제도를 설립하였는데, 이는 다시 안사의 난을 초래했다. 송나라는 당나라를 귀감으로 삼아 문관을 중용하고 무관을 경시하였다. 그 결과 나라의 안위를 보장할 수 없는 국면을 맞이하고 말았다. 이 모든 사례는 봉건과 군현, 종법과 국가 간의 대립에 의해 발생했다. 그렇다면 친친의 도리로서 유지되는 종법 관계는 오늘날 우리에게 있어 과연 근대화의 동력이 될 것인가 아니면 법리사회의 건설을 막는 걸림돌로 작용할 것인가? 주희는 말한다. "고금의 환란은 모두 그 근원이 있다. 한나라의 환관과 외척과 당나라의 번진 모두가 그 근원이었다."(『朱子語類』, 권110)

의 역할을 담당하였다는 것이다. 이는 사회제도, 민간 풍습, 문화질서 등을 세우는 데 더없이 중요한 작용을 하였다. 또한 정치사회가 위기를 맞이하게 되었을 때, 특히 정권 교체로 인한 정치적 무질서와 사회의 무규범(anomie) 상태가 도래했을 때, 종법사회 구조 및 그를 기반으로 하는 문화/도덕 준칙은 새로운 질서를 재건하는 중요한 원천으로 작용할 수 있었다.168) 구양수는 "삼대 이전에는 하나의 근본에서 정치가 이루어졌으니, 예악이 천하에 이를 수 있었다. 하지만 삼대 이후에는 정치의 근본이 둘로 나뉘어 예악은 허명이 되고 말았다"169)라고 하였다. 그의 이러한 평가에는 삼대의 예악제도를 추종하는 모습이 나타나는데, 유종원柳宗元의『봉건론』은 이와 완전히 반대의 경향을 보였다. 이처럼 고대 중국의 역사에서 나타나는 정치와 사회 간의 긴장 관계에 대해서는 깊이 따져볼 가치가 있다. 마찬가지로 종법정치사회 구조 기초 위에 배양된 인의의 도덕과 도덕주의 이데올로기 역시 철저히 되짚어 보아야 한다. 진한시기 이래, 종법사회 구조의 장기적 존속과 유가의 끊임없는 노력이라는 두 가지 조건을 바탕으로 종법 구조 속에 건립된 유학은 봉건 이데올로기의 핵심적 위치를 점유한 동시에, 인의仁義 관념에 반대하는 자들(예를 들면 도가)을 비주류로 전락시켰다. 실제로 유학이 독존한 이후, 유학은 이데올로기의 형태로 변모하였고, 이 과정에서 도덕주의 역시 정치, 법률과 사회의 각 방면에 스며들어 적지 않은 폐단을 낳게 되었는데, 이는 오늘날에 이르기까지 우리가 풀어야 할 역사의 숙제로 남아 있다.

---

168) 주나라 왕조에서 진나라 왕조로의 전환은 국가와 사회, 정통과 도통, 정치와 문화 사이의 괴리와 갈등을 발생시켰다. 진한시기 이래 국가와 사회(State and Society)라는 이원 구조가 점차 고착되었다. 許倬雲은 이를 '국가와 사회 간의 접전'이라고 칭했다.(許倬雲, 『中國社會的特質』, 북경: 신성출판사, 1994, 145~150쪽) 이는 정치와 사회라는 두 개의 구조가 분화되고 괴리되어 일어난 현상으로서, 바꾸어 말하자면 진한 이래 종법적 봉건 구조는 더 이상 정치 구조의 근간이 아니었다고 할 수 있다. 하지만 종법사회 구조는 여전히 지속되어 전근대와 근대에까지 이어졌다.

169) 『新唐書』,「禮樂志」, "由三代以上, 治出于一, 而禮樂達于天下; 由三代以下, 治出于二, 而禮樂爲 虛名."

1913년 옌푸(嚴復)가 몽테스키외의『법의 정신』을 번역하여『법의 의미』라는 이름으로 출판한 이래, 백 년의 시간이 흘렀다. 그의 이 같은 작명은 전통 속 법에 법 정신이 결여되어 있었음을 지적한 것이었으며, 그가 밀의 논리학을『명학名學』으로 번역한 것 역시 이와 완전히 동일한 기획으로 볼 수 있다. 그의 작업은 수천 년의 역사를 되돌아 법 정신의 고양과 저항이라는 문제를 초기 사상사 속에서 다시금 되짚어 보고, 그 역사적 필연성을 탐구하는 데 큰 영감을 불어넣어 주었다. 이 문제는 고대 사회정치 구조의 변동과 특징을 잘 반영하고 있다. 근대 이후, 고대 사회정치 구조는 돌이킬 수 없는 와해의 운명을 맞이하게 되었다. 이러한 상황 속에서 웅대한 세계적 흐름에 발맞추어 시대의 '법 정신'을 다시 일으켜 세우는 문제는 근대 이후 그 누구도 피해 갈 수 없는 중요한 과제로 자리 잡았다. 이러한 점에서, 옌푸의『법의 의미』속에 나오는 그의 주석들 또한 주의 깊게 살펴볼 가치가 있다.

(3) 앞서 우리는 '예법지간'에서 출발하여 사상사적 방법론을 바탕으로 '도법지간'의 여러 정치철학적 문제들을 논의하였다. '예법지간'의 문제들, 특히 '예법지쟁'은 역사학자(특히 법사학자)들이 공통으로 관심을 가지는 중요한 문제로 오랜 기간에 걸쳐 개방적인 논쟁이 진행되었다. 계속해서 우리는 황로학, 특히 황로 정치철학에 입각하여 복잡한 역사적 맥락이 얽혀 있는 몇 가지 사상사 문제를 좀 더 깊이 논의해 보도록 하겠다.

우선 우리는 '도법지간'의 사상 공간이 '덕례지간'의 사상 공간보다 더 복잡하다는 사실을 발견할 수 있다. 이는 철학의 시대로 들어선 이래 정치적 사고가 더욱 추상성과 이론성을 띠게 되었기 때문으로, 이를 통해 정치적 사고는 정치이성과 인문이성의 발전 추세를 더욱 잘 드러낼 수 있게 되었다. 만일 도와 법이 서로 결합하지 못했다면, 아주 이른 시기부터 결탁한 덕과 예에 대적하기는 어려웠을 것이다. 즉 도는 법에 깊이를 부여함으로써 법을 도구이성의 범주에서 가치이성의 범주로 승격시킨 동시에, 도 역시 법의 힘을 빌려 현실에 직면하였다. 도와 법, 이 둘은 보편성을 내포하고 있다. '도는 없는 곳이 없다', '법으로서 일괄적으로 판단한다' 등의 명제에서 이러한 특징이 잘 나타난다. 따라서 황로 정치철학 담론 속에 등장하는 집일執—이란 결국 집도執道 혹은 집법執法에 다름 아니다.

사상사 측면에서 보면, 공公(공공, 공개, 공정, 공평 등)사상의 발전은 매우 중요한 의미를 지닌다. 이는 이성의 성장 및 백성의 복지와 밀접한 관련을 맺기 때문이다. 노자는 인의예지에 반대하면서 자애와 검약을 긍정적으로 평가하였으나, 공公을 언급하지는 않았다. 반면 장자가 말한 '드넓은 강물 속에서는 서로의 존재를 잊는다'(相忘于江湖), '천하를 천하 속에 감춘다'(藏天下 于天下)는 말속에는 공公에 관한 의식이 포함되어 있다. 한편 유가에서는 '사해 안이 모두 형제'(四海之內皆兄弟)라 말하기는 했지만, 어디까지나 등차적 사유('서로 가지런하지 않은 것이 사물의 실정이다'라는 맹자의 말이 이를 대변한다.)가 유가의 주된 특징을 이루었다. 묵가는 '천하를 이롭게 하는 일을 하고 천하를 해롭게 하는 것을 물리친다'(興天下之大利, 除天下之大害)라고 하였으니, 공公의 정신이 뼛속까지 스며들어 있었다. 그렇지만 역시 도가 황로학파와 법가가 공公사상의 발전이라는 측면에서는 가장 큰 영향력을 지니고 있었으며, 그에 관해 가장 명료한 설명을 남겼다. 예를 들면, 다음과 같다.

> 문왕이 말했다. "어떤 방법을 세워야 천하를 복종하게 만들 수 있겠는가?"
> 태공이 말했다. "천하는 한 사람의 것이 아니라 모든 천하 사람들의 것입니다. 천하의 이익을 모두와 함께할 수 있는 자는 천하를 얻을 것이고 천하의 이익을 독점하는 자는 천하를 놓칠 것입니다."170)

> 옛날 성왕들이 천하를 다스릴 때는 반드시 공公을 앞세웠습니다. 공公을 앞세우면 천하가 태평하게 됩니다. 태평함은 공公으로부터 얻어집니다. 천하는 한 사람의 것이 아니라 모든 천하 사람들의 것입니다.171)

---

170) 『六韜』, "文王曰: 立斂若何, 而天下歸之. 太公曰: 天下非一人之天下, 乃天下人之天下也. 同天下之利者則得天下, 擅天下之利者則失天下." 『銀雀山漢墓竹書』 壹(북경: 문물출판사, 1985), 107쪽.

이처럼 황로와 법가에서는 공公을 강조하였다. 이는 시대의 풍조와 관련이 있으며, 법 정신의 발현으로도 볼 수 있다. 법 정신 속에는 투명성과 일관성이라는 특징이 내포되어 있는데, 자산, 범선자, 상앙 등이 추진한 '형刑-법法'은 모두 투명성이라는 특징을 지니고 있었다. '왕자가 법을 어겨도 서민들과 같이 죄를 묻는다'라는 원칙은 '예禮의 정신'과는 완전히 다른 모습을 보여 주며, '법 정신'이 지닌 공정, 공평, 공개의 이념을 잘 나타내 준다. 사실 공公사상의 맹아는 훨씬 더 이른 시기부터 발견되지만, 그것이 장족의 발전을 이룬 것은 황로와 법가의 공이 크다. 즉 공公은 '도와 법 사이'의 사상 공간에서 출현하고 발전했다고 하는 편이 사상사의 논리에 더 부합하고 역사적 조건에도 들어맞는다. 노자는 '천하를 통해 천하를 본다'(以天下觀天下)고 하였고, 장자는 '천하를 천하 속에 감춘다'(以天下藏天下)고 하였는데, 여기에도 천하를 공공으로 여겼던 관념이 담겨 있다. 『한서』 「곡영전」에서는 '하나의 성씨에 치우치지 않은 채, 천하는 한 사람의 천하가 아니라 천하 사람들의 것임을 밝힌다'(不私一姓, 明天下乃天下之天下, 非一人之天下)고 하였는데, 이는 가히 황종희의 『명이대방록』172)의 시초라고 말할 수 있다. 전국시대 이후, 유가에서도 선양禪讓을 언급하기 시작했고 한대에 편찬된 유가의 저작 『예기』 「예운」에서는 천하를 공공으로 여기는 대동大同 사상이 등장하였다. 진더젠(金德建), 라오쭝이(饒宗頤) 등은 유가의 대동이 묵가의 상동의 영향을 깊이 받았다고 보았는데,173) 이러한 설은 피상적인 차원에 머무를 뿐이다. 「예운」에서 말한 대동의 진정한 특징은 바로 공公에 있었으며, '천하를 공공으로 삼는다'는 정신이야말로 대동이 등장하고 존재할 수 있었던 이론 기초였기 때문이다. 따라서 필자는 「예운」의 대동사상이 유가와 황로 사상 간의 대화 속에서 출현했을 것이라 본다. 실제로 유가와

---

171) 『呂氏春秋』, 「貴公」, "昔聖王之治天下也, 必先公, 公則天下平矣. 平得于公.……天下非一人之天下也, 天下之天下也."

172) 역자 주: 전제군주제를 비판하고 민본사상을 주장한 청대 초기 黃宗羲의 저작.

173) 金德建, 『先秦諸子雜考』(정주: 중주서화사, 1982), 212~222쪽; 饒宗頤, 『澄心論萃』(상해: 상해문예출판사, 1996), 416~417쪽.

황로 사이의 교류는 비일비재했다. 예를 들면, 『설원』에서는 "오제는 천하를 관청으로 삼았고 삼왕은 천하를 가문으로 삼았다"[174]라고 하였고, 『한씨역전』에서도 유사한 구절[175]이 등장한다.

　다음으로 필자는 황로(도법가)와 법가 간의 내면적 정신의 관련성을 다시 한 번 강조하고자 한다. 앞에서도 언급했듯, 한비의 정치이론은 도道와 術(형명법술)이라는 두 측면을 포괄한다. 그중에서 도의 측면(예를 들어, 이론성이 비교적 강한 「해로」, 「유로」, 「주도」, 「양권」 등)은 정치철학에 해당한다고 할 수 있고, 術의 측면은 정치학에 해당한다고 할 수 있다. 사상의 맥락이나 실제 내용을 고려했을 때, 한비의 정치철학이 황로 정치철학을 받아들인 것은 명백하며, 사실상 그를 황로 정치철학의 주요한 한 갈래라고 보아도 무방하다. 옌부커(閻步克)는 초기 사대부 정치의 탄생 과정에 주목한 바 있는데, 그는 구조적 분류라는 시각을 빌려 사대부 정치문화 모델의 특징과 기제를 탐구하면서 사대부의 가장 초기 형태를 주나라의 사士와 대부大夫에서 찾고자 하였다. 그에 따르면, 전국시대 이래의 지식인 집단은 학사學士와 문리文吏라는 서로 다른 두 집단으로 분화되었다. 한대에 이르면 다시 유생과 문리가 결합하거나 유가와 법가가 결합하는 현상이 발생하였는데, 이러한 방식을 통해 사대부 정치 전통의 첫걸음이 확립될 수 있었다.[176] 그는 전통 정치문화를 예치와 법치, 유가와 법가라는 두 가지 기본적인 유형으로 정리하였는데, 그중에서 법치가 순수하게 정치적 질서를 대표한다면, 예치는 더욱 넓고 혼합적인 문화질서를 대표한다고 보았다.[177] 이러한 구조적

---

174) 『說苑』, 「至公」, "五帝以天下爲官, 三王以天下爲家."

175) 『漢書』, 「蓋寬饒傳」, "五帝官天下, 三王家天下."

176) 閻步克, 『士大夫政治演生史稿』(북경대학출판사, 1996), 166~211쪽. 그는 초기 정치문화 모델과 지식집단의 분화와 결합이라는 주제에 대해 지속적인 관심을 가지며 독창적이고 탁월한 성과를 상당수 이루어 냈다. 예를 들어, 『樂師與史官』에서는 주대 문화가 두 개의 서로 다른 갈래로 나누어져 있었음을 보이고자 하였다. 그중 하나는 문화에 치중된 것으로 樂師를 대표로 하며, 다른 하나는 정치에 치중된 것으로 사관을 대표로 한다. 유가 지식집단의 원류는 전자로 거슬러 올라가며, 법가는 후자에서 기인한 것으로 이해할 수 있다. 자세한 내용은 閻步克, 『樂師與史官: 傳統政治文化與政治製度論集』(북경: 삼련서점, 2001), 83~89쪽 참조.

분류와 체계화된 분석은 전체적인 맥락을 일목요연하게 정리하여 사람들이 초기 정치사상의 계통을 더욱 쉽게 파악할 수 있도록 도와준다는 장점이 있지만, 다소 기계적인 측면이 존재하는 것도 사실이다. 더욱 중요한 문제는 그가 황로 정치사상의 깊이와 복잡성에 대해서는 제대로 짚어 내지 못했다는 점이다. '도와 법 간의' 사상적 긴장 관계를 어떻게 가볍게 넘어갈 수 있겠는가? 한편, 천쑤전(陳蘇鎭)이 '한나라의 도'(漢道)를 분석하여 정리한 내용은 확실히 탁월한 식견이 있다.178) 하지만 유가에서 구축하고자 힘쓴 한도漢道와 황로 정치철학 담론 속에서 전개된 제도帝道 사이의 복잡한 관계에 대해서는 조금 더 깊이 탐구해 보아야 한다.

이처럼 정치사상사 연구 과정에서 주로 사용된 단순한 분류 방식과 기계적인 대응 방식은 실제와 부합하지 않는 모습을 보이기도 하였다. 사실 지금까지 황로 정치철학에 대해 깊이 있는 연구가 진행되지 않았기에 황로는 사상사 속에서 오랜 기간 침묵을 지키며 하나의 익명의 사상에 머물러 있었다. 일반적으로 사람들은 도 개념 및 이론을 단순히 도가에 귀속시키고 법 개념 및 이론을 기계적으로 법가의 특징으로 여겨 왔을 뿐, '도와 법 사이'의 복잡한 관계, '도와 법 사이'의 폭넓은 사상 공간에 관해서는 그다지 관심을 두지 않았다. 하지만 취퉁쭈(瞿同祖)는 '예와 법 사이'의 관계를 중시하면서 유가의 법가화, 법가의 유가화와 같은 번뜩이는 논점을 제시하기도 하였는데, 이는 사람들에게 상당히 큰 영향을 주었다. 이른바 내유외법內儒外法과 음유양법陽儒陰法은 사람들이 진한시기 이래의 정치 전통을 인식하는 기본적 관점 가운데 하나가 되었고, '덕례德禮와 법형法刑 간의 대립'이라는 시각 역시 법률사 연구자들의 관점 가운데 하나로 자리 잡았다. 그렇지만 여전히 '덕과 예를 높이고 형벌을 낮춘다'179), '예를

---

177) 閻步克, 『士大夫政治演生史稿』(북경대학출판사, 1996), 86쪽.
178) 陳蘇鎭, 『春秋與漢道: 兩漢政治與政治文化硏究』(북경: 중화서국, 2011), 133~189쪽; 『兩漢魏晉南北朝史探幽』(북경대학출판사, 2013), 231~283쪽.
179) 『潛夫論』, 「德化」, "尊德禮而卑刑罰."

제정하여 공경의 덕목을 높이고, 형을 제정하여 위엄을 밝힌다[180]는 관점이 대다수 연구자의 공통적인 시각이었다.[181] 이들은 고대 정치사법 전통은 예禮와 법法으로 구성되며, 그중 예禮는 유가에서 유래하고 법法은 법가에서 기원하였다는 암묵적인 관점을 지니고 있었다. 하지만 안타까운 점은 그간 황로 정치철학의 차원에서 역사를 정리하고 분석하려 한 시도를 거의 찾아볼 수 없었다는 것이다. 어쩌면 우리는 역사를 지나치게 단순화해 왔던 것일지도 모른다. 예를 들어, 장춘(張純)과 왕샤오보(王曉波) 등은 유가와 법가의 사이의 쟁점이 '인의예仁義禮'와 '법술세法術勢'[182]라고 보았는데, 사실 여기서 한 걸음 더 나아가 덕례德禮와 도법道法 간의 관계 측면에서 논의를 진행해야 한다. 다른 사례를 들면, 쉬장룬(許章潤)은 예와 법 사이의 복잡한 관계에 대해 주목하면서 고대 법률 전통 속에 심오한 가치 관념과 더불어 세속적 초월하고자 면모가 내재해 있었음을 적절히 지적하였다.[183] 하지만 그는 고전시대 법의 가장 중요한 원천, 즉 도 개념과 이론에 대해서는 제대로 설명하지 못했다. 또 다른 예로, 어떤 학자들은 덕례를 유가의 치도에 대응시키는 한편 도법을 법가의 치도에 각각 대응시키면서, 이 둘 간의 갈등 관계가 바로 고대 법률사의 중심 문제였다고 주장하였다.[184]

---

180) 『漢書』, 「刑法志」, "制禮以崇敬, 作刑以明威."
181) 반고의 『漢書』「刑法志」는 법을 德, 禮, 刑 등의 구 체계의 범주 속에 포함시키고자 하는 등 유가적 이데올로기의 색채를 선명히 드러낸다. 예를 들면, "인애가 공경함을 갖춘다면 실패하지 않을 것이고 덕이 위엄을 갖춘다면 오랫동안 지속될 수 있다. 따라서 예를 제정하여 공경의 덕목을 높이고 刑을 제정하여 위엄을 밝혀야 한다. 성인은 몸소 사물의 본성을 밝히는 덕을 갖추었으니 천지의 마음에 통할 수 있다. 따라서 예를 제정하고 교화를 일으키며 법을 세우고 형벌을 설치하여 항상 백성들의 실정에 따르니, 하늘의 법칙에 따라 대지를 다스릴 수 있다"와 같은 구절에서 이러한 특징이 잘 나타난다.
182) 張純·王曉波, 『韓非思想的歷史研究』(북경: 중화서국, 1986), 260쪽.
183) 許章潤은 "고대 중국 법률 전통 및 그 치국의 도리가 '유가와 법가의 결합', '왕도와 패도의 혼용', '덕을 주로하고 형벌로 보조하는 방식' 등으로 나타났다고 하면서 '예법'이라는 용어가 이를 잘 말해 준다"고 하였다. 또한 "고전 중국의 법은 본래 서양의 법과는 달랐으며, 고전 중국의 법의 의미는 예법의 범주 안에 놓여 있었으니 결국 經의 정신 속에 포함되어 있었다"라고 주장하였다.(許章潤, 「漢語法學論綱」, 『淸華大學學報』[哲學社會科學版] 2014년 제5기)
184) 王海成, 「「德禮」與「道法」: 先秦儒道「治道」的形成及異同」, 『廣西社會科學』 2015년 제2기; 陶

또한 어떤 학자들은 전통적 법사상 및 학설의 계보에서 도가철학이 지니는 의의를 다음과 같이 설명하기도 하였다. 즉 도가철학은 과거 축의 시대, "유가와 법가가 잇달아 일어나던 시점에 자리한 중요한 전환적 담론"으로서, "한 초의 황로지치黃老之治 전통을 통해 그 영향력이 드러나기도 하였지만, 결국 '유가와 법가 사이'를 벗어날 수 없었다."185) 이러한 논의와 평가에는 여전히 부정확한 면이 남아 있어 좀 더 자세하고 명확한 탐구가 요구된다. 또 다른 학자들은 초기 '예법지쟁禮法之爭' 과정에서 황로사상이 공헌한 점에 주목하기도 하였다.186) 하지만 이러한 관점 역시 보다 깊이 있는 검토가 필요하다. 설사 '도와 법 사이'의 사상 공간에 맞추어 논의를 진행한다고 하더라도 반드시 다양하고 복합적인 측면에서 논의를 전개해야만 한층 진전된 논의를 이끌어 낼 수 있기 때문이다.

정리하면, 덕례德禮에서 도법道法으로의 구조적 전환은 주나라가 진나라로 바뀐 역사적 사실의 사상사적 단면이라 할 수 있다. '도와 법 사이'의 사상 공간에 관해서는 특히 자세히 살필 가치가 있다. 제자백가의 사상 모두가 '도와 법 사이'에 발을 디뎠기 때문이다. 하지만 결국 가장 건설적이고 독창적인 모습을 보인 것은 황로 정치철학의 사고였으니, 그 사상적 공헌과 특징은 결코 얕볼 수 없을 것이다. 황로 정치철학의 사상 공간은 주로 도와 법이 서로 얽혀 형성하고 있지만, 이와 동시에 예와 법, 명名과 리理, 형법刑法과 덕교德敎 간의 복잡한 맥락과도 깊고 광범위하게 관계되어 있다. 만일 진한시기 이래의 예법지쟁禮法之爭에 관해 분석하면서, 정작 황로 정치철학만의 독창적인 이론적 공헌을 간과한다면 한비자를 대표로 하는 법가의 법리法理 담론을 제대로 인식할 수 없을 것이고, 따라서 법의 사상사적 의의를 면밀하게 파악하는 것 또한 불가능할 것이다.

磊, 『德禮·道法·斯文重建: 中國古代政治文化變遷之硏究』(항주: 절강대학출판사, 2016).
185) 馬騰, 「儒法之間: 道家對先秦法思想史的意義」, 『現代法學』 2017년 제39권 제2기.
186) 李平, 「先秦禮法之爭新詮」, 『淸華法學』 2016년 제4기.

제5장

내성외왕: 황로 정치철학의 이론적 취지

이른바 '내성외왕의 도'에는 도가, 특히 황로 정치철학의 근본적인 취지가 집중적으로 나타나는데, 구체적으로 그 이론 구조 속에는 주술主術과 심술心術의 두 측면이 서로 융합되어 내재해 있다. 우선 주술은 이론적 원칙과 구체적인 방법을 동시에 포함하는데, 그중에서도 군신 관계는 어떠해야 하며, 성인이란 무엇인가 등의 이론적 원칙이 특히 논의해 볼 가치를 지닌다. 한편 심술 역시 복잡한 함의를 지니며, 특히 그 속에 내포된 심성론적 요소에 관해서는 찬찬히 파헤쳐 볼 필요가 있다. 이처럼 신체와 국가를 같은 구조로 파악하고자 하는 황로학파의 이론은 정치철학과 심성론 간의 이론적 긴장 관계를 반영하고 있으므로 더없이 중요하다. 또한, 황로학은 '태상太上, 기차其次'의 형식으로 표현되는 담론을 바탕으로 내성외왕의 도가 이상적인 정치, 최상의 통치라는 점을 논증하고자 한다.

송명유학에서는 천리天理를 즐겨 논의하는 한편, 내성외왕의 도를 추종하여 본보기로 삼은 바 있다. 그런데 이는 모두 『장자』에서 나온 것들이다. 『장자』 「천하」편에서는 최초로 내성외왕의 도를 언급하였는데, 사실 함께 언급한 고대의 도술(古之道術)이라는 말과 더불어 그 함의가 분명하지는 않다. 그런데 「천하」편이 짙은 황로학적 색채를 지닌다는 점을 고려하면, 이러한 관념은 어쩌면 황로학자들의 손에서 나온 것일 수도 있다.[1] 실제 우리가 내성외왕이라는 시각에서 황로학의 사상에 관한 사료를 분석하거나 황로학의 문헌을 통해 내성외왕의 도를 고찰해 보면, 그것이 황로학의 이론 구조 속에 포함된다는 것을 어렵지 않게 발견할 수 있다.[2] 만약

---

1) 劉笑敢, 『莊子哲學及其演變』(북경: 중국사회과학출판사, 1988), 299쪽.

황로 정치철학의 핵심을 제도帝道, 제왕지덕帝王之德이라는 말로 요약한다면, 이는 성왕(예를 들면 黃帝)에 관한 한층 진보된 해석인 동시에, '내-외', '신체-국가' 등의 담론을 따라 한층 깊이 전개된 논의로 볼 수 있다. 실제로 내성외왕의 도는 제도의 실질을 보다 명확하게 밝힌 것으로 제도의 이론적 특색을 잘 담아내고 있어 찬찬히 탐구해 볼 필요가 있다.

『한서』「예문지」에서는 도가(실제로는 황로)의 근본 종지를 '군인남면지술君人南面之術'이라 표현하였는데, 이는 바로 전국 및 진한 시기에 열렬히 논의되었던 주술主術, 군도君道, 군수君守 등을 의미한다. 사마담의『논육가요지論六家要旨』에서는 도가의 종지를 '무위하면서도 이루지 못함이 없다'(無爲而無不爲), '허무를 근본으로 히며 인순을 직용으로 삼는다'(以虛無爲本, 因循爲用)라고 요약하는 동시에, 다시 형신形神 문제를 언급하고 있어『한서』「예문지」의 설명과는 다소 차이를 보였다. 실제로 황로의 학술은 주술主術(정치에서의 통제 원칙과 방법)과 심술心術(이성적 사고와 정신적 실천의 방법)을 동시에 포함한다. 이 둘의 관계는 정확히 황로 윤리학-정치철학의 이론 구조를 나타내 준다. 즉 주술과 심술은 황로 정치철학의 주요 내용이자 핵심적 특징이며, 더욱 중요한 것은 주술(외부)과 심술(내면)은 서로 분리되어 있지 않고 서로 얽혀 상호작용하는 복잡한 관계에 놓여 있다는 점이다. 주술과 심술은 달리 치국治國과 치신治身이라고도 칭하는데, 이처럼 신체-국가를 동일한 구조로 파악하는 것은 황로학의 중요한 특징으로, 후대의 도교에서 이러한 특징을 계승하기도 하였다.3)

이론 구조를 놓고 볼 때, 치국, 치천하治天下를 위해 황로학이 사용하는 주술主術이나 군도君道는 결코 어떤 음모나 술수, 혹은 법치를 숭상하는 어떤 정치이념에 그친 것이 아니었으며, 국가나 권력의 정치적 합법성을 논증하는 것도 아니었다. 대신 이는 정신적 차원의 논의와 관계가 있다.

---

2) 馮達文,「『淮南子』: 道家式的內聖外王論」,『道家文化硏究』제30집(북경: 중화서국, 2016).
3) 董恩林,『唐代老學: 重玄思辯中的理身理國之道』(북경: 중국사회과학출판사, 2002), 137쪽.

이들은 현덕玄德과 제도帝道를 이론 기초로 삼았는데, 현덕과 제도에는 본래 정신 차원의 논의가 내포되어 있었기 때문이다. 즉 심성론과 경지설 측면의 이론 형태와 실천 방법이 그것이다. 이렇게 본다면, 황로학의 이론 개념인 심술心術의 함의는 상당히 폭넓으며, 단순히 심心을 사용하는 방법이나 사고의 기술을 의미하는 것이 아니라 이성적 원칙과 정신적 실천 방법까지도 포함하는 것을 알 수 있다. 다른 한편으로 심술과 주술은 서로 완전히 분리될 수 없다. 바꾸어 말해, 황로 정치철학은 신체와 국가를 동일한 구조로 삼고, 정치론과 심성론을 서로 융합한 매우 복잡한 이론 형태를 내포하고 있다. 이 점에 관해서는 주의 깊게 논의해 보아야 한다.[4]

사실 황로학자들이 윤리와 정치의 기초 개념인 인성에 관해 깊이 논했던 것은 아니나, 이상적 정치와 이상적 인성을 논하는 데에는 큰 문제가 되지 않았다. 우선, 황로학 속의 성인(가장 전형적인 유형으로 황제와 신하들[黃帝君臣]을 들 수 있다.)의 형상이 이러한 논의를 일정 부분 말해 주며, 황로학의 전형적 사상 형식인 '태상太上, 기차其次'와 같은 명제 역시 또 다른 측면에서 충분한 설명을 제공한다. 간단히 말해, 황로의 성인관은 정치적 의미와 윤리적 의미의 두 측면을 동시에 지니며, '태상, 기차' 담론 역시 정치와 심성이라는 두 가지 이론적 측면의 융합을 잘 나타내 준다. 이러한 여러 사례들은 도가 정치철학사상의 복잡성과 이론적 특징을 정확히 보여 주는데, 특히 고대 그리스 이래의 서양 정치철학과 함께 비교해 보면, 더욱 선명한 대비를 확인할 수 있다.

1. 주술主術: 무위이무불위無爲而無不爲사상 논리와 이론 구조

우선 우리가 토론하고자 하는 주된 문제를 명확히 밝힐 필요가 있을

---

4) 陳佩君, 「先秦道家的心術與主術」(대만대학문학원철학연구소 박사논문, 2008).

것 같다. 주술注術은 이론 원칙뿐만 아니라 실천의 방법까지도 포함하기 때문이다. 만약 주술이 도술道術에 속한다고 한다면, 이는 도(추상 원칙)라는 측면과 함께 술(실천 방법)이라는 측면을 동시에 지닌다고 볼 수 있을 것이다.5) 우리가 논의하려는 것은 어디까지나 황로의 정치철학이므로 탐구의 초점은 추상 원칙의 측면에 맞추어져야 한다. 다시 말해, 군신 관계의 추상 원칙(군도와 신도), 이상적 통치자(성왕 혹은 제왕)와 이상적 정치(無爲而無不爲) 등을 논할 때, 지엽적인 부분에 얽매여서는 안 된다는 것이다.6) 계속해서 몇 가지 문제를 중심으로 논의를 시작해 보도록 하겠다.

(1) 우리는 현덕玄德 개념이 노자 정치철학의 이론 기초라는 점을 잘 이해하고 있다.7) 『노자』가 논한 덕德은 유연한 개념으로 『대학』에서 말한 '수신제가치국평천하'라는 관념까지 담아내고 있다. 노자는 "(이런 이치로써) 몸을 수양하면 덕이 참된 상태를 되찾고 집안을 다스리면 덕에 여유가 생기며 마을을 다스리면 덕이 늘어나고 나라를 다스리면 덕이 풍부해지고 천하를 다스리면 덕이 모든 것에 퍼지게 된다"8)라고 하였는데, 이 구절에는 정치사회사상 및 윤리사상이 담겨 있는 것을 잘 확인할 수 있다. 한편, 『장자』와 황로학은 바로 이 지점에서 출발하여 서로 다른 방향으로 『노자』의 사상을 전개하였다. 『장자』가 도론道論에 치중하여 철학적이고 형이상학적

---

5) 실제 전국 중기에서 진한시기까지의 각종 저작 속에서 道, 術은 모두 원칙과 방법이라는 두 가지 함의를 동시에 지니고 있었다. 심지어 이 두 함의는 완전히 뒤섞여 구분되지 않기도 한다. 자세한 내용은 柳存仁, 『道家與道術: 和風堂文集續編』(상해: 상해고적출판사, 1999)을 참조할 것.

6) 황로 문헌에서는 主術과 신하가 지켜야 하는 직분에 대해 아주 세세하게 규정하고 있다. 예를 들면 다음과 같은 내용이 있다. "군주가 말을 하고 기색을 내비칠 때는 반드시 신중해야 한다. 군주가 의식이 있다면 결코 말을 앞세워서는 안 된다. 다른 사람이 선창하면 자신은 그에 응답하고 다른 사람이 먼저 행동하면 자신은 그 뒤를 따른다. 상대방이 어떻게 나오는지에 따라 반응하며 상대방의 말을 명분으로 삼아서 그가 실제로 하는 바를 가지고 그 명분을 따져야 한다. 그렇게 된다면 함부로 말을 내뱉지 않게 될 것이니 군주가 요체를 장악할 수 있게 된다."(『呂氏春秋』, 「審應覽」) 이 같은 지엽적이고 기술적인 내용은 논의의 중점이 아니다. 정치철학은 정치학과 구분되어야 한다.

7) 鄭開, 「玄德論: 老子政治哲學和倫理學的解讀」, 『商丘師範學院學報』 2013년 제1기.

8) 『老子』 제54장, "修之于身, 其德乃眞; 修之于家, 其德乃余; 修之于鄉, 其德乃長; 修之于邦, 其德乃豊; 修之于天下, 其德乃普."

인 해석을 가하고자 하였다면, 황로학은『노자』속에서 정치 철학적 요소를 찾아내는 데 집중하였다.『장자』「양왕」에서는 "도의 참된 부분을 가지고 몸을 다스리며, 그 여분을 가지고 나라를 다스리며, 그 찌꺼기를 가지고 천하를 다스린다"⁹⁾라고 하였으니, 천하와 국가를 마치 '찌꺼기'와 같이 취급하는 것을 볼 수 있다. 이 점은 황로학과는 많은 차이를 보인다.『관자』「목민」에서는 "집안을 다스리는 것처럼 마을을 다스리면 마을을 제대로 다스릴 수 없다. 마을을 다스리는 것처럼 나라를 다스리면 나라를 제대로 다스릴 수 없다. 나라를 다스리는 것처럼 천하를 다스리면 천하를 제대로 다스릴 수 없다. 집안은 집안을 다스리는 방식으로 다스리고, 마을은 마을을 다스리는 방식으로 다스리고, 나라는 나라를 다스리는 방식으로 다스리고, 천하는 천하를 다스리는 방식으로 다스려야 한다"¹⁰⁾라고 하였다. 이 구절에서는 치술治術에 관해 논의하는데, 이러한 정치철학은 황로학의 중요한 특징이자 주요 내용을 이룬다. 황로학파에서 자주 언급한 주술主術, 군도君道, 군수君守 등은 사실『한서』「예문지」에서 말한 군인남면지술君人南面之術을 가리키는 것이다. 정치학적 논의를 담은 군인남면지술, 주술, 군도 등은 전국시기 말엽에서 진한시기에 이르기까지 이른바 뜨거운 화두였다. 예를 들면,『순자』에는「군도君道」편이 있고『한비자』에는「주도主道」편이 있으며,『회남자』에는「주술主術」편이 있고『여씨춘추』에는「군수君守」편이 있고,『설원』에는「군도君道」편이 있고,『관자』에는「목민牧民」,「형세形勢」,「입정立政」,「군신君臣」편 등이 있다. 이들은 모두 군인남면지술君人南面之術을 주제로 하였으며, 인군지도人君之道 혹은 인군지조人君之操 등에도 역시 황로학 사상이 깊이 스며들어 있었다.¹¹⁾

거시적으로 볼 때, 황로 사조의 번성은 덕–례에서 도–법으로의 전환

---

9) 『莊子』,「讓王」, "道之眞以治身, 其緖緒余以爲國家, 其土苴以治天下."
10) 『管子』,「牧民」, "以家爲鄕, 鄕不可爲也; 以鄕爲國, 國不可爲也; 以國爲天下, 天下不可爲也. 以家爲家, 以鄕爲鄕, 以國爲國, 以天下爲天下."
11) 張舜徽,『周秦道論發微』(북경: 중화서국, 1982), 203쪽.

과정 가운데에서 생겨난 사상의 맹아와 정신적 창조를 잘 드러내 준다. 구체적으로 말해, 황로학은 도가사상이 철학적이고 형이상학적인 도론을 정치학적 의미의 군인남면지술君人南面之術로 발전시킨 원인이자 결과이다. 익히 알고 있듯, 『장자』는 정신을 사물을 벗어난 한 차원 높은 경지에 두면서 고금의 문화를 경시하고 왕의 지위를 하찮게 여겼는데, 『장자』 속의 황로편(「천도」를 비롯한 여러 편)에서는 정치제도(「천도」편에서 언급한 原省, 因任, 刑名이 그 사례이다.)에 뜻을 두는 등 완전히 다른 모습을 보였다. 실제로 제도를 상세하게 논한 것은 대다수 황로 저작이 지닌 공통적인 특징이었다. 제도적 조치(法制)와 입법의 원칙(道論) 간의 관계는 『장자』 황로편의 저자가 들었던 '발자국'과 '발걸음'의 비유를 통해 설명할 수 있을 것 같다.

> 육경六經은 선왕이 남긴 낡은 흔적이니 어찌 그 흔적의 근원이라 할 수 있겠는가? 지금 선생이 말하는 것은 바로 그 흔적에 지나지 않는다. 발자국 이란 발걸음이 지나간 흔적일 뿐인데 그 흔적이 어찌 발걸음 그 자체가 될 수 있겠는가?[12]

이 단락에서는 육경六經(인-예)이 본질이 되는 도의 진리에 대한 낡은 흔적에 지나지 않는다고 말한다. 이들은 마치 발걸음과 발자국의 관계처럼 서로 다른 차원에 놓여 있으므로 이들을 같이 논하는 것은 있을 수 없다는 것이다. 주목할 점은, 황로학에서는 유가가 찬양한 '인-예'를 단순히 부정하기만 한 것이 아니라, '도-법' 체계를 통해 한층 높은 차원에서 이를 통섭하고 포용하여 천하통일을 위한 정치질서를 새롭게 구축하고자 했다는 것이다. 이것이 바로 황로학이 탄생하고 발전하게 된 사상적 계기이다. 특히 주술主術 개념에 이러한 사상적 계기가 가장 집중적으로 나타나 있다. 황로학에서 대대적으로 내세우는 주술主術과 군도君道의 최종 목적이 바로 이상국가

---

12) 『莊子』, 「天運」, "夫六經, 先王之陳迹也, 豈其所以迹哉! 今子之所言, 猶迹也. 夫迹, 履之所出, 而迹豈履哉!"

혹은 철인통치로 나아가는 것이기 때문이다. 이상국가의 제도는 도와 법이라는 두 가지 원칙을 기초로 성립되며, 철인통치는 '집일執一의 군주' 혹은 '무성을 듣고 무형을 살피는' 성인聖人을 바탕으로 한다. 성인은 형덕刑德이라는 법 정신을 장악한 인물을 의미하기도 한다. 주술主術, 군도君道의 핵심은 사실 '도-법 정신'을 구현한 것이다. 황로 정치철학에서 말하는 군주는 바로 '도-법'이라는 원칙을 구현하여 신명과 소통하는 초월적인 매력(charisma)을 지니게 된 인물이라 할 수 있다.

(2) 잘 알려져 있듯, 춘추 중후기에 이르러 왕도는 몰락하고 삼강오륜의 도리는 해체되기 시작하였다. 이러한 점은 군신 관계 측면에서 직접적으로 나타났는데, 이에 따라 주나라 천자와 제후, 제후와 대부 사이의 정치적 등급 관계는 심각한 변화와 조정에 직면하게 되었다. 주목할 것은, 황로 정치철학은 이러한 변동과 무질서 그리고 정치질서의 재조정이라는 요구에 답하여 추상적인 형식을 통해 통치자(聖人, 君人)의 권능을 새롭게 사고하고 군신 관계를 새로이 규정하였다는 점이다. 물론 이들이 말하는 성인과 군신 관계는 사실이 아닌 당위 차원의 논의이다.

은상 왕조 이래 '이덕배천以德配天'의 사상 전통은 날로 무르익어 갔다.[13] 그런데 서주시기 이래로 끊이지 않고 이어지던 '이덕배천' 관념은 다시 '군인배도君人配道'라는 새로운 사조와 전통으로 변모하게 되었다. 필자가 볼 때, 이러한 새로운 전통의 출현과 발전은 황로사상이라는 흐름과도 무관하지 않다. '군인배도'라는 원칙의 핵심은 바로 도道와 술術, 두 가지 측면에서 이들이 설정한 철인왕(君人)을 도道에 대응시키는 것이라 할 수

---

13) 크릴(H. G. Creel)에 따르면, 上帝라는 단어는 상당히 이른 시기에 이미 출현하였으며 은나라의 종교 전통과 관련이 있다. 상대적으로 天은 이보다 늦게 출현하였으며 주나라의 종교 전통과 관련된 용어이다.(李約瑟, 『中國科學技術史』 제2권, 상해: 과학출판사, 상해고적출판사, 1990, 617쪽) 郭沫若 역시 은나라에서 사용한 帝, 上帝라는 호칭은 '은나라에서 주나라로 넘어가는 시기에 이르러 天이라고 불리기도 하였다'고 지적한다.(郭沫若, 「靑銅時代」, 『郭沫若全集─歷史編』 제1권, 북경: 인민출판사, 1982, 324쪽) 陳夢家는 은나라의 賓帝 관념이 주나라의 配天 관념으로 발전했다고 설명하였다.(陳夢家, 『殷墟蔔辭綜述』, 북경: 과학출판사, 1988, 573~581쪽)

있다. 바꾸어 말하면, 『노자』와 『장자』 철학 속 추상적 형태의 '도덕지의'가 황로에 이르러 '군君'이라는 형상으로 구현되고 현현되었다는 것이다. 『장자』 「천도」에서 '제왕의 덕은 천지와 부합한다'라고 하였는데, 바로 그 참면목을 간파했다고 할 수 있다.

그렇다면 최상의 정치란 무엇인가? 고대의 철인들은 각기 이상적 통치자를 상정하여 이 같은 문제에 답하고자 하였다. 그렇다면 성인聖人, 군주君主, 왕후王侯로 대표되는 통치자, 특히 '최고의 통치자'는 어떠한 덕과 능력, 정신적 수양의 경지를 갖추어야 하는가? 우선, 이들은 '집일執一의 군주'여야 한다. 집일이란 성인 혹은 군주가 반드시 지녀야 하는 능력이기 때문이다.

성인은 일一을 거머쥐고 이를 천하의 법도로 삼았다.[14]

따라서 성왕이 일一을 지켜 잃어버리지 않으면 만물의 실정을 헤아릴 수 있고 사방의 오랑캐와 구주의 땅이 모두 복종해 올 것이다. 일一은 지극히 귀한 것으로서 천하에 대적할 것이 없다.[15]

널리 구하여 선택하면서도 어지러워지지 않고 쉽게 변화시키면서도 번거로워지지 않는 것은 오직 일一을 지키는 군자만이 가능하다. 일一을 지켜 잃어버리지 않으면 만물에 군림할 수 있다. 이러한 자는 해와 달과 같이 빛나고 천지와 같은 이치를 따른다. 이처럼 성인은 일을 판단하면서도 일에 의해 간섭받지 않는다.[16]

따라서 성인은 일一을 지킨 채 고요히 머무르며 이름이 스스로 결정되고 일이 스스로 정해지도록 한다.[17]

---

14) 『老子』제22장, "聖人執一以爲天下牧."
　　원문은 통행본이 아닌 마왕퇴 백서본, 북대 한간본 『노자』에 따랐다. 통행본 제22장에는 執一을 抱一로 적었다.
15) 『淮南子』, 「齊俗訓」, "故聖王執一而勿失, 萬物之情測矣, 四夷九州服矣. 夫一者至貴, 無適(敵)于天下."
16) 『管子』, 「心術下」, "慕選而不亂, 極變而不煩, 執一之君子. 執一而不失, 能君萬物. 日月之與同光, 天地之與同理. 聖人裁物, 不爲物使."

집일執─에는 여러 복잡한 함의가 뒤섞여 있다. 정치적 측면에서 말하면, 집일은 집권적 정치와 명군의 독단적 정치를 주장한다. 이는 물론 전국 말기의 천하 분쟁과 정치적 무질서 상황을 겨냥하여 세상을 구제하기 위한 이론으로서 제시된 것이다. 한편 실질적 내용 측면에서 접근하면, 집일의 진정한 의미는 '도─법' 및 그 사이의 긴장 관계를 통해서만 파악이 가능하다. 황로 백서 『도원』에서는 "도를 껴안고 법을 거머쥐면 천하를 하나로 만들 수 있다"[18]라고 하였다. 이처럼 황로 정치철학 담론 속의 집일이란 '변하지 않음으로써 모든 변화에 대응하는 것'을 '도─법'의 주요 원칙으로 삼는다는 의미로 해석된다.[19] 이것이야말로 고대의 '근대화 이론' 이 아니겠는가?

다음으로 성인 혹은 군주는 보통 사람을 넘어서는 특수한 지혜, 즉 독견지명獨見之明을 지니는 존재로 볼 수 있다. 황로학자는 이러한 독견지명을 불가사의한 신명神明에 비유하곤 하였다. 신명은 원래 귀신을 의미하지만, 도가철학에서는 이에 더욱 깊은 의미를 부여하여 창조적 전환을 이루어내면서, '신명과 통한다'(通于神明)는 말을 통해 도를 통찰하고 체득한 정신적 경지를 표현하였다.[20] 황로학 저작 속에서 이와 같은 서술을 쉽게 발견할 수 있다.

하늘의 시작을 알고 땅의 이치를 살피니, 성인은 천지의 법칙을 통괄하여 드넓은 독견을 갖추었다.[21]

---

17) 『韓非子』, 「揚權」, "故聖人執一以靜, 使名自命, 令事自定."
18) 馬王堆 帛書 『道原』, "抱道執度, 天下可一也."
19) 예를 들어, 『할관자』에서는 다음과 같이 말했다. "하나의 도를 지켜 만물을 다스리는 것이 법이다."(「度萬」), "하나의 법을 만들어 업적을 이루면 도에 들어맞지 않음이 없다. 하나의 법이 세워지면 만물은 모두 와서 복종하게 된다."(「環流」)
20) 鄭開, 『道家形而上學硏究』(增訂版, 북경: 중국인민대학출판사, 2018), 199~208쪽.
21) 馬王堆 帛書 『稱』, "知天之所始, 察地之理, 聖人彌綸天地之紀, 廣乎獨見, □□獨□□□□□□ □獨在."

신자가 말했다. "홀로 보는 자를 눈 밝다고 하고, 홀로 듣는 자를 귀 밝다고 한다. 독자적인 결단을 할 수 있는 자라면 천하의 주인이 될 수 있다."22)

홀로 들을 수 있고, 홀로 볼 수 있는 밝음이 있어야만 도를 차지하여 실행할 수 있다.23)

홀로 보는 자는 남들이 볼 수 없는 것을 보는 자이고, 홀로 아는 자는 남들이 알지 못하는 것을 아는 자이다. 남들이 볼 수 없는 것을 보는 자를 밝다고 하고, 남들이 알지 못하는 것을 아는 자를 신묘하다고 한다.24)

이처럼 황로학파에서 군도君道를 논할 때는 항상 독자적인 지위, 독자적인 지혜, 독자적인 식견 등을 강조하였다. 『관자』의 말을 빌리자면 "왕자王者에게는 독자적인 밝음이 있다."25) 군주의 독자적인 지위, 독자적인 지혜, 독자적인 식견 등은 성인聖人으로 비유하자면, '도를 체득한 경지'의 다른 한 표현이다. 황로학 문헌의 설명에 따르면, 군주와 성인의 독자적인 지혜, 독자적인 식견은 무형無形과 무성無聲 속의 심오함을 통찰해 낼 수 있으므로, 천지의 정미함에 통달하고, 신명의 덕에 통할 수 있다.

오직 성인만이 형체 없는 것을 관찰하고 소리 없는 것을 들으며 허무 속의 실질을 알 수 있으니, 대허의 경지에 이를 수 있다. 따라서 성인은 천지의 정미한 것에 통달할 수 있다. 서로 어떠한 틈도 없이 완전히 통하여 하나가 되니, 교만함이 없이 두루 조화를 이룬다.…… 밝은 자만이 지극한 것까지 살필 수 있어 남들이 알지 못하는 것을 알고 남들이 얻지 못하는 것까지 얻게 된다.26)

---

22) 『韓非子』, 「外儲說右上」, "申子曰: '獨視者謂明, 獨聽者謂聰, 能獨斷者, 故可以爲天下主.'"
23) 『淮南子』, 「氾論訓」, "必有獨聞之聰, 獨見之明, 然後能擅道而行矣."
24) 『淮南子』, 「兵略訓」, "獨見者, 見人所不見也; 獨知者, 知人所不知也. 見人所不見, 謂之明; 知人所不知, 謂之神."
25) 『管子』, 「霸言」. 魏啓鵬, 『馬王堆帛書「黃帝書」箋證』(북경: 중화서국, 2004), 204~205쪽.
26) 馬王堆帛書『道原』, "故唯聖人能察無形, 能聽無聲. 知虛之實, 後能大虛. 乃通天地之精, 通同而無間, 周襲而不盈.……明者固能察極, 知人之所不能知, 服人之所不能得."

세상의 사람들이 전념해야 하는 것은 바로 마음을 하나로 만드는 일이다. 욕심을 없애면 마음이 통하게 되고, 마음이 통하면 고요해지고, 고요해지면 마음이 하나가 된다. 마음이 하나가 되면 독자적으로 설 수 있게 된다. 독자적인 위치에서 만물을 밝게 볼 수 있으며, 만물을 밝게 볼 수 있으면 신묘한 능력을 갖추게 된다.[27]

신묘함으로써 사람들이 보지 못하는 것을 보고 사람들이 듣지 못하는 것을 들으니, 이렇게 하면 이루지 못하는 것이 없다.[28]

천하의 도를 세우고 일 ─을 지켜 보좌로 삼는다. 본래의 상태를 회복하여 무위를 실천하고 욕심이 없이 허정함을 유지하며 끝도 없는 아득한 모습으로 그침 없이 두루 먼 곳까지 이르며 형체가 없는 것을 보고 소리 없는 것을 듣는다. 이것이 바로 위대한 도의 방식이다.[29]

고요하면 평온해지고, 평온하면 편안해지고, 편안하면 본래의 모습으로 돌아오고, 본래의 모습으로 돌아오면 정미해지고, 정미하면 신묘해진다. 신묘함의 극치에 이르면 식견에 어떤 의혹도 없다. 제왕帝王이란 바로 이러한 도를 지키는 자이다.[30]

　이러한 단락을 보면, 황로학에서 왜 명군明君과 성왕聖王을 추켜세웠는가를 확인할 수 있다. 즉, 황로 정치철학에서 내세우는 도─법의 원칙이 이들을 통해 드러나므로 이들을 도─법 이념의 현신으로 볼 수 있기 때문이다. 그렇다면, 황로 정치철학 담론 속의 통치자(특히 최고 통치자)는 노장철학의 체도자, 득도자, '무의 관찰자'(睹無者) 등에 해당한다고 이해할 수 있다.

---

27) 『管子』, 「心術上」, "世人之所職者, 精也. 去欲則宣, 宣則靜矣. 靜則精, 精則獨立矣. 獨則明, 明則神矣."

28) 『淮南子』, 「精神訓」, "神則以視無不見, 以聽無不聞也. 以爲無不成也."

29) 『文子』, 「自然」, "立天下之道, 執一以爲保. 反本無爲, 虛靜無有, 忽忽無際, 遠無所止, 視之無形, 聽之無聲, 是謂大道之經."

30) 馬王堆 帛書『經法·論』, "靜則平, 平則寧, 寧則素, 素則精, 精則神. 至神之極, 見知不惑. 帝王者, 執此道也."

이와 같은 용어로 설명되는 황로학 담론 내의 통치자는 당연히 하나의 이상일 뿐이며, 이는 유가 정치철학 담론의 성왕聖王 또한 마찬가지다.

천하귀일天下歸一의 이상을 이루어 낼 수 있는 제왕帝王과 명군明君을 도道의 화신이라고 한다면, 이들은 당연히 세상과 만물 속에서 도를 실현할 수 있는 특징 혹은 권능(일종의 '카리스마'라고 이해할 수 있을 것이다.)을 지니고 있을 것이다. 예를 들면, 도道가 천지를 포괄하고, 일一과 정精이 천지 사이를 운행하면서 만물을 뒤덮고 떠받친다는 도론道論 서술은 '널리 하늘 아래 왕의 땅이 아닌 곳이 없다'(『시경』, 「소아」)는 전통적 관념에 대한 투사이다. 마왕퇴 백서 『경법・육분』에서는 "천하에 군림하는 자는 현덕을 지녔으니, 홀로 □□□를 알아 천하에 군림하지만, 정작 천하의 사람들은 왜 그러한지를 알지 못한다"31)라고 하였다. 이는 황로 정치철학이 도론을 통해 특유의 '왕권 이론'을 서술했음을 보여 준다. 다른 예를 들면, 황로학이 내세우는 명군明君, 명왕明王, 성인聖人은 "마치 그림자처럼 형체를 숨기고 신하들을 편애 없이 대하고"32), "무위의 태도로 세상의 일을 처리하며, 무언으로 하는 가르침을 행한다"33). 이는 마치 (형태가 없어) 보고자 해도 볼 수 없고, (소리가 없어) 듣고자 해도 들을 수 없고, (조짐이 없어) 잡으려고 해도 잡을 수 없는 도道의 모습과 같다.34) 여기에서 주의할 점은 법가는

---

31) 馬王堆 帛書 『經法・六分』, "王天下者有玄德, 有□□獨知□□□□王天下而天下莫知其所以……唯王者能兼覆載天下, 物曲成焉."

32) 『鄧析子』, 「无厚」, "藏形匿影, 群下無私."

33) 『노자』 제2장, "處無爲之事, 行不言之教"

34) 張舜徽는 동중서가 황로학의 정수를 깊이 체득하였다고 지적한 바 있다. 동중서는 다음과 같이 말했다. "하늘은 높은 위치에 있으나 아래로 각종 현상을 베푼다. 하늘은 형체를 감추고 있으면서도 그 빛은 밝게 보인다. 하늘은 높은 위치에 있으므로 존귀하고, 아래로 베풀어 주므로 어질고, 형체를 감추고 있으므로 신묘하고, 빛을 비추므로 밝다."(『春秋繁露』, 「離合根」), "자고로 군주는 신묘함을 귀하게 여겨야 한다. 신묘하다는 것은 보이지 않고 들리지 않음을 의미한다. 따라서 (군주) 보고자 해도 그 형체를 볼 수 없고, 듣고자 해도 그 소리를 들을 수 없어야 한다."(『春秋繁露』, 「立元神」), "군주는 무위의 태도를 지니며 무언의 가르침을 행해야 한다. 소리가 없이 적막하고 형체가 없이 고요함을 유지해야 한다. 一을 지키고 어떠한 단서도 내보이지 않는 것이 나라를 다스리는 원천이다."(『春秋繁露』, 「保位權」) 이러한 내용들이 모두 동중서가 황로학을 받아들였음을 보여 준다.(자세한 내용은 張舜徽, 『周秦道論發微』, 북경: 중화서국, 1982,

이를 근거로 정치상의 독단(즉 전제 집권)을 논증하는 한편, 더 나아가 아랫사람을 통제하는 술법을 퍼뜨리고자 했다는 것이다. 예를 들어 이사는 다음과 같이 말했다. "명군은 독자적으로 결단하여 권세를 신하가 지니게 하지 않는다. 그렇게 한 뒤에야 인의의 길을 끊고 세객들의 입을 막고 열사의 행위를 어렵게 만들 수 있다. 눈과 귀를 막고 오직 마음속으로 생각에 따라 결단해야 밖으로는 인의 열사들의 행동에 동요되지 않고, 안으로는 간언과 논쟁의 논리에 마음을 빼앗기지 않는다."35) 정리하면, 황로학파와 법가 모두 군주에게 권력이 집중되어야 한다고 강조하였으며, 독견獨見, 독명獨明, 독단獨斷 등에서 이러한 인문학적 동기와 정치적 소망이 잘 나타난다. 어떤 의미로 보면 황로학 저작 속에 나타나는 군주란 신神과 인간(人), 그 사이 어디쯤의 존재로 볼 수도 있겠다.

윤리 규범의 측면에서, 황로 정치철학은 노자 현덕玄德의 개념 이론을 발전시키기도 하였다. 그런데 황로 백서에서는 현덕과 더불어 명덕明德을 동시에 말했다. 이는 황로학의 '윤리학적 입장'을 말해 주는 것으로 볼 수 있다. 즉 명덕明德에 속하는 인·의·예·법 등은 그 자체로 사회와 정치의 질서를 재건하려는 이념을 포함한다. 한편, 황로 윤리학(정치철학을 포함)은 노자의 무위 원칙(현덕의 핵심)을 거의 통째로 계승하였고, 노자의 '유약함'(柔弱), '암컷의 성질을 지님'(守雌), '낮은 곳에 처함'(處下), '다투지 않음'(不爭), '아래를 포용함'(容下) 등의 윤리 주장을 그대로 차용하였다.36) 황로학에서는 이 외에도 반복적으로 '부드러움으로써 절제함'(柔節), '암컷의 성질로써 절제함'(雌節), '약함으로써 절제함'(弱節) 등의 개념을 강조하였다.

편안하고 차분하게 하여 고요함을 유지하고 부드러움으로 절제하여 자신

75쪽 참조)

35) 『史記』, 「李斯列傳」, "明君獨斷, 故權不在臣也. 然後能滅仁義之塗, 掩馳說之口, 困烈士之行. 塞聰掩明, 內獨視聽, 故外不可傾以仁義烈士之行, 而內不可奪以諫說忿爭之辯."

36) 『說苑』 「君道」에서는 다음과 같이 말한다. "위대한 도는 모든 것을 포용하고 위대한 덕은 아랫사람을 포용하니, 성인은 홀로 천하의 질서를 바로잡을 수 있다."

을 먼저 안정시킨다.[37]

현자는 편안하고 차분하게 하여 고요함을 바로잡고 부드러움으로 절제하
여 자신을 먼저 안정시킨다.[38]

편안하고 차분하게 하여 고요함을 바로잡고 부드러움으로 절제하여 자신
을 먼저 안정시킨다.[39]

맑은 도를 지키고 암컷의 성질로 절제하면서 사물에 따라 알맞게 변화한다.
항상 뒤따르며 앞서지 않는다. 유약한 태도로 고요함을 유지하고 편안하고
차분하게 하여 자신을 안정시킨다. 아무리 공이 크고 굳건해도 이를 남과
다투지 않는다.[40]

따라서 성인은 맑은 도를 지키고 암컷의 성질로 절제하면서 사물에 따라
알맞게 변화한다. 항상 뒤따르며 앞서지 않는다. 유약한 태도로 고요함을
유지하고 편안하고 차분하게 하여 자신을 안정시킨다.[41]

이러한 규범들은 모두 성왕과 명군의 고유한 덕목으로 볼 수 있다.
중요한 것은 '부드러움으로써 절제한다'는 규범이나 '암컷의 성질을 지닌다
는 규범은 결국 무위와 현덕을 근본으로 하며 내면적 정신수양으로 귀결될
수밖에 없다는 점이다. 바꾸어 말해, 황로 정치철학 담론 속의 주술主術은
심술心術과 독립하여 성립될 수 없으며, 그 반대의 경우 또한 마찬가지다.
황로 정치철학에서 말하는 내성외왕의 도란 본디 혼연일체를 이루는 유기적
총체다. 이 점은 뒤의 심술 부분에서 다시 자세히 논의해 보도록 하겠다.
   (3) 계속해서 황로 정치철학 담론에 등장하는 '추상화된 군신 관계'에

---

37) 『管子』, 「九守」, "安徐而靜, 柔節先定."
38) 『管子』, 「勢」, "故賢者安徐正靜, 柔節先定."
39) 『十六經·順道』, "安徐正靜, 柔節先定."
40) 『文子』, 「道原」, "守淸道, 拘雌節, 因循而應變, 常後而不先. 柔弱以靜, 安徐以定, 攻大靡堅, 而
   不能與爭也."
41) 『淮南子』, 「原道訓」, "是故聖人守淸道而抱雌節, 因循應變, 常後而不先. 柔弱以靜, 舒安以定."

대해 논의해 보도록 하자. 『장자』「재유」에서는 다음과 같이 말한다.

> 무엇을 도라고 하는가? 바로 천도天道가 있고 인도人道가 있다. 무위하면서
> 도 높은 것이 천도고 유위하면서 수고스럽게 하는 것이 인도다. 주군이
> 천도이며 신하가 인도다. 천도와 인도는 서로 멀리 떨어져 있으니 살피지
> 않을 수 없다.[42]

이 단락에 따르면, 군주가 따라야 하는 원칙은 천도天道로서 이는 신하와
백성이 따르는 인도人道와는 구분된다. 이는 전형적인 황로사상의 논리에
해당한다. 『좌전』에서도 '천도는 멀고 인도는 가깝다'는 자산의 말이 등장하
지만, 여기에서는 천도와 인도의 가치적 우열이 거의 구분되지 않는다.
하지만 『노자』에서 천도와 인도를 나란히 언급한 부분[43]에서는 우열을
구분하려는 의도가 분명히 드러난다. 『역전』과 『오행』 역시 마찬가지다.
즉 주술主術, 군도君道의 기초는 천도와 무위無爲에 있고, 반대로 신도臣道와
신술臣術의 기초는 인도와 유위有爲에 있으니, 천인天人과 군신君臣이 서로
확연히 다르다는 것을 알 수 있다. 예를 들어 본다.

> 무위를 실천할 수 있는 자(無爲)는 제업(帝)을 이루고, 나서서 하지만 억지로
> 하지 않는 자(爲而無以爲)는 왕업(王)을 이루고, 나서서 하지만 자신을 높이지

---

42) 『莊子』,「在宥」, "何謂道? 有天道, 有人道. 無爲而尊者, 天道也; 有爲而累者, 人道也. 主者, 天
道也; 臣者, 人道也. 天道之與人道也, 相去遠矣, 不可不察也."
43) 예를 들어 『노자』 제77장에서는 다음과 같이 말한다. "하늘의 도는 마치 활을 당기는
것과 같다. 활시위가 너무 높으면 낮추고 너무 낮으면 올리듯이, 하늘의 도는 남으면
덜고 부족하면 보충한다. 남는 것을 덜어 부족한 것을 보충하는 것이 하늘의 도라면
인간의 도는 그렇지 않다. 인간의 도는 부족한 것에서 덜어내 남는 것을 봉양한다. 그
누가 남는 것을 덜어 천하를 봉양할 수 있는가? 이는 오직 도를 지닌 자만이 가능하다.
따라서 성인은 행하면서도 자랑하지 않고 공을 이루면서도 이를 자신의 것으로 여기지
않으니 자신의 현능함을 내보이고자 하지 않는다." 하지만 『노자』가 말하는 성인의 도
는 충분히 하늘의 도와 비견될 수 있다. 예를 들어 제81장에서는 다음과 같이 말한다.
"하늘의 도는 (만물을) 이롭게 할 뿐 해를 끼치지 않는다. 성인의 도는 (만물을 위해)
행하되 어떤 것도 쟁취하고자 하지 않는다."

않는 자(爲而不貴)는 패업(霸)을 이룬다. 자신을 높이지 않는 것이 바로 임금의 도(君道)이고, 자신을 높이기는 하나 정도를 넘지 않는 것이 신하의 도(臣道)이다.44)

『관자』「군신」상·하편에서는 군도君道와 신도臣道를 본격적으로 논의하면서 '상하의 직분은 각기 임무를 달리해야 한다'45), '군신이 서로 도를 달리하면 다스림에 이를 수 있지만, 같은 도를 사용하면 혼란해진다'46)는 원칙에 대해 설명하였다. 이는 한비자가 특히 중시한 것이기도 하다.47) 아래에서 몇 가지 사례를 살펴보자.

명군이 윗자리에서 무위를 실천하면 신하들은 아래에서 쩔쩔매며 꼼짝하지 못한다. 명군의 도는 지혜로운 자가 모든 생각을 다 짜내게 하여 그것을 근거로 일을 판단하는 것이니 군주는 지혜가 다하는 일이 없다. 또 현명한 자가 그 재능을 다 아뢰게 하여 그것을 근거로 일을 맡기는 것이니 군주의 능력이 다하는 일이 없다. 또 공이 있으면 군주가 현명하기 때문이라 하고 잘못이 있으면 신하에게 그 책임을 지게 하므로 군주의 명성이

---

44) 『管子』, 「乘馬」, "無爲者帝, 爲而無以爲者王, 爲而不貴者霸. 不自以爲所貴, 則君道也. 貴而不過度, 則臣道也."
45) 『管子』, 「君臣上」, "上下之分不同任."
46) 『淮南子』, 「主術訓」, "君臣異道則治, 同道則亂."
47) 예를 들어, 『韓非子』「二柄」에서는 다음과 같이 말한다. "옛날 韓의 昭候가 술에 취해 그대로 잠에 빠진 적이 있었다. 군주의 冠을 담당하는 자가 그 모습을 보고 군주가 추울 것이라고 여겨 그 위에 옷을 덮어 주었다. 군주가 잠에서 깨어나 옷이 덮어진 것을 보고 기뻐하며 좌우 측근에게 '옷을 덮어 준 자가 누구인가? 하고 물었다. 주위에서 '관을 담당하는 자입니다'라고 대답하였다. 그런데 군주는 이를 듣고는 군주의 옷을 담당하는 자와 관을 담당하는 자를 동시에 처벌하였다. 옷을 담당한 자에게는 해야 하는 일을 하지 못한 죄를 물었고, 관을 담당한 자에게는 자기 직분을 넘는 일을 한 죄를 물었다. 군주가 추위를 싫어하지 않아서가 아니라 다른 관직의 직분을 넘어서는 것이 더 큰 문제라고 생각했기 때문이다. 따라서 현명한 군주가 신하를 거느릴 때는 신하가 자신의 관직을 넘어서 공을 세우지 못하도록 하며 진술한 의견이 실제 일에 들어맞지 않는 일이 없도록 한다. 자신의 관직 이상을 넘보면 사형에 처하고 진술한 의견이 실제 일에 들어맞지 않으면 죄를 묻는다. 각각 관직에 따라서 그 직분이 지켜지고 진술한 그 말이 실제로 한 일과 들어맞는다면 신하들이 붕당을 꾸며 서로서로 돕는 일이 사라진다."

다하는 일이 없다. 따라서 군주는 현명하지 않아도 현명한 자의 스승이 되고 지혜롭지 못해도 지혜로운 자의 우두머리가 된다. 신하는 군주를 위해 노고를 다하고 군주는 그 성과를 누리니, 이를 일러 현명한 군주가 지켜야 하는 불변의 법칙이라 한다.…… 군주의 도는 조용히 물러나 있는 것을 귀하게 여긴다. 군주는 정사를 스스로 맡지 않고 그 일이 잘되고 못된 것만을 알며, 일을 스스로 도모하지 않고 그 일의 화복만을 살펴본다. 그러므로 군주가 말을 하지 않아도 신하가 그의 뜻에 잘 응하며 세부적인 것을 정해 주지 않아도 일이 잘 진척된다. 신하가 의견을 냈다면 군주는 계契라는 표식을 내고 신하가 일을 처리하고 나면 부符라는 표식을 낸다. 모든 것이 완성된 이후에 계契와 부符를 살펴 그것으로 상벌을 결정한다. 따라서 신하들이 자신의 의견을 진술하면 군주는 그 말에 따라 일을 맡겨 주고 맡긴 일의 성과를 요구한다. 만약 성과가 맡긴 일에 들어맞고 맡긴 일이 진술한 말과 들어맞으면 상을 주고, 성과가 맡긴 일에 맞지 않고 맡긴 일이 진술한 말과 들어맞지 않으면 벌을 준다.[48]

군주의 통치 방법은 다음과 같아야 한다. 무위의 태도로 일을 처리하며 무언으로 하는 가르침을 행한다. 마음을 비우고 고요히 머물면서 함부로 움직이지 않고 법도를 하나로 통일하여 바꾸지 않는다. 실정에 따라 아랫사람들에게 일을 맡겨 두고 일의 완성만을 물을 뿐 스스로 노고를 행하지 않는다. 이렇게 함으로써 통치자는 마음으로 이미 알고 있으면서도 굳이 국사에게 가르침을 청하고, 스스로 잘 말할 수 있어도 전달하는 사람에게 뜻을 대신 전하도록 하고, 스스로 잘 걸을 수 있어도 보좌하는 자가 앞장서 길을 인도하게끔 하고, 스스로 잘 들을 수 있어도 집정관이 가까이 와서 아뢰게 한다. 이렇게 함으로써 통치자는 생각함에 실책이 없고 도모하는 일에 그릇됨이 없고 그의 말은 곧 세상의 법도가 되고 그의 행동은 천하의 본보기가 된다. 나아가고 물러감이 때에 들어맞고 움직이고 머무름이

---

48) 『韓非子』,「主道」, "明君無爲於上, 群臣竦懼乎下. 明君之道, 使智者盡其慮, 而君因以斷事, 故君不窮于智; 賢者敕其材, 君因而任之, 故君不窮于能; 有功則君有其賢, 有過則臣任其罪, 故君不窮于名. 是故不賢而爲賢者師, 不智而爲智者正. 臣有其勞, 君有其成功, 此之謂賢主之經也.……人主之道, 靜退以爲寶. 不自操事而知拙與巧, 不自計慮而知福與咎. 是以不言而善應, 不約而善增, 言已應則執其契, 事已增則操其符. 符契之所合, 賞罰之所生也. 故群臣陳其言, 君以其言授其事, 事以責其功. 功當其事, 事當其言則賞; 功不當其事, 事不當其言則誅."

이치에 맞다. 아름답고 추한 것에 좋고 싫음을 나타내지 않고 상벌에 감정을 섞지 않는다. 만물의 명칭은 스스로 정해지고 종류는 각기 스스로 근거하여 구분되고 일은 스스로 그러한 대로 흘러가니, 모두 자신에게서 정해지지 않음이 없다.49)

군주의 도는 마치 원과 같다. 어떤 단서도 없이 끊임없이 변화하는데 마치 귀신같이 백성을 길러 내며, 허무한 태도로 변화에 따르며 늘 뒤따라 움직여 앞서는 법이 없다. 반면 신하의 도는 네모와 같다. 항상 옳은 것만을 말하고 합당하게 처신하며 일할 때는 먼저 나서서 자신의 직분을 분명하게 지키면서 공을 이루어 낸다. 이처럼 군신의 도가 다르면 나라가 잘 다스려지지만, 군신의 도가 같으면 나라가 어지러워진다. 각기 그 자리를 지키고 각기 합당하게 처신하면 상하가 서로에게 쓸모 있게 된다. 군주는 정사를 처리할 때 마음을 비우고 자신의 뜻을 없애며 오직 청명한 태도를 유지해야 한다. 이렇게 하면 신하들이 모여들어 군주와 함께 나아가고자 한다. 이러한 군주 아래에서는 어리석은 자와 지혜로운 자, 현명한 자와 불초한 자를 막론하고 누구나 자신의 능력을 다 할 수 있다. 군주는 이렇게 하여 신하들을 제어하고 신하는 이렇게 하여 군주를 섬기니, 이것으로 치국의 도가 분명해진다.50)

이 단락 속에 등장하는 권모와 술수 그리고 인성人性에 대한 이해 방식은 우리의 관심사가 아니다. 우리가 주목해야 하는 부분은 군신 관계 속에 내포되어 있는 더욱 기초적인 문제, 즉 제도와 이념에 관한 문제이다. 황로 정치철학이 제시하는 현실 제도의 기초는 바로 법리法理와 법제法制이며 그 핵심 이념은 도와 법 사이의 '무위이무불위無爲而無不爲'사상과 연관된다.

---

49) 『淮南子』,「主術訓」, "人主之術, 處無爲之事, 而行不言之教. 清靜而不動, 一度而不搖, 因循而任下, 責成而不勞. 是故心知規而師傅諭導, 口能言而行人稱辭, 足能行而相者先導, 耳能聽而執正進諫. 是故慮無失策, 謀無過事, 言爲文章, 行爲儀表于天下. 進退應時, 動靜循理, 不爲醜美好憎, 不爲賞罰喜怒, 名各自名, 類各自類, 事猶自然, 莫出于己."

50) 『淮南子』,「主術訓」, "主道員者, 運轉而無端, 化育如神, 虛無因循, 常後而不先也; 臣道(員者, 運轉而無)方, 論是而處當, 爲事先倡, 守職分明, 以立成功也. 是故君臣異道則治, 同道則亂. 各得其宜, 處其當, 則上下有以相使也. 夫人主之聽治也, 虛心而弱志, 清明而不暗. 是故群臣輻湊並進, 無愚智賢不肖莫不盡其能者, 則君得所以制臣, 臣得所以事君, 治國之道明矣."

또 한 가지 중요하게 다루어져야 하는 문제는 어째서 황로 정치철학이 이처럼 주술主術과 군도君道를 강조하며, 심지어 독재를 변호한다는 혐의까지 받게 되었는가 하는 것이다. 필자가 생각할 때, 만약 통일되고 집중된 정치권력이 없었다면 황로가 추진했던 도-법 체계는 덕-례 체계의 관성적 저항을 이겨 내지 못했을 것이다. 유구한 문화전통을 지닌 사회 속에서 이른바 '탁자 하나를 옮기는 일조차 피를 부른다'는 격언은 결코 새삼스럽지 않은 일이었다. 게다가 더욱 확실한 원인이 존재한다. '위에서 행하면 아래에서 본받는다'는 구조는 실로 강력한 영향력을 지니기 마련으로, 황로 정치철학은 바로 이를 사상의 주된 논리로 삼았던 것이다. 예컨대 『회남자』에서는 다음과 같이 말한다.

> 득실의 관건은 바로 군주에게 있다.[51]

> 윗사람이 계교가 많으면 아랫사람은 거짓이 늘어난다. 윗사람이 수고롭게 하면 아랫사람은 쉽게 문제를 일으키게 된다. 윗사람이 번거롭게 하면 아랫사람은 안정되지 못한다. 윗사람이 원하는 것이 많으면 아랫사람은 서로 다투게 된다. 근본을 바로 세우지 않고 말단을 따른다면, 마치 흙을 날려 먼지를 막고 장작을 품에 안고 불을 끄러 다니는 것과 같다. 따라서 성인은 일이 적으니 쉽게 다스리며, 원하는 것이 적으니 쉽게 만족한다. 베풀지 않아도 어질고 말하지 않아도 신용을 얻으며 구하지 않아도 얻으며 행하지 않아도 성취한다.[52]

> 군주가 성실하고 올바르면 반드시 곧은 선비들에게 일을 맡기기 마련이니, 간사한 자들은 설 자리를 잃게 된다. 하지만 군주가 바르지 않으면 간사한 자들이 뜻을 이루게 되고 반대로 충직한 자는 물러나 숨게 된다. 사람들이

---

51) 『회남자』, 「주술훈」, "得失之道, 權要在主."
52) 『회남자』, 「주술훈」, "上多故則下多詐, 上多事則下多態, 上煩擾則下不定, 上多求則下交爭. 不直之于本, 而事之于末, 譬猶揚堁而弭塵, 抱薪以救火也. 故聖人事省而易治, 求寡而易澹, 不施而仁, 不言而信, 不求而得, 不爲而成."

옥석을 쪼개지 않고 조롱박을 쪼개 표주박을 만드는 것은 어찌해서이겠는
가? 옥석을 깨뜨려서 얻을 것이 없는 데다가 단단하여 쉽게 깨지지 않기
때문이다. 따라서 군주가 공평하고 공정하다면 마치 줄을 사용하여 높낮이
를 정확히 재듯, 신하 중에 간사한 일을 하는 자가 있더라도 계란으로
바위치기 혹은 불을 물에 던지는 격에 지나지 않을 것이다. 따라서 옛날
영왕이 가는 허리를 좋아하니 백성들은 식사를 줄이고 스스로 굶주렸고,
월왕이 용맹함을 추구하니 백성들이 위험을 감수하고 싸움에 나섰던
것이다. 이것으로 볼 때, 권력을 장악한 자는 가히 풍속을 바꿀 수 있다.
요임금이 평민이었을 시절에는 인자함으로 하나의 마을조차 감화시키지
못했고, 걸임금이 재위에 있었을 때는 명령이 엄정히 시행되었다. 이것으
로 볼 때, 현능함만으로는 다스릴 수 없고, 권세가 있어야 습속을 바꿀
수 있음이 분명하다.[53]

이러한 논리를 가장 집중적으로 반영하고 있는 말은 『한비자』에 등장한다.

도는 (그것이 생성하는) 만물과 다르고, 덕은 (그것이 포함하는) 음양과는
다르고, 저울은 (그것이 헤아리는) 경중과는 다르고, 먹줄은 (그것이 교정
하는) 구불구불함과는 다르고, 조율기는 (소리에 영향을 주는) 건조함
및 습함과는 다르고, 임금은 신하와는 다르다. 이 여섯 가지 상황은 모두
도에서 나온 것이다. 도는 유일무이한 것이므로 일—이라고 부른다. 따라서
현명한 군주는 도의 유일무이한 모습을 중히 여겨야 하며, 군주와 신하의
도는 서로 다르다.[54]

이 단락에서는 아주 세련된 방식으로 황로 및 법가의 군신 관계에

---

53) 『회남자』, 「주술훈」, "人主誠正, 則直士任事, 而奸人伏匿矣; 人主不正, 則邪人得志, 忠者隱蔽
矣. 夫人之所以莫抓玉石而抓瓠者, 何也? 無得于玉石, 弗犯也. 使人主執正持平, 如從繩准高
下, 則群臣以邪來者, 猶以卵投石, 以火投水. 故靈王好細要, 而民有殺食自饑也; 越王好勇, 而民
皆處危爭死. 由此觀之, 權勢之柄, 其以移風易俗矣. 堯爲匹夫, 不能仁化一裏; 桀在上位, 令行禁
止. 由此觀之, 賢不足以爲治, 而勢可以易俗, 明矣."

54) 『韓非子』, 「揚權」, "道不同于萬物, 德不同于陰陽, 衡不同于輕重, 繩不同于出入, 和不同于燥濕,
君不同于群臣. 凡此六者, 道之出也. 道無雙, 故曰一. 是故明君貴獨道之容, 君臣不同道."

관한 이론을 요약하였다. 사실 법가와 황로의 관계는 매우 밀접해서 한비자 법가사상의 역사적 배경을 황로학으로 본다고 해도 무리는 없을 것이다.

(4) 황로의 주술主術을 논의할 때, '무위하면서도 이루지 못하는 것이 없다'(無爲而無不爲, 이하 '무위이무불위'로 칭함)는 원칙과 인순因循의 원칙은 결코 빠질 수 없는 문제이다. '무위이무불위' 원칙은 『노자』의 두 군데에서 등장한다.

> 도는 항상 무위하면서도 이루지 못하는 것이 없다. 왕이 이를 잘 지킬 수 있다면 만물은 스스로 화육하게 된다. 만물이 이루어지면 (이를 소유하려는) 욕심이 생겨나기 마련이니, 나는 아무 명칭이 없는 참된 상태를 유지하여 욕심을 억누른다. 아무 명칭이 없는 참된 상태를 지키면 욕심이 생기지 않는다. 욕심이 없으면 고요한 마음을 유지할 수 있으니 천하는 저절로 안정된다.55)

> 덜어내고 또 덜어내서 결국에 무위의 경지까지 이르러야 한다. 무위하면 이루지 못하는 것이 없다. 천하를 관장함에는 항상 인위적인 일을 실행하지 않아야 하니, 인위적인 일을 실행하면 천하를 관장할 수 없다.56)

이 외에도 『노자』 제3장의 '무위를 실천하면 다스려지지 않는 것이 없다'(爲無爲, 則無不治)라는 구절에서도 바로 이 '무위이무불위'의 의미를 함축하고 있다. 대대로 많은 학자가 이 구절에 입각하여 노자의 철학을 논의하였다. 그런데 이 구절이 통행본에서는 '도는 항상 무위하면서도 이루지 못하는 것이 없다'라고 되어 있으나, 마왕퇴 백서 갑·을본에서는 모두 '도는 항상 명칭이 없다'(道恒無名)고 되어 있으며, 곽점 초간본에서는 '도는 항상 무위한다'(道恒無爲也)고 되어 있다. 백서의 두 판본이 나란히 오류를 범했을 가능성은 매우 낮은 데다가, 통행본 『노자』 제32장에서도 '도는 항상 명칭이 없다'(道常

---

55) 『老子』 제37장, "道常無爲而無不爲. 侯王若能守之, 萬物將自化. 化而欲作, 吾將鎭之以無名之樸. 無名之樸, 夫亦將無欲. 不欲以靜, 天下將自定."
56) 『老子』 제48장, "損之又損, 以至于無爲. 無爲而無不爲. 取天下常以無事, 及其有事, 不足以取天下."

無名)는 구절이 있어 백서본과 서로 일치한다. 가오밍(高明)은 백서 갑·을본의 전면적인 검토를 거쳐 다음과 같은 결론을 내렸다. "『노자』 원본에서는 '무위無爲' 혹은 '무위이무이위無爲而無以爲'라고 말했을 뿐, '무위이무불위無爲而無不爲'라고 말하지 않았다. '무위이무불위'라는 사상은 본래 『노자』에 등장하지 않는다. 이는 전국시대 말년에 출현한 하나의 새로운 관념이므로 노자의 무위無爲사상을 새롭게 개조하여 만들어 낸 것으로 볼 수 있다."57) 북경대 한간 출토본은 통행본과 같은 모습이기는 하나, 곽점 초간『노자』에서 '도는 항상 무위한다'(道恒無爲也)라고 하였고, 마왕퇴 백서『노자』에서 '도는 항상 명칭이 없다'(道恒無名)라고 한 만큼, 통행본『노자』의 '도는 항상 무위하면서도 이루지 못하는 것이 없다'(道常無爲而無不爲)에서 '이루지 못하는 것이 없다', 즉 '무불위'에 해당하는 부분은 황로학파가 '왜곡'한 결과라고 보기에 충분하다. 그렇다면 이 말이 언제 처음으로 등장하게 되었는가를 고찰해 보면, 세상에 전해지는 문헌 가운데 가장 최초의 출현 사례는 아마도 『장자』「경상초」와 『한비자』인 것으로 사료된다.

천지는 무위하지만 이루지 못하는 것이 없다.58)

도를 실천하는 자는 나날이 덜어 낸다. 덜어 내고 덜어 내서 무위에 이를 때까지 덜어 내면, 무위하면서도 이루지 못하는 것이 없게 된다.59)

바르게 하면 고요해지고 고요해지면 밝아지고 밝아지면 텅 비고 텅 비면 무위하면서도 이루지 못하는 것이 없게 된다.60)

만물은 각기 리理를 달리하지만, 도는 그 어떤 것도 사사롭게 대하지 않는다. 따라서 도는 명칭이 없다. 명칭이 없으므로 무위할 수 있고 무위하

---

57) 高明, 『帛書老子校註』(북경: 중화서국, 1996), 421~425쪽.
58) 『莊子』, 「至樂」, "天地無爲也, 而無不爲也."
59) 『莊子』, 「知北游」, "爲道者日損, 損之又損, 以至于無爲, 無爲而無不爲也."
60) 『莊子』, 「庚桑楚」, "正則靜, 靜則明, 明則虛, 虛則無爲而無不爲也."

지만 이루지 못하는 것이 없다.[61)

최상의 덕은 무위하면서도 이루지 못하는 것이 없다.[62)

『장자』에서 '무위하지만 이루지 못하는 것이 없다'(無爲而無不爲)라는 구절
은 총 네 차례 등장한다. 이는 적은 횟수가 아니지만 중요한 것은 모두
외·잡편에서 등장한다는 것이다. 이를 근거로 하면, 이 구절은 「내편」보다
늦게 출현했다고 판단할 수 있을 것 같다. 「지락」편에서는 『노자』 제37장을
인용하였고 「지북유」편에서는 『노자』 제48장을 인용하였는데, 사실 이들은
모두 글자 하나하나를 정확히 베껴 쓴 것이 아니라 대략적인 의미를 요약하
여 인용한 것이다. 주목해야 할 부분은 바로 「칙양」편의 내용인데, 여기에서
는 노자사상의 대의를 밝히면서 『노자』 제37장, 48장의 내용을 혼합하여
인용하였다. 『한비자』 「해로」에서 인용한 '최상의 덕은 무위하면서도 이루
지 못하는 것이 없다'(上德無爲而無不爲) 구절도 단독으로 인용한 사례는 아니다.
엄준嚴遵의 『지귀指歸』, 부혁傅奕의 『도경진경고본道經眞經古本』, 범응원範應元
의 『도덕진경고본道德眞經古本』 모두 '최상의 덕은 무위하면서도 이루지 못하
는 것이 없다'(上德無爲而無不爲)라고 적었다. 유월兪樾은 『한비자』가 고본에
근거하여 이처럼 적은 것으로, 통행본에서 '최상의 덕은 무위하므로 하려고
해서 하는 바가 없다'(上德無爲而無以爲)라고 적은 것은 후대의 사람들이 고친
것이라고 보았다. 도방기陶方琦, 마쉬룬(馬叙倫), 가오헝(高亨), 장시창(蔣錫昌),
옌링펑(嚴靈峰) 등의 설 또한 대체로 비슷하다.[63) 이상 우리는 '무위이무불위'
사상에 관한 문헌학적 증거들을 정리해 보았다. 한 가지 강조하고 싶은
것은, 문헌학 연구는 사상사 연구에서 반드시 있어야 하는 기초이지만,
한계 또한 지니기 마련이라는 점이다. 그렇다면 예컨대, 우리가 '무불위無不

---

61) 『莊子』, 「則陽」, "萬物殊理, 道不私, 故無名. 無名故無爲, 無爲而無不爲."
62) 『韓非子』, 「解老」, "上德無爲而無不爲."(『老子』 제38장 인용)
63) 鄭良樹, 『竹簡帛書論文集』(북경: 중화서국, 1982), 6~8쪽.

爲'사상이 『노자』에 담겨 있었다는 것을 부정하려고 한다면 어떤 근거를 들어야 할까? 여기서 주의를 『노자』와 황로사상 간의 긴장 관계로 돌려본다면, 『장자』(그중의 황로편), 『여씨춘추』, 『회남자』 등을 포함한 여러 저작 속의 자료는 큰 가치를 지닐 수 있다.

제왕의 덕은 천지를 근본으로 삼고 도와 덕을 중심으로 여기며 무위를 원칙으로 삼는다. 무위無爲로써 다스리면 천하를 얼마든지 사용해도 차고 넘치지만, 유위有爲로써 다스리면 천하에 의해 사용되는 것조차 부족해진다. 따라서 옛날의 존귀한 자들은 무위를 귀하게 여겼다. 윗사람이 무위를 실천하고 아랫사람도 무위를 실천하면 윗사람과 아랫사람의 덕이 같게 된다. 아랫사람의 덕이 윗사람의 덕과 같아지면 아랫사람은 신하에 머물러 있지 않게 된다. 반대로 윗사람이 유위를 실천하고 아랫사람도 유위를 실천하면 윗사람과 아랫사람의 도가 같게 된다. 윗사람의 도가 아랫사람의 도와 같아지면 윗사람은 군주의 자리에 있을 수 없다. 따라서 윗사람은 반드시 무위의 방식으로 천하를 사용해야 하고 아랫사람은 반드시 유위의 방식으로 천하를 위해 사용되어야 한다. 이는 결코 바뀌어서는 안 되는 도이다.[64]

바르게 하면 고요해지고 고요해지면 맑아지고 맑아지면 텅 비고 텅 비면 무위하면서도 이루지 못하는 것이 없게 된다.[65]

성인은 안으로 그 근본을 수양할 뿐 겉으로 지엽적인 것을 꾸미지 않는다. 정신을 보존하고 지모를 멈추므로 무심한 태도로 무위를 실천하면서도 이루지 못하는 것이 없고, 담담한 태도로 다스림을 행하지 않아도 다스리지 못하는 것이 없다. '무위'란 사물에 앞서 행동하지 않는 것을 의미하고, '이루지 못하는 것이 없다'는 말은 사물에 하는 바를 따르는 것을 의미한다.

---

64) 『莊子』, 「天道」, "夫帝王之德, 以天地爲宗, 以道德爲主, 以無爲爲常. 無爲也, 則用天下而有余; 有爲也, 則爲天下用而不足. 故古之人貴夫無爲也. 上無爲也, 下亦無爲也, 是下與上同德, 下與上同德則不臣; 下有爲也, 上亦有爲也, 是上與下同道, 上與下同道則不主. 上必無爲而用天下, 下必有爲爲天下用, 此不易之道也."
65) 『呂氏春秋』, 「有度」, "正則靜, 靜則淸明, 淸明則虛, 虛則無爲而無不爲也."

'다스림을 행하지 않는다'는 말은 스스로 그러한 바를 바꾸지 않는 것을 의미하고, '다스리지 못하는 것이 없다'는 말은 사물 사이에 서로 그러한 바를 그대로 따르는 것을 의미한다.66)

「천도」편에 등장하는 '아랫사람은 신하에 머물러 있지 않고'(不臣), '윗사람은 군주의 자리에 있을 수 없다'(不主)는 말은 군신 관계에 대한 황로학자들의 새로운 사고방식을 반영하고 있다. 이는 앞에서 논의한 황로 정치철학의 군신 관계 담론과도 일치하므로 이 편은 황로편임이 확실해 보인다. 한편 『여씨춘추』「유도」편에서는 『장자』「경상초」편을 인용하여 내용을 전개하였는데, 주목할 것은 「천도」에서 무위無爲와 유위有爲를 논의한 부분에 이미 '무위하면서도 이루지 못하는 것이 없다'(無爲而無不爲)는 의미가 담겨 있었다는 점이다. '윗사람은 반드시 무위의 방식으로 천하를 사용해야 한다'(上必無爲而用天下)라는 구절이 그 사례다. 이 외에 『회남자』「원도훈」에서 인순因循으로 무위無爲를 해석한 내용 또한 반복해서 살펴볼 가치가 있다. 아마도 이러한 해석의 방향성은 『관자』 4편에서 온 것으로 보인다.

> 도를 지닌 군주는 마치 아무것도 모르는 것과 같이 처신하고 마치 맞장구만 치듯이 일에 대응한다. 이것이 바로 고요히 따라서 행하는 도이다.…… 무위의 도는 '따라서 하는 것'(因)이다. '따라서 하면' 넘치지도 모자라지도 않는다. 그 형세에 따라 명칭을 부여하는 것이 바로 따라서 하는 방법(因之術)이다.…… '따라서 하는 것'은 자신의 입장을 버리고 사물을 법으로 삼아 감각한 이후에 그에 따라 반응하는 것으로 자신이 세워 놓은 뜻대로 행동하는 것이 아니다. 또한 이치에 따라 움직이는 것으로 자신이 선택하여 행동하는 것이 아니다. 그릇된 행동은 바로 자신이 옳다고 생각하는 데에서 나오고 스스로 바꾸려고 하는 데에서 나온다. 자신이 옳다고 생각하면

---

66) 『淮南子』, 「原道訓」, "是故聖人內修其本, 而不外飾其末, 保其精神, 偃其智故, 漠然無爲而無不爲也, 澹然無治也而無不治也。所謂無爲者, 不先物爲也; 所謂無不爲者, 因物之所爲。所謂無治者, 不易自然也; 所謂無不治者, 因物之相然也。"

텅 빈 태도를 유지할 수 없고 텅 빈 태도를 유지할 수 없으면 사물의 그러한 바를 거스르게 된다. 바꾸려고 하면 거짓이 생겨나고 거짓이 생겨나면 어지러워진다. 그러므로 도는 '따라서 하는 것'을 귀하게 여긴다. '따라서 하는 것'은 능력 있는 것을 따르고 쓸모 있는 것을 말한다는 뜻이다.[67]

하나의 방법(術)으로서 '따라서 하는 것'(因)은 결국 무엇인가를 '하고자 하는 것'(爲)이다. 따라서 『회남자』「원도훈」에서는 '인因'을 '하지 못하는 것이 없다'(無不爲)라는 의미로 풀이하였다. 한편 '따라서 하는 방법'(因術)에는 다음과 같은 의미도 포함된다. 바로 형명刑名(법의 대명사)이라는 제도 조치를 바탕으로 삼는다면 정령이 더욱 잘 실행되고 사람들이 각자 직분을 잘 지키게 되어 무위지치와 무소불위의 효과를 얻을 수 있다는 것이다. '무위하면서도 이루지 못하는 것이 없다'(無爲而無不爲)라는 명제는 이러한 방식으로 더 적극적인 의미를 담아내기도 했다.[68] 이처럼 무위無爲와 인순因循은 서로를 포함하면서 상호작용하는 관계에 있었으며, 이 역시 황로 정치철학 사고의 특징 가운데 하나다.

멍원퉁(蒙文通)이 지적했듯, 노장은 '무위'를 강조한 반면, 황로학에서는 '인순因循'에 치중했다.[69] 확실히 『노자』에서는 '인因'이라는 단어가 등장하지 않지만, 황로 저작에서는 빈번하게 등장한다. 그렇다면 노자가 말한 '내가 무위하면 백성들은 저절로 번성한다'(我無爲而民自化)는 말에서는 인순의 그림자를 조금도 발견할 수 없을까? 『논육가요지』에서 도가의 핵심을 '허무를 근본으로 하며 인순을 작용으로 삼는다'(以虛無爲本, 因循爲用)고 요약한 것은 그저 노장과 황로를 각각 나누어서 말한 것일 뿐일까? 필자의 견해에 따르면, 황로 저작에서 인因 혹은 인순을 자주 언급한 것은 분명한 사실이지

---

67) 『管子』, 「心術上」, "是故有道之君, 其處也若無知, 其應物也若偶之, 靜因之道也.……無爲之道, 因也. 因也者, 無益無損也. 以其形因爲之名, 此因之術也.……因也者, 舍己而以物爲法者也. 感而後應, 非所設也, 緣理而動, 非所取也. 過在自用, 罪在變化, 自用則不虛, 不虛則忤于物矣. 變化則爲生, 爲生則亂矣. 故道貴因, 因者, 因其能者, 言所用也."
68) 池田知久, 『道家思想の新硏究』(王啟發・曹峰 譯, 정주: 중주고적출판사, 2009), 534쪽.
69) 蒙文通, 『古學甄微』(성도: 파촉서사, 1987), 251~252・318쪽.

만, 그렇다고 해서 기계적으로 노장과 황로를 구분할 필요는 없을 것 같다. 사실 더 중요한 것은 황로 정치철학이 노자 정치철학의 핵심 개념인 무위를 더욱 창조적으로 발전시켰다는 점이다. '무위하면서도 이루지 못하는 것이 없다'(無爲而無不爲)는 명제가 바로 그 절묘한 성과의 하나이다. 좀 더 깊이 살펴보면, 이 명제는 사실 무위無爲와 인순이라는 두 측면을 서로 융합하고 있음을 알 수 있다. 어떤 의미에서 보면, 황로학이 '무위하면서도 이루지 못하는 것이 없다'(無爲而無不爲)는 명제를 제시할 수 있었던 요인 가운데 하나가 바로 이전과는 달리 인순 관념을 중시했기 때문이었다.

『관자』「심술상」에서는 '따라서 한다'(因)는 것은 자신의 입장을 버리고 사물을 법으로 삼는 것을 의미한다고 하였는데, 이는 '따라서 하는 방법'(因之術)과 '무위로 하는 방법'(無爲法)을 결합한 사례이다. 직하선생에 속한 신도愼到의 학문 역시 황로학파의 것으로 볼 수 있는데, 통행본 『신자』에서 '인순因循'을 논한 내용은 가히 주목할 만하다.

> 사람들이 군주 자신을 위해 일하도록 하지 않고 그들이 스스로 하려는 바를 하게 한다면, 천하에 그 누구라도 모두 군주를 위해 일하도록 할 수 있다.[70]

> '따라서 하는 것'(因)은 군주의 방법이고 '나서서 하는 것'(爲)은 신하의 방법이다.[71]

첫 번째 단락에서 말한 내용은 『관자』「심술상」의 "'따라서 하는 것'(因)은 능력 있는 것을 따르고 쓸모 있는 것을 말한다는 뜻이다"라는 구절과 대체로 비슷하다. 달리 표현하면, '말을 대신하여 달리지 말고 새를 대신하여 날지 말라'[72]라고 할 수 있는데, 이것이 바로 황로 정치철학이 특별히

---

70) 『愼子』, 「因循」, "用人之自爲, 不用人之爲我, 則莫不可得而用矣. 此之謂因."
71) 『呂氏春秋』, 「任數」, "因者, 君道也; 爲者, 臣道也."
72) 『管子』, 「心術上」, "毋代馬走, 毋代鳥飛."

중시한 입장이었다. 두 번째 단락에서는 인순因循이 군주의 방법(主術)에 해당한다고 말했다. 그런데 장순후이(張舜徽)가 지적했듯, 『한비자』「주도」편에서 '(신하를) 따라서 일을 판단한다'(因以斷事), '(신하에) 따라서 일을 맡긴다'(因而任之), '신하는 군주를 위해 노고를 다하고 군주는 그 성과를 누린다'(臣有其勞, 君有其成功)라고 말한 것 모두 본질적으로는 무위의 도(無爲之道)를 의미한다.73) 한 가지 더 알아야 할 것은, 황로에서 강조하는 인순이 무위無爲의 소극성을 일정 부분 보완해 주며, 나아가 정치윤리질서를 재건하는 데 유용하게 작용할 수 있다는 점이다. 이처럼 황로 정치철학 담론 속의 인因은 매우 풍부한 함의를 지닌다. 노장에서는 상대적으로 무명無名을 더욱 중시하였지만, 황로에서는 추상적 의미를 지닌 무명에 대해 논의하는 대신 직접적으로 '만물은 각자 스스로 명칭을 정한다'(物各自名)는 형명刑名 이론을 따랐다. 여기에서 '만물은 각자 스스로 명칭을 정한다'(物各自名)는 주장의 기초가 되는 것이 바로 인순, 즉 '사물에 따라 이름을 정한다'(因以爲名)는 원칙이다. 한편, 『여씨춘추』「귀인」에는 우임금은 치수를 할 때 '물의 힘을 따랐고'(因水之力), 요임금은 왕위를 선양할 때 '민심을 따랐고'(因人之心也), 사람들이 왕래할 때는 '교통수단에 의지했다'(因其械也)는 구절이 등장한다. 그렇지만 무엇보다 중요한 대목은 바로 '인시변법因時變法'(『여씨춘추』, 「찰금」), 즉 '시대에 따라 법을 바꾼다'는 구절이다. 『논육가요지』에서 도가를 설명한 대목, "음양가의 큰 도리에 따라 유·묵가의 장점과 명·법가의 핵심을 취하였으며 때에 따라 움직이고 사물에 응하여 변화하며 세상의 입장에 서서 일을 행하였으니 알맞지 않은 바가 없었다. 그 핵심 요지가 간략하여 파악하기 쉬웠으니 적은 노력으로 큰 효과를 낳았다"74)라는 단락에서도 물론 황로학의 '인因'의 사상과 방법론을 드러내고 있다. 인순이 군도君道로서 무위를 의미한다고 하였으니, 이는 구체적으로 '신하가 노고를 다하고 군주는

73) 張舜徽, 『周秦道論發微』(북경: 중화서국, 1982), 230쪽.
74) 『論六家要旨』, "因陰陽之大順, 采儒墨之善, 攝名法之要, 與時遷移, 應物變化, 立俗施事, 無所不宜, 指約而易操, 事少而功多."

편안히 머무른다'(主逸臣勞), '신하가 나서서 일을 처리하고 군주는 일에 나서지 않는다(臣事事, 君無事)는 원칙을 의미한다고 볼 수 있다. 이는 모두 황로학파가 열중했던 논의 주제였다. 한 가지 강조하고 싶은 것은 '무위하면서도 이루지 못하는 것이 없다'(無爲而無不爲)는 명제의 전제로서 '명을 바로잡고 법을 갖출 것'(名正法備)이 요구된다는 점이다. 『신자』「군인」의 말처럼, '군주가 자신의 의견을 버리고 법에 맡긴다면 모든 일은 법에 따라 결정될 수 있다'(大君任法而弗躬, 則事斷于法矣). 황로 정치철학에서는 도가 지닌 초월적 가치와 현실 비판 이론으로서의 역량을 깊이 통찰하는 한편, 강한 현실감각을 바탕으로 명名, 법法, 인仁, 의義와 같은 개념의 객관성과 중요성에 대해 다루었다. 인순因循은 주술主術의 일부로서 황로 정치철학이 명名, 법法, 인仁, 의義 등의 개념을 설명하는 이론 기초가 된다. 이러한 점 역시 황로가 노장과는 분명히 구별되는 특징 가운데 하나다.

2. 심술心術: 신명神明을 바탕으로 전개되는 심성론

장순후이(張舜徽)는 서주 및 진나라 시기 제자백가의 도론이 모두 주술 이론에 뿌리를 두고 있다고 하였는데, 『관자』 4편 역시 그 예외가 아니어서 이른바 심술心術 역시 주술을 가리킨다고 지적하였다.[75] 그의 말은 절반은 맞고 절반은 틀렸다. 그가 심술과 주술 간의 내적 관계를 간파한 것은 상당히 독창적이지만, 심술을 주술과 같은 것으로 치부한 것은 겉핥기식 해석이라는 비판에서 벗어날 수 없다. 심술心術(철학)과 주술主術(정치)이 한편으로는 내적 관계를 지니면서도 다른 한편으로 큰 차이를 보인다는 점은 충분히 이해할 수 있을 것이다. 주술이 '외왕外王'에 관한 학설이라고 한다면, 심술은 '내성內聖'에 관한 학설이라 할 수 있는데, 사실 이 둘 간의 관계는

---

75) 張舜徽, 『周秦道論發微』, 203쪽.

단순히 겉과 속 혹은 내외 관계로만 그치지는 않는다. 이들은 서로 다른 영역, 즉 주술은 정치학의 영역에 속하고 심술은 심성론의 영역에 속한다.76) (도가는) '허무를 근본으로 하며 인순을 작용으로 삼는다'는 사마담의 말을 놓고 보면, 심술은 전자에 해당하고 주술은 후자에 해당한다고 할 수 있다. 특히 심술 이론은 사마담이 언급한 '정신을 하나로 집중하고', '정신과 형체를 안정시킨다'는 전통과도 일맥상통한다. 간단히 말해, 심술과 주술 간의 관계는 마치 새의 양 날개 혹은 수레의 두 바퀴와 같다. 심술은 주술의 내적 근거가 되는 동시에, 주술에 사상적 깊이를 부여하여 법가나 책사들의 권모술수와 차이를 만들어 준다. 반면 주술은 심술의 현실감각과 정치적 의미를 부여한다. 따라서 주술을 벗어난 심술은 공허한 이론에 그치고 말 것이다. 이처럼 주술과 심술 간의 구조적 긴장 관계가 황로 정치철학 '내성외왕지도'의 이론 기초를 이루었다.

황로 문헌에서 빈번하게 등장하는 '심술心術' 개념이 과연 황로학의 특유의 개념인가 하는 문제는 좀 더 명확하게 논의될 필요가 있다.77) 우선,

---

76) 朱伯崑은 선진시기 황로학이 두 가지 경향으로 구분된다고 분석했다. 하나는 '형명법술 지학'으로서 『管子』「心術上」·「白心」, 『淮南子』「主術訓」, 『呂氏春秋』「貴因」·「察今」·「任 數」 등에서 논한 치국과 인순의 도가 이에 속한다. 다른 하나는 황로 양생학 전통으로 서 『管子』「心術下」·「內業」, 『淮南子』「精神訓」, 『呂氏春秋』「達郁」·「盡數」편의 내용이 이에 속한다. 전자는 '外王'에 해당하고 후자는 '內聖'에 해당한다고 볼 수 있다.(『朱伯崑 論著』, 심양: 심양출판사, 1998, 434~439쪽)

77) 예를 들어, 『장자』「천도」에서는 "반드시 精神의 운행과 心術의 움직임이 있고 난 뒤에 뒤따라야 한다"라고 하였다. 여기에서 말하는 '精神의 운행'과 '心術의 움직임'은 서로 같은 것으로 볼 수 있다. 『管子』의 경우, '4편' 이외의 편에서도 心術이라는 말이 등장한 다. 「七法」의 "진실하게 하고 성실히 하고 후하게 하고 베풀고 헤아리고 용서하는 것을 일러 심술이라고 한다"라는 구절이 그 예다. 한편, 『荀子』「非相」에서는 "형상이 추악하 더라도 심술이 훌륭하면 군자가 되기에 문제가 없다"라고 하였으며, 이 역시 지금 논의 하는 심술에 근접한 함의를 담고 있다. 『荀子』「解蔽」에서는 "만물의 대립하는 두 측면 이 서로를 감추어 주는 역할을 하니, 이는 보편적으로 존재하는 사고방식의 문제이다" 라고 하였고, 또 "성인은 사고방식의 문제를 알고 가려진 폐단을 관찰할 수 있으니, 욕심이 없고 증오하는 것이 없으며, 시작만을 알거나 끝만을 아는 법이 없고, 가까운 것만 알거나 먼 것만 아는 법이 없고, 드넓은 것만 알거나 얕은 것만 아는 법이 없고, 옛날만 알거나 현재만을 아는 법이 없으니, 만물을 나란히 펼쳐 두어 일정한 기준에 따라 균형 있게 조절한다"라고 하였다. 이는 마음을 쓰는 방법 혹은 사고방식에 관해 논한 것이다. 『문자』 역시 반복적으로 심술이라는 말을 사용하였고(「九守」, 「符言」), 『韓

심술이란 무엇을 의미하는가? 포괄적으로 말하자면, 심술은 마음을 사용하는 방법을 가리킨다. 특히 "마음이 청정무위의 경지를 유지하도록 하는 수양 방법"78)을 말한다. 따라서 황로학의 심술은 일종의 방법(術), 즉 심성론적 방법을 지칭하는 것으로 이해할 수 있다. 『관자』에서는 다음과 같이 말한다.

심술이란 무위로써 마음의 구멍(竅)을 다스리는 것을 말한다.79)

詩外傳』의 내용도 이와 대체로 동일하다. "천명에 바탕을 둔 채 심술을 익혀 좋아하고 싫어하는 감정을 다스리고 성정을 적절하게 하면 치국의 도가 갖추어지게 된다. 천명에 바탕을 두면 화복에 현혹되지 않는다. 화복에 현혹되지 않으면 움직임과 머무름이 이치에 따르게 된다. 심술을 익히면 함부로 기뻐하거나 분노하지 않게 된다. 함부로 기뻐하거나 분노하지 않으면 사람들이 상벌을 위해 아첨하지 않게 된다. 좋아하고 싫어하는 감정을 다스리면 쓸데없는 것을 탐하지 않는다. 쓸데없는 것을 탐하지 않으면 외물에 의해 본성이 상하는 일이 없게 된다. 성정을 적절하게 할 수 있으면 욕심이 과도하지 않게 절제된다. 욕심이 과도하지 않게 절제되면 만족함을 알아 본성을 길러나갈 수 있다. 이 네 가지는 외부에서 구할 수 없고 남에게 의지할 수도 없으며 자신을 돌이켜 보존해 나가야 한다."(『韓詩外傳』, 권2) 한편 『회남자』에서도 심술을 다수 언급한 바 있다. "심술의 방법에 밝게 통하면 각종 욕망과 좋아하고 싫어하는 감정을 내보낼 수 있다. 따라서 기뻐할 것도 없고 분노할 것도 없고 즐거워할 것도 없고 괴로워할 것도 없으니 만물은 그윽이 하나가 되어 그른 것도 없고 옳은 것도 없게 되고 만물의 화육은 현묘하게 나타나 (죽음은 삶과 같고) 삶은 죽음과 같아진다."(『淮南子』, 「原道訓」) "성정을 다스리고 심술을 익혀 조화로써 기르고 적절한 상태를 유지한다. 비천한 지위를 잊고 도를 즐기며 빈곤함을 잊고 덕에 편안히 머무른다. 욕심을 내지 않는 본성을 지녔으니 얻고자 하여 얻지 못함이 없고 어떤 특정한 것을 즐거워하는 마음을 지니지 않았으니 무언가를 꺼려서 하지 않은 것이 없다. 감정에 무익한 일이 있어도 그것으로 인해 덕이 얽매이지 않고 본성을 불편하게 하는 일이 있어도 그것으로 인해 조화가 어지럽혀지지 않는다."(『淮南子』, 「精神訓」) "심술에 바탕을 둔 채 성정을 다스려서 맑고 안정된 영혼을 깃들게 하고, 신명의 정미함을 맑게 하여 천지의 조화와 서로 가깝게 한다. 오제와 삼왕을 통해 보면, (이들은) 천기를 품고 천심을 안고 중화를 지켜 내면의 덕을 이루었다. 이렇게 함으로써 천지를 공고히 하고 음양을 일으켰으며 사계절의 질서를 규정하고 바른 기를 사방으로 퍼뜨렸다. 이렇게 함으로써 천하를 어루만지면 곧 안정되었고 일을 추진하면 곧 실행되었으니 이에 만물을 빚어내고 뭇 생명들을 화육하여 앞에서 외치면 화답하고 움직이면 따라와 사해 안이 모두 한마음으로 모일 수 있었다."(『淮南子』, 「要略」) 이 외에 『禮記』「樂記」에서도 심술을 언급하였다. "백성들은 모두 혈기를 지니고 있고 마음으로 지각하는 본성을 지니고 있다. 하지만 희노애락의 감정에는 일정함이 없으니, 이는 사물에 따라 반응하여 심술이 형성되기 때문이다." 어떤 의미에서 보면 『순자』가 즐겨 언급한 '기를 다스리고 마음을 기르는 방법'(治氣養心之術) 또한 『관자』의 심술과 상당히 가깝다고 할 수 있다.

78) 朱伯崑, 『朱伯崑論著』(심양: 심양출판사, 1998), 423쪽.

여기에서 말한 '마음의 구멍'(竅)이란 구체적으로 '눈과 귀'(즉 감각지각의 출입문)를 가리키며, 무위無爲는 마음이 허정하고 맑은 상태를 가리킨다. 한편 「심술상」의 뒷부분에 "몸에서 마음은 군주의 지위에 해당하고 몸의 아홉 구멍이 지닌 각각의 기능은 각각의 관직이 지닌 직무에 해당한다"[80]라는 구절이 등장한다. 장순후이(張舜徽)는 이 구절을 근거로 "심술心術이란 주술主術을 말하는 것으로 군도君道를 가리킨다"[81]라고 하였는데, 그렇게 면밀한 견해는 아니다. '무위로써 마음의 구멍을 다스린다'(以無爲制竅)는 것은 '허무를 근본으로 한다'(以虛無爲本)는 의미가 분명하다. 즉 심술(예를 들면, '함부로 기쁨과 분노를 표출하지 않고[不妄喜怒], '쓸모없는 것을 탐하지 않으며'[不貪無用], '욕망이 지나치시 않도록 하는'[欲不過節] 등의 방법)을 통해 외부 사물에 의한 유혹을 극복하고 지나친 욕망을 억제하여 '마음을 본래의 상태로 돌리고자 하는 것'(心乃反濟)을 말한다. 이렇게 본다면, 「심술상」편은 도가철학의 무위 개념을 심화 발전시켰음을 알 수 있다. 『관자』 4편(「내업」, 「백심」, 「심술」 상·하편)은 도가문헌에 속하는 것으로 이들의 편명은 모두 심心과 관련이 있다. 이는 『관자』 4편의 주제가 바로 심心이라는 것을 설명한다.[82] 필자의 견해에 따르면 『관자』 4편의 가장 중요한 공헌 중 하나는 탁월하고 독창적인 심성론을 수립했다는 점이다. 멍원퉁(蒙文通)은 "유가의 심성론 역시 도가를 취하여 더욱 정밀하게 발전했다"[83]라고 평가하였는데, 실로 예리한 견해가 아닐 수 없다.

---

79) 『管子』, 「心術上」, "心術者, 無爲而制竅者也."
80) 『管子』, 「心術上」, "心之在體, 君之位也, 九竅之有職, 官之分也."
81) 張舜徽, 『周秦道論發微』(북경: 중화서국, 1982), 203쪽.
82) 「內業」의 '內'라는 말은 '中'이라는 말로도 쓰이며, 심신의 두 측면을 동시에 포함한다. 즉 내업은 바로 심신의 수양을 가리키는 것이다. 「白心」의 경우, 郭沫若와 金德建은 '白'을 '(마음을) 표명하다'의 의미로 해석하고, 朱伯崑은 '마음이 투명하다', 즉 '마음에 다른 의도가 없다'는 의미로 해석하며, 李存山은 『장자』에서 말한 '純白之心' 혹은 '虛室生白'을 가리킨다고 주장하였다. 郭沫若과 金德建의 설은 크게 어긋나고, 朱伯崑과 李存山의 해석이 사실에 가깝다. 白心이란 마음의 욕심을 씻어 마음이 욕심에 의해 손상되고 계교에 의해 속박되지 않게끔 한다는 뜻이다.
83) 蒙文通, 『古學甄微』(성도: 파촉서사, 1987), 256쪽.

최근 도가 심성론은 점점 큰 관심과 주목을 불러일으키고 있다. 이론상의 대략적 특징에 관해서는 이미 많은 부분 해명이 이루어진 상태이므로 여기에서 따로 언급하지 않기로 한다.[84] 여기에서는 황로의 심술心術 이론에 내포된 신명神明에 대해서 중점적으로 논의해 보고, 그에 관한 문제를 정리하고 분석하여 심성론 이론의 특징을 밝혀 보도록 하겠다.

그레이엄(A. C. Graham) 교수의 명저 『도의 논쟁자들: 중국 고대 철학 논쟁』의 세밀한 분석과 심오한 통찰력은 사람들에게 많은 영감을 제공해 주었다. 예를 들면, 그는 중국철학 문헌 속의 귀鬼·신神이 'ghosts', 'gods' 등으로 번역되는 것에 대해 상당한 불만을 보였는데, 그는 철학적 의미로서의 신神 개념 속에는 사람이나 사물이 발휘하는 신비한 힘이나 영적 능력이라는 의미가 포함되어 있다고 보았다. 따라서 그는 이를 명사가 아닌 상태동사에 가깝게 이해하였다. 영어 단어에서 적절한 번역어를 찾자면 'daimonic'(영감을 받다/영성을 받다.)[85] 정도로 이해할 수 있다. 물론 이 번역이 정확한지에 관해서는 논의의 여지가 있다. 하지만 그가 귀신鬼神, 신명神明과 같은 단어를 단순히 gods, ghosts 혹은 demons 등으로 번역해서는 안 된다고 지적한 것은 매우 일리가 있다. 『노자』에서는 '기귀불신其鬼不神'(제60장)이라는 말이 등장하는데, 여기에서 신神을 단순히 귀신으로 이해해서는 안 된다. 가장 적절한 의미를 찾자면, 바로 '귀신이 작용을 일으키는 능력'(예컨대, 인간을 괴롭히고 방해하는 작용)이라 할 수 있다. 『주역』 「계사」에서는 "헤아릴 수 없는 음양의 변화를 일러 신神이라고 한다"[86], "신神은 만물을 생성하는 신묘한 능력을 말로 표현한 것이다"[87]라고 하였고, 『순자』 「천론」에서는 "하늘에 펼쳐진 별들은 서로를 따라 회전하고 해와 달은 번갈아 세상을 비추고 사계절이

---

84) 鄭開, 『道家形而上學硏究』(增訂版, 북경: 중국인민대학출판사, 2018); 「道家心性論硏究」(『哲學硏究』 2003년 제8기); 「道家心性論及其現代意義」(『道家文化硏究』 제24집, 북경: 삼련서점, 2008); 羅安憲, 『虛靜與逍遙: 道家心性論硏究』(북경: 인민출판사, 2005).

85) 葛瑞漢, 『論道者: 中國古代哲學論辯』(張海晏 譯, 북경: 중국사회과학출판사, 2003), 101쪽.

86) 『周易』, 「繫辭」, "陰陽不測之謂神."

87) 『周易』, 「繫辭」, "神也者, 妙萬物而爲言者也."

제5장 내성외왕: 황로 정치철학의 이론적 취지   299

번갈아 찾아오고 음양이 큰 변화를 일으키고 비바람이 넓게 세상을 적시니 만물은 각자 조화를 얻어 생겨나고 각자 이러한 작용에 의해 길러서 성장한다. 이러한 작용이 이루어 낸 결과는 볼 수 있지만, 어떻게 해서 이러한 작용이 일어나는지는 볼 수 없으니 이를 일러 신神이라 한다"[88]라고 하였다. 이 구절 속의 신神은 우주의 작용이 마치 귀신과 같이 신묘하여 인간의 지각과 예상으로는 도저히 헤아릴 수 없음을 의미한다. 이러한 사례는 철학 문헌 속의 신神(鬼神, 神明)이 매우 심오하고 풍부한 함의를 담고 있으며 귀신을 가리키는 일반적 의미의 신명神明으로 해석될 수 없음을 잘 말해 준다. 다시 말해, 제자백가 철학 개념으로서의 신명은 탈신비화를 통해 이성적으로 거듭난 철학 사유의 일종인 동시에 유구한 종교 전통 하의 귀신 관념이 지속적으로 발전해 온 결과이기도 하다. 이러한 점은 특히 도가철학 속에서 집중적으로 드러났으니,[89] 도가철학 속의 신명 개념은 연금술적 창조를 통해 중요한 철학 개념으로 새로이 거듭나게 되었다.[90]

계속해서 직하도가의 논의를 살펴보도록 하겠다. 『관자』에서는 다음과 같이 말한다.

> 만물에는 정기(精)가 있으니 이것으로 만물이 생겨난다. (정기는) 땅에서는 오곡을 만들고 하늘에서는 별을 이룬다. 천지 사이에 정기가 흐르는 것을 귀신鬼神이라고 하고 가슴 속에 정기를 가득 품은 자를 성인이라고 한다.[91]

이 단락 속의 정精은 정기精氣, 즉 정미하고 순수한 기를 말한다.[92] 도가철

---

88) 『荀子』, 「天論」, "列星隨旋, 日月遞照, 四時代御, 陰陽大化, 風雨博施, 萬物各得其和以生, 各得其養以成, 不見其事, 而見其功, 夫是之謂神."

89) 張岱年 선생은 다음과 같이 설명한다. "고대 도가철학에서 神, 精神, 神明이라고 하는 것은 한층 더 깊은 의미를 지닌다. 이는 인간의 정신을 지칭할 뿐만 아니라, 천지의 어떤 상태 혹은 자연계의 기이한 작용을 지칭하기도 한다."(張岱年, 『中國古典哲學範疇要論』, 북경: 중국사회과학출판사, 1989, 97쪽)

90) 鄭開, 「道家心性論視野中的神明」, 『神明文化硏究』 제2집(서울: 신명문화연구소, 2011).

91) 『管子』, 「內業」, "凡物之精, 此則爲生, 下生五穀, 上爲列星. 流于天地之間, 謂之鬼神. 藏于胸中, 謂之聖人."

학(특히 황로학파)에서는 기氣 개념을 특히 중시하였다. 이들은 기를 통해 만물이 어떻게 이루어지는가에 대해 설명하였다. 즉 만물은 기가 응집하면 형성되고 기가 흩어지면 소멸한다는 것이다. 「내업」편은 이러한 사상을 더욱 발전된 형태로 담아냈다. 한 가지 흥미로운 점은 위 인용문 속에서 정精(즉 精氣) 개념은 '귀신鬼神'으로 표현되고 있는데, 이는 성인이 성인일 수 있는 근거가 된다. 이러한 정기精氣 개념은 고대 그리스어 중의 유사한 개념인 pneuma(바람, 공기, 숨결)와 비교해 보아도 훨씬 풍부하고 복잡한 함의를 지니고 있다. 특히 정기 개념 속에는 정신적 요소가 뚜렷이 스며들어 있어 가장 순수하고 가장 활력을 띠는 능력을 나타내기도 한다. 즉 이는 순환하는 공기나 바람으로 나타날 수도 있고 생명 과정 속의 숨결로도 나타날 수 있으며 심지어는 귀신과 성인이 지닌 특별한 힘으로 나타나기도 한다.[93] 이처럼 독특한 정기의 개념 이론은 도가 심성론의 이론 구조 속에 일종의 복선처럼 숨어들어 있었다.

그렇다면 문제는 어떻게 성인聖人처럼 정기精氣를 '가슴속에 갖추어 둘 수'(藏于胸中) 있는지다. 『관자』는 이렇게 설명한다.

정精을 몸 안에 보존하면 저절로 생기가 넘쳐 겉으로 편안한 기색이 드러난다. 이를 안에 감추어 원천으로 삼으면 더없이 드넓고 조화로우니 모든 기가 생겨나는 연원이 된다. 이 연원이 마르지 않으면 육신은 강건해지고 원천이 고갈되지 않으면 아홉 구멍이 마침내 통하게 된다.[94]

기를 하나로 집중하여 마치 신명과 같이 할 수 있으면 만물을 갖출 수

---

92) 『管子』 「內業」에서는 "精이란 氣 중에서 정미한 것을 가리킨다"라고 설명한다.

93) 『管子』 「內業」에서는 심지어 精을 그대로 神으로 풀이하는 등, 이 둘을 구분하지 않고 사용하기도 하였다. "神은 본래 몸 안에 갖추어져 있으나 자유롭게 왕래하니 이를 가늠하기 어렵다. 만약 이를 잃어버리면 몸은 반드시 어지러워지게 되고 이를 얻는다면 몸은 반드시 바로잡히게 된다. 따라서 마음을 경건하게 하여 깨끗이 비워 내면 精은 저절로 찾아오게 된다."

94) 『管子』, 「內業」, "精存自生, 其外安榮, 內藏以爲泉原, 浩然和平, 以爲氣淵, 淵之不涸, 四體乃固, 泉之不竭, 九竅遂通."

있게 된다.95)

안정된 마음이 내면에 있으면 눈과 귀가 밝아지고 사지가 견고해지니 정精이 머무르는 거처가 될 수 있다. 정精이란 기氣 중에서 정미한 것을 가리킨다.96)

귀모뤄(郭沫若)는 『관자』 4편에서 말하는 정精이 도의 별칭이라고 보았다.97) 『관자』 각 편에 나오는 정精의 함의를 자세히 살펴보면, 물질과 정신이라는 단순한 이분법을 넘어 상당히 복잡한 함의를 지니고 있음을 어렵지 않게 발견하게 된다. 「내업」편에서 말한 정사精舍는 일종의 비유로서 도道를 담지한 심心을 가리킨다.98) 이는 '안색과 살결에 나타나'99) 인간의 생명 상태와 정신 상태를 말해 주기도 한다. 이처럼 정기精氣는 인간의 생명 활동에서 매우 중요한 의미를 지니며, 이는 「내업」편이 양생론을 상당수 포함하고 있는 이유이기도 하다. 정기가 내면에 갖추어져 있으면 신명神明이 이를 따라 찾아오게 된다고 한 것 외에도 「내편」에서는 '아홉 구멍이 통하게 된다'(九竅遂通)고 설명하였는데, 이 부분은 주의 깊게 살펴볼 필요가 있다. 아홉 구멍이 통하게 된다는 것은 신체의 건강 상태를 의미하기도 하지만, 탐욕이나 사견에 의해 가려지기 마련인 감각 지각을 깨우쳐 모든 것에 밝게 통하는 정신 직관을 발산한다는 의미로도 이해할 수 있다. 이러한 논의들이 바로 도가의 심성론에 해당한다. 이를 통해 보면, 노장도가에서 말하는 도道는 황로학에 이르러 일정 부분 정精과 신神 개념으로 치환되었으며, 어떤 의미에서 도道 개념은 '정신'화를 이루었다고도 할 수 있다. 그런데

---

95) 『管子』, 「內業」, "搏氣如神, 萬物備存."

96) 『管子』, 「內業」, "定心在中, 耳目聰明, 四枝堅固, 可以爲精舍. 精也者, 氣之精者也."

97) 郭沫若, 「靑銅時代·宋尹遺著考」, 『郭沫若全集―歷史編』 제1권(북경: 인민출판사, 1982), 562~564쪽.

98) 『文子』 「符言」에서는 "마음의 치란은 도와 덕에 달려 있다. 도를 얻으면 마음은 다스려지고 도를 잃으면 마음은 어지러워진다"라고 설명한다.

99) 『管子』, 「白心」, "集于顔色, 知于肌膚."

여기에서 말하는 정精, 신神 개념은 현대어 중의 '정신'과는 큰 차이가 있다. 현대어의 '정신'은 비교적 포괄적인 개념인 데 반해, 도가 특히 황로학에서 말하는 정精과 신神은 바로 몸과 마음 사이의 복잡한 상호 연관 관계를 지칭하며, 단지 '마음을 다스리는 관청'(心思之官司)이 아니라, 몸과 마음이 하나가 되는 정신 경지를 가리킨다. 쉬판청(徐梵澄)은 정精과 신神의 옛 뜻을 검토하여 이들이 '우주 지각적' '생명력의 표현'이라는 의미를 담고 있음을 파악했다.100) 이렇게 보면, 황로 문헌에 출현하는 정精과 신神 개념은 캐넌 (Walter B. Cannon)이 말한 '몸의 지혜'(Wisdom of Body)라는 개념에 가깝다고 볼 수도 있겠다.101) 따라서 필자는 황로도가의 심성론을 '정신철학'의 일종 으로 칭할 수 있다고 본다.

직하도가는 심心과 아홉 구멍(九竅 즉 감각기관) 간의 상호 관계라는 측면에 서 심心 개념을 분석하였다. 『관자』「심술상」에서는 다음과 같이 말한다.

> 몸에서 마음은 군주의 지위에 해당하고 몸의 아홉 구멍이 지닌 각각의 기능은 각각의 관직이 지닌 직무에 해당한다. 만약 마음이 도에 처하면 아홉 구멍이 리理에 따르게 되지만, 욕심이 충만하면 눈이 색을 제대로 보지 못하고 귀가 소리를 제대로 듣지 못한다.102)

> 눈과 귀는 보고 듣는 기관이다. 마음이 보고 듣는 일에 간섭하지 않으면 각 기관이 자신의 직분을 지키게 된다. 그런데 마음에 하고자 하는 바가 있으면 사물이 지나가도 눈이 이를 알아채지 못하고 소리가 울려도 귀가 이를 듣지 못한다.103)

---

100) 徐梵澄, 『老子臆解』(북경: 중화서국, 1988), 13~14 · 68~69쪽; 『陸王學述』(상해: 원동출판 사, 1994), 12~13 · 47 · 86~91쪽.

101) Walter B. Cannon, 『軀体的智慧』(范岱年 · 魏有仁 역, 북경: 상무인서관, 1982).

102) 『管子』, 「心術上」, "心之在體, 君之位也; 九竅之有職, 官之分也. 心處其道, 九竅循理, 嗜欲充盈, 目不見色, 耳不聞聲."

103) 『管子』, 「心術上」, "耳目者, 視聽之官也, 心而無與于視聽之事, 則官得守其分矣. 夫心有欲者, 物 過而目不見, 聲至而耳不聞也."

이 단락에서는 아주 분명하게 아홉 구멍(九竅. 즉 감각기관)에 대한 심心의 통제 작용을 강조하고 있다. 그런데 어떻게 해야 심心이 몸 안에 충만한 욕망과 갈마들며 일어나는 상념, 끊이지 않고 이어지는 의식의 흐름을 제거할 수 있는 것일까? 황로도가에서 말하는 심술心術이란 바로 이러한 욕망의 억제, 감각기관에 대한 자기 통제 방식을 말하며, 심술의 근본 원칙은 바로 '무위로써 감각기관을 통제하는 것'[104]이다. 이른바 결자해지의 원칙으로서, 심心의 문제는 결국 심心을 통해 해결할 수밖에 없다는 것이다. 이것이 바로 『관자』 「내업」에서 반복적으로 심心을 다스리고 안정시켜야 한다고 강조한 이유이다. '무위로써 감각기관을 통제하는'(無爲制竅) 문제를 더 깊이 탐구하기 위해 도가에서는 심心의 구조에 관한 이론을 체계적으로 전개하였다. 노자가 말한 무심無心, 혼기심渾其心(『노자』 제49장) 등이 대표적이며, 이들은 보통의 심心과는 서로 구분되면서도 서로 관련을 맺는 것으로 설명된다. 한편 장자는 기심機心, 성심成心과 구별되는 상심常心 개념을 제시하였다. 『장자』 「덕충부」에서는 "우선 지혜를 통해 자신의 마음을 깨닫고 다시 그 마음을 끌어와 모든 것에 통하는 상심을 깨닫는다"[105] 라고 설명하였는데, 이는 도가(노장과 황로)에서 일찍부터 심心을 두 개의 층차로 구분하고 있었음을 말해 준다. 즉 표면의 심心과 심층의 심心이 그것이다. 전자는 사고, 계획, 언변과 같은 일반적인 의미의 이성적 기능을 가리키며, 이러한 심心은 '만물을 쫓아 나가면 되돌아오지 않는' 특징을 보인다. 후자는 응집되어 잠잠한 상태, 정신이 하나로 집중된 상태를 의미한다. 간단히 말해 심心의 두 층차 혹은 이중 구조는 정확히 심心과 신神이라는 개념에 대응한다. 『관자』에서는 '마음속에 마음을 감추고 있으니, 마음속에 또다시 마음이 있다'는 설명 방식을 제시하기도 하였다.

---

104) 『管子』, 「心術上」, "無爲而制竅者也."
105) 『莊子』, 「德充符」, "以其知, 得其心; 以其心, 得其常心."

마음속에 또다시 마음이 있다. 뜻은 말보다 앞서 생겨난다. 뜻이 있고
난 뒤에 형상이 있고, 형상이 있고 난 뒤에 생각이 있고, 생각이 있고
난 뒤에 지식이 있다.[106]

마음이 다스려지면 감각기관 역시 다스려지게 되고 마음이 안정되면
감각기관 역시 안정된다. (마음을) 다스리는 것은 마음이고 (마음을) 안정
시키는 것도 마음이다. 마음속에 마음이 감추어져 있고 마음속에 또다시
마음이 있기 때문이다. 마음속의 마음은 뜻이 먼저 있고 난 뒤에 말이
있다. 뜻이 있고 난 뒤에 이것이 드러나고 드러난 뒤에 말로 표현되며
말로 표현된 뒤에 지시를 할 수 있고 지시를 한 뒤에 다스려지게 된다.[107]

마음속에 또다시 마음이 있으니, 그 누가 그 속에 담긴 것을 얻을 수
있겠는가?[108]

여기에서 설명하는 '마음속의 마음', '마음속에 감추어진 마음'은 과연
어떠한 의미를 지니고 있을까? 도가에서는 이를 道道, 정기精氣, 신명神明이
머무르는 '거처'라고 여겼다. 도가 심성론의 핵심은 도道는 심心에 있지
않으나 심心을 벗어나지 않는다는 이치, 즉 도道는 심중의 심, 마음속의
마음에 있음을 밝히려는 것이다. 즉 득도와 체도의 경지는 반드시 청정한
심心의 상태가 요구된다. 심心 개념에 대한 깊은 분석을 통해 '심중의 심'을
드러내고 이를 '도의 거처'(道舍)로 삼는 것이 바로 황로사상의 중요한 특징
가운데 하나이다. 따라서 도에 대한 깨달음과 파악, 혹은 득도와 체도라는
문제의 핵심은 어떻게 신명을 '도의 거처'로 들어가게 할 수 있는가 하는
문제로 치환될 수 있다. 『장자』와 『관자』에서는 이 문제에 관해 상세하고
충분한 설명을 제공하였다.

---

106) 『管子』, 「心術下」, "心之中又有心, 意以先言. 意然後形, 形然後思, 思然後知."
107) 『管子』, 「內業」, "我心治, 官乃治, 我心安, 官乃安. 治之者心也, 安之者心也. 心以藏心, 心之中
又有心焉. 彼心之心, 音以先言. 音然後行, 形然後言, 言然後使, 使然後治."
108) 『管子』, 「白心」, "故曰有中有中, 孰能得夫中之衷乎?"

뜻을 하나로 모은 채 귀로 들으려 하지 말고 마음으로 듣도록 한다. 마음으로 듣기보다는 기氣로써 듣도록 한다. 귀의 작용은 외부의 사물을 듣는 것에 그치고 마음의 작용은 현상에 감응하는 것에 그친다. 기氣야말로 텅 비어 밝은 것으로서 사물을 받아들일 수 있으니 도는 텅 빈 곳에서만 모일 수 있다. 이처럼 마음을 텅 빈 상태로 만드는 것을 마음의 재계라 한다…… 길을 아예 가지 않는 것은 쉬워도 길을 가면서 행적을 남기지 않는 것은 어려운 법이다. 욕심에 이끌려 가면 억지로 일을 꾸미게 되기에 십상이고 자연에 따라 행동하면 쉽게 그렇게 될 수 없다. 날개가 있어서 날 수 있다는 말은 들어 보았어도 날개가 없는데도 날 수 있다는 말은 들어 보지 못했다. 지모를 사용하여 지식을 얻고자 한다는 말은 들어 보았어도 지모를 사용하지 않고서 지식을 얻으려 한다는 말은 들어 보지 못했을 것이다. 마음이 텅 비어 밝은 상태를 살펴보면 그곳에서 밝은 빛이 나오는 것을 볼 수 있을 것이다. 상서로운 일은 고요히 안정된 마음에 머무른다. 마음이 안정되지 못한 상태는 몸은 앉아 있으나 마음은 이리저리 치닫는 상태(坐馳)라고 할 수 있다. 감각기관이 내면을 향하게 하고 마음속의 지모를 밖으로 내보내면 귀신도 찾아와 머무르게 된다.[109]

형체를 단정하게 하고 시각을 한곳에 집중하면 하늘의 조화로운 기가 이르게 될 것이다. 지모를 거두어들이고 생각을 한곳에 집중하면 신神이 모여들게 될 것이다.[110]

일一에 통달하면 만사가 이루어진다. 무심한 상태를 얻으면 귀신도 복종하게 된다…… 덕이 왕성한 자는 순박하고 참된 본성을 지닌 채 세속의 번잡한 일에 응하는 것을 부끄럽게 여긴다. 이러한 자는 본원의 상태를 지키고 있으니 그 지혜가 신神과 서로 통한다…… (도는) 보고자 하여도 심원하여 잘 보이지 않고 듣고자 하여도 소리가 없다. 심원함 속에 다만 그 자취를 엿볼 수 있으며 소리가 없는 가운데 그 조화만을 들을 수

---

109) 『莊子』,「人間世」, "若一志, 無聽之以耳而聽之以心, 無聽之以心而聽之以氣. 聽止于耳, 心止于符, 氣也者, 虛而待物者也. 唯道集虛. 虛者, 心齋也.……絶迹易, 無行地難. 爲人使易以僞, 爲天使難以僞. 聞以有翼飛者矣, 未聞以無翼飛者也; 聞以有知知者矣, 未聞以無知知者也. 瞻彼闋者, 虛室生白, 吉祥止止. 夫且不止, 是之謂坐馳. 夫徇耳目內通而外于心知, 鬼神將來舍."
110) 『莊子』,「知比游」, "若正汝形, 一汝視, 天和將至; 攝汝知, 一汝度, 神將來舍."

있다. 깊고 또 깊으니 만물이 그로부터 생겨나고 신묘하고 신묘하니 정精이 그로부터 생겨난다.111)

마음의 욕심을 비우면 신神이 들어와 거처하고, 깨끗하지 못한 마음을 정결하게 하면 신神이 계속 머무르게 된다.112)

거처를 삼가 깨끗하게 하면 정精이 저절로 찾아오게 된다.…… 기를 하나로 뭉쳐서 신명과 같이 만들면 만물을 온전히 마음속에 갖출 수 있게 된다. 그러니 뭉칠 수 있는가? 하나로 만들 수 있는가? 점을 치지 않고도 미리 길흉을 알 수 있는가? 멈출 줄 아는가? 끝마칠 줄 아는가? 외부에서 구하지 않고 내면으로부터 추구할 줄 아는가? 생각하고, 생각하고 또 생각하라! 생각하여 통하지 않으면 귀신이 이를 통하게 해 줄 것이다. 사실 이는 귀신의 힘이 아니라 정기의 지극한 작용일 뿐이다.113)

뜻을 모으고 마음을 하나로 만들고 눈과 귀를 단정하게 하면 먼 곳의 일을 직접 보는 것과 같이 알게 될 것이다. 전념할 수 있는가? 하나로 만들 수 있는가? 점을 치지 않고도 미리 길흉을 알 수 있는가? 멈출 줄 아는가? 끝마칠 줄 아는가? 남에게 묻지 말고 자신에게서 스스로 구할 수 있는가? 따라서 말하기를 "생각하고, 생각하라! 생각하여 얻지 못하면 귀신이 이를 가르쳐 줄 것이다. 사실 이는 귀신의 힘이 아니라 정기의 지극한 작용일 뿐이다"라고 하였다.114)

우선 위 인용문 가운데 '귀신이 찾아와 머무른다'(鬼神入舍)라는 표현은

---

111) 『莊子』, 「天地」, "通于一而萬事畢, 無心得而鬼神服.……夫王德之人, 素逝而恥通于事, 立之本原而知通于神.……視乎冥冥, 聽乎無聲. 冥冥之中, 獨見曉焉; 無聲之中, 獨聞和焉. 故深之又深, 而能物焉; 神之又神, 而能精焉."

112) 『管子』, 「心術上」, "虛其欲, 神將入舍; 掃除不潔, 神乃留處."

113) 『管子』, 「內業」, "敬除其舍, 精將自來.……搏氣如神, 萬物備存. 能搏乎? 能一乎? 能無蔔筮而知吉凶乎? 能止乎? 能已乎? 能勿求諸人而得之己乎? 思之, 思之, 又重思之. 思之而不通, 鬼神將通之. 非鬼神之力也, 精氣之極也."

114) 『管子』, 「心術下」, "專于意, 一于心, 耳目端, 知遠之證. 能專乎? 能一乎? 能毋蔔筮而知凶吉乎? 能止乎? 能已乎? 能毋問于人而自得之于己乎? 故曰: 思之, 思之, 思之不得, 鬼神教之. 非鬼神之力也, 其精氣之極也."

몰입된 정신 상태를 나타낸 것임을 쉽게 알 수 있다. 이는 고대 문헌 속에서 적지 않게 보이는 '신명에 통한다'(通于神明), '신명의 덕에 통한다'(通于神明之德)는 표현의 또 다른 형태이다. 신명神明이라는 말이 도가 심성론 맥락 속에 출현하는 것은 중요한 의미를 지닌다. 도가의 철인들은 신명의 함의에 변화를 가함으로써 신명이 고대의 종교 전통을 탈피하여 도가 정신 경지를 나타내는 개념으로 나아가도록 하였다. 익히 잘 알려져 있듯, 도가에서 논하는 도道는 정관묵조靜觀默照를 통한 사색만으로 얻어질 수 있는 것이 아니며 반드시 실천을 바탕으로 해야 한다. 도가가 신명 담론을 새롭게 전개한 것도 바로 이러한 내적 원인에서 기인한 것으로 볼 수 있다. 이렇게 보면, 도가사상의 창조성은 전통사상에 대한 새로운 해석 방식으로 나타나기도 한다.

앞서 인용한 여러 문헌에서는 모두 신명神明 혹은 귀신鬼神이라는 말이 등장하고 있다. 인용문의 맥락을 살펴보면 이들은 모두 풍부한 심성론적 사상을 담고 있다. 계속해서 아래의 세 가지 측면에서 더 깊은 분석을 진행해 나가도록 하겠다.

(1) 도가에서는 심心을 매우 중요하게 생각하여 심心의 개념을 설명하는데 역점을 두었다. 『장자』는 유가사상의 편협함을 놓고 '중국의 군자들은 예와 의에는 밝았으나 사람의 마음을 제대로 알지는 못했다'115)고 평가하기도 하였다. 한편 『관자』 4편을 놓고 보면, 편명(「내업」, 「백심」, 「심술」)이 모두 심心 개념과 관련이 있고 내용에서도 심心을 반복적으로 언급한 점116)으로 보아 직하도가사상의 핵심이 심학心學이었음이 드러난다. 이는 노자사상을 한층 발전시킨 결과라고도 할 수 있다. 『관자』 4편은 심心의 특성, 심心-성性의 관계, 심心의 수양 등의 문제를 체계적으로 논했고, 특히 심心과 도道 간의 관계를 강조하였다. '(도 혹은 정기는) 마음속에 모인다'(卒乎乃在於心),

---

115) 『莊子』, 「田子方」, "中國之君子, 明乎禮義而陋于知人心."
116) 「內業」 편에서는 心이라는 글자가 30여 차례 등장하는데 이는 氣, 精, 道라는 말을 모두 합친 것과 맞먹는 횟수이다.

'마음이 고요하고 기가 질서를 지니면 도가 머무르게 된다'(心靜氣理, 道乃可止)는 「내업」편의 구절에서 이러한 특징이 잘 나타나며, 이는『관자』「추언」에서 제시한 심心은 도道가 인간에게서 구체적으로 체현된 것이라는 설명과도 잘 부합한다.117)

(2) 어떻게 하면 도道를 심心 속에 머무르게 할 수 있을 것인가 혹은 신명이 찾아와 머무르기 위한 전제조건이 무엇인가 하는 것은 가장 주의 깊게 살펴보아야 하는 문제이다. 앞서 인용한『장자』「지북유」편의 "형체를 단정하게 하고 시각을 한곳에 집중하면 하늘의 조화로운 기가 이르게 될 것이다. 지모를 거두어들이고 생각을 한곳에 집중하면 신神이 모여들게 될 것이다"라는 구절은『회남자』,『문자』등에서도 재차 강조된 바 있다. '형체를 단정하게 할 것'(正形), '시각을 한곳에 집중할 것'(一視), '지모를 거두어들일 것'(攝知. 정신을 하나로 집중할 것)이라는 원칙 외에도 앞서 언급했던 '고요한 상태를 유지하고'(靜), '지각행위를 그치고'(知止), '감응하여 통하는 것'(感通) 모두 신명이 찾아와 머무르게 하기 위한 전제조건이 된다.『관자』「심술상」편의 "마음의 욕심을 비우면 신神이 들어와 거처하고, 깨끗하지 못한 마음을 정결하게 하면 신神이 계속 머무르게 된다"는 구절에서 이미 욕심을 비우는 것이 (신명의) 거처를 깨끗하게 하는 것임을 말한 바 있는데, 『관자』「심술상」의 '해解' 부분에서 이 문제를 더욱 상세히 토론하였다.

> 욕심을 없애면 잘 통하고 잘 통하면 고요해지고 고요해지면 정미해지고 정미해지면 홀로 서게 되고 홀로 서게 되면 밝아지고 밝아지면 신묘(神)해진다. 신神의 경지는 지극히 귀하니, 거처를 깨끗하게 하지 않으면 귀인이 그곳에 머무르지 않는다. 따라서 말하기를 "청결하지 않으면 신神은 이를 거처로 삼지 않는다"라고 한 것이다.118)

---

117) 陳鼓應,「『管子』四篇的心學與氣論」,『管子四篇詮釋』(북경: 상무인서관, 2006), 41~51쪽.
118)『管子』,「心術上」, 解, "去欲則宣, 宣則靜矣. 靜則精, 靜則獨立矣. 獨則明, 明則神矣. 神者, 至貴也. 故館不辟除, 則貴人不舍焉. 故曰: 不潔則神不處."

궁을 청결히 하고 문을 열어 두며 사사로움을 버리고 말을 줄이면 신명이
머무르게 된다.119)

궁이란 마음을 말하는데 마음은 지혜의 거처이므로 이를 궁이라고 하였다.
청결히 한다는 것은 좋아하고 싫어하는 감정을 없애는 것이다. 문이란
눈과 귀를 말하며, 이는 보고 듣는 감각기관을 의미한다.120)

　여기의 거처(舍), 궁宮은 모두 심心에 대한 비유이다. 윤지장의 고주에서도
이를 심心으로 풀이하였다. 문門은 눈과 귀(耳目)에 대한 비유이며, 고대인의
관점에서 눈과 귀와 같은 신체의 구멍(空竅)은 마치 신명神明이 드나드는
문과 창에 해당했다. 『관자』 4편의 주제는 심술心術을 통해 감사기관을
통제하는 것이며, 이때 심술은 자기 성찰을 통해 허정虛靜과 전일搏一의
상태로부터 '신명이 찾아와 머무르는' 정신 경지에 이르는 것을 주요 내용으
로 한다. 이것으로 볼 때, 심술의 중점은 바로 치심治心에 있음을 알 수
있다. 위 인용문에 따르면 심心은 지혜의 거처이므로 이는 지식(知) 혹은
지혜(智)가 머무르는 곳이기도 하다. 만약 심心 속에 외부 사물에 대한
각종 환상과 사심, 잡념 등이 충만해 있다면, 어떻게 신명이 머무르는
정신 상태에 이를 수 있겠는가? 이는 마치 거처(館)를 깨끗이 청소해야
귀인(神에 대한 비유)을 맞이할 수 있는 것과 같다. 즉 마음을 깨끗이 청소해야
이를 '신명의 거처'라고 할 수 있다는 것이다. 따라서 『관자』 4편에서 말하는
'도의 거처'(道舍), '정의 거처'(精舍) 그리고 『장자』에서 말하는 심재心齋 등은
모두 신명神明이 거주하는 곳임을 알 수 있다. 한편 『회남자』에서도 '정精이
영부에 통한다', '신神을 영부에 맡겨둔다'121)라는 표현이 등장한다. 이른바
영부靈府란 정의 거처(精舍), 도의 거처(道舍), 덕의 거처(德舍)(『한비자』, 「해로」),

---

119) 『管子』, 「心術上」, 解, "潔其宮, 開其門, 去私毋言, 神明若存."
120) 『管子』, 「心術上」, 解, "宮者, 謂心也. 心也者, 智之舍也, 故曰宮. 潔之者, 去好過也. 門者, 謂耳
　　目也. 耳目者, 所以聞見也."
121) 『淮南子』, 「原道訓」, "精通于靈府.", 『淮南子』, 「俶眞訓」, "托其神于靈府."

310　　도가의 정치철학

심재心齋 등과 마찬가지로 심心의 심층 구조에 내재한 신명神明이 출입하는 장소를 말한다. 이러한 표현들은 단순한 비유에 그치는 것이 아니라 사람들의 시야를 새롭게 일깨우는 작용을 하는데, 더욱 중요한 사실은 이들은 모두 도가 심성론의 요점이라는 것이다. 이에 관해서는『노자하상공장구』에서 확실히 설명한 바 있다.

> 정욕을 제거하여 감정을 조절하고 오장을 맑게 할 수 있으면 신명이 머무르게 된다.[122]

> 몸을 다스리는 자는 정욕을 제거하여 오장을 텅 비게 할 수 있으면 신神이 찾아오게 된다.[123]

> 인간이 생명을 유지할 수 있는 것은 정신이 있기 때문이니, 허무와 청정의 상태를 추구해야 한다. 하지만 음식을 조절하지 않고 도를 잊은 채 색을 생각하며 간사한 생각을 가득 품고 있다면 참된 본성을 해치고 정신을 질리게 만든다.…… 마음속에 더러운 것을 씻어 내고 덤덤하게 욕심이 없는 상태를 유지하면 정신이 찾아와 머무르게 된다.[124]

정리하자면 하상공『장구』는『관자』4편의 사상과 매우 유사하며 이를 계승한 것으로 볼 수 있다. 나아가 동한시기의 위서緯書 및『태평경』,『황정경』등의 초기『도경』속에 보이는 '몸-정신'(身神)의 관념 또한 하상공『장구』및『관자』4편과 서로 일맥상통하는 모습이 확인된다. 즉 신명神明 개념은 역사의 흐름 속에서 점점 풍부해지고 복잡하게 발전해 나갔다.

(3) 인식론의 각도에서 보면, 심성론 담론에 얽혀 있는 인식론적 내용은 굉장히 뚜렷한 특색을 지니고 있다.『장자』「인간세」편에는 '도는 텅 빈

---

122) 「虛用」제5, "人能除情欲, 節滋味, 淸五藏, 則神明居之也."
123) 「无用」제11, "治身者當除情去欲, 使五藏空虛, 神乃歸之."
124) 「愛己」제72, "人所以生者, 以有精神. 托空虛, 喜淸靜, 飮食不節, 忽道念色, 邪僻滿腹, 爲伐本厭神也,……洗心濯垢, 恬泊無欲, 則精神居之而不厭也."

곳에 모이며 비운다는 것은 마음을 재계하는 것이다'(惟道集虛, 虛者心齋)라는 구절이 등장한다. 여기에서 마음의 재계(心齋)란 일종의 실천 지식에 해당한다. 한편 '허실생백虛室生白'(빈 집에서 흰 빛이 생겨난다.)이라는 말에서의 백白은 『장자』「천지」편 속에 나오는 순백純白과 같은 용법으로, '텅 비어 밝은 마음'(空明之心)을 의미한다. 『장자』「인간세」편의 "귀로 들으려 하지 말고 마음으로 듣도록 한다. 마음으로 듣기보다는 기氣로써 듣도록 한다. 귀의 작용은 외부의 사물을 듣는 것에 그치고 마음의 작용은 현상에 감응하는 것에 그친다"라는 구절 또한 인식의 문제에 관한 도가의 일반적인 견해를 잘 보여 준다. 도가의 입장에서 보면, 감각과 지각은 모두 외물에 의해 얽매이게 되므로 내적 한계를 피할 수 없다. 예를 들어, '이주와 같이 밝은 눈'이나 '사광과 같이 밝은 귀'조차도 결국은 '보고자 해도 볼 수 없고', '듣고자 해도 들을 수 없는' 수준에 그치고 만다. 이것이 바로 '귀로 듣고자 하는 것은 위험하다'(聽之于聽也殆) 혹은 '(귀로 들은 것은) 귀에서 그친다'(聽止 于耳)라는 이치다. 흥미로운 점은 장자가 눈과 귀, 심心을 부정한 다음 '기로써 듣는다'(聽之以氣)는 견해를 제시했다는 점이다. 간단히 말해 기로써 듣는다는 것은 『관자』「내업」에서 말한 '기를 하나로 집중하여 마치 신神과 같이 한다'(搏氣如神), '정精을 몸 안에 보존하면 저절로 생기가 넘친다'(精存自生), '정精이 저절로 찾아온다'(精將自來)는 말과 같은 의미로 해석되며, 이는 본질적으로 지각과 사고를 초월하는 내적 체험에 해당한다. 한 가지 주목할 점은 앞서 인용한 내용에는 '지각을 멈추어야 한다'(知止)는 관념이 넓게 자리하고 있다는 것이다. 「인간세」편의 "감각기관이 내면을 향하게 하고 마음속의 지모를 밖으로 내보내면 귀신도 찾아와 머무르게 된다"는 구절에 따르면, '도에 대한 앎' 혹은 도에 대한 체득은 이성적 인식을 초월하는 비범한 특징으로 나타나는데, 이는 마치 "귀로 보고 눈으로 듣는다"(『열자』, 「중니」)는 『열자』의 한 구절을 떠올리게 한다.

『관자』와 마왕퇴 출토 황로 백서에서도 이와 비슷하게 '신명이 지극한 경지에 이르면 만물을 분명히 살필 수 있다'는 이치를 다룬 바 있다.

형체가 바르지 않으면 덕이 찾아오지 않고, 내면이 고요하지 않으면 마음이 다스려지지 않는다. 형체를 바르게 하고 덕을 갖추어 마치 천지와 같이 인의를 베풀면 차츰차츰 신명이 지극한 경지에 이르게 될 것이니, 이러한 상태에서는 만물을 분명히 살필 수 있다. 내면의 고요한 상태를 흐트러뜨리지 않고, 사물에 의해 감각기관이 어지럽혀지지 않고, 감각기관에 의해 마음이 어지럽히지 않는 상태를 일러 내면으로 체득했다(中得)고 한다. 신神은 몸 안에 있으나 자유롭게 왕래하니 이를 파악하기가 힘들다.125)

지혜에서 단정함이 나오고 단정함에서 고요함이 나온다. 고요하면 평온해지고, 평온하면 편안해지고, 편안하면 본래의 모습으로 돌아오고, 본래의 모습으로 돌아오면 정미해지고, 정미하면 신묘해진다. 신묘함의 극치에 이르면 식견에 어떤 의혹도 없다. 제왕帝王이란 바로 이러한 도를 지키는 자이다.126)

정리하자면, 이러한 이치는 '고요한 상태를 유지하여 있는 그대로를 따른다'(靜因之道)는 명제로 정리할 수 있다. 일찍이 직하에서 세 차례나 수장으로 추대된 순자 역시 그 학술적 영향을 깊이 받아들였는데, 심心 개념에 대한 그의 분석이나 '어떻게 도를 알 수 있는가?'라는 문제에 대해 '마음을 하나로 집중하여 허정한 상태를 유지한다'127)고 답한 것에서 그 영향을 쉽게 발견할 수 있다. 한편 한비자는 「양권」편에서 "즐거워하고 미워하는 감정을 없애 텅 빈 마음을 도의 거처로 삼아야 한다"128)고 하였으니, 『장자』, 『관자』 4편, 마왕퇴 황로 백서의 사상과 서로 비교하여 이해할 수 있다. 특히 그의 「해로」, 「유로」 두 편은 황로사상을 인용하여 『노자』를

---

125) 『管子』, 「內業」, "形不正, 德不來; 中不靜, 心不治. 正形攝德, 天仁地義, 則淫然而自至. 神明之極, 照乎知萬物, 中義守不忒. 不以物亂官, 不以官亂心, 是謂中得. 有神自在身, 一往一來, 莫之能思."
126) 馬王堆 帛書 『經法·論』, "慧生正, 正生靜. 靜則平, 平則甯, 甯則素, 素則精, 精則神. 至神之極, 見知不惑."
127) 『荀子』, 「解蔽」, "虛一而靜."
128) 『韓非子』, 「揚權」, "去喜去惡, 虛心以爲道舍."

해석한 것으로서 여기에서 그는 무위無爲의 핵심이 '정신을 고요하게 하는 것'(神靜)이라는 이치를 자세히 설명했다.

이상의 논의를 통해 살펴보면, '심心'에 관한 도가의 주된 논의는 '무위하고 순일한 상태를 유지함으로써 청정하고 신명스러운 작용에 이른다'(無爲抱一, 淸靜神明)는 말로 요약할 수 있다. 다시 『관자』 「내업」편으로 돌아와 마치 시의 한 편을 연상케 하는 두 단락을 살펴보도록 하자.

근심과 슬픔과 기쁨과 분노가 생겨나면 도는 처할 곳이 없게 된다. 애욕의 감정은 고요하게 다스려야 하고 어지러운 마음은 바르게 다잡아야 한다. 억지로 당기거나 밀지 않으면 복은 저절로 찾아오게 된다. 도가 찾아오면 그에 따라서 일을 도모하면 될 뿐이다. 고요한 상태에서는 도를 얻을 수 있지만 소란스러운 상태에서는 도를 잃게 된다. 영기靈氣는 마음속에서 자유롭게 왕래하는데 그 속에 아무것도 없을 정도로 미세하고 그 밖에 아무것도 없을 정도로 광대하다. 사람들이 이를 잃어버리게 되는 것은 소란스럽게 흔들어 상하게 하기 때문이며 마음이 고요한 상태를 지킬 수 있다면 도는 저절로 안정된다.[129]

안정된 마음이 내면에 있으면 눈과 귀가 밝아지고 사지가 견고해지니 정精이 머무르는 거처가 될 수 있다. 정精이란 기氣 중에서 정미한 것을 가리킨다. 기가 있으면 생명이 있고, 생명이 있으면 사고가 있고, 사고가 있으면 지각이 있고, 지각이 있으면 그칠 줄 알아야 한다. 마음의 모습은 지각이 많아지면 생기를 잃기 마련이다.[130]

위 단락에서 정기精氣와 영기靈氣는 모두 도道의 대명사로 사용되었다. 위 단락에 따르면 무욕無欲, 무사無思, 무지無知, 무정無情(희노애락 등의 감정)을

---

129) 『管子』, 「內業」, "憂悲喜怒, 道乃無處. 愛欲靜之, 遇亂正之. 勿引勿推, 福將自歸. 彼道自來, 可籍與謀. 靜則得之, 躁失之. 靈氣在心, 一來一逝. 其細無內, 其大無外. 所以失之, 以躁爲害. 心能執靜, 道將自定."

130) 『管子』, 「內業」, "定心在中, 耳目聰明, 四枝堅固, 可以爲精舍. 精也者, 氣之精者也. 氣道乃生, 生乃思, 思乃知, 知乃止矣. 凡心之形, 過知失生."

통해 고요한 상태를 유지할 수 있으면 도道 혹은 귀신鬼神은 의식하지도 못하는 사이에 저절로 '마음속의 마음'으로 들어오게 된다. 분명한 것은 도가 심성론 관점에서 이해하는 신명神明은 '신이 강림한다'는 종교적이고 미신적인 의미를 탈피하여 더 심오하고 복잡한 도의 이론으로 주입되었다는 점이다. '신명이 머무른다'라거나 '신이 찾아온다'라는 표현은 고대 종교 전통 속의 신명 관념을 빌린 일종의 언어 형식일 뿐이며, 실질적인 함의는 당연히 표현 형식과는 다르다. 앞서 인용한 「내업」의 한 단락에서 '정기를 흉중에 품은 자를 성인이라고 한다'고 설명하였다면, 여기에서는 성인은 '도를 체득한 자'로서 마음 깊은 곳에 '신명을 지니고 있다'고 설명한다. 한편, 『회남자』에서는 "신명에 통달한 자는 내면적으로 체득한 바가 있다"[131], "득도자란 내면에 정精을 품고 마음속에 신神이 깃들어 있는 자이다"[132]라고 설명하였고, 『할관자』에서도 "성인의 도는 신명을 서로 갖추고 있다. 따라서 도덕이라고 한다"[133], "도여! 도여! 신명과 서로 보좌하는구나!"[134]라고 하였다. 도가철학, 특히 심성론에서의 신명 담론은 사실 성인의 정신 경지에 대한 묘사라고 이해할 수 있다. 평유란(馮友蘭) 선생 역시 도란 단순히 객관 진리만을 말하는 것이 아니라 주관 경지를 의미하기도 한다고 말한 바 있다. 바로 이러한 의미에서 우리는 도가가 추구하였던 도란 사실 내적 체험을 바탕으로 한 정신 경지의 일종이라고 이해할 수 있다. 이것이야 말로 '진인眞人이 있고 난 뒤에 참된 앎(眞知)이 있다'는 장자의 말의 진정한 의미가 아닐까? 한편, 마왕퇴 황로 백서와 『회남자』 등에서는 도道와 신명의 동일성을 설명한 바 있다.

도란 신명의 근원이다. 신명은 만물의 규정된 법도 내에 있으면서 그

---

131) 『淮南子』, 「原道訓」, "通于神明者, 得其內者也."
132) 『淮南子』, 「泰族訓」, "今夫道者, 藏精于內, 棲神于心."
133) 『鶡冠子』, 「泰鴻」, "聖人之道與神明相得, 故曰道德."
134) 『鶡冠子』, 「兵政」, "道乎道乎, 與神明相保乎."

밖에서도 찾아볼 수 있다. 만물의 규정된 법도 내에 존재하면 말하지
않고도 그 존재를 알 수 있으며 밖에 존재하면 말로 표현할 수 있으나
바꿀 수는 없다. 만물의 규정된 법도 내에 존재하면 고요하게 머물러
움직이게 할 수 없으며 밖에 존재하면 발동한 상태가 되어 변화시킬
수 없다. 따라서 이를 신령하다고 한다. 신명은 앎의 기준이 된다. 도는
천지를 감싸고 있으니 그 형체를 살펴볼 수 없고 천지 사이를 가득 채우고
있으나 그 명칭을 알지 못한다.[135]

도라고 하는 것은 둥근 것을 체득했으면서도 네모를 본받고, 음을 짊어진
채 양을 품고, 왼손에 부드러움을 쥐고 오른손에 단단함을 쥐고, 그윽함을
발로 밟은 채 밝음을 머리에 인다. 이처럼 변화가 무상하지만 한 가지의
근원을 얻는다면 무한히 대응할 수 있다. 따라서 이를 신명하다고 한다.[136]

마치 신명과 같아서 사방으로 통하고 흘러 이르지 못함이 없다. 위로는
하늘에 닿고 아래로는 땅에 두루 미친다. 만물을 화육하지만 정작 스스로는
어떠한 형상도 없으며 세상을 우러러 사해의 밖까지 두루 어루만진다.[137]

도는 변화가 무상하지만 한 가지의 근원을 얻는다면 무한히 대응할 수
있다. 따라서 이를 신명하다고 한다.[138]

이상의 설명으로 볼 때, 신명은 도의 신묘한 작용을 가리키는 것으로
도의 대명사와 같이 사용되고 있음을 알 수 있다. 또한 이러한 신명의
의식상태 혹은 지각상태는 외물과 자아를 동시에 망각한 상태로서 이른바

---

135) 馬王堆 帛書『經法·名理』, "道者, 神明之原也. 神明者, 處于度之內而見于度之外也. 處于度之
內者, 不言而信. 見于度之外者, 言而不可易也. 處于度之內者, 靜而不可移也. 見于度之外者, 動
而不可化也. 靜而不移, 動而不化, 故曰神. 神明者, 見知之稽也. 有物始□, 建于地而泊于天, 莫
見其形, 大盈終天地之間而莫知其名."
136) 『淮南子』, 「兵略訓」, "所謂道者, 體圓而法方, 背陰而抱陽, 左柔而右剛, 履幽而戴明, 變化無常,
得一之原, 以應無方, 是謂神明."
137) 『淮南子』, 「道應訓」, "若神明, 四通並流, 無所不及, 上際于天, 下蟠于地, 化育萬物而不可爲象,
俛仰之間而撫四海之外."
138) 『文子』, 「自然」, "夫道者,……變化無常, 得一之原, 以應無方, 是謂神明."

주체와 객체가 혼돈을 이루는 정신 경지[139])를 의미한다. 『관자』 「내업」편에서는 "마음이 고요하고 기가 질서를 지니면 도가 머무르게 된다"(心靜氣理, 道乃可止)고 말했는데, 이는 바로 앞에서 반복적으로 언급한 '깨끗하지 못한 마음을 정결하게 하면 신神이 계속 머무르게 된다'(掃除不潔, 神將入舍)는 구절의 또 다른 표현으로도 볼 수 있다.

요약하면, 신명神明이라는 단어에는 풍부한 문화적 의미가 함축되어 있다. 이는 본래 귀신鬼神을 의미하였으나 후에 철학적 의미가 파생되어 나왔다. 우선 이는 자연 우주 과정의 신묘하고 헤아릴 수 없음을 묘사하고, 일반적 지식(감성적 지식과 이성적 지식)을 넘어서는 이성적 직관(각성, 깨달음)을 보여 주기도 하며, 사물을 초월하는 고도의 정신 경지를 나타내기도 하는 동시에 자유의 실천이라는 예술의 본질을 드러내기도 한다. 이러한 철학적 의미는 다시 반대로 도교 이론의 형성과 그 특징에 영향을 주기도 하였다. 이런 점을 고려하면 신명 관념과 그에 내재한 문화적 의미는 상당히 중요하다. 어떤 의미에서 이는 중국문화의 기저 특징, 혹은 근본 특징을 대표한다고도 말할 수 있을 것이다. 따라서 이는 깊고 철저하게 검토되어야 한다.

3. 신체(身)-국가(國): 치신治身과 치국治國의 구조적 동일성

앞에서 우리는 황로 정치이론에 포함된 심술 담론에 관해 분석하고 그 복잡성을 밝혔다. 우선 이는 고대 종교의 강신降神 전통에 깊이 물들어 있었고, 창조적 전환을 통해 직관, 깨달음, 체험 등을 바탕으로 하는 '인생 경험적 지식'(人生親證, personal knowledge)으로 발전해 갔음을 확인할 수 있었다. 그 결과 심술 담론은 실천 지혜로서의 의미를 강하게 지니게 되었는데, 이는 황로 정치철학이 필연적으로 심술心術에 관한 담론, 즉 심성론을 내포할

---

139) 鄭開, 『道家形而上學研究』(增訂版), 190~195쪽.

수밖에 없었던 원인이기도 하다. 이러한 특징은 『장자』 「천지」 등의 편과 『관자』 4편을 위시한 황로학 문헌에서 충분히 확인할 수 있으며, 우리는 이에 근거하여 정치철학이 심성론 속에 녹아 있는 황로사상의 이론적 특징을 개괄하고 파악해 볼 수 있다. 계속해서 이 문제에 관해 논의를 이어가 보도록 하자.

　　노장은 치국 혹은 정권 등의 정치권력을 가치 없는 것이라 치부하는 모습을 보여 준다. "대국을 다스리는 것은 작은 생선을 요리하는 것과 같다"140)라는 노자의 명언이 이를 잘 대변한다. 이 구절에 대한 전통적인 해석은 『한비자』 「해로」편을 따르는데, 여기에서는 이 구절을 두고 "작은 생선을 요리할 때 여러 번 뒤집으면 생선의 윤기를 해치듯이 대국을 다스릴 때 법을 자주 바꾸면 백성들을 괴롭게 만든다"141)라고 풀이하였다. 그렇지만 이 구절을 '나라를 다스리는 일은 작은 요리를 만드는 것만큼이나 손쉬운 일이다'라는 의미로 이해해도 문제될 것은 없다. 장자 역시 "도의 참된 부분을 가지고 몸을 다스리며, 그 여분을 가지고 나라를 다스리며, 그 찌꺼기를 가지고 천하를 다스린다"142)라고 말한 바 있다. 『장자』의 이 구절의 앞에는 고왈故曰 두 글자가 있는데 이는 출처가 있음을 의미한다. 아마도 『노자』 제54장의 "(도로써) 몸을 수양하면 덕이 참된 상태를 되찾고 그것으로 집안을 다스리면 덕에 여유가 생기며 그것으로 마을을 다스리면 덕이 늘어나고 그것으로 나라를 다스리면 덕이 풍부해지고 그것으로 천하를 다스리면 덕이 모든 것에 퍼지게 된다"143)라는 구절이 그 원본인 것으로 보인다. 분명한 것은 노장은 국가(외부)보다 신체(내면)를 더 중시하였다는 점이며, 이는 노장식 '치국평천하' 정치철학을 이해하는 중요한 바탕이 된다. 『문자』, 『회남자』와 같은 황로편에서도 마찬가지로 "정신을 육체

---

140) 『老子』 제60장, "治大國若烹小鮮."
141) 『韓非子』, 「解老」, "烹小鮮而數撓之則賊其澤, 治大國而數變法則民苦之."
142) 『莊子』, 「讓王」, "道之眞以治身, 其緒餘以爲國家, 其土苴以治天下."
143) 『老子』 제54장, "修之于身, 其德乃眞; 修之于家, 其德乃余; 修之于鄕, 其德乃長; 修之于邦, 其德乃豐; 修之于天下, 其德乃普."

안에 잘 지켜 밖으로 치닫지 않게 한다"[144]는 견해를 강조한 바 있다. 노장은 '성인의 도' 혹은 '제왕의 공덕'을 '도의 진리'(생명 자체에 대한 중시를 포함)에 대한 '여분의 일'로 보았다. 즉 하찮아서 논할 가치도 없는 지엽적인 일로 여기거나, 심지어는 그보다 더 심한 티끌이나 쭉정이 같은 것으로 취급하기도 하였다. 어째서 이렇게 말한 것일까? 필자는 '내-외'의 구분이라는 측면에서 분석해 보면 이 문제를 더 잘 이해할 수 있다고 생각한다. 우선 '내內'라는 것은 정확히 말해, '신체의 내면' 즉 내적 정신생명을 가리킨다. 한편 '외外'라는 것은 신체 외부의 물物(천하 및 국가, 인의예악 등이 모두 포함된다.)을 가리켜 말한 것이다. 따라서 내-외 담론 속에는 치신治身과 치국治國 간의 구분이 내포되어 있으며, 여기에서 치신은 치국의 전제로 작용한다. 그러나 황로학에서는 이 둘을 서로 긴밀히 연결하는 데에 역점을 두었다.

여기에서 다시 한 번 도가(황로) 정신의 핵심을 설명한 사마담의 『논육가요지』의 두 단락을 고찰해 보도록 하자.

도가에서는 무위를 말하면서 다시 무불위를 말했다. 사상의 실질은 쉽게 실천할 수 있지만 글의 표현은 이해하기 어렵다. 도가는 허무를 근본으로 하며 인순을 작용으로 삼는다. 이들은 사물에는 정해진 형세가 없고 일정한 형태가 없다고 여겼다. 따라서 만물의 실정을 제대로 파악할 수 있었다. 사물의 실정에 앞서거나 사물의 실정에 뒤처지는 일을 하지 않았으니 만물의 주인이 될 수 있었다. 고정된 법을 따르지 않는 것을 법으로 삼았으니 적절한 때에 따라 일을 처리했고, 고정된 기준을 따르지 않는 것을 기준으로 삼았으니 사물에 따라 적합하게 일을 처리하였다. 따라서 "성인의 업적이 소멸하지 않는 것은 바로 시대의 변화에 따른다는 원칙을 지켰기 때문이다"라고 하였다. 텅 비어 있는 것이 바로 도의 항상된 법칙이며, 사람들에 따라서 행하는 것이 바로 군주가 지켜야 할 규칙이다. 군주와 신하가 나란히 있을 때 군주는 신하들이 자신의 직분을 분명히 하도록

---

144) 『淮南子』, 「精神訓」; 『文子』, 「九守」, "精神內守形骸而不外越."

한다. 실제의 상황이 내세운 말에 부합하는 경우 이를 바르다(端)고 하며, 실제의 상황이 내세운 말에 부합하지 않는 경우 이를 비었다(窾)고 한다. 군주가 빈말을 듣지 않으면 간사한 일이 일어나지 않고 어진 자와 불초한 자가 저절로 구분되며 흑백이 드러나게 된다. 문제는 과연 그렇게 실행하고 자 하는가에 달려 있으니, 하고자 한다면 어떤 일이 이루어지지 않을 수 있겠는가? 이렇게 한다면 대도와 합치되니 그윽하고 심원한 경지에 이르게 되며, 밝은 빛으로 천하를 비추다가도 다시 본래의 무명의 상태로 돌아오게 된다.

인간이 살아 있을 수 있는 것은 정신이 있기 때문이며 이는 형체에 깃들어 있다. 정신이 과도하게 사용되면 고갈되고 형체가 과도하게 소모되면 피폐해진다. 형체와 정신이 서로 분리되면 죽음에 이른다. 죽은 자는 다시 살아날 수 없고 떠난 자는 다시 돌아올 수 없는 법이다. 따라서 성인은 형체와 정신의 문제를 중요하게 여긴다. 이렇게 볼 때, 정신은 생명의 근본이고 형체는 생명을 위한 도구임을 알 수 있다. 따라서 우선 형체와 정신을 안정시키지 않고 "천하를 다스릴 수 있다"라고 말하는 것은 도대체 무슨 근거로 하는 말인가?[145]

표면적으로만 보면, 이 두 단락의 말은 마치 물과 기름처럼 서로 어울리지 않는 것처럼 보이며, 게다가 노장철학과도 잘 부합하지 않는 것처럼 여겨진 다. 실제로 이 두 단락은 각기 다른 두 개의 문제를 논하고 있다. 바로 치국과 치신의 문제이다. 이는 황로학의 실천 지혜가 활용된 지점으로, 황로 정치철학이 다루는 주된 내용이기도 하다. 그렇다면 사마담의 『논육가 요지』에서는 왜 굳이 '형체와 정신을 안정시키는'(定其形神) 문제를 논한 것일까? 바로 이 문제가 몸과 마음의 관계에 관한 것이기 때문이다. 이는

---

145) 『史記』, 「太史公自序」, "道家無爲, 又曰無不爲, 其實易行, 其辭難知. 其術以虛無爲本, 以因循 爲用. 無成執, 無常形, 故能究萬物之情. 不爲物先, 不爲物後, 故能爲萬物主. 有法無法, 因時爲 業; 有度無度, 因物與合. 故曰聖人不朽, 時變是守.' 虛者道之常也, 因者君之綱也. 群臣並至, 使 各自明也. 其實中其聲者謂之端, 實不中其聲者謂之窾. 窾言不聽, 奸乃不生, 賢不肖自分, 白黑乃 形. 在所欲用耳, 何事不成. 乃合大道, 混混冥冥. 光耀天下, 復反無名. 凡人所生者神也, 所托者 形也. 神大用則竭, 形大勞則敝, 形神離則死. 死者不可復生, 離者不可復反, 故聖人重之. 由是觀 之, 神者生之本也, 形者生之具也. 不先定其神, 而曰'我有以治天下', 何由哉?"

황로학 심술心術 이론에서 빠질 수 없는 중요한 부분으로, 군신 관계와 같은 정치 문제를 사고하는 하나의 방법론이 되기도 한다.『관자』「심술상」의 첫머리에서는 다음과 같이 논의를 시작한다.

몸에서 마음은 군주의 지위에 해당하고 몸의 아홉 구멍이 지닌 각각의 기능은 각각의 관직이 지닌 직무에 해당한다. 만약 마음이 도에 처하면 아홉 구멍이 리理에 따르게 된다.[146]

계속해서 다음과 같이 문제의 결론을 제시한다.

마음이 작용하는 방식(심술)은 무위하면서 감각기관을 통제하는 것이니, 이에 군주라고 한 것이다.[147]

「심술상」편 텍스트의 맥락이 잘 연결되는 것은 아니지만, 전반적인 의미는 비교적 명확하다. 핵심은 바로 치신治身과 치국治國을 서로 일치시켜 이론적으로 동일한 구조적 관계를 형성하고, 이를 통해 신체(身)와 국가(國), 주술主術과 심술心術 간의 구조적 동일성을 드러내는 것이다. 한편『황제내경』「영란비전론」에서는 "심心은 군주와 같은 기관이니 신명이 이로부터 나온다"[148]라고 하였다.『황제내경』은 방술을 다룬 저작으로서 그 이론적 설명 방식이 명백히 황로학의 심술 전통과 일치하고 있어 이 역시 '황로서'의 일종으로 볼 수 있다. 도교사상 전통 속에서 흔히 '치신은 치국과 같다'라는 말이 언급되는데, 이 말 또한 여기에서 기원한 것으로 보인다.[149] 그렇다면

---

146) 『管子』, 「心術上」, "心之在體, 君之位也. 九竅之有職, 官之分也. 心處其道, 九竅循理."
147) 『管子』, 「心術上」, "心術者, 無爲而製竅者也, 故曰君."
148) 『黃帝內經』, 「靈蘭秘典論」, "心者, 君主之官也, 神明出焉."
149) 예를 들어, 『文苑英華』 권484에 인용된 수나라 薛道衡의 『老氏碑』에서는 "이를 가지고 몸을 다스리면 정신을 맑게 하고 뜻을 고요하게 할 수 있으며, 이를 가지고 나라를 다스리면 백성들이 본래의 순박한 상태로 돌아가게 할 수 있다"라는 구절이 등장한다.(陳垣 編纂, 『道家金石略』, 북경: 문물출판사, 1988, 42쪽)

계속해서 신체(身)와 국가(國) 간의 구조적 동일성이라는 문제에 대해 논의해 보도록 하겠다. 하지만 이는 정신, 혼백 등의 복잡한 문제와도 서로 얽혀 있어 여기에서 아주 깊은 부분까지 다루기는 사실상 쉽지 않다.[150]

황로학파의 이론 지식과 실천 지혜는 서로 얽혀 하나로 융합되어 있다. 예를 들어, 포일抱—이라는 중요한 개념은 몇 가지 차원의 의미를 동시에 내포한다. 노자는 '일을 지켜 이를 천하의 법도로 삼는다'고 하였는데, 이는 치국이나 치신, 어떤 각도에서도 해석될 수 있다. 장자 또한 "움직일 때는 하늘이 운행하는 듯이 하고 멈추어 있을 때는 땅과 같이 고요하게 하면 마음이 하나로 안정되니 천하를 다스릴 수 있다"라고 설명하면서 동시에 "형체를 병들게 하지 않고 정신을 피로하지 않게 하면 마음이 하나로 안정되니 만물이 복종한다"라고 하였다. 즉 노장과 황로에서 논하는 일— 개념에는 치국治國, 치신治身, 치심治心과 같은 여러 측면의 의미가 동시에 내포되어 있으며, 이는 매우 중요한 특징을 이룬다. 다른 예를 들어보자. 표면적으로 보면, 황로의 형명지학은 주로 실제(實. 예를 들면, 물리학이나 현실 정치의 제도 문제 등)만을 다루고 있어 심성론과는 서로 관련이 없어 보이지만, 실은 그렇지 않다. 『장자』「양생주」에서는 "세상 사람들이 모두 선이라 여기는 일을 함에는 명성을 바라는 마음을 지니지 말고, 세상 사람들이 모두 악이라 여기는 일을 함에는 형벌을 입지 않도록 해야 한다. 자연의 이치를 따르는 것을 법칙으로 삼는다면 신체를 보호하고 천성을 보전하며 양친을 봉양하고 천수를 다할 수 있게 된다"[151]고 하였다. 이 구절은 '형명법 술지학과 치신治身 간의 내적 관련성을 잘 보여 준다. 이러한 내적 관련성은 『관자』 4편 가운데 「백심」, 「내업」 등에서도 나타난다. 예를 들어, 「백심」편에 서는 "선을 행할 때는 드러내서 자랑하지 말아야 하고, 불선한 일을 행하면 형벌을 당하게 된다"[152]라고 말한다. 천구잉(陳鼓應)은 「양생주」편의 구절이

---

150) 鄭開, 「黃帝學之生命—精神哲學」, 『雲南大學學報』(社會科學版) 2015년 제4기.
151) 『莊子』, 「養生主」, "爲善無近名, 爲惡無近刑. 緣督以爲經, 可以保身, 可以全生, 可以養親, 可以 盡年."

「백심」편의 원본이라고 보았는데, 상당히 예리한 견해이다.[153] 정리하자면, 황로학파의 이론 지식과 실천 지혜 사이에는 어떤 뚜렷한 구분이 없으므로 우리는 반드시 둘 간의 상호 융합, 상호 보완이라는 관점에서 그 관계를 이해해 나가야 한다.

이처럼 황로학파에서 특별히 관심을 기울인 치국治國과 치신治身 문제는 매우 풍부한 함의를 지니고 있어 반드시 깊이 따져 보아야 한다. 도가 심성론의 맹아는 노자철학에서 발견할 수 있으나, 이러한 단서를 적극적으로 밀고 나가 심화시킨 것은 황로학파였다. 이러한 경향은 『관자』와 『장자』 황로편, 『문자』, 『할관자』 등의 저작 속에서 명백히 확인된다. 이들은 마치 약속이라도 한 듯, 공통적으로 신명神明이라는 용어를 사용하여 심성론 문제를 설명하면서 정신철학을 지향해 나갔다.

『노자』는 "(도로써) 몸을 수양하면 덕이 참된 상태를 되찾고 그것으로 집안을 다스리면 덕에 여유가 생기며 그것으로 마을을 다스리면 덕이 늘어나고 그것으로 나라를 다스리면 덕이 풍부해지고 그것으로 천하를 다스리면 덕이 모든 것에 퍼지게 된다"[154]라고 하였고, 『장자』에서는 이를 계승하여 "도의 참된 부분을 가지고 몸을 다스리며, 그 여분을 가지고 나라를 다스리며, 그 찌꺼기를 가지고 천하를 다스린다"[155]라고 설명하였다. 이는 『장자』가 『노자』의 의도를 정리하여 표현한 것으로 보아야 할 것이다. 이른바 참된 부분(眞)이라는 것은 '순수함', '본연'이라는 의미를 지닌다. 여분(緖余)이란 군더더기라는 말이며, 찌꺼기(土苴)라는 것은 가장 쓸모없는 부분을 가리킨다. 이 구절은 노장의 치국평천하 이론을 표현한 것으로서 이에 따르면 노장은 '성인의 도' 혹은 '제왕의 공덕'을 '도의 진리'(생명 자체에 대한 중시를 포함)에 대한 '여분의 일'로 보았다. 즉 하찮아서 논할

152) 『管子』, 「白心」, "爲善乎毋提提, 爲不善乎將陷于刑."
153) 陳鼓應, 「先秦道家硏究的新方向」, 『黃帝四經今註今譯』(북경: 상무인서관, 2007), 12~13쪽.
154) 『老子』 제54장, "修之于身, 其德乃眞; 修之于家, 其德乃余; 修之于鄕, 其德乃長; 修之于邦, 其德乃豊; 修之于天下, 其德乃普."
155) 『莊子』, 「讓王」, "道之眞以治身, 其緖緖余以爲國家, 其土苴以治天下."

가치도 없는 지엽적인 일, 심지어는 그보다 더 심한 티끌이나 쭉정이 같은 것으로 취급하기도 하였다. 이와 비교하여 황로학파에서는 주술主術과 치국治國 등 정치 측면의 문제를 더욱 중시한다. 장순후이(張舜徽)는 황로학의 요점이 바로 주술에 있다고 보았는데 타당한 설명이 아닐 수 없다.

동한에서 한말 시기의 황로학이 다루었던 실천 지혜는 두 개의 주요한 측면을 동시에 포함하고 있었다. 하나는 이전 시기 황로학 전통을 계승한 주술主術 담론이었고, 다른 하나는 동한시기 황로학에서 특히 강조한 치신지도治身之道였다. 예를 들어『노자하상공장구』「안민」제3장에서는 '성인지치聖人之治'라는 『노자』의 구절을 해석하면서 '성인이 나라를 다스리고 몸을 다스리는 것을 말한 것'이라고 설명했다. 이는 각기『하상공장구』에서 말한 '경술정교지도經術政教之道', '자연장생지도自然長生之道'에 해당한다.『하상공장구』에서는 노자의 도道가 두 측면의 함의를 동시에 지닌다고 보았는데, 첫 번째가 바로 '경술정교지도經術政教之道'이고 다른 하나가 바로 '자연장생지도自然長生之道'이다. 전자는 치국경세의 원칙을 가리키며, 후자는 몸과 마음을 수양하는 방법을 의미한다. 이 둘의 관계에 대해『장구』는 후자가 전자보다 더 중요하다는 점을 명백히 하였다. '경술정교' 역시 도道의 범위에 속하기는 하지만, '자연장생'은 더욱 깊은 경지의 '상도常道'(「체도」장에서 '道可道, 非常道'를 해석한 내용)에 속한다는 것이다.『장구』에서는 자연장생지도自然長生之道에 관해 중점적으로 설명하였는데, 이를 가리켜 "항상된 도는 무위의 태도로 정신(神)을 기르고 무사無事의 방식으로 백성들을 편안하게 하고 밝은 빛을 감추고 흔적을 없애며 스스로 자랑하지 않는다"[156)라고 해석하였다. 이러한 해석의 방향성은 깊이 새겨볼 필요가 있는데, 특히 여기에서 말한 '신神'은 도道의 동의어로 사용되고 있어 주의 깊게 살펴보아야 한다. 이 점은 바로『하상공장구』(및 황로학파)와 노장도가가 차이를 보이는 부분이기도 하다.『하상공장구』에서는 다음과 같이 말한다.

---

156)「體道」제1, "常道當以無爲養神, 無事安民, 舍光藏暉, 滅迹匿端, 不可稱道."

치신을 하는 자가 기를 아끼면 몸이 온전히 보전되고, 치국을 하는 자가 백성을 아끼면 나라가 안정된다.[157]

치신을 하는 자는 정기를 호흡하면서 감각기관이 이를 느끼지 못하게 해야 하고, 치국을 하는 자는 은혜와 덕을 베풀되 아랫사람들이 이를 알지 못하게 해야 한다.[158]

치신을 하는 자가 정욕을 제거하여 오장을 텅 비게 할 수 있으면 신神이 찾아오게 된다. 치국을 하는 자가 능력을 내세우는 자들을 줄일 수 있으면 약자들을 모아 함께 강자에게 대적할 수 있다.[159]

성인은 위대한 도를 지키므로 천하 백성들이 마음을 돌려 그에게로 향하게 된다. 치신을 하면 신명이 강림하여 자신에게 오게 된다. 찾아온 백성들을 해치지 않으면 국가가 안정되어 태평의 상태에 이르게 될 것이다. 치신을 하는 자가 신명을 손상하지 않으면 몸이 안정되어 천수를 누리게 된다.……도를 가지고 치국을 하는 자는 나라가 부유해지고 백성이 번창하게 되고 도를 가지고 치신을 하는 자는 수명이 연장되고 목숨이 다하는 일이 없게 된다.[160]

도를 본받아 무위를 실천한다면 치신의 경우 정신이 이로워지고 치국의 경우 백성들이 이로워지니 괴로울 일이 없다.[161]

치신을 하는 자는 정신을 수고스럽게 하지 않고 치국을 하는 자는 백성들을 성가시게 하지 않아야 한다. 그렇게 하면 오랫동안 유지될 수 있다.[162]

---

157) 「能爲」 제10, "治身者愛氣則身全, 治國者愛民則國安."
158) 「能爲」 제10, "治身者呼吸精氣, 無令耳聞; 治國者布施惠德, 無令下知也."
159) 「无用」 제11, "治身者當除情去欲, 使五藏空虛, 神乃歸之. 治國者裏能, 揔衆弱共扶強也."
160) 「仁德」 제35, "聖人守大道, 則天下萬民移心歸往之也. 治身則天降神明, 往來于己也. 萬民歸往而不傷害, 則國家安寧而致太平矣. 治身不害神明, 則身安而大壽也……用道治國則國富民昌, 治身則壽命延長, 無有旣盡之時也."
161) 「遍用」 제43, "法道無爲, 治身則有益精神, 治國則有益萬民, 不勞煩也."
162) 「立戒」 제44, "治身者神不勞, 治國者民不擾, 故可長久."

치국을 하는 자는 백성들과 재물을 아껴야 하니 사치하지 말아야 한다. 치신을 하는 자는 정기를 아껴야 하니 방탕하게 하지 말아야 한다.[163)

치국의 방식이 지나치게 번거로우면 나라가 어지러워지고 치신의 방식이 지나치게 번거로우면 정기가 흩어진다.[164)

몸과 나라를 안정되게 다스릴 수 있으면 이를 쉽게 지키고 유지할 수 있다.[165)

치국을 하는 자가 형벌을 혹독하게 시행하면 백성들은 안심하게 살지 못하니 결국 죽음도 두려워하지 않게 된다. 치신을 하는 자가 욕심을 탐하여 정신을 상하게 하면 백성들이 재물을 탐하여 죽음에 이르는 일도 불사하게 된다.[166)

이것으로 볼 때, 치국治國과 치신治身은 『하상공장구』에서 가장 관심을 가지는 두 측면이었음 알 수 있다. 하지만 주된 취지는 어디까지나 치신에 있었고 치국 측면에서의 논의는 과거 황로학 전통의 논의를 이어 가는 것에 지나지 않은 것도 사실이다. 그 근본 취지에는 분명 두 측면이 서로 모순 없이 포함되어 있었는데, 이는 설도형薛道衡이 『노씨비』에서 말한 "(도를) 가지고 몸을 다스리면 정신을 맑게 하고 뜻을 고요하게 할 수 있으며, (도를) 가지고 나라를 다스리면 백성들이 본래의 순박한 상태로 돌아가게 할 수 있다"[167)라는 설명과 같은 맥락으로 이해할 수 있다. 도교를 추종했던 당 현종은 또한 도가 여러 저작을 두고 "문장이 고고하고 뜻이 심원하니 이를 통해 나라를 다스리고 몸을 보전할 수 있다"[168)라고 평하기도

---

163) 「守道」 제59, "治國者當愛惜民財, 不爲奢泰; 治身者當愛惜精氣, 不爲放逸."
164) 「居位」 제60, "治國煩則下亂, 治身煩則精散."
165) 「守微」 제64, "治身治國安靜者, 易守持也."
166) 「制惑」 제74, "治國者刑罰酷深, 民不聊生, 故不畏死也, 治身者嗜欲傷神, 貪財殺身, 民不知畏之也."
167) 『文苑英華』, 권848, "用之治身, 則神淸志靜; 用之治國, 則反樸還淳."
168) 『全唐文』, 권40, 「策道德經及文列莊子問」, "詞高旨遠, 可以理國, 可以保身."

하였다.

그런데 치국治國과 치신治身을 동일한 구조로 이해하며, 이 둘을 나란히 두고 논한 황로학의 사유 모델은 중요한 사상적 유산으로서 후대 도교에 의해 계승되기도 하였다.[169] 예컨대, '나라는 몸과 같다'(國猶身也)는 말은 도교도들의 일종의 유행어로 자리 잡았다. 당 경운 2년, 도사 사마승정은 당 예종에게 "나라는 몸과 같습니다. 노자는 '마음을 고요하게 내버려 두고 기를 담담한 상태로 놓아둔 채, 사사로운 뜻을 버리고 사물이 스스로 그러한 바를 따른다면 천하가 다스려질 것입니다'라고 하였습니다"[170]라는 말을 올린 바 있다. 사마승정이 인용한 노자의 말은 『장자』 「응제왕」편의 구절[171]과 대동소이하다. 송나라 진종이 도사 장무몽에게 조언을 구했을 때도 장무몽은 이와 비슷한 답변을 내놓았다. "나라는 몸과 같습니다. 마음속으로 무위를 실천하면 기가 온화해지며 기가 온화하면 만물이 결실을 맺습니다. 하지만 마음속에 하고자 하는 바가 있으면 기가 어지러워집니다. 기가 어지러우면 귀중한 것들이 모두 흩어지게 됩니다."[172] 이것으로 볼 때, 치신과 치국은 도교에서도 두 개의 주요한 측면을 이루었음을 알 수 있다. 이는 당연히 노장도가와 황로학의 이론에서 나온 것이다. 앞서 우리는 황로학에서의 주술主術이 심술心術에 기초한 정치 이론이라는 점을 충분히 살펴보았는데, 이와 마찬가지로 당송시기 도사들의 논의 속에서도 치국과 치신은 치심治心의 논의 속에서 서로 내적으로 관계를 맺고 있었다. 바꾸어 말하면, 심술은 몸과 나라를 연결하는 매개이자 가교의 역할을 한다. 이에 관해, 남송의 도사 증조는 『도추』를 지어 장무몽(鴻濛子)의 학설을 충실히

---

169) 도교에서 말하는 道는 나라를 다스리는 도(理國之道)와 몸을 다스리는 도(理身之道)를 동시에 포함한다.(杜光庭, 『道德眞經廣聖義』, 卷五)
170) 陳國符, 『道藏源流考』, 54쪽에서 인용. "國猶身也. 老子曰: 遊心于澹, 合氣于漠, 順物自然而無私焉, 而天下治."
171) 『莊子』, 「應帝王」, "汝遊心于淡, 合氣于漠, 順物自然而無容私焉, 而天下治矣."
172) 蒙文通, 『古學甄微』, 374쪽에서 인용. "國猶身也. 心無爲則氣和, 氣和則萬寶結, 有爲則氣亂, 氣亂則英華散."

기록하였다. 앞서 인용한 내용과는 조금 차이가 있지만, 오히려 심성론적 의미와 의의는 더욱 두드러진다.

홍몽자가 말했다. "나라는 마음과 같다. 마음속으로 무위를 실천하면 기가 온화해지며 기가 온화하면 만물이 결실을 맺는다. 하지만 마음속에 하고자 하는 바가 있으면 기가 어지러워진다. 기가 어지러우면 귀중한 것들이 모두 흩어지게 된다. 현빈玄牝의 문에서 노닐고 적수赤水의 보배를 얻고자 하는 자는 마음을 드넓은 하늘의 경계에 놓아두어 갖가지 사사로운 것을 감금하고 온갖 다른 것들을 끊어 낸다. 이렇게 본래의 소박한 본성을 품고 고요함을 지켜 계속 고요한 상태를 거슬러 올라가 하나로 통일된 상태에 이른다. 일一은 도의 작용이고 도는 일一의 본체다. 도의 상태에서는 저절로 일一의 작용이 이루어지게 된다. 따라서 지극한 신神은 한계가 없고 지극한 도는 본체가 없다. 무위하면서도 이루지 못하는 바가 없으니 모든 것이 리理에 맞아떨어진다."[173]

『도추』「허백문」편 또한 이와 비슷한 논조를 보인다.

『노자내단경』에서는 다음과 같이 말한다. "몸의 구조는 마치 나라의 모습 과 같다. 성인은 몸을 나라로 여기고 마음을 군주로 여기며 정기를 백성으로 여긴다. 백성이 안정되면 나라는 번성하고 백성들이 흩어지면 나라는 텅 비게 된다."[174]

역사적으로 볼 때, 치신治身을 바탕으로 하는 치국治國, 심술心術을 기초로 하는 주술主術은 황로 정치철학적 사고의 특징이면서 후대에 이르러 도교의

---

173) 『道樞』, 권13, 「鴻濛」, "鴻濛子曰: 國猶心也, 心無爲則氣和, 氣和則萬寶結矣. 心有爲則氣亂, 氣亂則英華散矣. 遊玄牝之門訪赤水之珠者, 心放曠天倪, 囚千邪, 剪萬異, 歸乎抱樸守靜. 靜之複靜, 以至于一. 一者道之用也. 道者一之體也. 一之與于道, 蓋自然而然者焉. 是以至神無方, 至道無體, 無爲而無不爲, 斯合于理矣."

174) 『道樞』, 권6, 「虛白問」, "『老子內丹經』曰: 一身之設, 一國之象也. 聖人以身爲國, 以心爲君, 以精氣爲民. 民安則國斯泰矣. 民散則國斯虛矣."

기본 교의로 계승되기도 하였다. '나라는 몸과 같다'(國猶身也) 혹은 '나라는 마음과 같다'(國猶心也)라는 핵심 명제는 몸(身)·마음(心)과 나라(國)의 관계를 잘 나타내 준다. 정리하면, 치국治國은 치신治身과 치심治心, 즉 '마음속으로 무위를 실천하는 것'(心無爲)을 기초로 삼는다. 마찬가지로 치국의 이론 역시 치심을 바탕으로 하고 있다. 이처럼 황로 정치철학이 주목하는 치신과 치심 그리고 치국은 심성론과 실천 지혜라는 연결고리를 통해 서로 맞물려 이어진다. 실천 지혜의 의미를 강하게 내포하는 광의의 '내성외왕지도' 속에서 내향적 심성론과 외향적 정치·사회·윤리론은 서로 융합되며 정합을 이루니,175) 실로 더없이 심오하고 풍부하다고 하겠다.

4. 태상太上: 최상의 정치에 대한 이론적 판단

좋은 정치, 더 나은 정치, 최상의 정치에 대한 탐구는 정치철학의 주된 관심사로서 결코 피해 갈 수 없는 문제다. 고대 그리스의 정치철학 역시 이 문제에서 출발하여 덕성, 선 등의 가장 기본적인 철학 문제로 관심을 확장해 나간 바 있다.176) 흥미로운 점은 도가 정치철학 역시 유사한 문제를 탐구하였다는 것이다. 도가 정치철학에서는 고대 그리스 정치철학과 마찬가지로 덕성과 덕행을 출발점으로 삼아 궁극적으로 최상의 정치, 가장 효과적인 정치에 관해 사고하고자 하였다. 구체적으로 말하자면, 현덕玄德 개념은 노장과 황로를 포괄하는 모든 도가윤리학과 정치철학의 이론 기초로서 유가의 이론 기초인 명덕明德과 선명한 대비를 이룬다. 또한 현덕 개념은 깊은 철학적 성찰에서 탄생한 것으로서 윤리 전통(ethic/ethos)은 물론이고, 특수한 도덕(morals)에 대해서도 강렬한 문제의식을 지니고 있었다.177) 현덕

---

175) 鄭開, 『道家形而上學研究』(增訂版, 북경: 중국인민대학출판사, 2018), 267~270쪽.
176) 列奧·施特勞斯, 『什麽是政治哲學』(李世詳 역, 북경: 화하출판사, 2014), 1·21~27쪽.
177) 鄭開, 「玄德論─關於老子政治哲學和倫理學的解讀與闡釋」, 『商丘師範學院學報』 2013년 제1기.

개념은 성인/제후왕(즉 통치자)과 소국과민, 지덕지세, 건덕지국 등의 사상을 이해하는 전제이므로, 그 개념 이론 속에 최상의 정치, 가장 합리적인 통치에 관한 이론적 구상이 포함되어 있다고 말할 수 있다.

계속해서 필자는 황로 정치철학을 분석하는 새로운 경로 하나를 제시하고자 한다. 즉 태상太上이라는 용어 및 담론을 중심으로 황로 정치철학을 고찰하는 것이다. '태상太上, 기차其次'라는 말은 초기 문헌에 자주 등장하였는데, 특히 황로 저작에서는 일종의 형식화된 표현으로서 이론을 서술하는 맥락에 출현하였다. 이는 '최상은 어떠하고, 그다음은 어떠하다'라는 격식으로 표현되며, 대개 가치적 선후 관계 혹은 가치적 우열 관계를 내포한다.[178] 또한 이는 대체로 정치이념을 나누며, 그 밖에 여러 가지 고찰할 만한 문제들을 포함하고 있다. 특히 이러한 서술 방식에는 유가, 도가, 법가와 같은 제자백가, 특히 황로학의 정치적 추구와 사회적 염원이 잘 반영되어 있어 전면적이고 깊이 있는 검토가 요구된다.

(1) 우선 『노자』에서 논의를 시작해 보도록 하자. 『노자』 제38장에 나오는 상덕上德과 하덕下德이라는 말에는 상하를 구분하려는 의도가 담겨 있다. 이는 가치적 우열에 관한 판단을 드러내 준다. 이는 명백히 이론적 판단에 속하며, 일상적 의미에서 말하는 '좋고 나쁨'과는 뚜렷이 구분된다. 『노자』의 아래 한 단락은 찬찬히 살펴볼 필요가 있다.

> 최상(太上)은 아랫사람들이 그 존재를 알기만 하는 것이고, 그다음(其次)은 가까이 여기면서 찬양하는 것이고, 그다음(其次)은 두려워하는 것이고, 그다음(其次)은 경멸하는 것이다.[179]

겉으로 보면, 이 단락의 말은 비교적 단순해 보인다. 하지만 여전히 따져 보아야 할 문제가 남아 있다. 우선, 여기에서는 '태상, 기차'라는 표현

---

178) 陳鼓應, 『老子註釋及評介』(修訂增補本, 북경: 중화서국, 2009), 128~129쪽.
179) 『老子』 제17장, "太上, 下知有之; 其次, 親而譽之; 其次, 畏之; 其次, 侮之."

형식이 도가철학 문헌 최초로 등장한다. 그런데 이러한 격식은 『춘추좌씨전』에서도 두 차례 출현한 바 있다.

> 신이 들은 바는 다음과 같습니다. "최상(大上)은 덕으로 백성들을 어루만지는 것이고, 그다음(其次)은 친한 관계부터 친하게 대하여 먼 관계에까지 서로 이르게 하는 것이다."[180)]

> 신이 들은 바는 다음과 같습니다. "최상(太上)은 덕을 세우는 것이고, 그다음(其次)은 공을 세우는 것이고, 그다음(其次)은 말을 세우는 것이다." 만약 이렇게 한다면 오랜 시간이 흘러도 명성이 사라지지 않을 것이니, 이를 '불후'라고 합니다.[181)]

『좌전』에 기록된 이 두 구절은 춘추전국시대 선비들 사이에서 전해져 내려온 격언으로서 고정된 형식을 갖추고 있음을 확인할 수 있다. 양보쥔(楊伯峻)은 태상太上은 최고를 의미하고 기차其次는 그보다 아래 등급을 말하는 것일 뿐이라고 하였는데,[182)] 이러한 이해 방식으로는 이 격식에 담겨 있는 보다 깊은 함의에 접근할 수 없다. 필자는 『노자』가 춘추시기 이래 통용되었던 형식화된 표현을 차용하면서 그에 더 깊은 의미를 부여하고자 했음을 강조하고 싶다. 즉, 이론의 서술을 위한 형식으로서 이러한 격식을 고정적으로 사용했다는 것이다. 이러한 의미에서 『노자』 속의 '태상, 기차' 격식은 하나의 철학 언어로 이해해야 하지만, 『좌전』에 사용된 구절은 일상 언어 범주를 벗어나지 못했다고 할 수 있다. 유정섭俞正燮의 『계사존고』 '태상太上' 조목에서는 다음과 같이 설명한다. "태상이란, 인간의 경우에는 지극히 존귀함을 의미하며, 덕의 경우에는 지극히 아름다움을 의미하며, 일의

---

180) 『左傳』, 僖公 24年, 富辰의 말. "臣聞之: '大上以德撫民, 其次親親, 以相及也.'"
181) 『左傳』, 襄公 24年, 穆叔의 말. "豹聞之: '太上有立德, 其次有立功, 其次有立言.' 雖久不廢, 此之謂不朽."
182) 楊伯峻, 『春秋左傳註』(북경: 중화서국, 1981), 420·1088쪽.

경우에는 지극히 합당함을 의미하며, 시간의 경우에는 지극한 태고를 의미한다."[183] 양보쥔(楊伯峻)은 이러한 설명에 의문을 제기하기도 하였으나,[184] 필자가 볼 때는 충분히 세밀한 설명으로 사료된다. 그도 그럴 것이, 그의 설명은 늦은 시기에 새롭게 생겨난 '태상太上'의 함의를 종합하고 있으므로 『좌전』의 역사적 맥락과는 완전히 맞아떨어질 수 없는 것이 당연하기 때문이다.

다음으로 『노자』 제17~19장의 장절 구분 문제를 살펴보자. 이는 제17장과 제18~19장 간의 관계 문제로도 이해할 수 있는데, 이 문제는 죽간과 백서 문헌의 출현에 따라 더는 간과할 수 없는 중요한 문제가 되었다. 죽간과 백서 등 출토본 『노자』와 세전한 『노자』의 각 판본의 장절 구분 방식에는 서로 차이가 있다. 예를 들어, 마왕퇴 백서 『노자』 갑·을본과 북경대 소장 『노자』 한간본은 제17장에서 제19장까지를 하나의 장으로 엮었다. 곽점 초간 『노자』 병본(1~3간) 역시 제17장과 제18장을 하나의 장으로 병합하였다. 그렇다면 이러한 문헌학적 단서는 사상 측면에서도 분석 거리를 제공해 주지는 않을까? 만약 그렇다면, 이는 분명 『노자』 제17장의 사상을 더 정확하게 파악하는 데 중요한 실마리로 작용을 할 수 있을 것이다. 『노자』 제18, 19장의 주제는 인의예법仁義禮法을 배척하고 도와 덕을 숭상하는 것으로 볼 수 있는데, 이는 도덕지의道德之意(도가)와 인의지제仁義之際(유가)의 경계를 명확히 구분한 것이라고 할 수 있다. 그렇다면, 마찬가지로 통행본 제17장의 '가까이 여기면서 찬양하는 것'(親而譽之)과 '두려워하고 경멸하는 것'(畏之侮之)은 각각 유가와 법가를 겨냥한 것으로, 태상太上은 도가 정치철학의 특징을 반영한 것이라고 이해할 수 있겠다.

그렇다면, 태상太上이란 무엇을 의미하는가? 이에 관해 고주의 해석이 분분하나, 사실 그 의미는 절대 복잡하지 않다. 이는 '최상의', '가장 합리적인'

---

183) 『癸巳存稿』, "蓋太上者, 于人爲至尊, 于德爲至美, 于事爲至當, 于時爲至古."
184) 楊伯峻, 『春秋左傳註』, 1088쪽.

이라는 의미를 지니며, 구체적으로 '도덕지의道德之意에 가장 부합하는'이라는 의미로 해석할 수 있다. 이는 주로 정치 혹은 정치체제를 지칭하는 것인데, 태상太上이 포함하는 '태고지세太古之世'라는 함의 역시 여기에서 파생된 것으로 볼 수 있다. 이에 관해서는 오징吳澄이 잘 설명한 바 있다. 그에 따르면, "태상이란 최상을 말한 것이다. 최상이란 대도가 행해지던 세상을 말하며, 이때 사람들은 무위의 정치 속에서 서로의 존재를 잊고 살았다."[185] 쉬판청(徐梵澄) 또한 "이 장은 통치자를 위해 말한 것이다"[186]라고 설명하였다. 즉 이론 언어로서 '태상太上, 기차其次'라는 표현 형식은 가치판단을 나타낸다.

계속해서, "태상은 아랫사람들이 그 존재만을 알 뿐이다"(太上, 下知有之)라는 구절에 대해 왕필은 "태상은 대인을 말한다. 대인은 윗자리에 있으니 태상이라고 하였다"라고 풀이하였고, 하상공『장구』에서는 "태상은 태고의 무명의 군주를 말한 것이다"라고 풀이하였다. 사실 이 구절은 표면적인 의미대로 최상의 정치, 최상의 치세에서는 백성들이 군주(통치자)의 존재 혹은 이름만을 알 뿐이라는 의미로 이해할 수 있다. 한 가지, '하下'라는 글자는 오징吳澄의 판본에는 '부不'라고 되어 있고, 또한 그는 이러한 방식으로 이 구절을 해석하는데, 무엇에 근거해서 이렇게 적었는지는 알 방법이 없다. 게다가 기타 세전 고본 및 백서 각 본에는 모두 '하下'로 되어 있으므로,

---

185) 陳鼓應, 『老子注釋及評介』(修訂增補本), 128쪽에서 인용. "太上, 猶言最上, 最上謂大道之世, 相忘于無爲."

186) 徐梵澄은 다음과 같이 설명한다. "위정자란 아랫사람들이 그 존재만을 알 뿐이니, 이는 이상적인 경지를 말한다. 「강구」라는 곡에서는 다음과 같이 노래한다. '해가 뜨면 일을 하고 해가 지면 쉰다. 우물을 파서 물을 마시고 밭을 갈아서 밥을 먹는다. 설사 황제의 권력이 있다 한들 무슨 소용이 있겠는가? 농경사회에서 사람들은 모두 자신의 힘으로 먹고 살았으니, 통치자와 거리가 멀수록 삶이 더욱 순조로웠다. 윗사람이 아랫사람들의 삶을 간섭하지 않으면 아랫사람들도 윗사람들의 존재만을 알 뿐이었다. 법령과 제도가 분명하게 갖추어져 있어 상하가 각자 이를 지키면 아랫사람들이 윗사람을 친하게 여기며 찬양할 필요가 없다. 이것이 한나라의 가생이 논한 정치로 委裘의 정책을 주장한 까닭이다. 이를 따르지 않고 권위만을 세우고자 하면 사람들을 두렵게 만들게 된다. 물론 그렇게 해도 통치는 가능하나, 그 아래의 방법이다. 그런데 권위조차 세우지 못하면 아랫사람들이 경멸하게 되니 이는 가장 말단의 방법이다."(『老子臆解』, 24~25쪽)

오징의 해석이 매력적이기는 하나, 우리는 계속해서 전통적인 해석 방식을 따르도록 하겠다.

종합하면, 『노자』 제17장에 출현하는 '태상太上, 기차其次'라는 표현 형식에는 가치판단과 이론적 구조가 동시에 포함되어 있다. 이는 『좌전』이나 『전국책』187)의 용법과 모두 구분된다. 후자에 등장하는 용법은 일상적 언어에 지나지 않기 때문이다. 이러한 점을 이해했다면, 계속해서 황로 정치철학 담론에서 등장하는 '태상, 기차' 형식에 대하여 논의해 보도록 하자.

(2) 『노자』 제17장의 '태상, 기차'라는 서술 방식에는 정치철학적 의미가 포함되어 있었는데, 이러한 점은 황로 정치철학의 사고와 표현에 깊은 영향을 미쳤다. 예를 들어 보자.

나라를 잘 다스리는 방법은 다음과 같다. 최상(太上)은 형벌을 사용하지 않는 것이고, 그다음(其次)은 법을 바르게 하는 것이고, 그다음(其次)은 백성들이 스스로 다투어 문제를 해결하거나 송사를 통해 문제를 해결하는 것이고, 가장 나쁜 방법은 이러한 다툼이나 송사가 허용되지 않고 문제를 따지지도 않는 것이다. 최상(太上)은 교화를 다투는 것이고, 그다음(其次)은 공명함을 다투는 것이고, 그 아래가 환난과 재앙을 구제하는 것이다.188)

나라를 잘 지키는 데 있어 최상(太上)은 일의 시작을 하는 것이고, 그다음(其次)은 일의 끝을 아는 것이고, 그다음(其次)은 일이 흘러가는 과정을 아는 것이다.189)

구원하고 지키는 데 있어 최상(太上)은 설득을 하는 것이고, 그다음(其次)은

---

187) 『戰國策』, 「魏策」, "왕을 위해 방법을 생각하자면, 최상(太上)은 진을 정벌하는 것이고, 그다음(其次)은 진을 포기하는 것이고, 그다음(其次)은 동맹을 굳게 한 채 짐짓 화평을 논하면서 다른 나라들과 서로 원수지지 않는 것입니다."

188) 馬王堆 帛書 『稱』, "善爲國者, 太上無刑, 其次正法, 其下鬥果訟果, 大下不鬥不訟又不果. 夫太上爭于化, 其次爭于明, 其下救患禍."

189) 『呂氏春秋』, 「察微」, "凡持國, 太上知始, 其次知終, 其次知中."

군사를 사용하는 것이다.190)

최상(太上)은 그것을 아는 것이고, 그다음(其次)은 자신이 모른다는 것을
아는 것이다.191)

『칭』에서 말한 '최상은 형벌을 사용하지 않는 것이고 그다음은 법을
바르게 하는 것이다'라는 구절은 특히 주목할 필요가 있다. '최상은 형벌을
사용하지 않는 것이다'라는 말은 바로 황로와 법가의 '형벌로써 형벌을
억제한다'는 논리를 드러내고 있으며, '그다음은 법을 바르게 하는 것이다'라
는 말은 신도의 "설령 법이 좋지 않더라도 법이 없는 것보다는 낫다"192)는
말의 다른 표현으로 볼 수 있다. 정리하면, 위의 몇 가지 인용문에서는
나라를 다스리고 나라를 지키는 일에서의 가치판단 원칙을 다루었다. 『문자』,
『회남자』에는 더욱 중요한 몇 가지 구절이 등장한다.

태고의 성왕(太上)은 다음과 같이 말했다. "나는 그저 본성에 따라서 했을
뿐이다!" 그다음의 시대(其次)에서는 다음과 같이 말했다. "저들이 아니었으
면 이렇게 다스릴 수 있었겠는가!"193)

몸을 다스리는 일에 있어 최상(太上)은 정신을 기르는 것이고 그다음(其次)은
형체를 기르는 것이다. 나라를 다스리는 일에 있어 최상(太上)은 교화를
사용하는 것이고 그다음(其次)은 법을 바르게 하는 것이다.194)

법을 내세우고 상을 걸어도 풍속을 쉽게 바꿀 수 없는 까닭은 진실한
마음을 지니지 않았기 때문이다. 소리를 들어보면 그들의 풍습을 알 수
있고 음악을 살펴보면 그들의 습속을 알 수 있으며 습속을 보면 교화의

---

190) 『呂氏春秋』, 「禁塞」, "凡救守者, 太上以說, 其次以兵."
191) 『呂氏春秋』, 「謹聽」, "太上知之, 其次知其不知."
192) 『愼子』, 「威德上」, "法雖不善, 尤愈於無法."
193) 『淮南子』, 「繆稱訓」, "太上曰: 我其性與! 其次曰: 微彼, 其如此乎!"
194) 『淮南子』, 「泰族訓」, "治身, 太上養神, 其次養形; 治國, 太上養化, 其次正法."

정도를 알 수 있다. 참된 바를 지키며 진심을 따르는 자는 천지를 감동하게
하니 그 정신이 사방으로 뻗어나가 명령은 실행되고 금기는 지켜진다.
진심이 도에 통하고 뜻에 통달하니 비록 하나의 말을 세우지 않아도
천하의 만민과 금수, 귀신이 모두 그에 따라 함께 변화한다. 따라서 최상(太
上)은 신화(神化)로써 하는 것이고 그다음(其次)은 잘못을 저지르지 않을 상황
을 만들어 주는 것이고 그다음(其次)은 현자에게 상을 내리고 포악한 자를
벌하는 것이다.195)

가장 위대한 성인은 하늘을 본받고 그다음은 현인을 높이고 그다음(其次)은
신하들에게 일을 맡기는 것이다. 신하들에게 일을 맡겨 통치를 시행하는
것은 패망의 지름길이다. 현인을 높이는 것은 혼란에 빠지게 되는 원인이
다. 하늘을 본받는 것이야말로 천하를 다스리는 도이다.196)

위의 사례가 특히 중요한 것은 이들이 황로 정치철학의 이론 구조와
핵심 내용을 드러내고 있기 때문이다. 예를 들어, 인용문 속에 등장하는
'화化'(예를 들어, 養化, 神化)는 사실 『노자』의 '내가 무위하면 백성들은 스스로
이루어진다'(我無爲而民自化)는 말의 '화化'로 이해할 수 있다. 이는 마치 춘풍화
우와 같은 정치적 다스림을 말하며, 그러한 다스림 아래 백성이 자유자재로
살아가는 상태를 가리키기도 한다. 한편, '화化'는 신묘한 교화(神化)라는
말로 사용되기도 하는데, 이는 교화(化)의 작용과 가치가 법도를 넘어서고
있음을 의미하는 것이면서 '무위이무불위無爲而無不爲'의 정치 원칙을 나타내
는 것이기도 하다. 이것으로 볼 때, 황로 정치철학이 법이라는 원칙을
중시한 것은 맞지만, 결국은 도의 원칙을 더욱 중요시했음을 알 수 있다.
즉, 황로 정치철학의 사고는 바로 이러한 도-법 사이의 미묘한 긴장 관계
속에서 전개되었던 것이다. 이렇게 도의 원칙에 따라 시행되는 이상적인

---

195) 『文子』, 「精誠」, "懸法設賞, 而不能移風易俗者, 誠心不抱也. 故聽其音則知其風, 觀其樂卽知其
俗, 見其俗卽知其化. 夫抱眞效誠者, 感動天地, 神輸方外, 令行禁止. 誠通其道而達其意, 雖無一
言, 天下萬民禽獸鬼神, 與之變化. 故太上神化, 其次使不得爲非, 其下賞賢而罰暴."
196) 『文子』, 「九守」, "上聖法天, 其次尙賢, 其下任臣. 任臣者, 危亡之道也. 尙賢者, 癡惑之原也. 法
天者, 治天下之道也."

통치는 필연적으로 '최상은 형벌을 사용하지 않는 것이다'라는 의미를 포함하게 된다. 따라서 '최상'(太上. 太上無刑, 太上神化, 太上養化)과 '그다음'(其次. 其次正法, 其次不得爲非, 其次尙賢) 간의 구분은 정치 이념의 측면에서 통치 방법의 층차를 구분한 것으로 볼 수 있다. 즉 전자는 도의 원칙에 근거한 통치, 혹은 성왕에 의한 통치를 말한다.197) 한편, 『회남자』「태족훈」(두 번째 인용문)에서는 치신治身과 치국治國을 나란히 논했는데, 바로 몸(身)과 국가(國)를 같은 구조로 여기는 사유 방식을 드러낸 것이다. 『회남자』「무칭훈」(첫 번째 인용문)에서는 최상(太上)의 정치가 성인의 자연스러운 본성에서 나온 것임을 강조하였다. 이는 "요순은 본성을 따랐고, 탕왕과 무왕은 본성을 거스렸다"(『맹자』, 『역전』)라는 유가의 말과 완전히 일치하며,198) 『회남자』「태족훈」의 "성인은 천기를 품고 천심을 껴안은 채 중中을 잡고 화和를

---

197) 황로 정치철학 맥락에서 도에 의한 통치와 성인의 통치는 사실 같은 것이다. 예를 들어, 다음의 두 단락을 비교하여 살펴보자.
"도로써 천하를 통치할 때는 사람들의 본성을 바꾸지 않는다. 그들이 본래부터 지닌 것을 따르되 그중에서 더러운 것을 씻어 낼 뿐이다. 그대로 따른다면 성과가 크지만, 작위적으로 한다면 성과가 작다. 옛날 수로를 정비한 자들은 물의 흐름에 따랐고 곡식을 심은 자들은 땅의 적합한 상태에 따랐고 정벌을 한 자들은 백성들이 하고자 하는 바에 따랐다. 이렇게 모든 일을 적절한 상황에 따라서 한다면 천하에 적수가 없을 것이다."(『文子』, 「自然」)
"성인이 천하를 다스릴 때는 백성의 본성을 바꾸지 않는다. 그들이 본래부터 지닌 것을 따르되 그중에서 더러운 것을 씻어 낼 뿐이다. 그대로 따른다면 성과가 크지만, 변화시키고자 한다면 성과가 적을 것이다. 우는 용문을 뚫고 이궐을 열었으며 장강의 막힌 곳을 트고 황하의 물길을 파서 동쪽 바다로 흘러가게 했다. 이런 것들은 물의 흐름에 따른 것이다. 후직은 풀밭을 개간하고 묵밭을 일궜으며 오곡을 각자 마땅한 토지에 심게 했다. 이런 것들은 땅의 형세에 따른 것이다. 탕왕과 무왕은 3백 대의 수레와 3천 명의 병사로 포악한 자들과 난을 일으킨 자들을 정벌하였고 하나라와 상나라를 제압했다. 이는 백성들이 하고자 하는 바에 따른 것이었다. 이렇게 모든 일을 적절한 상황에 따라서 한다면 천하에 적수가 없을 것이다."(『淮南子』, 「泰族訓」)
이 두 단락이 서로 영향을 받았다는 사실은 의심의 여지가 없이 매우 명확하다. 여기에서 '성인의 통치'와 '도에 의한 통치'는 같은 의미로 사용되었으며 표현 방식이 달랐을 뿐이다.
198) 예를 들어, 『맹자』「진심상」에서는 "요순은 본성을 따랐고 탕무는 자신을 따랐고 오패는 거짓으로 꾸몄다"라고 하였고, 『맹자』「진심하」에서는 "요순은 본성대로 하였고, 탕무는 본성에 거슬렀다. 거동과 용모가 모두 예에 들어맞는 것이 미덕 가운데 지극한 경지이다"라고 하였다.

머금는다. 따라서 성인이 묘당을 내려서지 않아도 사해에 교화가 펼쳐져 습속이 바뀌고, 백성들은 감화를 받아 선을 행하게 되면서도 마치 본성에 따라 행동한 듯하니 신묘한 교화(神化)가 이루어진다"199)라는 설명과도 일치한다. 우리는 여기에서 한 걸음 더 나아가 황로 정치철학의 원칙과 심성론 사이의 내적 관계를 검토해 볼 수 있다. '나는 본성에 따라서 했을 뿐이다'(我其性與), '최상(太上)은 정신을 기르는 것이다'(太上養神)라는 명제는 모두 심성론적 취지를 담고 있기 때문이다. 계속해서『회남자』「주술훈」을 사례로 황로 정치철학과 심성론 간의 관계를 한층 더 깊이 분석해 보도록 하자.

> 천지의 조건에 따르며 함께 조화를 이루며 살아갔다. 따라서 (신농씨는) 위엄을 지니고 있었으나 사람을 죽이는 일이 없었고 형벌을 제정해 두었으나 사용하는 일이 없었으며 법은 간략하여 번잡하지 않았으니, 그 교화가 마치 신神과 같았다.…… 형벌로도 풍속을 변화시킬 수 없고 살육으로도 간사한 일을 막기 힘들며 오직 신묘한 교화(神化)만이 귀하니 정기를 지극히 하면 신묘해진다.200)

> 백성의 교화는 (통치자의) 말에 따라서가 아니라 행동에 따라서 이루어진다. 따라서 제나라 장공이 용맹함을 좋아하니 백성들을 다투지 못하게 하였음에도 나라에는 분쟁이 많이 일어났고, 결국에 최서가 난을 일으켜 장공을 시해하는 일이 벌어졌다. 또한 초나라 경양왕이 여색을 좋아하니 자신의 풍속을 비평하지 못하게 했음에도 불구하고 백성들의 풍속이 어지러워졌고 결국에 소기의 난이 일어나고 말했다. 그러므로 지극한 정기의 움직임은 마치 봄의 기운이 만물을 소생하고 가을의 기운이 만물을 죽게 하는 것과 같아서, 날렵한 말로 달린다고 해도 그 움직임을 따라잡을 수 없다. 따라서 통치자는 활 쏘는 사람에 비유할 수 있다. 활을 쏠 때

---

199)『淮南子』,「泰族訓」, "故聖人懷天氣, 抱天心, 執中含和, 不下廟堂而衍四海, 變習易俗, 民化而遷善, 若性諸已, 能以神化也."
200)『淮南子』,「主術訓」, "因天地之資而與之和同, 是故威厲而不殺, 刑錯而不用, 法省而不煩. 故其化如神.……刑罰不足以移風, 殺戮不足以禁奸, 唯神化爲貴. 至精爲神."

조그마한 오차가 생기면 과녁에 가서는 열 자가 넘는 오차가 된다. 따라서 통치자는 백성들을 감화시키는 바를 신중하게 다룬다. 영계기가 가야금을 한 번 켜자 공자는 삼 일간 즐거웠는데, 이는 음악의 조화에 감화된 것이다. 반면 추기가 가야금을 한 번 켜자 위왕은 온 저녁 동안 슬픔에 잠겼는데 이는 위왕이 슬픈 곡조에 감화된 것이다. 이처럼 가야금과 거문고를 움직이고 소리를 내는 것으로도 사람의 마음을 슬프거나 즐겁게 할 수 있다. 그런데 법을 세우고 상을 내걸어도 풍속을 바꿀 수 없는 것은 진실한 마음을 베풀지 않았기 때문이다. 영척이 수레 아래에서 슬픈 곡조의 노래를 부르자 환공이 돌연 깨달음을 얻었다고 하는데, 이는 지극한 정기가 환공의 마음 깊은 곳을 파고들었기 때문이다. 따라서 말하기를 "음악을 들어보면 그 나라의 풍속을 알 수 있고 풍속을 살펴보면 그 나라의 교화의 정도를 알 수 있다"라고 한다. 공자는 사양에게 가야금을 연주하는 법을 배우고 문왕의 뜻을 깨달았다. 이는 일의 조짐을 보고 드러나는 일의 양상을 안 것이다. 연릉계자는 노나라 음악을 듣고서 은나라와 하나라의 풍속을 알았다. 이는 가까운 것을 깨달아 먼 것을 안 것이다. 이는 상고시절에 지어진 것이나 천년이 지나도록 그 영향이 사라지지 않았으니 당시 백성에게는 어떤 감화를 주었겠는가? 탕왕의 시대에 7년 동안 가뭄이 들자 탕왕은 몸소 상림에서 기도를 드렸다. 그러자 사해의 구름이 모여들어 천 리에 걸쳐 비가 내렸다. 꾸밈없는 참된 모습으로 진심을 다하면 천지가 감동하고 그 정신이 멀리 나라 밖의 사람들까지 깨우치게 되는 것이니 정령을 실행하고 사람들을 금지하는 통치 방법을 사용할 필요가 있겠는가? 옛 성왕은 내면에 정기를 형성한 채 좋아하고 싫어하는 마음을 밖으로 떠나보냈다. 말을 하면 실정에 부합했고 호령을 내면 숨은 뜻을 분명히 밝혔으며, 예악을 통해 위용을 펼치고 가요에 의해 풍속을 이끌었다. 그 결과 업적이 만 대를 거쳐 쇠퇴하지 않았고 명령은 막힘이 없이 사방으로 퍼져 나갔으며 금수나 곤충까지도 교화를 받았다. 그러니 굳이 법을 세우고 정령을 실시할 필요가 있겠는가? 따라서 최상(太上)은 신묘한 교화(神化)로써 하는 것이고, 그다음(其次)은 잘못을 저지르지 않을 상황을 만들어 주는 것이고, 그다음(其次)은 현자에게 상을 내리고 포악한 자를 벌하는 것이다. 저울은 좌우의 경중을 사사로움이 없이 판단하니 사물을 공평하게 잴 수 있고 먹줄은 안팎의 굽음과 곧음을 임의로 판단하지 않으니 바르게 사물을 잴 수 있다. 마찬가지로 통치자는 법에 대해 좋아하고 싫어하는 사적인 감정을 가하지 않아야 백성에게 명령할 수 있다. 경중을 잴 때는 모기 머리만큼의 차이도 없어야 하고 비뚤어진 것을 바로잡을 때는 바늘 끝만큼의 차이도 없어야 하고 굽은 것을 곧게 하고 삿된 것을 교정할 때는 사사로운 마음으로 위험을 피하는 일이 없어야 한다. 이렇게 하면 간사함이 진실을 왜곡할 수 없고 헐뜯는 말이 통치자의 마음을 어지럽힐 수 없다. 그렇다면 통치자에게 감사하거나 원망하는 마음이 일어날 이유가 없다. 그런데 이러한 방식은 사람의 마음을 내버려 둔 채 통치술에만 의존하는 것이니, 위정자는 이러한 방식을 사용하지 않는 법이다.[201]

따라서 위에서 간계가 많으면 아래에서도 속임수가 많아지고, 위에서 일을 많이 벌이면 아래에서는 꾸미는 일이 많아지고, 위에서 어지러우면 아래에서는 안정되지 않고, 위에서 요구가 많으면 아래에서는 서로 다투게 된다. 근본을 바르게 하지 않고 말단에만 신경을 쓰는 것은 마치 흙덩어리를 던지면서 먼지가 그치기를 바라고 땔감을 안고서 불을 끄려는 것과 같다. 따라서 성인은 일을 줄이므로 쉽게 나라를 다스리고 요구하는 것이 적으니 만족시키기가 쉽다. 특별히 베풀지 않아도 어질다고 여겨지고 말을 하지 않아도 신임을 얻고 요구하지 않아도 얻으며 행하지 않아도 이루어진다. 또한 성인은 홀로 참된 것을 지키고 덕을 품은 채 진실함을 미루어 나가니 천하 사람들은 마치 메아리가 소리에 반응하고 그림자가 형체를 본받듯이 그를 따르게 된다. 이는 모두 성인이 근본에 힘쓰기 때문이다. 형벌로도 풍속을 변화시킬 수 없고 살육으로도 간사한 일을

---

201) 『淮南子』, 「主術訓」, "故民之化也, 不從其所言而從其所行. 故齊莊公好勇, 不使鬪爭, 而國家多難, 其漸至于崔杼之亂. 頃襄好色, 不使風議, 而民多昏亂, 其積至昭奇之難. 故至精之所動, 若春氣之生, 秋氣之殺也, 雖馳傳騖置, 不若此其亟. 故君人者, 其猶射者乎! 于此豪末, 于彼尋常矣. 故愼所以感之也. 夫榮啓期一彈, 而孔子三日樂, 感于和; 鄒忌一徽, 而威王終夕悲, 感于憂. 動諸琴瑟, 形諸音聲, 而能使人爲之哀樂, 縣法設賞而不能移風易俗者, 其誠心弗施也. 甯戚商歌車下, 桓公喟然而寤, 至精入人深矣. 故曰: 樂聽其音則知其俗, 見其俗則知其化. 孔子學鼓琴于師襄, 而諭文王之志, 見微以知明矣. 延陵季子聽魯樂, 而知殷夏之風, 論近以識遠也. 作之上古, 施及千歲而文不滅, 況于並世化民乎! 湯之時, 七年旱, 以身禱于桑林之際, 而四海之雲湊, 千裏之雨至. 抱質效誠, 感動天地, 神諭方外. 令行禁止, 豈足爲哉! 古聖王至精形于內, 而好憎忘于外, 出言以副情, 發號以明旨, 陳之以禮樂, 風之以歌謠, 業貫萬世而不壅, 橫扃四方而不窮, 禽獸昆蟲與之陶化, 又況于執法施令乎! 故太上神化, 其次使不得爲非, 其次賞賢而罰暴. 衡之于左右, 無私輕重, 故可以爲平; 繩之內外, 無私曲直, 故可以爲正. 人主之于用法, 無私好憎, 故可以爲命. 夫權輕重不差蟁首, 扶撥枉橈不失針鋒, 直施矯邪不私辟險. 奸不能枉, 讒不能亂, 德無所立, 怨無所藏, 是任術而釋人心者也, 故爲治者不與焉."

막기 힘들며 오직 신묘한 교화(神化)를 귀하게 여기니, 정기를 지극히 하면 신묘해진다.202)

우선 인용문에 관한 문제를 검토해 보기로 하자. 가운데의 인용문의 내용은 앞에서 인용한 『문자』와 대체로 비슷한데 크게 중요한 것은 아니므로 이에 관해서는 논하지 않기로 한다. 핵심적인 문제는 바로 「주술훈」의 내용에 다소 혼란스러운 부분이 존재한다는 것이다. 예를 들어 '정기를 지극히 하면 신묘해진다(至精爲神)'라는 말은 앞뒤로 두 번 반복하여 등장하는데 그 독특한 배치 방식이나 불분명한 의미는 충분히 탐구해 볼 가치가 있다.

그러면 '옛 성왕은 내면에 정기를 형성한 채 좋아하고 싫어하는 마음을 밖으로 떠나보냈다'라는 구절에서 본격적인 논의를 시작해 보도록 하자. 여기서 '지극한 정기가 내면에 형성되었다(至精內形)'는 말은 특히 중요하다. 익히 알려져 있듯, 장자는 분명 '지극한 정기는 형체가 없다(至精無形)'고 주장하였는데, 이는 서로 모순되는 것이 아닌가? 실은 그렇지 않다. 이들은 각기 다른 두 측면을 다루고 있으므로 그 어떤 모순도 발생하지 않는다. 즉, 장자의 말은 물리학적인 각도에서 접근한 것으로 '지극히 큼(至大)과 지극히 작음(至小)'이라는 물리학 고유의 사유 구조203)를 넘어섰음을 나타내는 데 반해, 후자는 정신의 내재적 특성을 가리킨다. 한 지적하고 싶은 것은 이 두 가지 함의는 완전히 단절되고 구분된 것이 아니라 서로 결합되어

---

202) 『淮南子』, 「主術訓」, "是以上多故則下多詐, 上多事則下多態, 上煩擾則下不定, 上多求則下交爭. 不直之于本, 而事之于末, 譬猶揚堁而弭塵, 抱薪以救火也. 故聖人事省而易治, 求寡而易澹, 不施而仁, 不言而信, 不求而得, 不爲而成. 塊然保眞, 抱德推誠, 天下從之, 如響之應聲, 景之像形, 其所修者本也. 刑罰不足以移風, 殺戮不足以禁奸, 唯神化爲貴. 至精爲神."

203) 『文子』「自然」에서는 "지극히 미세한 것은 형체가 없으니 천지의 시작은 이와 같았다. 만물은 공통의 도를 지니고 있으나 각기 특수한 형체를 지녔다. 지극히 미세한 것은 물체로 이루어지지 않았으니, 두루 돌보는 것이 가능하다. 그 밖에 아무것도 없을 정도로 지극히 크니 만물을 뒤덮을 수 있고, 그 속에 아무것도 없을 정도로 지극히 작으니 만물 가운데 귀한 것이 된다"라고 하였다. 여기에서 '지극히 큼'과 '지극히 작음'이라는 물리학적 논리가 형이상학 사고에 녹아 있음을 확인할 수 있다.

있다는 것이다. 한편 '오직 신묘한 교화(神化)를 귀하게 여기니, 정기를 지극히 하면 신묘해진다'라는 두 구절은 앞부분의 말과는 서로 이어지지 않는 것처럼 보이기도 한다. 이는 왜 그러한 것일까? 우선 짚고 넘어가야 할 것은, 위 인용문에서 등장하는 '신묘한 교화'(神化)라는 말은 하나의 철학 개념으로서 최상의 통치, 불가사의한 정치를 가리킨다는 점이다.[204] 이러한 개념이 출현하게 된 필연성을 제대로 이해하기 위해서는 반드시 정치철학과 심성론의 내적 긴장 관계 속에서 이를 파악해야 한다. 『회남자』는 '사람의 마음을 내버려둔 채 통치술에만 의존하는 것'(任術而釋人心)에 분명히 반대하면서, '위정자라면 이러한 방식을 사용하지 말고'(爲治者不與焉) 지양해야 한다고 하였으니, 이 점은 주의하여 살펴보아야 한다. 이른바 術은 주로 형명법술을 가리키는데, 군도君道 혹은 내성외왕지도는 더욱 넓은 범위와 가치를 지닌다. 따라서 글 속에서 반복적으로 등장하는 '꾸밈없는 참된 모습으로

---

204) 『鶡冠子』「度萬」의 한 단락이 이 점을 잘 설명해 준다. "방자가 말했다. '다섯 가지 정치 방식에 관해 묻습니다.' 할관자가 말했다. '神化가 있고, 官治가 있고, 教治가 있고, 因治가 있고, 事治가 있다.' 방자가 말했다. '각각의 방식은 어떤 형태입니까? 할관자가 말했다. '神化라는 것은 어떤 형태도 없는 것이고, 官治는 근본에 따라 인도하는 것이고, 教治는 자신을 수양하여 본받게 하는 것이고, 因治는 습속에 따르며 이를 바꾸려 하지 않는 것이고, 事治는 일이 발생한 후에 고치는 것이다' 방자가 말했다. '각각의 방식의 자세한 사항을 여쭙습니다.' 할관자가 말했다. '神化의 방식이란 천지에 위치를 정하고 사계절의 변화에 참여하고 음양의 조화를 손에 쥐고 추위와 더위의 기후에 따라 이동하는 것이니, 올바른 흐름에 따라 사물이 생겨나 만물은 전혀 해를 입지 않고 모든 종이 이루어진다. 이것이 바로 삼황의 통치 방식이다. 官治의 방식이란 음양을 따르고 일이 일어나는 바에 응함으로써 땅을 안정시키고 하늘을 맑게 하는 것으로서 모든 미덕이 그에게 속하게 된다. 이것이 바로 신명한 오제의 통치 방식이다. 教治의 방식이란 사계절에 따라 알맞은 일을 설정한 채 공을 이루며 도를 따르는 것으로 성현의 통치 방식에 해당한다. 因治란 성현을 불러들이고 자신은 심술을 닦아 공경스럽게 일을 처리하여 조화를 낳는 것으로 이는 후대 왕들의 통치 방식이다. 事治란 인의의 선비들을 불러들이고 지모를 사용하는 것으로 정신을 소모하여 관직을 구분하고 법제를 세우는 것이다. 이러한 교화 방식은 백성들을 괴롭게 만들지만 정작 이롭게 하지는 못하니 온갖 법제만이 생겨난다. 법은 사사로움을 버리고 공공성을 이루는 것으로 천하가 모두 한 가지만을 따르게 하는 것이 목적이다. 이러한 공통의 원칙은 사람들이 사사로움을 행하지 못하게 하고 공동의 법을 따르게 한다. 따라서 진정한 통치를 이루고자 하는 자는 이를 따르지 않으니, 이러한 방식은 패왕의 통치 방식이다.'" 이 구절을 보면, 神化라는 개념은 황로 정치철학에서 가장 높은 범주에 속하는 정치 이념 및 정치 모델을 지칭하는 것을 알 수 있다.

진심을 다하면 천지가 감동하고 그 정신이 멀리 나라 밖의 사람들까지 깨우치게 된다'(抱質效誠, 感動天地, 神諭方外), '성인은 홀로 참된 것을 지키고 덕을 품은 채 진실함을 미루어 나간다'(塊然保眞, 抱德推誠) 등의 구절은 의미가 매우 깊다. 이 구절은 정치론에 해당하는 주술主術을 심술心術의 논의로 심화하고 있기 때문이다.

종합하면, 황로 정치철학 맥락 속의 '태상太上, 기차其次' 격식은 내성과 외왕, 정치와 심성이라는 두 측면의 이론 구조를 동시에 내포하고 있으며, '내성외왕지도'의 이론 구조와 사상 내용을 반영하고 있다. 이런 점에서 이는 대단히 중요한 의미를 지니는 이론 형식이라 할 수 있다.

(3) 『논어』를 비롯한 유가의 저작에서도 무위無爲라는 말이 등장하는데, 이를 검토해 보면, 유가에서 논의한 무위는 도가, 특히 황로사상을 수용한 것이면서, 동시에 유가사상의 내적 긴장 관계 속에서 출현한 것임을 확인할 수 있다.[205] 즉, 유가와 도가 사이의 깊은 영향 관계는 종전의 예상을 훌쩍 뛰어넘는 모습을 보여 준다. 앞서 우리는 '태상, 기차' 격식 속에는 황로 정치철학의 이론 구조가 반영되어 있음을 강조한 바 있다. 마찬가지로 유가 저작 속에서도 이러한 특징을 확인할 수 있다. 아래에서는 진한 이후 유가의 이론 맥락 속에 등장하는 '태상, 기차' 격식을 중심으로 유가와 도가 간 대화 관계의 단초를 드러내 보이도록 하겠다. 다만 일상 언어의 맥락에서 사용된 사례는 생략하기로 한다.[206]

---

205) 鄭開,「試論儒家思想語境中的無爲」,『哲學門』제25집(북경: 북경대학출판사, 2017).

206) 일상 언어와 이론 담론을 구별하는 것은 쉬운 작업이 아니지만, 매우 중요한 일이 아닐 수 없다. 여기에서는 일상 언어로 사용된 '太上, 其次' 형식의 두 가지 사례를 제시해 보고자 한다. 첫 번째는 양웅의 『法言』「學行」편의 내용이다. "배우고 실행하는 것이 최상이고, 그것을 말하는 것은 다음의 일이고, 남을 가르치는 것은 그다음의 일이다. 아무것도 해당하지 않는 자들은 필부에 지나지 않는다." 두 번째는 유향의 『說苑』「建本」에 등장하는 구절이다. "백유가 잘못을 저질러 그의 모친이 그를 회초리로 때렸는데 백유가 흐느끼며 울었다. 이 모습을 본 모친이 말했다. '예전에 회초리를 맞았을 때는 한 번도 울지 않더니 지금은 왜 우는 것이냐? 백유가 대답했다. '예전에 회초리를 맞았을 때는 아픔을 느낄 수 있었는데 지금은 어머님의 힘이 쇠하여 회초리를 맞아도 아프지 않으니 그것이 슬퍼서 울었습니다.' 따라서 말하기를 부모가 자식에게 화를 낼 때

앞에서 인용한 『좌전』의 '최상(太上)은 덕으로 백성들을 어루만지는 것이고, 그다음(其次)은 친한 관계부터 친하게 대하여 먼 관계에까지 서로 이르게 하는 것이다'와 같은 표현 형식은 유가 저작에서 쉽게 찾아볼 수 있다.

최상은 덕을 귀하게 여기는 것이고 그다음은 은혜를 베풀고 갚는 일에 힘쓰는 것이다. 예는 서로 주고받아야 한다. 주었는데 돌아오지 않는 것은 예가 아니며, 받았는데 주지 않는 것 역시 예가 아니다.207)

최상은 선을 즐거워하는 것이고 그다음은 선을 편안히 여기는 것이고 그 아래는 억지로라도 스스로 행할 수 있는 것이다.…… 최상은 악을 에초에 일으키지 않는 것이고 그다음은 일어난 악의 마음을 일찌감치 끊어내는 것이고 그 아래는 반복해서 악을 저지르지만 고칠 수 있는 것이다. 반복해서 악을 저지르면서도 고치지 않으면 몸을 해치고 집안을 무너뜨리게 되며 크게는 국가 사직을 전복시키고 만다. 따라서 군자는 발언을 조심하고 몸가짐을 조심해야 겨우 죄를 면할 수 있다.208)

예는 최초에는 소탈한 형태로 시작하였다가 형식을 통해 이루어지고 최종적으로는 남을 기쁘게 하는 의미를 담게 된다. 따라서 완전히 갖추어진 예는 내면의 정과 외면의 형식을 모두 갖추고 있으며 그다음은 외면의 형식과 내면의 정이 서로 어긋난 것이고 그 아래는 내면의 정이 완전히 자연으로 돌아간 것이다.209)

자식은 원한을 가슴에 새기지 말고 불만의 기색을 내비치지 않으며 마음속으로 잘못을 반성하여 부모가 자신을 가여워하도록 만들어야 한다. 이것이 최상의 태도이다. 반성은 하지 않지만 원한을 가슴에 새기지 않고 불만의 기색을 내비치지 않는 것은 그다음이고, 자식이 원한을 가슴에 새기고 불만을 표출하는 것은 가장 좋지 않은 태도이다."

207) 『禮記』, 「曲禮上」, "太上貴德, 其次務施報. 禮尙往來. 往而不來, 非禮也; 來而不往, 亦非禮也."

208) 『大戴禮記』, 「曾子立事」, "太上樂善, 其次安之, 其下亦能自強……太上不生惡, 其次而能夙絶之也, 其下復而能改也. 復而不改, 殞身覆家, 大者傾覆社稷. 是故君子出言以鄂鄂, 行身以戰戰, 亦殆勉于罪矣."

209) 『大戴禮記』, 「禮三本」, "凡禮始于脫, 成于文, 終于隆. 故至備, 情文俱盡 其次, 情文佚興; 其下, 複情以歸太一."

「곡례」의 "최상은 덕을 귀하게 여기는 것이고 그다음은 은혜를 베풀고 갚는 일에 힘쓰는 것이다"라는 말은 유가사상의 논리 및 그 전환의 양상을 드러내고 있어 상당히 중요하다. 이는 『좌전』의 "최상(大上)은 덕으로 백성들을 어루만지는 것이고, 그다음(其次)은 친한 관계부터 친하게 대하여 먼 관계에까지 서로 이르게 하는 것이다"라는 구절에 나타나는 다층적 구조와 형식적으로 비슷한 모습을 보이는데, 내용에서는 다소 차이가 있다.

황로학이 독보적인 모습을 보였던 진한시기 무렵, 유가 정치철학의 담론에서도 '태상太上, 기차其次' 격식이 자주 등장하였는데, 사실 그 내용 속에는 황로사상이 강하게 스며들어 있었다.

> 혹자가 백성은 물과 같다는 이치에 대해 물었다. 넓은 하천을 건너는 방법 가운데 최상은 배를 타는 것이고, 그다음은 헤엄치는 것이다. 헤엄쳐 건너는 자는 고생스러운 데다가 위험하기까지 하지만, 배를 타고 건너는 자는 편안하면서도 안전하다. 만약 아무것도 없이 덥석 물에 뛰어든다면 반드시 빠져 죽고 말 것이다. 지모와 재능을 사용하여 백성을 다스리는 것은 헤엄치는 것에 해당하고, 도와 덕으로 백성을 다스리는 것은 배를 타는 것에 해당한다.[210]

> 최상은 외상으로 사지 않는 것이고, 그다음은 사기로 훔치지 않는 것이고, 그다음은 약탈하지 않는 것이다. 윗사람은 공덕으로 백성들을 어루만지고 백성들은 재물과 노동력으로 윗사람을 받든다. 이렇게 함으로써 위아래가 서로 돕는다.[211]

> 최상은 고금을 다르게 여기지 않는 것이고, 그다음은 천하의 지역을 다르게 여기지 않는 것이다. 자신의 뜻을 천하의 뜻과 같이할 수 있다면, 이야말로 덕을 드높이는 것이 아니겠는가! 위대한 자의 뜻은 살피기 힘들다. 방대하

---

210) 『申鑒』, 「政體」, "問民由水也. 濟大川者, 太上乘舟, 其次泅. 泅者勞而危, 乘舟者逸而安. 虛入水, 則必溺矣. 以知能治民者, 泅也; 以道德治民者, 舟也."

211) 『申鑒』, 「政體」, "太上不空市, 其次不偸竊, 其次不掠奪. 上以功惠綏民, 下以財力奉上, 是以上下相與."

여 도와 하나를 이루기 때문이다. 반면 민중들의 뜻은 감출 수 없다. 이미 세상으로 흘러나와 분명히 드러나기 때문이다.212)

덕행이 순수하고 간사함이 없으면 최상의 선이라 할 수 있다. 가만히 엎드려 함부로 움직이지 않는 것은 그다음이다. 움직이기는 하나 떠나지는 않고 떠나가더라도 멀어지지 않고 멀어졌더라도 다시 돌아올 수 있는 것은 그다음이다.213)

위 인용문을 보면, 유가와 도가 모두 기존의 '태상太上, 기차其次'라는 일상적 격식을 계승하여 더욱 발전된 논법을 이루어 냈음을 알 수 있다. 이들은 이러한 논법을 통해 학설의 요점과 사상 논리를 개괄하고 이론 구조를 나타내며 정치적 이념과 희망을 표현하였다. 한편 이러한 구조 속에서는 유가와 도가 간의 대화와 영향 관계 또한 분명히 드러난다. 유가와 도가(황로를 포함)는 모두 태상太上 담론을 바탕으로 최상의 정치, 최상의 다스림, 최상의 통치자(이상적 인물인 聖人으로 나타나기도 한다.)의 특징을 표현하였다. 이들의 또 다른 공통점 중 하나는 바로 법法의 한계를 파악하고 그 남용을 경고하였다는 점이다. 유가 정치철학의 주장을 '덕과 예를 높이고 형벌을 낮추는 것'이라고 설명한다면, 황로 정치철학에서는 인의仁義(유가에서 말하는 덕)와 형벌(이른바 법)을 '도덕지의' 아래에 위치시킬 것을 강조하였다. 황로 정치철학 담론에 등장하는 태상太上은 항상 도덕지의(구체적으로 말하면, 天道, 玄德 등이 이에 해당한다.)와 관련을 맺기 때문이다. 이러한 점을 보면, '천도에서 인사를 추론한다'는 원리가 도가(황로를 포함)만의 고유한 특징은 아니었음을 알 수 있다. 유가 정치철학이라고 해서 왜 이를 추구하지 않았겠는가? 다만 '천인 관계를 궁리하는' 유가의 배경 및 이론 기초에 덕례(즉

---

212) 『申鑒』, 「雜言下」, "太上不異古今, 其次不異海內. 同天下之志者, 其盛德乎! 大人之志, 不可見也, 浩然而同于道; 衆人之志, 不可掩也, 察然而流于俗."
213) 『申鑒』, 「雜言下」, "純德無慝, 其上善也. 伏而不動, 其次也. 動而不行, 行而不遠, 遠而能復, 又其次也."

인의와 예악)가 있었으며, 도가에는 '도덕지의' 그중에서도 특히 무無의 개념 이론(無名과 無爲 등)과 현덕이 있었다는 점이 중요하다. 만약 황로 정치철학 사유를 '도와 법의 사이'에 놓인 것으로 이해한다면, 다시 말해, 도와 법이라는 두 극단의 긴장 관계 속에 놓인 것으로 파악한다면, 과연 어떻게 '도덕지의'로부터 '도와 법 사이'의 사상공간을 새롭게 창조해 낼 것인지가 바로 황로 정치철학 이론의 핵심적인 관심사라고 할 수 있다. 황로학은 바로 이러한 사상적 모티브와 이론적 긴장을 바탕으로 혁신을 이루고 독창적인 '내성외왕지도'를 구축하였으니, 이 결과가 어찌 역사의 우연일 수 있겠는가?

찾아보기

지은이 **정카이**(鄭開)

중국 안휘성 출신. 현재 북경대학 철학과 교수로 재직 중이며, 북경대학 철학
과 중국철학교연실의 주임을 담당하고 있다. 주요 저서로는 『덕례지간─제
자백가 이전 시기의 사상사』, 『도가형이상학 연구』, 『장자철학 강의록』 등이
있다.

옮긴이 **오현중**吳賢重

고려대학교 학부와 대학원에서 철학을 전공하고 북경대학 철학과에서 박사
학위를 취득한 뒤, 현재 중국 산서대학 철학과에서 강사로 재직 중이다. 옮긴
책으로는 『장자』, 『세계의 철학자들, 철학과 세계를 논하다』, 『대륙신유가』
(공역) 등이 있다.

감수자 **서희정**徐希定

현재 중산대학 지역학연구원과 국제번역학원에 부교수로 재직 중이며, 동일
대학 국제도가연구센터 연구원, 성균관대학교 한국철학문화연구소 연구원직
을 겸임하고 있다. 주요 저서로는 『「장자·제물론」 연구: '아'와 '물'의 관계를
중심으로』 등이 있고, 옮긴 책으로는 『동아시아 미의 문화사』 등이 있다.